Michael Newton
Wilde Kinder

Michael Newton

Wilde Kinder

Schicksale jenseits der Zivilisation

Aus dem Englischen übertragen
von Jürgen Spiegel

Magnus Verlag

Die Orginalausgabe ist 2002 unter dem Titel
»Savage Girls and Wild Boys. A History of Feral Children«
bei Faber and Faber Ltd., London, erschienen.

Komm dann, armes Kind!
Irgend ein mitleidiger Geist lehre Geyer und Raben,
deine Ammen zu werden.
Man erzählt von Wölfen und Bären, daß sie ihre
natürliche Wildheit bey Seite gesetzt,
und dergleichen milde Dienste gethan hätten –

William Shakespeare, aus: *Das Winter-Mährchen**

Inhalt

Vorwort

In den Geschichten hier wird etwas verfolgt. An diese Sache machen sich verschiedene Leute heran: Der junge französische Arzt blühte auf, als er die Möglichkeit für ein großes Wagnis erkannte; ferner sind da der erschöpfte, boshafte schottische Arzt; der Dorfpriester mit seiner Glaubensbereitschaft; der exzentrische Richter; der Privatier; der ehebrecherische Aristokrat. Das Objekt, das sie verfolgen, ist bei allen aber von gleicher Art. Alle suchen sie die Wahrheit, welche in einem anderen menschlichen Wesen anzutreffen ist. Und für jeden ist klar, dass diese Wahrheit nur am außergewöhnlichen Schicksal *dieses* speziellen Jungen oder *dieses* speziellen Mädchens aufgespürt werden kann. Ihre Suche endet dann, wenn es ihnen gelingt, die flüchtige Wahrheit – die sie im Leben, in den Augen, der Seele des wild aufgewachsenen Kindes erblickt haben – für einen Moment einzufangen.

Hinter der Formulierung »wild aufgewachsenes Kind« verbirgt sich eine Vielzahl von Geschichten. Zumeist werden damit Kinder bezeichnet, die durch Tiere großgezogen wurden. In den letzten Jahrhunderten hat man diesen Begriff aber auf Kinder angewandt, die allein in der Wildnis, in den Wäldern umherirrend, aufgewachsen sind. Etwas merkwürdiger ist, dass dieser Begriff auch auf jene wenigen Beispiele von Kindern angewandt wird, die eine möglicherweise grausamere Einsamkeit erlebt haben, indem sie jahrelang in einzelnen Zimmern abgeschlossen von allen Anderen aufgewachsen sind. Diese Geschichten haben das Eine gemeinsam, dass sie ein Bild vom menschlichen Leben geben, das sich in völliger Isolation entwickelt hat, außerhalb jeden menschlichen Kontakts.

Diese Art von Geschichten hat Generationen von Studierenden, Schriftstellern und Philosophen Einsichten in das wahre Wesen der Menschlichkeit geliefert. Von diesen Kindern wird die tief reichende und unlösbare Frage nach der menschlichen Natur aufgeworfen. Gibt es so etwas überhaupt? In welcher Hinsicht unterscheiden wir uns von anderen Tieren? Woraus leitet sich unsere Identität ab? Und das unvermeidliche Schweigen bei diesen Kindern provoziert die Frage nach einem weiteren Mysterium: Welche Rolle spielt die Sprache beim Zustandekommen unserer Humanität?

Hinter all diesen Fragen liegt letztlich die Suche nach der einen Quelle, die ungewiss ist und etwas Reizvolles hat: Was macht uns zu menschlichen Wesen? Irgendwie führen uns diese Geschichten über die verlassenen und leidenden Kinder, über die wilden Mädchen und Jungen immer wieder an diese unversöhnliche und nicht aufzulösende Quelle der Faszination zurück. Das vorliegende Buch geht dieser Faszination nach und will etwas darüber in Erfahrung bringen, indem die fragmentarischen und zerrütteten Biografien dieser Kinder herangezogen werden, deren Geschichte zum Teil verloren gegangen ist.

KAPITEL 1

Das Kind der Natur

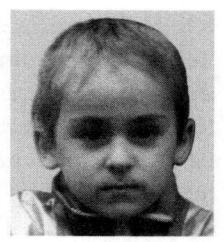

»Unsere Geburt soll ein Geheimnis sein und unsere Auferziehung
von frühester Kindheit an noch viel seltsamer. Wir wurden
hingeworfen für die wilden Vögel und wilden Tiere und – wurden
von ihnen ernährt – ernährt von der Brust einer Wölfin und
von den Bissen eines Spechts, als wir in einer Wanne lagen an
dem großen Fluß. ...«
... Zufälligerweise befand sich unter ihnen auch einer von den Leuten,
welche früher die Kinder zum Forttragen erhalten hatten und
bei der Aussetzung zugegen gewesen waren. Als dieser jetzt die
Wanne erblickte ...

Plutarch, *Biographie des Romulus**

Seit der Kommunismus in Russland zusammengebrochen und sein soziales
Netz zerrissen und auseinander gefallen ist, gehören Straßenkinder in Moskau
und St. Petersburg zum alltäglichen Bild. Sie sind genau wie die Obdachlosen
in London ständig anwesend und gleichzeitig irgendwie unsichtbar, bewegen
sich im Hintergrund des Stadtlebens. Sie sind in diesem Prozess, mit den Dingen im Leben irgendwie vorankommen zu müssen, irritierende Eindringlinge. Eins dieser Moskauer Straßenkinder, ein Junge, machte allerdings einen
Unterschied. Er wurde sichtbar, was ihm sehr lange verwehrt gewesen war.

Iwan Mischukow verließ 1996 sein Zuhause. Er war damals vier Jahre alt.
Iwans Mutter hatte es nicht verstanden, mit ihm und ihrem Freund, der Alko-
holiker war, umzugehen. Daher kam der kleine Junge zu dem Entschluss,
besser auf der Straße zu leben als im Chaos seiner häuslichen Wohnung. In
Moskau gibt es Obdachlose, aber auch wild streunende Hunde, weil es keine
Einrichtungen für die vielen Herumstreunenden gibt. Hunde werden mit einer beklagenswerten Regelmäßigkeit ausgesetzt, und sie werden sehr schnell
wild. Sie durchwühlen Abfälle und durchstreifen die Straßen in Rudeln, um
überleben zu können. Iwan, der auf der Straße gelandet war, fing an zu bet-

teln. Von dem Essen, das er zugesteckt bekam, gab er allerdings immer einen Teil einer bestimmten Hundeschar. Diese Hunde gewannen Zutrauen zu ihm, wurden seine Freunde und akzeptierten ihn als ihren Anführer.

Das Verhältnis zu den Hunden funktionierte bestens, weit besser als das mit den Mitmenschen. Er bettelte um Essen und teilte das mit seinem Hunderudel. Umgekehrt schlief er in den langen Winternächten, in denen es sehr dunkel war und die Temperaturen abstürzten, bei den Hunden. Die Hitze der Tiere hielt ihn warm, und so blieb er trotz Schnee, Eis und bitterer Kälte am Leben. Wenn jemand versuchen wollte, ihn zu belästigen oder ihm etwas zu stehlen, dann waren die Hunde zur Stelle und gingen zum Angriff über.

Der Polizei wurde bekannt, was er für ein Leben führte, aber sie konnte ihn nicht von der Straße wegholen. Er konnte ihr dreimal entfliehen, und die Hunde verteidigten ihren Anführer schonungslos. Schließlich gelang es der Polizei, die Hunde von Iwan zu separieren, indem sie in einer Restaurantküche Futter für sie hinlegte. Da jetzt die Tiere als Wächter ausgeschaltet waren, konnte man den wild knurrenden Jungen leicht in die Falle jagen.

Iwan hatte zwei Jahre lang auf der Straße gelebt. Aber da er vier Jahre unter Menschen in einer Familie gelebt hatte, konnte er einwandfrei sprechen. Nachdem er eine kurze Zeit im Kinderheim von Reutov verbracht hatte, begann er die Schule zu besuchen. Er scheint wie jedes andere Moskauer Kind zu sein. Allerdings, heißt es, soll er nachts von Hunden träumen.

Einer Freundin von mir, Emma Widdis, Russischlehrerin an der Cambridge University, gelang es nach mehrmonatigem Suchen, die Frau, die das Kinderheim in Reutov leitet – Tamara Nowikowa –, ausfindig zu machen. Wir riefen sie also eines Morgens im Februar 2001 in ihrem Büro in Reutov an. Das Gespräch fing nicht gut an. Tamara Nowikowa war misstrauisch, gereizt und – auch, wenn man die russische Art, sich sehr direkt auszudrücken, berücksichtigt – abweisend schroff. Wir fragten sie, wie es Iwan in den letzten Monaten ergangen sei. Er sei bei einer Pflegefamilie, war ihre Antwort, und obwohl es Schwierigkeiten gegeben habe, glücklich dort. Wir erklärten ihr, dass wir nicht die Absicht hätten, in Iwans Privatleben einzudringen, aber wir würden doch zu gerne wissen, ob wir uns nicht mal mit ihr treffen könnten, um über seine Geschichte zu reden. Daraufhin sagte sie, das sei unmöglich. Sie könne mit niemandem über diese Geschichte reden – überhaupt niemandem. Und erst recht nicht mit Leuten, die keine Russen seien.

Als Iwans Geschichte im Juli 1998 an die Öffentlichkeit gelangte, erregte sie weltweit in der Presse Aufmerksamkeit, denn der Fall war merkwürdig genug. Dennoch steht Iwan mit seinen Erfahrungen nicht einzig da. In den vergangen vierhundert Jahren hat man einige Kinder, die auf ähnliche Art groß geworden sind, entdeckt und ins zivilisierte Leben zurückgeholt. Als Iwans Fall in die Presse gelangt war, wurde er von Journalisten mit anderen derartigen Fällen in Verbindung gebracht. Sie sahen ihn als ein lebendes Beispiel dieser so genannten »wilden Kinder« an. Viele von ihnen haben aber im Vergleich zu Iwan eine sogar noch bemerkenswertere und überraschendere Geschichte hinter sich. Das vorliegende Buch will diesen Geschichten nachgehen und dabei Erfahrungen von Menschen ans Licht holen, die sogar noch merkwürdiger sind. Die Neugier, die im Zusammenhang mit Iwans Geschichte zu beobachten war, beweist hinlänglich, dass man sich mit dieser Frage ständig beschäftigt hat, dass zu allen Zeiten der Wunsch bestanden hat, mehr über solche Kinder zu wissen. Aber wo liegen die Ursprünge für solche Geschichten? Und seit wann fühlt man sich davon angesprochen?

Dass wild aufgewachsene Kinder eine Faszination ausgeübt haben, lässt sich weit zurückverfolgen. In den Mythen der Antike gibt es eine Menge Geschichten, die mit der Iwans vergleichbar sind. Da gibt es immer wieder legendäre Berichte über Helden, die nach ihrer Geburt ausgesetzt wurden und, von Menschen isoliert, durch Tiere aufgezogen wurden: Der wild aufgewachsene Cyrus; die Aussetzung des Moses am Fluss; die Kindheit der Semiramis, der Gründerin Babylons, die von Vögeln großgezogen wurde; die Geschichte des Ödipus, dem man als Säugling die Füße durchstochen und ihn dann auf dem Berg Kithairon ausgesetzt hat; die Kindheit der Zwillinge Amphion und Zethos, die von ihrer Mutter im Gebirge ausgesetzt wurden; der von seinem Vater auf dem Berg Ida ausgesetzte Paris, den fünf Tage lang eine Bärin säugte; die Geschichten des Tyrons, des Neleus und des Pelias; der junge Aleas, den eine Hirschkuh säugte; und sogar die Geburt Christi[1]. Oft entwickeln sich diese Helden dahin, dass sie Städtegründer werden – so im Falle des Amphion, der durch das Spiel seiner Leier die Steine dazu brachte, sich selbst aufzutürmen und die Mauer von Theben zu errichten.[2]

Iwans berühmteste Vorgänger aus der Mythologie sind jedoch Romulus und Remus, die Gründer Roms. Deren Geschichte liefert uns ein Muster für die vielen anderen Versionen, die in der Mythologie vorkommen. Die Mutter der Zwillinge war Rhea Silvia, die Tochter des Numitor, der einst König von Alba Longa war und den sein böswilliger Bruder Amulius abgesetzt hatte. Dieser Amulius zwang seine Nichte Rhea Silvia dazu, eine Vestalinnenjungfrau zu werden, weil er verhindern wollte, dass sie Nachkommen zeugte, die als Fortsetzer der Linie seines Bruders Machtanspruch erheben würden. Eines Nachts tauchte jedoch im Vestalinnentempel geisterhaft ein riesiger Phallus auf und drang in Rhea ein. Amulius wurde wahnsinnig vor Zorn, als Rhea schwanger wurde. Aber sie wehrte sich und erklärte, dass der Gott Mars dafür verantwortlich sei. Nachdem Rhea Zwillingen das Leben geschenkt hatte, befahl Amulius, dass beide Kinder ausgesetzt werden sollten. Man brachte sie zum Ufer des Tiber, wo sie zurückgelassen und ihrem Schicksal überlassen wurden, wie es bei Plutarch heißt. Ihnen schien der Tod beschieden, aber es kam Hilfe aus einer unerwarteten Ecke: Eine Wölfin säugte die Kleinen, und ein Specht schaffte ihnen Nahrung herbei. Auf diese Weise überlebten die beiden, bis ein Schafhirte namens Faustulus sie entdeckte.

Faustulus zog mit seiner Frau Acca Laurentia die beiden Kinder auf; sie entwickelten sich zu edlen, mannhaften und mutigen Knaben. Als Heranwachsende führten sie eine Gruppe Verbannter an, die im Land Überfälle verübten, bis schließlich ihre wahre Identität zum Vorschein kam. Sie überwältigten Amulius und führten ihren Großvater Numitor zurück auf den Thron von Alba Longa. Danach machten sich die beiden auf und wollten eine eigene Stadt gründen. Allerdings, so heißt es in einigen Versionen ihrer Geschichte, hätten sich die beiden Brüder beim Errichten der Stadt zerstritten und seien mit Fäusten aufeinander losgegangen, wobei Romulus in einem Wutanfall seinen Bruder Remus erschlagen habe. Die Stadt ist also auf dem mit dem Blut des ermordeten Bruders getränkten Boden entstanden und von Räubern bewohnt worden. Da diese Räuber alle Männer waren, fürchtete Romulus um den Fortbestand der Kolonie, und deshalb entführte er eine große Zahl Frauen aus der Sippe der Sabinerinnen.

Diese Geschichte ist immer als merkwürdig erschienen. Sie steuert systematisch auf Schändliches und Verbotenes zu, weshalb manche Gelehrte – wahrscheinlich zu Unrecht – dies als Beweis für eine antirömische Propaganda gesehen haben.[3] Und doch enthält diese Geschichte vieles, um in den Mythos der Schändlichkeit hineingezogen zu werden: Romulus hat Räuber als Kolonisten; die Kinder verbringen ihre Jugend als Banditen; Romulus gelingt ein Bevölkerungswachstum durch Raub; und die Mutter gelangt zur Empfängnis der Zwillinge, indem sich schändlicherweise geisterhaft ein riesiger Phallus einschaltet, oder – wenn einem das zu fantastisch vorkommt – auf eine glaubwürdigere, aber dennoch kaum weniger skandalöse Art. Weiterhin ist da der Mord an Remus, der dennoch – auch wenn von römischen Schriftstellern immer wieder darüber gestritten wurde, ob Romulus ihn verübt hat – ein unablösbarer Teil der Geschichte bleibt.

Der Verstoß, an dem die Römer Anstoß nahmen, ist genau, was uns hier interessiert: dass die Zwillinge von einer Wölfin gesäugt wurden. Interessant ist, dass sich der römische Historiker Ennius veranlasst sah, diesen Teil zu vertuschen, indem er schamhaft ein Verbindungsglied einführte. Er erklärte, dass das Wort *lupa* nicht bloß »Wölfin«, sondern auch »Prostituierte« bedeutet, und setzte also Acca Laurentia, die Frau des Schäfers Faustulus, an deren Stelle.[4]

Dass der Wunsch bestand, die Wölfin aus der Geschichte herauszuhaben, führt uns auf die Frage, warum sie überhaupt vorhanden war. In der Geschichte des Romulus und Remus spielen Wiedereinsetzung und Ersatz eine zentrale Rolle: Die Brüder nehmen den rechtmäßigen Platz anderer ein, Pflegeeltern ziehen Kinder anderer Eltern auf, der Gott Mars springt ersatzweise als Erzeuger menschlicher Nachfolger ein. Entscheidend aber ist der Ersatz in Gestalt der Wölfin, die die ausgesetzten Kinder rettet. Im Augenblick, wo die Kinder mit ihren Lippen die Zitzen berühren, wird durch diesen Gnadenakt, der einen Verstoß bedeutet, der schädliche Einfluss einer mörderischen Kultur zunichte gemacht. Dieser Augenblick ist wie eine zweite Geburt: Man erwartet den Tod, aber es wird Beistand geleistet, und die Kinder werden auf wundersame Art in die Ordnung der Natur eingeführt.

Die Geschichte ist mehr als nur anstößig. Das Befremdende verwirrt uns, hinterlässt bei uns eine Vorstellung vom Wunder. Plutarch berichtet, dass Remus selbst eingestanden habe, er sei über das Wunder seines Lebens erstaunt gewesen. Und Ovid äußert über das unverhoffte Schicksal der Zwillinge: »Eine sonderbare Sache ist, dass eine Wölfin, welche Welpen geworfen hatte, zu den ausgesetzten Zwillingen kam: Und wer hätte es geglaubt, dass dieses Untier den Kindern keinen Schaden zufügt? Ganz im Gegenteil, sie hat ihnen geholfen. Während die grausamen Verwandten sie mit eigenen Händen umgebracht hätten, wurden sie von einer Wölfin gesäugt!«[5]

Die Natur erweist sich als gnädig und macht damit der unnatürlichen menschlichen Grausamkeit Vorhaltungen: Nur durch ein Wunder wie die *Liebenswürdigkeit* kann die durch menschliche Gemeinheit gestörte Balance wiederhergestellt werden. Aufgrund dieser Erfahrung kann die Stadt noch mal entstehen, sie wird neu gegründet mit der Errichtung Roms.

Es gibt zu Iwans merkwürdiger Geschichte im Bereich der Legende noch weitere Parallelgeschichten. Der Vorrat an Fabeln über ausgesetzte Kinder war mit dem Untergang Roms nicht erschöpft. Von Schriftstellern des Mittelalters hört man Geschichten, wie Tiere solche Kinder gerettet haben. In den Volkssagen der Zeit gab es »Schwanenkinder«, und es gab Erzählungen, in denen Kinder von einer Hirschkuh oder einer Ziege, von einer Löwin, einer Wölfin, von Raben oder sogar von Ratten gesäugt wurden.[6] In einigen Geschichten raubt das wilde Tier der Mutter das Kind, in anderen wird das Kind durch das wilde Tier vor den Freveltaten der grausam handelnden Menschen gerettet. In der volkstümlichen Romanze *Octavian* kommen ebenfalls Zwillingskinder vor, von denen das eine von einem Affen, das andere von einer Löwin ernährt wird. In einer anderen Romanze, *Sir Gowther*, wird über ein rebellisches Kind berichtet, das seiner Mutter beim Säugen die Brust zerbeißt und dadurch freiwillig das wilde Leben sucht. Es erleidet die Strafe, das wilde Leben geradezu ausleben zu müssen, denn es wird durch Hundemäuler ernährt und muss büßen, indem es in Schweigsamkeit aufwächst.[7]

Die berühmteste dieser Geschichten ist die der Zwillingsbrüder Valentin und Orson, die von ihrer ausgesetzten Mutter Bellyssant ihrerseits im Wald ausgesetzt wurden. Der eine der Jungen, Valentin, wird schnell gerettet und kehrt zurück in die Zivilisation. Der andere jedoch, Orson, bleibt im Wald zurück und wird von einer Bärin geschnappt, die ihn in ihre Höhle mitnimmt und dort zusammen mit ihren Jungen aufzieht. Dort hat »Gott, der die ihm Wohlgesonnenen nicht vergisst, offenkundig ein Wunder getan.«[8] Die Bärenjungen haben das Baby nicht zerrissen, sondern es sanft gestreichelt. Die Bärin empfindet Mitleid mit dem Menschenkind und zieht es wie die eigenen Jungen auf.

Das liest sich wie eine altbekannte Geschichte. Die Brüder werden getrennt. Valentin wächst zivilisiert auf. Orson verwandelt sich in den mittelalterlichen Butzemann, den »Wilden Mann«. In den Erzählungen des Mittelalters und der Renaissance geistern solche Wilden durch die Wälder; es sind unberechenbare, Fleisch fressende, gefährliche, ungezähmte Wesen. In den Wäldern – abseits von Kirchenglocken – lebten sie und sind dort ausgestorben. Sie sind mit Haaren bewachsen oder mit Blättern überdeckt, sind immer einsam und haben sich allein durch die Wildnis begeben. Manchmal haben sie sich Kinder oder öfter noch Frauen aus Dörfern, die sie belauert haben, gegriffen. Plündernd, zornig, gewalttätig. Aber wenn man sie zähmte, waren sie nützlich und loyale Diener der wandernden Ritter, die in den weglosen Wäldern auf Abenteuer aus waren. Sie waren ohne Sprache.[9]

Die getrennten Zwillinge treffen aufeinander, kämpfen miteinander, erkennen sich und vereinigen sich wieder. Vielleicht sollen Geschichten wie diese verdeutlichen, dass es notwendig ist, die Zivilisation und die Wildheit miteinander auszusöhnen. Es ist, als ob diese Widersprüche, die in den beiden Personen verankert sind, hier ausagiert werden – die Spannung zwischen unserer primären, animalischen und unserer zivilisierten, sozialen Natur – verkörpert durch identische und dennoch völlig unterschiedliche Wesen. Vielleicht handeln deshalb so viele Geschichten dieser frühzeitlichen Mythologie über Zwillinge: Amphion und Zethos, Romulus und Remus, Valentin und Orson. Der Wilde und das aufgefundene, ausgesetzte Kind stehen sich als Feinde und als Verbündete gegenüber, als Fremde und Brüder.

Diese Wilden in den Erzählungen sind die Vorfahren unserer wirklich wilden Kinder. Die Genealogie der wild groß gewordenen Kinder erstreckt sich in diese Richtung. Was man sich als Wurzeln für die historisch belegten und in vorliegender Untersuchung verfolgten Fälle denkt, liegt in diesen Fabeln, diesen Wundergeschichten.

Alle diese Geschichten – über die römischen Zwillinge bis hin zu Valentin und Orson – deuten darauf hin, dass es eine sagenhafte Ordnung in der natürlichen Welt gegeben hat. Wenn Plutarch das Aussetzen von Romulus und Remus als »Auslieferung ans Schicksal« beschreibt, müssen wir das in zweifacher Hinsicht – verschieden und gegensätzlich – verstehen. Mit bitterer Ironie bringt er einerseits zum Ausdruck, dass es hinsichtlich des Schicksals keine Gnade gibt – der Grund, weshalb die Zwillinge den dunklen Mächten überlassen wurden –, und dennoch bestätigt er, dass es so etwas wie ein wundersames Erbarmen innerhalb der Ordnung der Dinge gibt. Dieses Empfinden, dass es etwas Wunderbares gibt, kommt sogar noch deutlicher in der christianisierten mittelalterlichen Form der Geschichte vom »wilden Kind« zum Ausdruck. Jetzt ist darin die Vorstellung von der in der Welt waltenden göttlichen Vorsehung enthalten, und aus dem Leiden des ausgesetzten Kindes wird so etwas wie Nachsicht, durch die alles Wehe in Wohl verwandelt wird; auf alle Verbrechen folgt die verdiente Gerechtigkeit, und dem Unbeachteten wird Würde zuteil.

Dies sind also die mythischen und literarischen Ursprünge der wilden Kinder, jene geisterhaften Figuren aus den Volkserzählungen, die hinter der wahren Gestalt Iwan stehen, der in Moskau zwischen wilden Hunden um Nahrung gebettelt hat. Aber was ist nun bei mir der Hintergrund, dass ich mich für diese Kinder interessiere?

Der Impuls zum Schreiben eines Buches bleibt sogar für den Autor notwendigerweise dunkel. Wenn man schreibt, dann oft, weil man nicht nach der Motivation fragen wollte, denn die Motive zu erfahren könnte mit sich bringen, dass die Notwendigkeit zum Schreiben des Buches entfiele. Bücher gedeihen am besten im Dunkeln. Dennoch gibt es unvermeidlich Schlüssel dazu. Jedes Kind träumt von Flucht. Ich war als Kind schwach, zart und hoffnungslos fantasiebegabt. Meine häufigste Fantasie war, dass ich ein in Abenteuer verwickelt sei, unerschrocken auf der Suche oder wegrennend vor einer Gefahr. In solcher Stimmung bedeutete für mich das Verlassensein, dass bei mir Leinen losgelassen waren. Ich sah in einem Mythenbuch ein Bild von Romulus und Remus zusammen mit der Kapitolinischen Wölfin, die heute im Palazzo dei Conservatori steht. Die Wölfin steht und die Zwillinge sitzen aufrecht und saugen Milch aus ihren Zitzen. Das habe ich nie vergessen. Dann habe ich wie viele Kinder Rudyard Kiplings *Dschungelbücher* gelesen und habe mich in sie verliebt. Wenn ich außerhalb Brightons an der englischen Südküste war, habe ich mir gewünscht, Mowgli zu sein, allein, aber befreundet mit Tieren im indischen Dschungel. Am Sonnabendmorgen folgten die Tarzan-Filme; die sah ich mir an und setzte meine Träumereien fort.

Jedes Kind hat vor dem Verlassensein Angst. Nahrung erhielt das bekannte kleinliche Verlustempfinden durch die verdrängten, unausgesprochenen Ängste im Familienleben, dieses Empfinden, dass das Zuhause nur auf dürftigen Fundamenten ruhte – dass meine Anwesenheit dort unerkannt, sträflich unbemerkt bleiben könnte. In dem Buch findet sich zum Teil viel eigene Angst vor dem Verlassensein – das Empfinden, eine Beziehung zu jemandem, der gnadenlos im Hintergrund bleibt, ist unterbrochen –, und doch gibt es auch das Entsetzen über das Verlassensein mit einem Schuldempfinden dabei. Vielleicht liegt hinter allem in diesem Buch der Wunsch, einen Verlassenen zu retten, das verwundete Herz wieder aufleben zu lassen, sich um jemand anderen zu kümmern, als sei er man selbst. Natürlich sind diese Wünsche unbescheiden, überheblich und letztlich fruchtlos. Allerdings ergibt sich für den Autor der einzigartige Vorteil, dass viele Helden dieses Buches das Schicksal mit mir teilen; so wie ich versagt habe, ist es auch ihnen ergangen.

Konkreter ausgedrückt, hat ein Bild aus meinem Leben im Buch Widerhall gefunden. Zur Zeit, als ich Kind war, etwas zurückgezogen lebend und schüchtern errötend, arbeitete meine Mutter in einer Sprachtherapieklinik für Kinder. Ich bin manches Mal bei ihr auf der Arbeitsstelle gewesen und habe mich dort hingesetzt und die anderen Kinder beobachtet. Sie waren alle still, alle irgendwie in ihre eigene sprachlose Welt eingelullt. Die Kinder konnten sprechen, aber sie taten es nicht. Ich sehe immer noch diese sprachlosen Figuren vor mir, wie sie sich um die Spielsachen oder die Sandburgen herumbewegten oder sich im Wasserbassin bespritzten. Und ich frage mich, wie viel aus diesem sprachlosen Spielzimmer in dieses Buch hineingeraten ist.

Am Ende meiner Studienzeit machte ich mich ziemlich oberflächlich an meine Doktorarbeit über spätviktorianische Geistergeschichten. Der Hauptgrund, weshalb ich das tat, war, dass ich der ermüdenden Aufgabe entgehen wollte, mir einen Job suchen zu müssen. Die ersten paar Jahre während dieser Studien verbrachte ich, wie man es für einen Studenten mit Abschluss vermutet: Ich blieb auf, ging spät schlafen, ging häufig an Nachmittagen in Cafés, schrieb einen Roman, der nicht veröffentlicht wurde, und ein Theaterstück, das nicht auf die Bühne kam, schaute mir eine Unmenge alter Filme an und vermied es tunlichst, meinen Doktorvater zu treffen. Im Grunde genommen, habe ich keine einzige Geistergeschichte gelesen.

Dann habe ich mir noch mal die *Dschungelbücher* angeschaut. Ich war überrascht, dass ich sie immer noch gerne mochte und sie mich immer noch erregten. Und mich beschäftigte die Frage, ob es in Wirklichkeit Fälle wie den Mowglis gibt. Zu jener Zeit wusste ich nichts über die Kinder, von denen das vorliegende Buch handelt, und der Impuls, mehr darüber zu wissen, wäre schnell verlöscht, wenn da nicht zwei Dinge gewesen wären. Eines Abends sah ich mir Truffauts Film »Der Wolfsjunge« an, die Geschichte über Itard und Viktor, das wild aufgewachsene Kind von Aveyron. Der Film malte in ruhiger Art die zentrale Beziehung zwischen dem jungen Arzt und dem sprachlosen, wild aufgewachsenen Kind, das er erziehen wollte, aus und machte das elegant, schön und sehr vernünftig einfühlsam. Er nahm mich gefangen, erregte mich, er weckte mich auf.

Die andere Sache ist folgende: Ich war in Irland in einem schönen, in seiner Baufälligkeit unverantwortlichen Haus aus der Zeit König Georgs, unterhalb der Berge und nahe der See, wo ich mehr als je zuvor über das Wohnen gelernt habe. Dort wurde mir eine Familiengeschichte erzählt. Vor einigen

Jahrzehnten gab es in der Familie eine weise und humorvolle Frau, die als Sozialarbeiterin an der nordirischen Küste arbeitete. Sie war aufgrund ihrer Arbeit in einen merkwürdigen und verwirrenden Fall verwickelt. Ein Junge war fast seit seiner Geburt, wie es hieß, in einem Hühnerstall aufgewachsen. Er war dort unter den Hühnern und hatte nie eine Sprache gelernt, hatte nie in größerer Form menschlichen Kontakt, nie Liebe empfangen – es war eine stille, fremde, schauerliche Welt.

Das nahm mich gefangen. Ich änderte das Thema meiner Dissertation und fing an, richtiggehend zu recherchieren, arbeitete in London und eine Zeit lang in Harvard. Es sollte dann allerdings noch neun Jahre brauchen, bis ich schließlich ein wild aufgewachsenes Kind zu Gesicht bekam wie Iwan oder Viktor oder Romulus oder Orson oder den Hühnerstalljungen.

Ich nahm an, er würde wie jeder andere aussehen. Obwohl ich damals schon alle Bücher über das Thema gelesen hatte und jede Geschichte auswendig kannte, hatte ich nicht glauben können, dass es einen – wenn auch kaum messbaren, aber unverwechselbaren – Unterschied geben sollte. Aber das war falsch von mir. Denselben Augenblick, als ich den Raum betrat, erkannte ich ihn unmittelbar, entdeckte ihn sofort. Er saß zusammen mit anderen auf einer Reihe neuer Holzstühle auf der gegenüberliegenden Seite. Im selben Moment, als er wahrnahm, dass ich ihn anschaute, warf er mir einen verwirrten, verdächtigen Blick zu – der Blick von jemandem, der es vollkommen gewohnt war, dass man ihn anstarrte. Sein Blick verwirrte mich. Schaute er mich so an, weil ich ein Fremder war – befremdend, bedrohlich, so wie einer von denen, die ihn nur auszufragen versuchten oder seine merkwürdige Geschichte bestätigt haben wollten? In diesem Blick lag etwas Herausforderndes, eine Frage, bei der ich mir nicht sicher war, ob ich sie mit Recht beantworten könnte. Plötzlich wurde ich scheu, ich wich mit meinem Blick aus und schaute ihn lange Zeit nicht an.

Wie die Dinge lagen, sollte er derjenige sein, der sich merkwürdig und fehl am Platze fühlte. Aber stattdessen fühlte ich mich unwohl und absurd und unangemessen verlegen. Mir war die Londoner Gegend weitgehend unbekannt: Eine Reihe breiter Verkehrsachsen mit aufgereihten verblichenen Häusern aus dem 19. Jahrhundert, die wie verloren und hoffnungslos wirkten zwischen den glatten Fassaden der modernen Gebäude, dem endlosen Verkehr, den Staubwolken und dem Abfall, der von dem heftigen Herbstwind im Sonnenschein hochgewirbelt wurde.

Ich wusste, dass ich ihn in einer Kirche treffen sollte. In der ganzen Gegend standen heruntergekommene Häuser, in denen man billige Wohnungen eingerichtet hatte. Hier, abseits der Hauptstraße, hatte der Wind nachgelassen, und am Ende der Straße befand sich nun eine imposante Kirche im Stil der Kleinstadtgotik. War das der Ort? In dieser sonntäglichen Ruhe saßen junge

Frauen auf den Stufen ausgestreckt, sie trugen leuchtend orangefarbene Gewänder und Nike-Turnschuhe und rauchten. »Die Schicksals-Kirche?« Nein. Nicht diese. Sie zeigten auf eine Gasse auf der gegenüberliegenden Straßenseite. Was ich suchte, war dort drüben.

Schließlich fand ich es: Ein Gemeindezentrum aus Beton und Backstein, das aussah, wie in den sechziger Jahren errichtet, mit Milchglasfenstern, vor denen Maschendraht angebracht war, mit orangefarbenen Plastikschildern und Graffiti, und ein Haufen vertrockneter Blätter wirbelte herum. Ich schaute in den Versammlungsraum im Erdgeschoss. Nein. Der Ort, den ich suchte, war oben. Eine Stiege wendelte nach oben. Der Boden davor war asphaltiert, auf dem mit Kreide ein Himmel-und-Hölle-Spiel aufgemalt waren und irgendwelche Sprüche von Kindern, mit denen sie Liebeleien austauschten. Dies also war der Ort – ein einfacher, schmuckloser Raum, in den Tageslicht fiel. Eine Reihe von Stühlen, ein Mikrofon an der Stirnseite und ein Bereich für die Kirchenmusiker – genau wie diese völlig unprätentiösen, langweilig-funktionalen Räume in den Baptistenkirchen, in denen ich als Kind verkehrte, wo ich aber seit über zwanzig Jahren nicht mehr gewesen war. Es war alles so, wie ich es kannte: derselbe Geruch nach Bibeln und Farbe und dieselbe Atmosphäre stiller Frömmigkeit; dieselben blauen Hemden und Halstücher; diese Blumenkleider; auch hier die älteren Damen mit ihren Hüten und auch hier die Jugendlichen, die in ihrem ehrfurchtsvollen Verhalten etwas Ungeschicktes hatten – und während mich das zurückzwingt in Erinnerungen, durchstreife ich mit meinen Blicken den Raum und erkenne unmittelbar und ohne Zweifel, dass ich ihn gefunden habe.

Ich hatte nahezu neun Jahre lang an ihn gedacht, aber doch erst vor ein paar Monaten etwas über ihn gehört. Es war mir nicht möglich, die anderen auszublenden, über die ich durchs Lesen etwas erfahren hatte, und dann musste ich ständig gegen einen heimtückischen Zwang zum Doppelblick ankämpfen: Dieser spezielle Junge saß nun auf den vollbesetzten Kirchenstühlen einer Ugandischen Kirche in Südlondon vor mir – aber müsste ich nicht zweimal hinschauen, weil er verschwinden könnte, als würde er von den Geistern, die seine Vorfahren waren, absorbiert? Da gab es Peter den wilden Jungen, das wilde Mädchen, den wilden Jungen von Aveyron, Kaspar Hauser. Ich saß also in der Kirche und beobachtete ihn, wie er da inmitten der anderen Waisenkinder saß.

Der Gottesdienst begann. Der Pfarrer David Kateeba stand auf. Er ist ein netter, beherrschter Mann. Als ich mit ihm am Telefon sprach, hatte ich die Vorstellung gehabt, er sei ein ehrwürdiger Mann im spätmittleren Alter, ein massiver und unerschütterlicher Pol männlicher Ruhe. Mich hat überrascht, dass er jung und schlank ist, ich scheine also in unserem kurzen Gespräch eine Vision über sein zukünftiges Aussehen gehabt zu haben, nicht von der realen

Person. In der kleinen Gemeinde wurde es still, als der Pfarrer Paul und Molly Wasswa und deren Waisen, die Sänger des »Pearl of Africa«-Chors, willkommen hieß. Ein Gemurmel von Begrüßungsworten ging durch die Reihen. Die Schwester des Pastors erhob sich und stimmte einen Gesang an, in dem Gott für das geliebte Afrika gelobt wurde. Den Gesang widmete sie mir, der ich als Gast in ihre Kirche gekommen war. Jetzt stand ich im Zentrum der Aufmerksamkeit und war an der Reihe. Selbstbewusst nickte ich zum Dank und versuchte, in den Gesang mit einzustimmen, brachte das aber nur verstimmt vor.

Wir setzten uns wieder, und Paul Wasswa begab sich in der Kirche nach vorn. Er sah aus, wie ich mir den Pfarrer vorgestellt hatte. Mit breiten Schultern, selbstsicher, hübsch, so als verkörpere er wahrhafte Autorität. Er nickte seiner Tochter und seiner Frau Molly zu – die schön wie ein Modell in der ersten Reihe saß – und begann mit bewusster Würde die Geschichte des Jungen John Ssabunnya zu erzählen, um dessentwegen ich gekommen war.

John ist ein Waisenkind, gerade mal vierzehn Jahre alt, und damit scheint es ihm so zu gehen wie den 1500 oder mehr Kindern auch, die in dem Christlichen Waisenhaus Kamuzinda, das Paul und Molly Wasswa betreuen, leben. Uganda ist ein Land der Waisenkinder. Die Kinder haben ihre Eltern infolge der Kriegswirren und durch AIDS verloren. Dass John die Eltern verlor, gehört in der Welt dort zum Gemeinplatz. Dennoch ist John nicht ganz in derselben Weise wie die anderen ein Waisenkind.

Vor elf Jahren, 1988, hatte sein Vater seine Mutter in dem kleinen Haus der Familie ermordet. John war aus der Hütte geflohen und in den Busch weggerannt. Unter normalen Umständen wäre er dort wahrscheinlich gestorben. Er war zu verängstigt und ging nicht nach Hause zurück, aber er war zu jung, um selbst in der Wildnis überleben zu können. John war dennoch nicht gestorben. Sondern es war etwas möglicherweise Wunderbares passiert. Paul Wasswa berichtete, dass ihn eine Familie Affen aufgefunden und John gefüttert habe. Sie haben ihn bei sich aufgenommen, ihn ernährt und ihn gerettet. Drei Jahre lang hat er bei den Affen gelebt, hat deren Futter gegessen und hat sich entsprechend ihren Familienregeln verhalten. 1991 wurde er dann von örtlichen Dorfbewohnern entdeckt. Sie nahmen ihn zu sich und brachten ihn in das Waisenhaus der Wasswas. Paul, Molly und ihre Familie waren John gegenüber freundlich und wandten sich ihm zu, sodass er sich von diesem Martyrium erholen konnte, sich zu Gott bekehrt hat und wieder in das Glück der menschlichen Gemeinschaft zurückgekehrt ist.

Paul Wasswa wusste, was die Geschichte dieses Jungen zu bedeuten hatte: Es war eines jener merkwürdigen Beweise für Gottes Liebe. Durch die Liebe hatte John im Busch überleben können; die Liebe hatte ihn in die menschliche Gemeinde zurückgebracht. Im selben Moment, als Paul Wasswa das berichtete, schien er von Gottes Liebe berührt zu werden: Das hat bedeutet, es war Liebe, hatte er gesagt, und die Gemeinde in dem kleinen Kirchraum murmelte dabei zustimmend. Ja, das hat Liebe bedeutet.

Die Gemeinde war zum Gottesdienst gekommen. Aber warum war ich hier? Ich war gekommen, um einen Jungen zu sehen, den möglicherweise Affen aufgezogen hatten. Hatte ich aus der Kirche eine Kuriositätenangelegenheit gemacht? Trug meine Neugierde die Schuld? War ich ein Voyeur oder ein Zeuge?

Der Chor fing an zu singen. John, der eine Solostimme sang, hob sich auch dabei von den warmen Gesichtern des Chors ab. Es war unfair von mir zu denken, dass er ein etwas auffälliges Auftreten hatte, es war schließlich – nur zu verständlich – das Selbstbewusstsein eines Teenagers. Schließlich stand er im Zentrum der Aufmerksamkeit. Die Leute müssen ihn, seit er denken konnte, merkwürdig und voller Erwartung angeschaut haben. War es einfach das, weshalb ich ihn so schnell erkannt hatte? Ich dachte noch mal über die Eindrücke, die ich von ihm hatte, nach. Plötzlich erschien er mir schlau, ein bisschen von sich eingenommen. Konnte seine Geschichte wahr sein?

John war der Star. Sein Name war überall in der englischen Presse erwähnt worden. Er war in den Nachrichten gebracht worden. Eine Dokumentation über seine Geschichte war in der Woche zuvor im Fernsehen der BBC gezeigt worden. Er müsste schon ein merkwürdiger Teenager sein, wenn dieses intensive Interesse ihm nicht den Kopf verdreht hätte. Er schien sogar einen Moment lang zu genießen, dass sich die Augen auf ihn richteten, und dieser Augenblick, wo er mit der Menge spielte, schien ihm zu gefallen. Nur dass ich meinen Blick auf ihn gerichtet hatte, schien ihm nicht zu gefallen. Zum ersten Mal gab er mir den Blick misstrauisch und merkwürdig argwöhnisch wieder. Trotzdem war an ihm etwas, das jenseits des Erwarteten lag und merkwürdig war; es war nicht zu identifizieren. Die drei Jahre im Busch, während denen er mit den Affen zusammen lebte, mögen die Erklärung dafür geben.

Wie er gelebt hat, ließ sich schwer vorstellen – die Eltern tot und er im Stich gelassen und ganz allein. Bei diesen Voraussetzungen musste ich mich fragen, welches Recht ich hatte, über seine Reaktionen auf seine jetzige Berühmtheit zu urteilen. Und schließlich war dieser Ruhm auch ein willkommenes und seltsames Glück. Wäre John nicht so ein besonderer Fall, hätte man dann auf der Welt Interesse an dem Leiden jener anderen 1500 Waisenkinder aufgebracht? Sie sind vergessen, leben weit weg und sind Opfer einer Plage, die die meisten nicht zur Kenntnis nehmen wollten, und leben in einem Land und auf einem Kontinent, die als Synonym für extremes menschliches Leiden angesehen werden.

Aber deshalb war ich nicht hier. Egal ob Voyeur oder Zeuge, ich war gekommen, um zu sehen, was an John wahr sein könnte. Ich war gekommen, um lebendig vor mir ein wild aufgewachsenes Kind zu sehen.

Jeder, dem ich über mein Zusammentreffen mit ihm erzählte, fragte mich, ob ich die Geschichte für wahr halten würde. Sie schien weit hergeholt. Nachdem die Dokumentation über John gesendet worden war, wurde noch wochenlang ein Disput im BBC-Online-Magazin *Ariel* und im *BBC Forum* ausgetragen. Ian Garrard, der Produktionsassistent der Web-Serie *Science* sagte, das Programm habe nur einen »fadenscheinigen Beweis« geliefert; Tony Todd vom Radio Merseyside nannte die Herangehensweise an die Sache »peinlich«. Der Redakteur der Serie *Living Proof,* in der die Dokumentation gezeigt wurde, ließ sich dazu bewegen, dieses Programm in der Rubrik der Zuschriften zu verteidigen.

Solche Geschichten sind nicht rundweg unmöglich. Und John Ssabunnya ist auch nicht das einzige Kind, das während der letzten Jahrhunderte Schlagzeilen auf der Welt wegen solcher Sache gemacht hat, wie die Geschichte von Iwan Mischukow zeigt. In unserem Buch verfolgen wir weitere solcher Geschichten – über den wilden Peter, die arme Memmie Le Blanc, über Victor von Aveyron, Kaspar Hauser, die Wolfsmädchen aus Indien und die traurige Genie. – Anhand dieser Berichte wird vielleicht eine andere Geschichte zum Vorschein kommen – die nur fragmentarisch vorliegt und uns nicht loslässt – über die bei uns weiterhin vorhandene Beziehung zum Bild von uns als Wilde.

KAPITEL 2

Körper ohne Seele

I Unnatürliches Großziehen

Auf dieselbe unnatürliche Art wurde Cyrus großgezogen,
eine nämliche unglaubliche Aufzucht erlebte Semiramis,
bei dem einen durch eine Hündin, bei der anderen durch Vögel.

Sir Walter Raleigh, *The History of the World*

Uns trennt nichts so sehr von der Vergangenheit wie unser Unvermögen, an Wunder zu glauben. In Shakespeares *Der Sturm* sind die wandernden Höflinge in einem Netz merkwürdiger Zauberdinge gefangen und begegnen kuriosen und monströsen Inselbewohnern. Der alte Gonzalo äußert dem Herzog gegenüber, dass Dinge, die früher als unmöglich angesehen wurden, heute täglich durch Reiseberichte bestätigt werden. Wenn wir uns jetzt dem ersten voll dokumentierten Bericht über ein wild aufgewachsenes Kind zuwenden, erinnern wir uns am besten zunächst daran, wie leicht Geschichten über wunderbare Mächte einst geglaubt wurden. 1726 kam der wilde Junge Peter, ein stummes und wild aufgewachsenes Kind, das in den kalten deutschen Wäldern zu Hause war, nach London. Ein Jahr nach seiner Ankunft erregte die Nachricht einer wundersamen Geburt in der Hauptstadt die Gemüter: Verlässliche Beobachter hatten berichtet, dass eine Frau, Mary Toft, Hasen zur Welt gebracht habe.

Es fällt einem heute schwer zu glauben, dass irgendjemand diesen Geschichten Glauben geschenkt haben kann, und wir schrecken halt vor solcher übermäßigen Leichtgläubigkeit zurück. Aber heute weiß auch jeder, dass keine Fantasie ganz unschuldig daherkommt. Wir als Leute mit Ironie und im Vollbesitz unserer Kräfte ahnen, wie wir uns bloßstellten, wenn wir an Unglaubliches glauben würden und schrecken davor zurück, so, als müssten wir uns einen quälenden, abstoßenden Traum bewusst machen. Was haben wir dennoch verloren, wenn wir nur so lau an die Möglichkeiten glauben? Der

Sinn für Wunderbares durchdringt die scheinbar so rationale Welt des 18. Jahrhunderts. Es könnte ja sein, dass das Bedürfnis, das diese Geschichten befriedigt haben, immer noch in uns vorhanden ist. Wenn wir also die Geschichte vom wilden Jungen Peter lesen, müssen wir uns zunächst in eine Welt zurückversetzen, in der das Wunderbare ein Gemeinplatz war und damals ganz leicht zu einem hochgemuten Witz werden konnte. Denn alle, die über Peter schrieben, nahmen seine Geschichte als Gelegenheit für frivole Äußerungen. Wir würden aber zeigen, wie platt wir denken, wie sehr bei uns die Skepsis eingewurzelt ist, wenn wir diesen Witz als Zeichen für Unglauben deuten würden. Nur in einem einzigen Fall (der sogar nur als Erzählung bekannt wurde) gab es einen Zweifel an der Wahrheit der Geschichte über Peter. Aber alles dies – sein wundersames Überleben, die Herausforderung durch ihn bezüglich der Auffassung, die man vom Selbst und dessen Stellung in der Gesellschaft hatte – hat die erhabene Betrachtungsweise in der damaligen Welt kaum erschüttert. Der Junge war für diese Leute wie ein verlorener Sohn in einer fantastischen Geschichte– und das war eben alles. So konnte man sich bei Fragen, die ihn betrafen, schnell anderen Gesichtspunkten zuwenden. Keiner verspürte den Drang, das zu überprüfen. Sie gaben ja Geld dafür, den Blick auf einen toten Indianer werfen zu können, und würden sich auch sofort auf einen wilden Europäer einlassen und beide mit der gleichen leidenschaftlichen, vorübergehenden Bewunderung betrachten.

Wir haben einen sehr langen Weg zurückgelegt; er beginnt bei Voltaire, geht über Richard Dawkins* und weiter, und mit jedem Schritt voran haben wir eines der Wunder gestrichen. Aber sind wir so anders als jene Zeugen, die Peter damals erlebt und seine clownhaften Tricks am Hofe des Königs mit Entzücken beobachtet haben, da sie als Zivilisierte darauf blickten?

In dem Sommer, als ich das Buch schrieb, besuchte ich eine protestantische Kapelle in London, die in jener modischen, schäbigen Gegend nördlich von Notting Hill gelegen war. Es war Sonntag, aber die Kapelle war leer. Sie war tatsächlich schon mehrere Jahre hindurch leer. Ein trauriges Überbleibsel jenes im Absinken begriffenen Glaubens an das Wundersame und Wunderbare. Allerdings kehrte in das Gebäude, das noch nicht ganz aufgegeben war, für einige Wochen durch eine Künstlergruppe Leben ein; eine Kunstausstellung wurde gezeigt.

Im Innern des Gebäudes mit seiner weißen Fassade war es, wenn man aus der Helligkeit des Juninachmittags kam, trüb dunkel. Ich durchkreuzte den Raum, wo die Gemeinde einst gebetet hatte, und ein Führer nahm eine Taschenlampe, ging voraus und führte mich über eine eiserne Wendeltreppe

---

* Britischer Zoologe, geb. 1941 in Nairobi; Familie 1949 zurück in England; seit 1970 Prof. an der Oxford University.

nach oben; es ging durch einen schmalen Treppenschacht mit schmutzig weißen Wänden, die immer näher heranrückten. Die Treppe führte in einen dunklen Raum, der nur schwach durch blaue Dachfenster beleuchtet war. In der Mitte des Raumes gab es jedoch ein helleres Licht, das durch Drähte hindurchschimmerte, die an den Speichen eines an der Decke hängenden Rades befestigt waren, und das bizarre Schatten auf den nackten Boden warf. Im Raum war murmelndes Stimmengewirr zu hören, ein Durcheinander fremdartiger Glaubensbekenntnisse, denn an jedem Drahtende hing ein kreuzförmiger, kreisförmig gerahmter Lautsprecher. Ich ging in die Mitte des Raumes und drückte nacheinander jeden der Lautsprecher an mein Ohr: Aus jedem konnte ich eine Geschichte vernehmen – eine aus Plymouth, aus Northumberland, aus Wisconsin, aus der Provence, von praktisch überall her – über fliegende Untertassen, die Begegnung mit außerirdischen Wesen.

Jede Geschichte handelte vielleicht vom bestimmenden Moment im Leben eines Einzelnen, der aber irgendwie zu fantastisch war, um in die gewöhnliche Form der Dinge hineinzugehören. Irgendwie zeigten die endlos sich windenden Monologe, in denen immer und immer wieder die gleiche Geschichte erzählt wurde, in doppelter Hinsicht unsere missliche Lage, in der wir uns nach unserem Abrücken von den Leuten, die den wilden Jungen getroffen hatten, heute befanden. Ja, auch wir glauben an Wunder – an Außerirdische, Tischklopfen, Telekinese, außerkörperliche Erlebnisse, Geister und Monster. Solche Erstaunlichkeiten sind aber getrennt von dem, was in unserem Leben den Rahmen bildet: Das Wunder ist aus dem Universum verschwunden und ist stattdessen lokalisierbar geworden, individuell und daher unbedeutend. Für die Zeugen jenes wilden Jungen damals verwies das Wundersame auf ein größeres Wunder, das überall anzutreffen war – obwohl gerade zu jener Zeit die Saat für unser heutiges mechanisches und gefühlloses Weltbild ausgestreut wurde.

Der wilde Junge Peter war allerdings nicht das erste Kind, das Aufmerksamkeit erregte und von erstaunten, rational denkenden Leuten befragt wurde. Im späten 17. Jahrhundert gelang es den neuerlich in Schwung gekommenen Experimentalwissenschaften – damals Naturphilosophie genannt –, auf die lange Zeit vorherrschende mythische und märchenhafte Behandlung des Themas vom wilden Kind einzuwirken. Die Philosophen und Schriftsteller begannen, in einfacher Form zu beschreiben, was sie sahen, und auf Grund dessen haben wir zum ersten Mal tatsächliche Berichte über wild lebende Kinder.

Mit Kenelm Digbys Bericht über »Johann aus Lüttich« findet zum ersten Mal der Fall eines solchen wilden Kindes in englischer Sprache Berücksichtigung. Digby ist ein typischer Mensch des 17. Jahrhunderts – überspannt und extravagant – ein angesehener Philosoph und Literaturkritiker, der heutigentags deshalb berühmt ist, weil er mit der berüchtigten Venetia verheiratet war, die er – wie angenommen wird – unabsichtlich umgebracht hat, indem er ihr Schlangengift zu trinken gab, in der Annahme, ihr würde dadurch ihre Schönheit erhalten bleiben. Ansonsten war Digby ein scharfsinniger Philosoph und hat also in einem philosophischen Werk über das Verhältnis von Körper und Seele, das 1644 veröffentlicht wurde, die Geschichte über Johann aus Lüttich erwähnt. Während der Religionskriege in Europa war Johann ein junges Kind. Er floh mit den anderen Dorfbewohnern in den nahe gelegenen Wald. Als die Soldaten die Gegend schließlich wieder verließen, kehrten die Dorfbewohner in ihre Häuser zurück, aber Johann,

> der ein sehr furchtsamer Mensch war, fantasierte schreckliche Bilder, sodass er damals sofort tiefer in den Wald gerannt war als die anderen. Er hatte nun befürchtet, dass alle, die er durch das Gebüsch erblickte und deren Stimme er hörte, Soldaten seien. Deshalb versteckte er sich vor seinen Eltern, die ihn verzweifelt überall suchten und so laut sie nur konnten nach ihm riefen.[1]

Da seine Eltern ihn nicht finden konnten, kehrten sie ins Dorf zurück, und Johann blieb allein im Wald und verbrachte dort mehrere Jahre, in denen er sich von Wurzeln und wilden Früchten ernährte. Im Wald schärften sich Johanns Sinne: Er konnte Nahrung noch in unwahrscheinlich weiten Entfernungen wahrnehmen. Auf diese Weise lebte er, bis es einen ungewöhnlich scharfen Winter gab, durch den er gezwungen wurde, Nahrung von den am Rande seines Dorfes liegenden Häusern zu stehlen.

> Das konnte er nicht so schlau ausführen. Und da er oft wiederkehrte, wurde er einmal entdeckt. Die ihn sahen, hielten ihn für eine Bestie von eigentümlicher Gestalt (denn er war nackt und am ganzen Körper mit Haaren bewachsen) und glaubten, sie hätten einen Satyr oder irgendeine erstaunliche Kreatur, über die uns Berichterstatter fremdartiger Ereignisse erzählen, vor sich. Sie legten sich auf die Lauer, um ihn zu ergreifen. Da er sich aber wie ein Tier entwinden konnte, konnte er ihnen ausweichen. Doch schließlich stellten sie ihm eine Falle. Der Wind stand günstig für sie, und so konnten sie ihn fangen. Und dann stellten sie bald fest, dass er ein Mann war. Obwohl er die Sprache vergessen hatte, zeigte er durch seine Gesten und Schreie die größte nur denkbare Verängstigung.[2]

Digby bekommt über den wilden Johann nur zu hören. Bernard Connor trifft die wilden Jungen persönlich. Connor ist ein junger Ire und Privatarzt des Königs von Polen und hat 1697 ein Werk mit dem Titel *Medicina Mystica* veröffentlicht. Darin beschreibt er, wie die Wundertaten in der Bibel mit der scheinbaren Unveränderlichkeit der wissenschaftlichen Wahrheit vereinbar sein könnten, und darin werden kurz wilde Kinder erwähnt. Connor kehrt in ausführlicherer Form zu diesem Thema in seinem folgenden Buch, *Die Geschichte Polens*, (1698) zurück.

Connor schreibt hier über mehrere wilde Kinder, darunter einen Bärenjungen aus Litauen, den man in dieser damals wilden, abseits liegenden, waldbedeckten Provinz Polens gefunden hatte. Dass Bären Kinder entführten, hielt man allgemein für ein häufigeres Vorkommnis in dieser Gegend. Connor sah in einem polnischen Kloster einen Jungen, der scheinbar von Bären aufgezogen worden war:

> Er war ungefähr zehn Jahre alt (wie es sich aus seiner Statur und Gestalt erschließen ließ), hatte ein schreckliches Antlitz und konnte weder den Verstand gebrauchen noch sprechen. Er lief auf allen vieren und hatte nichts vom Menschen an sich, außer seiner menschlichen Struktur.
>
> Da man aber erkannte, dass er einem vernunftbegabten Wesen ähnelte, wurde er ans Taufbecken zugelassen und getauft. Dennoch war er unruhig und beklommen und wollte oft fliehen.[3]

Der irische Arzt spricht hier alle die Punkte an, die ständig von allen frühen Zeugen, denen wilde Kinder begegnet sind, vorgebracht wurden. Ist der Junge ein menschliches Wesen oder nicht (»hatte nichts vom Menschen an sich«)? Handelt es sich hier um eine Seele, die man retten sollte oder ein Wesen, das außerhalb der christlichen Welt gehörte?

Connor erzählt, wie man dem Kind beigebracht hat, aufrecht zu stehen. »Sein Körper wurde an die Wand gedrückt und man hielt ihn wie einen Hund, dem man das Betteln beibringt ...«[4] Man konnte dem Jungen einiges an Sprache beibringen. »Als man ihn aber fragte, wie sein Leben im Wald abgelaufen ist, konnte er darüber nicht mehr berichten als unsereins über die eigenen Handlungen in der Wiege.«[5] Da er keine Sprache beherrschte, verschwinden seine Erfahrungen in der Vergessenheit.

Connor erwähnt auch einen zeitlich früheren Fall, der ihm von dem holländischen Botschafter in London, J.P. Van den Brande de Cleverskerk, berichtet wurde und der sich auf einen Jungen bezieht, dem Cleverskerk 1661 begegnet ist:

> Nachdem ich in diese polnische Stadt gekommen war, in der Absicht, bei der Wahl eines Nachfolgers für König Johann Kasimir – der abgedankt hatte – dabei zu sein, fragte ich, was es an diesem Orte Sehenswertes zu besichtigen gibt. Man nannte mir daraufhin Mehreres und unter anderem erwähnte man ein Nonnenkloster, das in einem Vorort der Stadt in Richtung

des Palastes von König Kasimir lag, wo man einen Jungen aufgenommen hatte, der von Bären großgezogen war und den man vor einiger Zeit bei einer Bärenjagd gefangen genommen hatte. Nachdem ich das gehört hatte, eilte ich sofort zu diesem Ort, um meine Neugierde zu befriedigen, und fand dort den besagten Jungen, der gerade unter dem Vordach außen am Klostertor spielte. Wie ich mich gut erinnere, schätzte ich sein Alter auf zwölf oder dreizehn Jahre. Als ich mich ihm näherte, sprang er auf mich zu, als sei er überrascht über mein Gewand und würde sich darüber freuen. Als erstes ergriff er sehr eifrig mit seinen Händen meine Silberknöpfe und hielt sie sich an die Nase, um daran zu riechen. Hierauf sprang er plötzlich in eine Ecke und gab dort ein merkwürdiges Geräusch von sich, das ähnlich wie ein Gebrüll war. Ich betrat das Gebäude, und dort informierte mich eine Dienstmagd über Einzelheiten, wie man den Jungen gefangen genommen hatte. Da ich aber mein Notizbuch nicht bei mir hatte, in das ich meine Reisebeobachtungen eintrage, kann ich Ihnen unmöglich eine genaue Beschreibung dieser Sache geben. Die Dienstmagd rief den Jungen herein und zeigte ihm ein großes Stück Brot. Als er das sah, sprang er sofort auf eine Bank, die an der Wand stand und bewegte sich darauf auf allen Vieren voran. Schließlich richtete er sich mit einem großen Sprung auf und nahm das Brot in seine beiden Hände und führte es an die Nase. Danach sprang er von der Bank auf den Boden und gab wieder wie vorher jenes merkwürdige Geräusch von sich. Man sagte mir, man habe ihm das Sprechen noch nicht beibringen können, hoffe aber, er würde es in Kürze können, denn er kann gut hören. Im Gesicht hatte er einige Schrammen, die, wie man allgemein annahm, von den Bären herrührten.[6]

Cleverskerk vermutet, dass diese Kinder wegen herumstreifender Tataren solches Schicksal erleiden müssen; die Eltern werden überfallen und in die Sklaverei geführt, noch bevor sie ihre Kinder sicher unterbringen konnten.

Dieser Bericht des Botschafters über sein Zusammentreffen mit einem wild aufgewachsenen Kind ist ein faszinierendes Beispiel, das zeigt, unter welchen Voraussetzungen man diesen Kindern anfangs begegnete. Dass er sich überhaupt aufmacht, den Jungen zu sehen, bestätigt, dass es offensichtlich eine Neugierde in Bezug auf solche Kinder gegeben hat. Allerdings ist klar, dass Cleverskerk, anders als spätere Zeugen, beim Besuch des Kindes relativ wenig gedanklich drauf eingestellt ist. Für ihn ist der Junge eine »Kuriosität«, die ihm während des Reisens begegnet ist. Hierher gehörten auch Naturphänomene oder Stätten von kulturellem Interesse oder Schönheiten wie ein Vulkan, eine Grotte, ein Garten mit Heilkräutern. Bei Menschen wurden mit dem Begriff »Kuriosität« allerdings Launen der Natur bezeichnet, Individuen, die etwas Außergewöhnliches auszeichnete. Der Botschafter macht also die Besichtigung in genau derselben Weise, wie aus den verschiedensten anderen Berichten über wilde Kinder verlautet. Wie es aber so oft vorkommt, wenn diese Kinder besucht werden, wird der Spieß durch den Bärenjungen umgedreht und der Besucher gelangt ins Blickfeld: Der zivilisierte Beobachter wird zu einem Objekt der »Kuriosität«.

Connor lenkt unsere Aufmerksamkeit auf ein weiteres wildes Kind. 1669 haben Jäger in den Wäldern Polens zwei Kinder überrascht. Eins der Kinder konnte den Jägern entfliehen, das andere wurde eingefangen und nach Warschau gebracht. Man taufte es dort auf den Namen Joseph und unternahm Erziehungsversuche:

> Er war ungefähr zwölf oder dreizehn Jahre alt, wie sich aus seiner Größe vermuten ließ, aber seine Manieren waren insgesamt tierisch. Denn er ernährte sich nicht nur von rohem Fleisch, wildem Honig, Holzäpfeln und weiteren solchen Köstlichkeiten, die die Bären verspeisen, sondern lief auch wie sie auf allen Vieren. Nach seiner Taufe lernte er aufrecht zu gehen, aber mit größter Schwierigkeit, und die Hoffnung, dass er je Polnisch sprechen könnte, war noch viel geringer, weil er seine Gedanken weiterhin in einem Ton, wie bei den Bären zu hören, ausdrückte. Einige Zeit später übergab ihn König Kasimir als Geschenk an den Vizekämmerer Posens, Peter Adam Opalinski. Der beschäftigte ihn in seiner Küche, wo er Holz und Wasser usw. holen musste. Er konnte aber nie dazu gebracht werden, seine ursprüngliche Wildheit aufzugeben, die er bis zum Tage seines Todes beibehielt. Denn er ging oft in den Wald zu den Bären und bewegte sich unter ihnen frei und ohne Furcht; die taten ihm kein Leid an, weil sie ihn, wie man annahm, als ihren Zögling ansahen.[7]

Das Leben in der Wildnis hat den Jungen auf eine menschenunähnliche Ebene gebracht. Allerdings erlangt er durch seine magische Hingezogenheit zu den Bären Ausgleich für den Verlust an Menschlichem, für seine Rauheit und Ungeschicklichkeit und für das aus dem Wilden herrührenden Unbegreifliche. Er erlebt unter den Bären Heilung, denn dort ist sein Verhalten frei von Furcht und Zwang. – Sein untermenschlicher Status kommt deutlich darin zum Ausdruck, dass er ein Geschenkobjekt des Königs an einen Politiker ist.

Connors kurze Erwähnungen sind ja nur Einschübe in ein Werk, das hauptsächlich über politische und historische Vorgänge handelt. Zum Schluss bemerkt er, dass »die Geschichte von *Romulus und Remus* höchstwahrscheinlich nicht so sagenhaft ist, wie allgemein vermutet wird«.[8] Er sagt, solche Geschichten grenzen an »philosophische Dinge«, und spielt auf seine frühere Diskussion über »von Natur aus im Menschen liegende Vorstellungen« in seiner *Medicina Mystica* an. Connor verpasst jedoch tatsächlich die Chance, eine philosophische Spekulation darüber in Gang zu bringen, womit der Gegenstand in eine andere Richtung gelenkt würde. Diese Möglichkeit wurde erst in den späten 1720er Jahren ergriffen, als Peter, der wilde Junge in den königlichen Palästen Londons auftauchte.

II Reine Natur

Es wäre tatsächlich eine schreckliche Satire über das gegenwärtige
erleuchtete Zeitalter, wenn wir es zuließen, dass diese Kreaturen eine
Seele und Denkkraft besäßen ... er müsste das als vernünftig für sich
 ansehen, wenn er weiterhin still und stumm zu bleiben wählte,
weiterhin mit den Vierfüßern des Waldes leben und sich unterhalten
wollte, und sich aus der menschlichen Gesellschaft wieder zurückzöge,
anstatt sich weiterhin unter dem informierten Teil der Menschheit
zu bewegen. Denn so viel ist klar, dass er einen Sprung ins Licht täte,
sofern er das erkennen könnte, den Sprung aus den Wäldern an den
Hof, aus dem Wald mit Tieren zur Versammlung der Schönheiten,
aus dem Erziehungshaus in Zell – wo er sich bestenfalls mit den
Gemeinsten der Schöpfung, nämlich den Almosen empfangenden
und den vagabundierenden Armen unterhalten hat – in die Gesellschaft der Geistreichen und Kavaliere unserer Zeit ...

Daniel Defoe, aus: *Mere Nature Delineated*[9]

Die Geschichte beginnt mit einem Zeugenbericht und dem einzigen privaten Bericht über das Wunder, das mitten in der Stadt zu besichtigen war. Am Abend des 16. April 1726 ging Jonathan Swift zu einer Eröffnungsfeier des Prinzen und der Prinzessin von Wales ins Leicester House, das an der Nordseite des Platzes Leicester Fields (heute Leicester Square) lag. Und hier, inmitten der schicken und kunstvoll graziösen Gesellschaft begegnete Swift zum ersten Mal dem wilden Jungen.

Der vorgebliche Grund für sein Kommen war, er wollte die Prinzessin von Wales, Karoline, treffen, die tatkräftig große europäische Intellektuelle um sich versammelte und schon lange darum bemüht war, Swift für sich zu gewinnen. Sie war mit Händel freundschaftlich verbunden; Leibniz, der Rivale des Mathematikers Isaac Newton, besuchte sie oft und führte mit ihr lange philosophische Plaudereien. Und Swifts Freunde, die Schriftsteller Pope und Gay, waren oft bei ihr zu Besuch. Seitdem Swift den Monat zuvor aus Irland nach London gekommen war, versuchte sie über einen Mittelsmann, ihren Arzt und alten Freund Dr. John Arbuthnot, an Swift heranzukommen. Karoline ließ ihm eine Einladung zukommen – elf Mal, wie Swift später mitteilte –, aber er hatte jedes Mal höflich abgelehnt und diesen kurzen Weg ins »piekfeine« Leicester House nicht unternommen. Vielleicht bereitete es Swift Spaß, dass man ihn umwarb; vielleicht hatte er aber auch schon seit langem diesen perversen Stolz, weil er nicht gebührend belohnt worden war. Er war zu lange Außenseiter gewesen und brachte es nicht zuwege, diese gesellschaftliche Belohnung zu genießen.

Am Abend des 16. war nach diesem langen Vorspiel seine Einführung allerdings ein voller Erfolg. Swift, der sich in seiner bekannt elegant-bescheidenen Weise bewegte, äußerte zur Prinzessin: Er sei darüber informiert, dass sie es schätze, merkwürdige Personen zu treffen, und so wie sie einen wilden Jungen aus Deutschland habe sehen wollen, so auch einen wilden Dekan aus Irland.[10]

Es war Samstagabend. Am Sonntag, Montag, Mittwoch und Freitag mussten die jungen Mitglieder der Königsfamilie die trockenen, offenen Abende bei König Georg im konkurrierenden Palast St. James verbringen. Den Dienstag, Donnerstag und Sonnabend hatten sie für sich. Nach seiner Rückkehr vom eleganten Durcheinander der königlichen Gesellschaftsfeier saß Swift alleine in seiner Wohnung in der Bury Street und schrieb einen Brief an seinen irischen Freund Thomas Tickell. Tickell stand kurz vor seiner Verehelichung, durch die er – wahrscheinlich zufällig – über seine zukünftige Frau Clotilda Eustace großen Besitz in der Grafschaft Kildare erwerben sollte.[11] Swift schrieb:

Ich bin jetzt einen Monat hier, nehme Beziehungen zu den verbliebenen alten Bekanntschaften auf und gehe herum, um neue zu knüpfen. Ihre Leute verhalten sich mir gegenüber sehr zivil, und ich erlebe eine tausendmal bessere Behandlung als durch die Abordnung in Irland. [Tickells »Leute« sind die Anhänger der politischen Partei der Whigs. Swift war ein großer Anhänger der Gegenpartei, der Tories, hatte aber kürzlich mit Walpole, einem eingeschworenen Whig und berüchtigten, korrupten Politiker gespeist.] Diese Nacht sah ich den wilden Jungen, der hier angekommen ist, und über den die halbe Zeit während der letzten vierzehn Tage geredet wurde. Er befindet sich in der Obhut von Dr. Arbuthnot, aber der König und der Hof fanden ihn so unterhaltsam, dass die Prinzessin ihn erst jetzt zu sich holen konnte. Ich halte ihn nicht für wild in der Weise, wie über ihn geredet wird.[12]

Swift hielt ihn also nicht für so wild, wie von ihm behauptet wurde. Vielleicht passt es sehr gut, dass gerade der Mann, der im selben Jahr in London feinste Wunder abgeliefert hat – indem er über einen Reisenden schrieb, der auf einer Insel festgehalten wurde, wo Pygmäen von nur fünfzehn Zentimetern Größe lebten –, der unseres Wissens einzige ist, der Zweifel an dieser Geschichte hat. Aber Swift schreibt: »geredet wurde«. So stand dieser Junge in jenem Frühling also im Blickfeld der hellsten und schärfsten Geister jenes Augusteischen Zeitabschnitts, also von Swift und seinen Freunden, dem nur eingeschränkt als Dichter tätigen Alexander Pope; dem schottischen Arzt John Arbuthnot, der den Jungen in seiner Obhut hatte; dem ambitionierten und geistreichen Stückeschreiber John Gay; und dem einst in Ungnade gefallenen Staatsmann Bolingbroke. Der Junge hatte sich aus den dunklen, ruhigen Wäldern bei Hannover ins Zentrum des modischen und intellektuellen englischen Lebens verirrt.

In kleinerer Form hatte Swift selbst eine solche Reise unternommen. Er war aus seiner irischen Heimat ins Exil nach London gegangen, wo er 13 Jahre zuvor schon gewesen und als literarische und politische Persönlichkeit anerkannt war. Nicht, dass sich sein Einfluss während seiner Abwesenheit verringert hätte – seine Abhandlungen über irische Angelegenheiten machten ihn zum Helden im Land und zum Dorn im Auge des englischen Establishments. – Swift, der einst Dekan von St. Patrick war, lebte jetzt ein zurückgezogenes, aber geselliges Leben im komfortablen London und Surrey. Er übertrieb vor seinen Freunden und sich selbst gegenüber, wie groß für ihn die Anstrengungen in Dublin gewesen waren.

Diese Freunde, insbesondere der Arzt Arbuthnot, hatten schon vor Jahren versucht, Swift zur Rückkehr nach London zu überreden; jener sah vor seinem geistigen Auge die alte Mannschaft wieder beisammen, so wie »Seeleute nach einem Sturm«. Vielleicht war für Swift Anlass für die Rückkehr, dass er vor kurzem sein Meisterwerk, *Gullivers Reisen*, vollendet hatte. Außerdem fühlte er sich alt; die Taubheit nahm zu; er hörte ständig Geräusche wie Meeresrauschen; und obwohl er die sich aufdrängende Einsamkeit schätzte, fürchtete er sich zugleich davor. Er brauchte seine Freunde, obwohl er es deutlich vorzog, mit ihnen auf kontrollierter Distanz zu bleiben und zu korrespondieren. Aus seinen Briefen nach London vor seiner Rückkehr – die er immer wieder hinausgeschoben hatte – ist herauszuhören, dass er sich unwohl und unduldsam dabei fühlte. Die Zeit verstrich, und er musste auch ans Sterben denken. So schrieb er im September 1725 an Pope, während Dr. Arbuthnot schwer erkrankt war: »Mr. Lewis hat mir einen Bericht über Dr. Arbuthnots Krankheit geschickt. Das betrübt mich ganz empfindlich, da ich so lange außerhalb der Welt gelebt und dabei die Härte des Herzens verloren habe, die ich durchs Alter und allgemeine Konversation erworben hatte. Ich verliere täglich Freunde, suche aber weder neue und versuche es auch nicht.« Die Vorstellung, dass das Leben in der Gesellschaft dem empfindsamen Fühlen Härte zufügt, ist ein typischer Seitenhieb Swifts: Schließlich war der junge La Rochefoucauld, der König der Zyniker, Swifts literarischer Meister.

Er kam in London um den 16. März herum an und bezog seine Wohnräume in der Bury Street, unweit der königlichen Gemächer. Pope kam zu ihm am 20., und in den folgenden Tagen unternahm Swift eine Reise ins Umland und machte kurze Besuche bei dem arroganten Lord Chesterfield und dem Tory-Politiker William Pulteney. Er besuchte Bolingbroke auf seinem Landsitz bei Dawley (nahe Uxbridge), der ein Zentrum für die oppositionellen Torys gegen die in der Regierung stehenden Whigs bildete, und fuhr dann weiter zu Pope nach Twickenham, wo er sich kurz aufhielt. Er war bald wieder zurück in London und wurde hier wiederholt durch Dr. Arbuthnot gebeten, die Prinzessin von Wales im Leicester House zu besuchen. So geschah es, dass er am 16. April schließlich darauf antwortete und somit den wilden Jungen zu sehen bekam.

Arbuthnot hatte ihn Peter genannt – Peter der wilde Junge. Man hatte ihn in den Wäldern bei Hameln im Kurfürstentum Hannover – entweder im Hochsommer oder zur Weihnachtszeit – entdeckt. Wie wir sehen werden, kam es zum Termin Weihnachtszeit durch eine mythische Interpolation: Wir haben ja schon gesehen, dass das wild aufwachsende Kind mit der Geburt eines Gottes in Verbindung gebracht werden konnte; des Weiteren herrschte im Volk die Auffassung, eine Geburt zur Weihnachtszeit sei etwas Unheimliches. Was wir über Peter wissen, ist vielfach so konfus und unsicher wie dieses hier. Fand man ihn beim Milchsaugen an Kuheutern auf einer Wiese, oder wurde er herumstreifend in den Wäldern gefangen, wurde er von Jägern in einer Baumhöhle entdeckt, als er gerade Nüsse knackte und Ahornfrüchte aß? Hatte er sich wirklich nur von Kräutern und Nüssen ernährt (nach manchen Berichten von Gras und Moos)? Woher stammte er? Hatten ihn Zigeuner ausgesetzt, die ungefähr zwölf Jahre zuvor hier durchgezogen waren? Einzig sicher war, dass man ihn lebend gefunden hatte – nackt, dunkelhaarig und sonnengebräunt. Er war stumm und konnte niemandem etwas über sich oder seine Geschichte erzählen.

Man schätzte sein Alter auf zwischen zwölf und fünfzehn. Er wurde in ein Erziehungsheim nahe bei Zell (Celle?) gebracht, und von dort aus brachte ihn der Verwalter der Anstalt nach Herrenhausen, dem Sitz des englischen Königs Georg I. in Hannover, das auch die Sommerresidenz der königlichen Familie war – von daher erscheint seine Gefangennahme im Juli als wahrscheinlicher. Herrenhausen war ein großes, imposantes Schloss, das sich bewusst ans Vorbild Versailles anlehnte. Zur Mittagszeit wurde der Junge dem König vorgeführt. Er bekam eine Serviette umgebunden und wurde am Tisch platziert, weil der König sehen wollte, wie der Junge aß. Er hatte überhaupt keine Tischmanieren, sondern griff gierig mit seinen Händen in die Schalen, in denen er Schmackhaftes fand, wie z. B. Spargel und andere Gartengemüse. Nach kurzer Zeit wurde befohlen, ihn wegzuführen, weil er sich wie ein Schmierfink benahm.[13]

Im Frühjahr des folgenden Jahres (1726) kam Peter der wilde Junge nach London und wohnte dort eine Zeit lang bei Georg I. im St. James's Palace, dem Winterquartier des Königs. (Whitehall Palace war 1698 niedergebrannt, und es war immer noch kein Geld für den Wiederaufbau vorhanden. St. James's Palace war ein ärmlicher, unspektakulärer Ersatz.) Seit der wilde Junge in London war, gab es seinetwegen Streitereien zwischen dem König und seinem Sohn samt Schwiegertochter.

Das Verhältnis zwischen Vater und Sohn war ohnehin oppositionell – es gab damals traditionell zwischen den jugendlichen und den älteren Angehörigen des Königshauses in Fragen der Politik Differenzen. Der König residierte langweilig-glanzvoll in St. James's; sein Sohn und seine Schwiegertochter hielten Hof nur unweit entfernt im berühmten Leicester House. Der Hof war der Ort, wo gesellschaftliche Veränderungen eingeleitet wurden: Hier traf sich eine ausgewählte Gruppe und flirtete, plante, machte sich Versprechungen oder erlebte, wie Hoffnungen vereitelt wurden. Da es in St. James's langweilig zuging, zogen jetzt die Jungen der Königsfamilie die Gruppen an – eine Situation, die Georg I. möglicherweise gefiel, weil es sein Wunsch war, nicht im Rampenlicht der Monarchie zu stehen.

Der König war eine private, scheue Person, ehrlich aber langweilig, plump höflich und von unfürstlicher Zurückhaltung. Er war klein und schlank und durch das viele Reiten und die Vorliebe fürs Laufen von magerer Gestalt. Sein Sohn Georg, der Prinz von Wales, war in vieler Hinsicht weniger attraktiv: Er hatte ein wildes Temperament und war schwerfälligen Geistes. Er war stumpfsinnig und prinzipiell nicht an Literatur und Philosophie interessiert. Da seine Frau aber klug und geistig wach war, löste sich bei ihm etwas, sodass er sich als Aristokrat nicht so dumm und bäuerlich verhielt. Ungefähr 19 Jahre früher, als sie gerade verheiratet waren, war Georg während der Zeit, als seine Frau an Pocken erkrankt war, bei ihr geblieben, was damals ein ganz unüblicher liebenswürdiger Akt war. Ähnlich unorthodox verhielt er sich beim Werben. Der junge Georg war neugierig, wie seine zukünftige Frau aussah, und hatte sich als »Monsieur de Busch« verkleidet zu ihr aufgemacht, und während der Maskerade hatte er sich romantisch in sie verliebt. Nach seiner Heirat suchte er sich, wie es üblich war, eine Mätresse. In seinem Fall war es Henryetta Howard, die Frau von Henry Howard, einem reizbaren, zügellosen Trunkenbold. Aber Karoline kam mit Henryetta, die eine attraktive, lebendige Frau in Georgs Alter war, gut aus und behandelte diese Affäre mit freundlicher Nachsicht.

Als Peter der wilde Junge am Freitagabend, dem 8. April, zum ersten Mal im St. James's Palace auftauchte, begeisterte er die versammelte Gesellschaft. Der König hielt gerade in seinen Palastgemächern für reisende Diplomaten Hof; man war in einem Prunkzimmer mit Baldachin versammelt. Bei weniger formellen Anlässen versammelte man sich allerdings im Großen Gesellschaftsraum, wo sich der Adel und die Minister trafen und Fremde den König, seinen Sohn, dessen Frau und die Enkelkinder zu sehen bekommen konnten.[14] Peter war an diesem Abend in einen leuchtend blauen Anzug gekleidet worden – trotz seiner Abneigung gegen Bekleidung –, und man hatte ihn in diesen Raum vor den König und seine Kinder mit deren Familien gebracht. Er spielte dort mit Karolines Handschuh, war von einer Taschenuhr, die die Stunden schlug, fasziniert und versuchte wie üblich ein paar kleinere Taschendiebstähle. Außerhalb des Hofes spekulierte man, was an diesem Abend vorgefallen sein könnte. Die Hofdamen waren, wie man annehmen kann, von Peter enttäuscht, weil er zu jung für Liebesaffären war, und waren wahrscheinlich nichtsdestoweniger über seinen Versuch, die junge Lady Walpole zu küssen, amüsiert. Sie war die Tochter des dicken, ständig intrigierenden Robert Walpole und hatte platte Züge. Außerdem kursierte das Gerücht, dass Peter – anders als anständige, zivilisierte Leute – die Bediensteten von Lord Chamberlain festgehalten und sich den Hut eher als der König aufgesetzt habe. Karoline war fasziniert von dem Jungen: Sie hatte sich vorgenommen, Peter vom Schwiegervater wegzuholen und bei sich im Leicester House unterzubringen. Der König zögerte mit seiner Zustimmung eine Woche lang, denn auch ihn erfreute die Gesellschaft des Jungen. Dieser brachte mit seinen Mätzchen eine Auflockerung in die formelle und lähmende Atmosphäre bei Hofe. Schließlich gab er nach, und Peter reiste die kurze Strecke von der Mall zum West End.

Peter war nun also inmitten der königlichen Intrigen und dem modischen Leben gelandet. Er hatte einen geraden Rücken und lief mit aufrechter Körperhaltung; sein dunkelbraunes Haar war dick und buschig. Er war mit den Augen unablässig unterwegs, war aber fröhlich gestimmt und lachte häufig.[15] Sein vierter und der Mittelfinger waren bei der Heilung einer Wunde wie mit einer Schwimmhaut zusammengewachsen. Karoline kleidete ihn höfisch ein: Er trug eine jägergrüne Jacke, die rot eingefasst war, dazu scharlachrote Strümpfe. Von dem Zeitpunkt an gefielen ihm feine Kleidungsstücke. Allerdings konnte man ihn nicht dazu bringen, nachts im Bett zu schlafen, sondern er legte sich in irgendeine Ecke des Raumes auf den Boden.[16]

Die Aufsicht über den wilden Jungen hatte Dr. Arbuthnot, Swifts enger Freund, entweder bei dessen Eintreffen im Leicester House oder wahrscheinlich bereits bei der Abfahrt übernommen. Man kann sich kaum vorstellen, dass man eine glücklichere Wahl für einen Erzieher hätte treffen können. Dr. Arbuthnot war ein heiterer, freundlich-sarkastischer Mensch. Er war als Gelehrter unbefangen, ein witziger Kopf, unbekümmert, plauderte unbedacht, spielte eifrig Karten und lief krumm herum. Sein Gehirn arbeitete unberechenbar und blitzartig; er legte keinen größeren Wert auf seine Errungenschaften im Literarischen, aber die Gedanken und Einfälle schossen ungezwungen aus ihm hervor. Er war bekannt dafür, dass er sich in Gesellschaft unbestimmt und unaufmerksam verhielt und sich durch das gesellschaftliche Leben freundlich und nebelhaft hindurchbewegte und glücklich über diese Inkonsequenz war. Er war ein gefräßiger Esser und tat das ohne Reue. Er war ein Schotte, Arzt, befreundet mit den besten Schriftstellern seiner Zeit, war selbst Schriftsteller und sein Leben war beneidenswert geordnet: Um ihn herum seine Familie, die Religion als seine Stütze, und durch seine witzigen Einfälle ein abwechslungsreich gestaltetes Leben. Immer wieder war bei ihm Fröhlichkeit anzutreffen. Charakteristisch für ihn ist, was er einmal an Swift schrieb: »Ich glaube, es gibt keinen anderen guten Grund zu leben bis man siebzig ist, als die Neugierde.« Hinter dieser Erscheinung des humorvollen Beobachters muss sich aber noch ein schlichtweg vorhandener, nicht zu verleugnender Ehrgeiz verborgen haben: Denn hätte er sich aufs Altenteil zurückgezogen, wäre er nicht Arzt zweier Königinnen gewesen. Arbuthnot war jemand, der vorankam, weil er das Verdienst besaß, ein guter Kamerad zu sein, ein wahrhaft unbeschwerter Ruhepunkt, an den sich der angestrengtere, stoische Freund Pope und Swift mit seiner gutmütigen Gereiztheit anlehnen konnten. Natürlich kann die äußere Erscheinung irreführend sein, aber um die Freundschaft mit Swift entwickeln zu können, muss Arbuthnot über den wahren Grund von Swifts Misanthrophie besser Bescheid gewusst haben.

Arbuthnot hatte mit Swift und anderen Schriftstellern dieses Kreises – man kann sogar sagen, mit dem kulturellen Leben seiner Zeit – dies gemeinsam, dass er von sich ein flüchtiges, entschuldigendes Porträt zeichnete. Pope spricht ihn in seinem berühmten Gedicht »Eine Epistel an Dr. Arbuthnot« direkt an, zitiert dort ironische Selbstbeschreibungen und zeigt seine Posen (»diese lange Krankheit, mein Leben«; »ich lispelte zum wiederholten Mal«). Und auch in Arbuthnots Briefen findet man dieselbe Attitüde:

Was Ihren ergebenen Diener anbelangt, hat er einen großen Stein in seiner rechten Niere, muss für eine Familie aus Männern und Frauen sorgen und ist bei öffentlichen Angelegenheiten wie gehabt fröhlich ... Er schimpft nicht über große Leute, außer vor deren Angesicht; und dazu hat er, wie ich Ihnen versichern kann, sowohl die Gelegenheit wie auch die Erlaubnis. Er hat einige empfindliche Freunde und noch weniger Feinde. Wenn überhaupt, wird er – der gering genug ist – von Letzteren eher verachtet, als dass sie ihn bedrängen.
Ich grüße Sie, verehrter Herr, Ihr ergebenster Diener
J. ARBUTHNOT

Wie er hier spielerisch Selbstmitleid und stolze Selbstbestätigung vermischt, ist typisch. Arbuthnot trug sogar bei engsten Freundschaften eine Maske.

Als sich Swift und Arbuthnot im Sommer 1711 zum ersten Mal trafen, schien das Verhältnis zwischen ihnen einfach. Die beiden trafen sich im Scriblerus Club, einer Gruppe von Literaten und Satirikern, zu denen im engsten Kreis Pope, Gay und der Dichter Thomas Parnell gehörten. Sie waren dort oft beim Essen zusammen, oder sie ritten zusammen um den Windsor Park und flirteten mit den jungen Hofbediensteten von Königin Anna. Dennoch herrschte bei dieser Freundschaft eine merkwürdige Unsicherheit auf beiden Seiten. Ihrer Korrespondenz ist zu entnehmen, dass ein Sehnen bestanden hat; es hat wiederholt Beteuerungen gegeben, dass weiterhin Geneigtheit bestehe. Jeder äußerte leichte Zweifel über sich selbst und schloss daran betont Äußerungen der Bewunderung für den anderen an. Arbuthnot war direkter Zeitgenosse Swifts: Beide waren 1667 geboren und hatten, als man ihnen die merkwürdige Gestalt, den wilden Jungen, vorstellte, das Ende des mittleren Alters ohne weitere Illusionen erreicht. Andere Freundschaften, die Arbuthnot hatte, waren allerdings einfacher. Er kannte Händel gut und war gut mit der besten Gesellschaft Londons und Baths bekannt. Man hat von ihm insgesamt den Eindruck, dass er ein vielschichtiger Mann war, der sich in der ehrenwerten Haltung eines schlicht angenehm-gutmütigen Menschen zurücklehnte und sich sogar darin verbarg.

Obwohl Arbuthnot vorgab, ein neugieriger Mensch zu sein, hat er nichts über seine Beteiligung an der Erziehung des wilden Jungen geschrieben, was aufschlussreich ist. Deshalb haben wir nur eine bruchstückhafte Kenntnis über deren Verhältnis, die von unsicheren Belegen zeitgenössischer Notizen herrührt. Darin wird uns berichtet, dass er versucht hat, dem Jungen die Sprache beizubringen, indem er ihn instruiert hat, die Buchstaben des Alphabets auszusprechen und sich dann bemüht hat, Buchstaben zum Wort zu verbinden.[17] Es überrascht vielleicht nicht, dass diese Methode (sofern sie überhaupt angewandt wurde) zu keinem Ergebnis geführt hat. Peter hat nie das Sprechen erlernt, konnte aber, wenn Arbuthnot ihn dazu veranlasste, einsilbige Worte aussprechen.

Der wilde Junge scheint während einer bestimmten Zeit seines Aufenthalts in London bei Arbuthnot gewohnt zu haben: Peter wurde am 5. Juli in Arbuthnots Haus, nahe Burlington Gardens, getauft. Wir erfahren, dass Arbuthnot unverhältnismäßig streng mit dem Jungen umgegangen ist. Er hat dessen Gemütserregungen dadurch gebremst, dass er ihm Furcht einflößte, und hat ihm mit breiten Lederbändern auf die Beine geschlagen.[18] Das scheint nicht zum Bild, das wir vom gütigen schottischen Arzt haben, zu passen, aber es stimmt vollkommen mit der Kindererziehung jener Zeit überein. Jedenfalls wird Arbuthnot mit seinen Methoden einen kleinen Erfolg errungen haben:

Peter lernte, etwas rein mechanisch zu holen und zu befördern, außerdem Leute zu grüßen, indem er sich verneigte und die Hand küsste, wie es die modisch gesinnten Leute jener Zeit taten.[19] Dass er dieses hinbekam, war zweifellos eine Verbesserung. Aber was machten die klugen Leute und Schriftsteller aus Peter? Auf welche Gedanken werden sie bei ihren zweiwöchigen Gesprächen über ihn gekommen sein?

III Die Geschichte vom Schweigen

Er befindet sich jetzt, wie ich gesagt habe, im rein natürlichen
Zustand, und das tatsächlich im wörtlichen Sinne. Wir wollen hier
seine Verfassung, soweit wir das hinbekommen, beschreiben:
Er scheint genau die Kreatur zu sein, nach der sich vor vielen Jahren
die gelehrte Welt gesehnt hat, nämlich jemand, der gänzlich außerhalb der menschlichen Gesellschaft geblieben ist und also nie
jemanden hat reden hören und deshalb nie hat sprechen müssen –
außer, er hat mit sich selbst geredet – von dem man also erfahren
könnte, was für eine Sprache von der Natur her zu allererst von
den Menschen geformt wird.

Daniel Defoe, aus: *Mere Nature Delineated*

Im Frühjahr und Sommer 1726 war es äußerlich ruhig, aber die Stimmung war bedrohlich. Es kursierten ungehindert Gerüchte über einen Krieg in Europa, und durch dieses Klima des unbeständigen Friedens schrumpften die Vorräte, und der Handel ging zurück. Das Leben in London verlief in dem gewöhnlichen »ordentlichen Chaos«. Welchen Weg man wählen sollte, wurde zur Hauptbeschäftigung: Die Straßen waren ständig schlammig; jeder wollte also, um nicht bespritzt zu werden, an der Mauer und nicht an der Straße entlanglaufen; so hatte sich eine genaue Etikette darüber herausgebildet, wen man »an die Wand heranlässt«. Die verkehrsreichsten Straßen waren die schmutzigsten aber auch die sichersten. Die Alleen waren ruhiger, sauberer und abends weniger bevölkert, deshalb also gefährlicher. Nach Einbruch der Dunkelheit waren auch die Londoner Plätze gefährliche Orte, denn die Überfallgefahr war wahrscheinlich größer als heute. Die Themse war das wahre Herz der Stadt: Am schnellsten überquerte man sie mit dem Boot, allerdings hatte man mit der Grobheit der Fährleute zu rechnen, die allgemein dafür bekannt waren, dass sie zu betrügen versuchten, aber das war nicht abzustellen.

Abends gab es wie heute eine Hauptverkehrszeit, wenn sich die Arbeiter im abendlichen Zwielicht auf den Weg nach Hause machten. Jeder machte sich abends in seinen bestimmten Bezirk auf: Die Seeleute und Dockarbeiter wohnten mit ihren Familien im östlichen Teil der Stadt; die Armen der Stadt hausten östlich, außerhalb der Stadtmauern und in der Gegend um die berüchtigte Grub Street; die wohlhabenden Kaufleute und Händler wohnten im Stadtzentrum; der Adel hatte sich im aufblühenden Westminster ausgebreitet. Hier wurden Plätze angelegt und Häuser aus gutem Backstein errichtet, sodass die Adligen hier nicht unter Qualm, Geräusch und Gestank zu leiden hatten wie in den älteren schmalen Straßen und kleinen Gassen der Innenstadt.

London war versessen darauf, stilvoll zu sein; die Stadt war eine Mischung aus Mode und Elend. Als Peter zum ersten Mal in den königlichen Palast St. James's gebracht wurde, gelangte er unabsichtlich in eine der schicksten Gegenden der Stadt. Der St. James's Park war ein zentraler Treffpunkt für unerlaubte Liebschaften. Auf der in der Mitte des Sees gelegenen Insel zogen sich die Paare in ihre »privaten Schlupfwinkel« zurück, um sich ihren Liebeleien hinzugeben. An der Nordseite, unweit des Palastes, befand sich ein bekanntes Bordell, und am »Rosamonds Teich schlichen paarweise Gauner und Huren – wie das Vieh, das in Noahs Arche gebracht wurde – herum«.[20] Von den jungen Milchverkäuferinnen auf der Mall war bekannt, dass von ihnen noch andere Erfrischungen als nur Milch angeboten wurden; auf dieser Avenue wanderten die Beaus und die modischen Adligen hin und her und waren begierig darauf, zu sehen und gesehen zu werden.

Die Öffentlichkeit in der Hauptstadt wurde schnell enorm neugierig auf Peter: Aufsätze wurden über ihn gedruckt und Bücher geschrieben; ein Bildnis aus Wachs wurde auf dem »Strand« aufgestellt und eine weitere Nachbildung in halber Körpergröße bei Mrs. Salmon in der Fleet Street ausgestellt, wo sie auch noch viele weitere Jahre stehen blieb.[21] Mit Ausstellungen wie dieser sowie durch Schriften, in denen über Peter geschrieben wurde, wurde der Allgemeinheit vor Augen geführt, was sie als Masse nicht zu sehen bekam, da sich der Hof exklusiv machte. Gewöhnlich waren solche »Außenseiter« direkter zu besichtigen, indem man sie auf Jahrmärkten oder auf der Straße zu sehen bekam. So ist über ein Mädchen berichtet worden, das keine Finger hatte und eine prophetische Sehergabe besaß, und der man beim Nähen zusehen konnte (»Sie berührt das frei«). Oder über einen Jungen, der Brüste wie eine Frau hatte und dem die Beine fehlten. Und, sehr passend: Über ein wild aufgewachsenes Kind, den »Spanier mit ausgeprägter Grimasse«; er soll fünfzehn Jahre lang unter wilden Tieren in den Pyrenäen gelebt haben und war jetzt in der Lage, gewisse Tricks auszuführen: Er konnte z. B. das Gesicht zusammenziehen, bis es nur noch apfelgroß war, konnte die Zunge 30 cm lang herausstrecken, das Gesicht wie eine Eule oder wie das einer Leiche aussehen lassen und auch zur Laute singen.[22]

Da man zu jener Zeit leichtgläubig war und naiv an Wunder geglaubt wurde, ist es schwer, ausfindig zu machen, was es an Fakten über Peter gegeben hat. Damit ist hauptsächlich gemeint, dass die Schriften über ihn einfach kein Interesse dafür aufbringen, welche Umstände zu seiner Entdeckung geführt haben und wie seine Erziehung verlaufen ist. Meistenteils wird nicht einmal untersucht, wo er anfangs überhaupt herkam. Die Schriften über Peter sind im Grunde genommen Sticheleien, improvisierte »witzige« Variationen über neueste Meldungen – sie tragen Titel wie »Regen reicht nicht, es muss in Strömen gießen«, »Das wunderbarste Wunder, das je dem Wunderding Britische Nation erschienen ist«, »Das dicke Ende kommt in St. James's noch nach« oder »Das Manifest des Lord Peter«. Sie spötteln über Peter, den Hof, die Aristokraten, die Frauen. In den Interessanteren von ihnen werden die Menschen auf Kosten des Edelmuts der Tiere verspottet.

Man ist versucht zu sagen, dass wir es hier mit dem Fall zu tun haben, wo ein wild aufgewachsenes Kind vor die kulturelle Staffage gelangt und man nun neugierig ist, wie man es angemessen beschreiben kann. Aber damit würde eine Kultur einfach nur verdammt, weil bei ihr nicht das gleiche Interesse wie bei uns heute bestand. Man war tatsächlich sehr stark an dem Jungen interessiert; aber der Hintergrund war zumeist ein anderer, als man annehmen würde.

Für diese satirischen Schriftsteller, die über Peter schrieben, erwies er sich zuerst und hauptsächlich als ein bequemes Beweismittel, mit dem sie die Grillen der Mode angreifen konnten. Keiner konnte den merkwürdigen Zusammenhang unberücksichtigt lassen, dass er sich inmitten des Zentrums der Neumodischen selbst modisch verhält, aber vorgibt, sich nicht darum zu kümmern, welchen Wert das Aussehen und das Eindruckmachen haben. Es gab auch ein bitteres Witzeln aus der Ecke der Gleichmacherei: Da hieß es, dass diese so elende Figur Peter dem Adel ähnele, welcher ja so prächtig bis ans Lebensende in London lebte. Einige Jahre später schrieb der französische Materialist La Mettrie sein Meisterwerk »Der Mensch. Eine Maschine«, in dem er aus gleichem Geist bemerkt, dass man Affen leicht in perfekte, in der Stadt herumschwärmende Menschen verwandeln könne.[23] Die Verfasser der Schriften waren sich aber bewusst darüber, dass in diesem kuriosen Fall eine Übereinstimmung deshalb bestand, weil Peter absolut schwieg und daher auf die äußere Erscheinung reduziert war, so wie im Falle der Beaus, die nur durch den Schnitt eines Mantels oder durch ihr Auftauchen auf den entsprechenden Straßen bedeutsam erschienen. Bei keinem war es möglich, »den wahren inneren Menschen« wahrzunehmen.

An zweiter Stelle war für sie allerdings etwas interessant, was auch wir angesichts wild aufgewachsener Kinder so empfinden, wie wir an dem Moskauer Jungen feststellen konnten: Die Trennung zwischen Mensch und Tier, was in deren Schriften im Mittelpunkt stand. Man kommt immer wieder auf die Vorstellung zurück, dass wilde Tiere das Kind gesäugt haben müssen, allen voran der Bär. Diese Vorstellung, dass die wilden Eltern Bären waren, war faszinierend und erhielt durch örtliche Umstände einen zusätzlichen Reiz: Es war in London etwas Alltägliches, einen Bären zu sehen, denn sie waren beliebt und wurde gefangen gehalten – es gab die bekannte Bärengrube in Hockley-in-the-Hole in der Innenstadt.

In den Texten ist daher die Befürchtung herauszuhören, dass es zwischen Menschen und Tieren eine Verwandtschaft gäbe. Aber weshalb sollte das solche Bedeutung haben? Wenn wir die Zeugen, die Peter den wilden Jungen mitten in der modischen Gesellschaft Londons spielen sahen, verstehen wollen, müssen wir manches von dem, wie wir auf Vorgänge in der Welt antworten, vergessen. Hier wird von unserer Vorstellung ein Kraftakt verlangt, wenn wir uns in die größere Welt der 1720er Jahre zurückversetzen wollen. Damals konnte eine Reise durch England hintereinanderweg Tage dauern, und Südamerika oder die Karibik muss man als so weit entfernt empfunden haben wie den Mond. Entfernung gehörte zum Leben, und Entfernung erzeugte Fremdheit. Die Menschen, denen man an diesen entfernten Orten begegnete, konnten kaum als menschlich angesehen werden, so fremd war ihr Aussehen und so merkwürdig ihre Lebensart. Der Reiseschriftsteller William Dampier bemerkte über die Bewohner Neu-Hollands: »Die Bewohner dieses Landes sind die erbärmlichsten Leute der Welt ... Und wenn man mal außer Acht lässt, dass sie menschliche Gestalt besitzen, dann scheinen sie sich kaum von Tieren zu unterscheiden.«[24] Durch die Verbreitung solcher Reisebeschreibungen zu einer Zeit, als England seine kolonialen Unternehmungen in weit entfernte Länder ausdehnte, musste es dazu kommen, dass es Zweifel hinsichtlich der allgemeinen menschlichen Natur gab. In klassischer Zeit hatte Plinius seine Geschichten über die Völker im Atlasgebirge erzählt, »wo man von den Sitten und Umgangsformen der Menschen abgeirrt ist« und von »den Satyrn, die dem Menschen nur von der Gestalt her gleichen, aber keine Eigenschaften oder Manieren mit ihm gemein haben.«[25] Und im *Gottesstaat* hatte Augustin über eine Gruppe fantastischer Figuren und menschlicher Monster geschrieben und sich besorgt gezeigt, ob man sie den menschlichen Wesen zurechnen könne.[26] Und ein Jahrhundert zuvor hatte Shakespeare im *Sturm* mit Caliban einen Wilden auf die Bühne gebracht, der verkörpert, wie groß die potenziell bei uns vorliegende Ungleichheit ist. Die Gegenwart des Wilden in der Kultur und die wachsende Kenntnis über die Verschiedenheit der Menschen schwächte die Vorstellung ab, die man vom Menschsein hatte.

Verwirrung war entstanden, doch den Menschen des Aufklärungszeitalters war daran gelegen, zu definieren und zu ordnen. Nur zehn Jahre nachdem Peter zum ersten Mal aufgetaucht war, machte sich der sehr einflussreiche Naturhistoriker Carl von Linné an sein Werk, das Reich der Tiere zu systematisieren. Sein *Systema Naturae* (*Vollständiges Natursystem*) von 1735 beginnt mit folgenden Unterscheidungen:

> SÄUGETIERE: sind mit Haaren bedeckt, laufen auf dem Boden, sprechen.
> VÖGEL: sind mit Federn bedeckt, fliegen in der Lust, singen.
> AMPHIBIEN: sind mit Haut bedeckt, kriechen an warmen Orten, zischen.
> FISCHE: sind mit Schuppen bedeckt, schwimmen im Wasser, schlagen klatschend.
> INSEKTEN: sind mit Panzer bedeckt, hüpfen auf trockenem Boden, summen.
> WÜRMER: sind ohne Haut, krauchen an feuchten Orten, sind stumm.[27]

Linné beginnt das Kapitel über die Säugetiere mit der Gliederung der Primaten und beschreibt zwei Arten von Primaten, die »Hominiden« (Menschen) und die »Simiae« (Affen). Im Verlauf wendet er sich der Betrachtung der ersten Art, den Menschen, zu. Der Abschnitt über die Menschenarten beginnt mit einem Befehl, wie er für das Aufklärungszeitalter typisch ist: »Nosce te ipsum«, also »Erkenne dich selbst«. Danach bringt Linné eine Unterscheidung von sechs Arten menschlicher Wesen: »Ferens« (wild), »Americanus«, »Europaeus«, »Asiaticus«, »Afer« (Afrikaner) und »Montrosus« (widernatürlich, seltsam). Im Folgenden geht er auf die erste Untergliederung der Menschenrasse, die »wilden Menschen« oder »Homo Feri«, ein, wobei er rein nur Beispiele für einzelne wild aufgewachsene Kinder anführt. Linné liefert für diese Unterart der Menschenarten neun Beispiele (wobei einige in späteren Auflagen hinzugefügt wurden):

Wild aufgewachsene Menschen – a – H. Feri
Laufen auf allen Vieren, sind stumm, sind mit Haaren bedeckt.
1) Ein Jugendlicher, 1761 in Litauen aufgefunden; ist einem Bären ähnlich.
2) Ein Jugendlicher, 1544 in Hessen aufgefunden; ist einem Wolf ähnlich.
3) Ein in Irland aufgefundener Jugendlicher, ist einem Schaf ähnlich. Nicholaus Tulpus, Observationes Medicae, 1672, IV. 9.
4) Ein in Bamberg aufgefundener Jugendlicher; ist einem Ochsen ähnlich. Philip Camerarius, Operae Horarum Subcisivarum ... , 1609
5) Ein wilder Jugendlicher, aufgefunden 1724 in Hannover.

6) Wilde Jungen, 1719 in den Pyrenäen aufgefunden.

7) Ein wildes Mädchen, 1717 in Zwolle, Over-Yssel (Holland) aufgefunden

8) Ein wildes Mädchen, 1731 in der Champagne aufgefunden.

9) Ein wilder Bursche, aufgefunden nahe Leyden. Herman Boerhaave.[28]

Der wilde Junge Peter ist natürlich auf der Liste, als fünfter; im nächsten Kapitel werden wir mehr über das Mädchen aus der Champagne, angeführt als
achtes Beispiel, hören. Robert Kerr hat bei seiner Übersetzung von Linnés
Werk ins Englische, 1792, die folgende Bemerkung über Linnés Klassifikation
hinzugefügt: »Diese Fälle von aufgefundenen wilden Menschen und die Angaben über deren Ähnlichkeit mit Tieren gründen teilweise auf Falschmel-
dungen und auf Übertreibungen. Höchstwahrscheinlich handelte es sich um
Idioten, die vor ihren Freunden weggelaufen waren und die den jeweiligen
Tieren nur insofern ähnlich gewesen sein werden, als sie deren Stimmen
nachmachten.«[29]

Man kann Kerrs Skepsis verstehen, aber hier werden doch eine Reihe
interessanter Fragen aufgeworfen. Warum fing Linné seine Klassifizierung der
menschlichen Rassen damit an? Warum hatte er den Wunsch zu zeigen, dass
diese Menschen manchmal tierischen Gattungen ähnlich waren? Warum gibt
es nur diesen einen Fall, wo ein menschliches Individuum die Stelle einnimmt, die sonst im System Linnés durch eine ganze Rasse oder eine
menschliche Spezies vertreten ist? Warum ist der »Homo Ferens« der einzige
Menschentyp, der allein anhand von Individuen verdeutlicht wird?

Diese Fragen führen uns zu dem zentralen Problem über das wilde Kind
zurück, das die Leute, die Peter leibhaftig zu sehen bekommen haben, zuerst
verspürt haben: Woran liegt es, dass wir ein anderes menschliches Wesen als
Menschen erkennen? Was ist die wesentliche Qualität, die uns allen gemein
ist?

Swift selbst war genau diesem Punkt nur wenige Monate zuvor nachge-
gangen, als er an dem düsteren vierten Kapitel seiner *Gullivers Reisen* schrieb.
Da gelangt sein Held Lemuel Gulliver ins Land der Hauyhnhnms; das sind
Pferde, die die ideale menschliche Qualität zu besitzen scheinen und rigoros
rational sein können. Er trifft am selben Ort aber auch auf die schrecklichen
Yähus, das sind tierische Wesen von menschlicher Gestalt, ohne Vernunft und
ohne Sprache, schmutzig, ekelhaft, und in Swifts Augen unverbesserlich boshaft. Weil sich Gullivers Instinkte in mancher Hinsicht verkehrt haben, zieht
er sich von den deutlich menschenähnlichen Yähus zurück und gesellt sich zu
den Hauyhnhnms, die pferdeartige Würde besitzen. Als er schließlich wieder
nach England zurückgekehrt ist und vor seiner Frau und seinen Kinder steht,
erlebt er buchstäblich einen Ohnmachtsanfall. Er schreckt mit irrsinnigem

Widerwillen vor deren Umarmung zurück. Ihr Geruch ekelt ihn so sehr an, dass er es sogar vorzieht, seine Zeit bei den Pferden im Stall zu verbringen.

Interessant ist, dass Swift schon gleich nach der Begegnung mit dem wilden Jungen im Haus der Prinzessin von Wales über ihn geschrieben haben könnte. Ob er sich schon so kurz nach der Fertigstellung seines größten Werks, den *Gullivers Reisen*, die Zeit genommen hat, um etwas über Peter zu schreiben? Swift könnte sehr wohl die Person sein, die ein Interesse am wilden Jungen, so wie wir es haben, besaß: Wir haben ja gesehen, dass er und seine literarischen Freunde während der ersten zwei Wochen, nachdem Peter in London eingetroffen war, über kaum etwas anderes geredet haben.

Die beiden Schriften »Regen reicht nicht, es muss in Strömen gießen« (It Cannot Rain But It Pours) und »Das wunderbarste Wunder, das je dem Wunderding Britische Nation erschienen ist« (The Most Wonderful Wonder) könnten von Swift verfasst sein. In beiden wird lang und breit das Verhältnis zwischen menschlichen Wesen und Tieren untersucht. Vielleicht hatte er dabei das klassische Modell von Plutarchs *Gryllus* im Kopf, wo ja Gryllus – einer der Bootsleute des Odysseus, der von der Zauberin Circe in ein Schwein verwandelt wurde – äußert, dass er lieber als Tier leben möchte anstatt als Mensch. Wir hatten ja in *Gullivers Reisen* gesehen, dass Swift von der Vorstellung fasziniert war, dass Tiere Vernunft besitzen können, während sich Menschen völlig irrational verhalten können. In den Schriften über Peter finden wir dieselbe Umkehrung: Da erscheint die menschliche Existenz an willkürliche Sitten und sündhafte Heuchelei gebunden, wohingegen man bei den Tieren erkennen kann, dass ihr Leben von Vernunft diktiert ist.

Der Autor dieser Schriften wendet ein satirisches Mittel an, indem er Vertrautes mit den Augen eines Außenstehenden betrachtet, das dadurch zu etwas Fremdem wird. London wird mit den Augen Peters gesehen, womit der Ort, der uns bekannt schien, ein fremdes Gesicht erhält, er wird zu einer alptraumartigen Szenerie aus Grausamkeit, Heuchelei und Dummheit. Peter war nicht der einzige Exot, der in diesem Jahr bei Hofe erschienen war. König Georg hatte bereits Abgesandte aus Arabien empfangen und sollte kurz darauf wilde Einwohner vom Kap der Guten Hoffnung und aus dem wilden Amerika als Besucher empfangen. Wie mittels dieser Fremden wurde auch durch Peter ein schiefer Blick auf das Bekannte möglich. Allerdings waren jene Außenseiter Angehörige von Kulturen, die unsererseits wiederum als fremdartig angesehen wurden. Peter hingegen gehörte nirgendwohin und blickte auf alle menschlichen Kulturen vom Rande aus; er befand sich an einer Schwelle, und man hatte Zweifel, ob er überhaupt ein menschliches Wesen sei.

Es gab zu jener Zeit noch andere Mittel, die eine fremdartige Sicht auf die Dinge erlaubten, und die sich in London der Beliebtheit erfreuten. Durch wissenschaftliche Instrumente wie das Mikroskop und das Teleskop war eine buchstäblich neue Art, Dinge zu sehen, entdeckt worden. Der Maßstab der Betrachtung änderte sich; nichts war mehr stabil und wirklich es selbst. Alles konnte als relativ und abhängig von der Perspektive, aus der es betrachtet wurde, angesehen werden. Sechzig Jahre zuvor, 1665, hatte Robert Hooke in seiner *Micrographia* die im Kleinen vorhandene neue Welt vorgeführt. Er hatte darin dem begierigen Leser das Wunder der zusammengesetzten Augen der Stubenfliege gezeigt oder die Zähnchen der Schnecke. In den 1720er Jahren war man immer noch entzückt darüber – tatsächlich war man das ganze 18. Jahrhundert hindurch vom Mikrospkopieren begeistert –, und man konnte auch auf andere Art etwas über die Verschiedenheit von Wahrnehmungen erkennen. Eine märchenhafte Anekdote bringt zum Ausdruck, welches Befremden diese Neuentdeckung der Welt bei den Schriftstellern der Zeit hervorgerufen hat, was man in den Werken von Voltaire, Burke und Buffon nachlesen kann. Der Anatom William Cheselden führte bei einem jungen Mann, der von Geburt an blind war, eine Augenoperation durch. Er konnte die Sicht wieder herstellen, dabei stellte man aber fest, dass der Junge erst lernen musste, wie das mit dem Sehen geht. Anfangs konnte er den Sinn der Perspektive nicht erkennen, konnte Abstände nicht erfassen und sogar auch Umrisse von Objekten nicht. Die Welt war für ihn wie eine flache, brillante Tapete. Dann stellte es sich überraschend ein, dass er ein Landschaftsbild erkennen konnte, was ihm eine völlig neue Sehmethode lieferte. Indem er die Sehmöglichkeit neu erworben hatte, konnte der Junge langsam mit seinen Augen sehen lernen, so wie wir es können. Er war also über die eindimensionale Sicht der Welt hinausgelangt und sah nicht mehr Menschen wie Bäume, die sich allerdings bewegt hatten. Durch dieses Beispiel konnte die Welt, so wie wir sie für gegeben nehmen, als etwas Überraschendes, nicht ohne Weiteres Stichhaltiges erscheinen, etwas, das aufgrund von Gewohnheit und Gebrauch so vorliegt. Ähnlich kann man sich fragen, ob nicht Peter unsere soziale Welt, die scheinbar fest und sicher ist, uns als einen wackligen Apparat, ohne Sinn, Ordnung oder Bedeutung erscheinen lässt?

Hat Swift nun diese Schriften über Peter verfasst? Jedenfalls war Daniel Defoe dieser Meinung. Er schrieb in jenem Sommer des Jahres 1726 selbst ein Buch über Peter, den wilden Jungen, und griff darin Swift an, weil er sich in jenen zwei oben erwähnten Schriften unempfindlich gezeigt habe. Defoe war entschieden nur Mittelklasse und deshalb kein literarischer Insider wie die Leute in Swifts Zirkel; deshalb kann er sehr wohl mit seiner Schlussfolgerung, dass Swift der Autor war, falsch gelegen haben. (Swift hatte Defoe mit der Bemerkung »Der Kerl, den man an den Pranger gestellt hat, ich habe seinen Namen vergessen« abgetan und dabei auf Defoes Bestrafung 1703 für dessen satirische Schrift »*Der kürzeste Prozess mit den religiösen Abtrünnigen*« (The Shortest Way With Dissenters) angespielt.) Defoe hat allerdings mit seinem

Versuch, die vermeintlich von Swift stammenden Ausführungen über Peters Schicksal zu korrigieren, ein Werk über Peter hervorgebracht, in dem wenigstens ansatzweise etwas von der philosophischen Komplexität, die in dem wilden Kind erblickt werden kann, vorkommt.

Manche Kritiker sind sich im Zweifel, ob sie Defoes Spekulationen über Peter ernst nehmen können. Lange bestand die Auffassung, Defoe sei ein mittelmäßiger Schreiber, der nur unbewusst ein Genie war und drei oder vier große Werke der Literatur fast rein zufällig während seines Lebens als kommerzieller Schriftsteller hervorgebracht hat (Robinson Crusoe, Moll Flanders, Die Glückliche Mätresse oder Roxana, Journal des Pestjahres [Journal of the Plague Year]). Defoe hat jedenfalls eine ungeheuere Vielzahl an Büchern und Artikeln verfasst. Er schrieb allein in dem Jahr, als Peter in London auftauchte, wenigstens fünf Bücher (unter anderem über Handel, Literatur, Erfindungen und den Teufel).

Eine dieser Schriften war ein wesentliches Werk über Peter, den wilden Jungen. Die Titelseite lautete: [Übers.] »Skizze über die reine NATUR: oder, EIN KÖRPER ohne SEELE. BEOBACHTUNGEN über den Jungen aus dem WALD, der kürzlich aus DEUTSCHLAND in die Stadt gebracht wurde. Mit zutreffenden BEZIEHUNGEN. Außerdem eine kurze Abhandlung über das Nützliche und die Notwendigkeit von NARREN, seien es politische oder natürliche«. Defoes Schrift wurde am 23. Juli 1726 veröffentlicht und für einen Schilling und sechs Pence verkauft.[30]

Es ist wenig darüber bekannt, welche Verbindungen Defoe mit Peter aufgenommen hat. Allerdings vermutet einer der Biografen Defoes, dass er den Jungen noch vor dem Abfassen des Textes besucht haben muss.[31] Seine *Skizze über die reine Natur* (Mere Nature Delineated) ist von den Kritikern entweder abgelehnt oder einfach ignoriert worden. In jüngsten Biografien über Defoe ist merkwürdigerweise dieser Fall, von dem er sich betroffen fühlte, nicht einmal erwähnt worden. Walter Wilson widmete in seinen *Memoirs of the Life and Times of Daniel De Foe* (London, 1830) diesem Gegenstand noch sechs Seiten, wobei er zumeist eine Zusammenfassung der Abhandlung liefert. William Lee, ein Viktorianer, betrachtet in seiner zweibändigen Biografie über Defoe die ganze Geschichte als Schwindel, der einem leichtgläubigen Publikum erzählt wurde.[32] Thomas Wright tut das in seiner Biografie von 1894 noch stärker ab und sieht als Motiv für Defoe, diesen Text zu schreiben, ausschließlich geldliche Gründe. Das erklärt sich für ihn aus der scheinbar oberflächlichen Darstellung, ferner schreibt er, Defoe habe hier »mehr gesunden Menschenverstand gezeigt, als seine Zeitgenossen«.[33] Über beide Punkte kann man streiten. Zum ersten Punkt ist zu sagen, dass der Traktat nicht *ausschließlich* aus Geldgründen geschrieben wurde, allerdings in großer Schnelligkeit (wie nahezu alle Werke von Defoe); aber genau diese Schnelligkeit tritt eben beim Kombinieren auf und macht, dass ein Werk etwas hauptsächlich Interessantes besitzt. Das bedeutet hier, dass Defoe Entdeckersinn entwickelt, während er über seine Meinung zu Peters Fall und dem, was er an ihm interessant findet, nachdenkt. Durch Improvisation gerät er auf bislang ungeahnte Pfade. Zum zweiten Punkt ist tatsächlich auffällig, dass Deofoe etwas Ungewöhnliches tat, indem er den Fall ernst nahm – seine Zeitgenossen hatten Peter in der Hauptsache als etwas Witziges gesehen. Wright setzt aber so fort, dass er Defoes Spekulationen über die Sprache als »ein bisschen wie Albernheiten« ansieht und macht eine boshafte Abschlussbemerkung – Defoe habe sich nur deshalb damit zurückgehalten, den Jungen als Idioten zu bezeichnen, weil er auf der unpopulären Linie liegen wollte – und liegt damit vollkommen fehl.[34] Die gängige Auffassung war, dass Peter ein Idiot ist und speziell davor hat Defoe den Jungen in Schutz genommen. William Lee liegt mit seinem Kommentar, dass *Mere Nature* Defoes spekulativstes Werk ist, näher bei der Wahrheit.[35]

Bei seiner Auseinandersetzung mit Peter kam Defoe eine überwältigende Frage: Konnte dieses Wesen eine Seele besitzen und ist es im eigentlichen Sinne ein Mensch? Über die Vorstellung vom Vorhandensein der Seele wurde zu jener Zeit heftig debattiert. Sterbliche machten sich Gedanken über die Unsterblichkeit der Seele und den Körper als Materie; die Theologen spekulierten über das Vorhandensein einer Seele bei Tieren, wohingegen die Naturphilosophen das zunehmend so darstellten, als seien die Tiere biologische Maschinen. John Locke fand mit seiner Beschreibung Anerkennung, dass das neugeborene Kind eine tabula rasa sei – ein leeres Blatt, das darauf wartet, durch Sinneseindrücke beschrieben zu werden.

Für Defoe war Peter sowohl ein Kind wie auch ein Biest in menschlicher Gestalt und verkörperte die »reine Natur«: das heißt, er ist gänzlich, im höchsten Grade und ausschließlich natürlich (so die alte Bedeutung von »rein«), ist ein menschliches Wesen, bei dem keine Mischung von Kunst und Kultur hinzugekommen ist. Für uns als moderne Menschen mag das wie ein beneidenswerter Zustand erscheinen. Defoe ist sich allerdings darüber im Klaren, dass Peter ohne die Kunstfertigkeit der menschlichen Kultur in dem freien Raum der Kindheit verharren muss und gefangen darin ist, eine tierische Maschine zu bleiben:

Die reine Natur wird durch die Generationen beeinflusst und dadurch lebendig erhalten, bedarf aber, wenn sie zur Perfektion des Lebens gelangen will, der Hilfe der Kunst. Die Seele liegt im Körper wie ein roher Diamant, der erst noch durch Rad und Messer geschliffen werden muss und all der anderen Künste des Diamantenschleifers bedarf, um Form und Politur zu erhalten und um zeigen zu können, dass er den wahren Schimmer eines wirklichen *Brillanten* besitzt. Wenn es an Kunst mangelt, kann die Natur nichts weiter tun ... Daher bleibt also eine unpolierte Seele unter dem Schutt und der Rauheit der eigenen Kräfte begraben ...[36]

Ohne die Kunstfertigkeit, insbesondere die allen Menschen gemeinsame Kunstfertigkeit des Redens, bleibt Peter mit seiner sinnentleerten Stummheit auf alle Zeiten und unveränderlich in seiner Bestialität gefangen.[37] Peter existiert innerhalb dieser eingeschränkten Welt, ohne es zu wissen und blickt auf die andere Welt wie auf ein sinnloses Bild, ein bedeutungsloses Theaterstück. Er sieht die Oberfläche der Dinge, bleibt aber in Wahrheit apathisch, ihn beeindruckt nichts: Alles wird unter seinem ständigen unbeteiligten Starren flach; er würde den Feuertod einer Frau am Marterpfahl genauso unbeteiligt beobachten wie einen Tanz in einem Theaterstück.[38]

Peter lebt ohne Seele abseits in einem Niemandsland, ist weder ein rationales menschliches Wesen noch ein mit Instinkten ausgestattetes Tier. Defoe definiert den Menschen als jemanden mit Seele, und da er feststellt, Peter habe keine Seele, sondern sei ein Körper ohne Seele, kommt er zwangsläufig zu dem Schluss, dass Peter trotz seiner nachweislichen Gemeinsamkeiten mit menschlichen Wesen bislang nicht wahrhaft ein solches sei.

In dieser einzigartigen Lage bleibt er auch einzig und allein. Das große Thema, das Defoe interessiert hatte, war die Einsamkeit; es ist ein Leitmotiv, das in seinem ganzen Werk vorkommt. Peter brachte auf extremste Weise die Einsamkeit zum Ausdruck, die Defoe sein ganzes Leben hindurch verfolgt hatte. In den Studien über die wilden Kinder aus der späteren Zeit der Romantik kommt es dazu, dass die Einsamkeit als etwas Beneidenswertes gesehen wird. Aber jetzt, 1720, ist Defoe ganz klar über diese Isolation Peters erschreckt. Soll man sich etwa vorstellen, dass Peter das einsame Leben in den Wäldern bereitwillig gewählt hat? Aus welchem Grund wird er der menschlichen Gesellschaft entflohen sein und weshalb versucht er noch jetzt, nachdem man ihn gefangen hat, in diese stille Wildnis zurückzufliehen? Die Verkehrtheit dieser Sache schockiert den alternden Schriftsteller, der sich nur vorstellen kann, dass sich ein verwirklichtes Leben nur bei Freuden der Gesellschaft finden lässt.

Defoes Heroinen Moll Flanders – eine Diebin – und Roxana – eine Kurtisane – werden aufgrund des zeitgenössischen sozialen Lebens zum Leben in Abgeschiedenheit gezwungen. Defoe porträtiert Kriminelle, Piraten und Huren, und dabei fasziniert ihn, wie gesellschaftliche Gruppen nur durch einen dünnen Faden zusammengehalten werden, der in Selbstinteresse und Furcht voreinander besteht. London kann in ebensolchem Sinn als gesellschaftliche Gruppierung gesehen werden, wo ein verloren gegangenes Kind ganz leicht verschwinden konnte: Es war durchaus üblich in London (und andernorts), dass Kinder ausgesetzt wurden. In Defoes Romanen geraten die Einzelnen durch ihr Streben nach Geld – um überleben zu können – in die Isolierung. Beziehungen bestehen nur vorübergehend und können so schnell, wie sie begonnen haben, wieder zu Ende gehen. Nichts ist stabil; die Leute kommen und gehen; es können sogar zufällig der Ehemann oder die Ehefrau verschwinden.

Man würde aber sehr oberflächlich lesen, wenn man nicht entdeckte, dass bei Defoes Überlegungen über Peter eine Mischung aus Schrecken und Wünschen vorhanden ist, so wie das für seine Untersuchungen über abgeschieden lebende Menschen charakteristisch ist. Die Einsamkeit, die jeden umgibt, kann weit weniger gefährlich sein, als die schreckliche Gegenwart anderer. Am Schluss von Defoes Roman *Roxana* werden diese Ängste mit halluzinatorischer Intensität ausagiert: Seine Heldin Roxana wird von ihrer Tochter verfolgt und belästigt, die aber die einzige ist, die sie aus ihrer schrecklichen Entfremdung herausholen könnte. Das geht soweit, dass sie wegen der andauernden Gegenwart der Tochter wild wird und überlegt, ob sie sie nicht durch ihre Magd Amy umbringen lassen soll.

Natürlich ist *Robinson Crusoe* der größte Mythos über die Einsamkeit, den wir in unserer Kultur haben. Crusoe lebt jahrelang von allen anderen getrennt, bis er einer Person begegnet, die ihm in jeder Beziehung völlig fremd ist, und die ihn in die menschliche Gesellschaft zurückbringt: ein heidnischer Wilder. Defoe beabsichtigt, den Abstand zwischen Crusoe und dem Wilden, der ihn aus der Einsamkeit herausholt, aufzuzeigen. Crusoe ist ein zivilisiertes Wesen an einem wilden Ort. Peter der wilde Junge steht zu ihm im Gegensatz und ist sein Spiegel: Er ist gleicherweise allein, verkörpert aber den Status einsamer Natur, welche im Zentrum der sozialen Welt isoliert dasteht.

Das Schweigen ist für die Isolation Peters symbolisch und zugleich der eigentliche Grund dafür. Defoe hat auch aus familiären Gründen verstärkt über die Stummen nachgedacht. Ein Brautwerber seiner jüngsten, geliebten Tochter Sophia war Henry Baker, ein schlauer und in finanziellen Dingen gerissener Lehrer von Stummen und Tauben. Baker fuhr seit 1724 regelmäßig nach Stoke Newington, außerhalb Londons, dem Heimatort Defoes, um dort einen Jungen namens White darin zu unterrichten, wie man von den Lippen liest und spricht. 1726 bestand ein gutes Verhältnis zwischen Defoe und Baker, der oft im Hause Defoes zum Tee zu Besuch war. Allerdings ödeten sie sich später an. Im Buch über Peter findet sich eine kurze marktschreierische Anpreisung für den erfinderischen Mr. Baker »und dessen erstaunlicher Geschicklichkeit im Unterrichten von taub und stumm Geborenen«.[39]

Die Schweigsamkeit Peters wirft für Defoe eine andere, bedeutsame Frage auf: Wie kann Peter ohne Worte denken? Und falls er nicht denken kann, wie kann er dann ein Selbstbewusstsein haben? Im Zusammenhang mit Peter stößt er auf ein Problem, das alle, die in der Folgezeit wilde Kinder untersucht haben, fasziniert hat. Seine Überlegung ist, dass wir durch Sprache leben:

> Worte sind für uns das Medium für unsere Gedanken; wir können uns Dinge nur über ihre Bezeichnung vorstellen ... wenn wir über etwas nachdenken, etwas planen, uns etwas vorstellen, entwerfen, etwas lösen oder zurückweisen, ja sogar wenn wir lieben oder hassen, können wir uns nach diesen Empfindungen nur richten in Form von Worten. Auch wenn wir träumen, geschieht das in Worten, wir reden über alles mit uns selbst, und wir wissen gar nicht, wie wir anders denken oder handeln oder Handlungen planen könnten außer durch Worte; alle unsere Leidenschaften und Gefühlsbewegungen werden in Worten dargestellt, und wir haben auch keine andere Möglichkeit.[40]

Wenn das der Fall ist, »was machen dann die stummen Leute«? Was geht in Peters Gehirn vor sich?

Wie man an diese Frage herangehen kann, zeigt Defoe anhand der wahren Geschichte eines jungen Mädchens, das hören konnte, aber in einer Familie Taubstummer aufgewachsen war. Sie war ein Waisenkind und wurde von stummen Geschwistern aufgezogen, die sich miteinander durch Gesten und Nicken verständigten. Als Besucher, die sprechen konnten, ins Haus kamen, empfand das Mädchen deren Sprechen als »konfusen Jargon oder als Gemisch aus Geräuschen«.[41] Als sie vierzehn Jahre alt war, entdeckte man zufällig, dass sie hören konnte. Nun versuchte man gelegentlich und ohne systematisch zu verfahren, dem Mädchen Sprache beizubringen, aber alle Versuche schlugen fehl. Nach drei Jahren konnte sie nur stockend sprechen und sprach wie mit einem ausländischen Akzent.

Defoe zeigt mit der Geschichte dieses Mädchens seine Nähe zu unserer modernen Auffassung, dass Sprache eine erworbene Fähigkeit ist. Wenn er über sie redet, dreht er die Begriffsbedeutungen, die er bei seinem Bericht über Peter verwendet hat, um. Die Körpergesten sind bei dem Mädchen ein natürliches Kommunikationsmittel, wohingegen die in Worten hervorgebrachte Sprache etwas Animalisches, Sinnloses, Fremdes an sich hat und damit das Charakteristikum besitzt, das Peter in seinem Naturzustand auszeichnet:

> Für das Kind gab es nichts Natürlicheres als zu dem Schluss zu gelangen, dass diese Fingersprache die wahre und einzige Art der Verständigung und Unterhaltung sei. Das andere habe keine Bedeutung, sei reines Geräusch, das sich nicht nachmachen oder verstehen lässt. Als sie damit anfing, sprechen zu lernen, hatte sie außerdem keinen Appetit auf Worte, keinen Gefallen daran. Sie konnte nicht so schnell begreifen, wie man Worte verste-

hen konnte, sondern hielt es für viel angebrachter, über Zeichen Mitteilung zu machen und über Körperbewegungen, durch Zeigen und Vorführen von Figuren und ähnlichem. Das erschien ihr sehr viel angemessener, bedeutsamer, leichter auszuführen, ließ sich dezenter und hübscher machen, als den Mund aufzusperren und mit der Zunge ein Geräusch zu produzieren ... Ihre Bediensteten brachten allerdings, wenn sie unter sich waren, dieselben Geräusche wie die anderen Leute hervor – was sie als etwas stark Grobes empfand –, aber sie besaßen mehr Manieren, wenn sie mit ihren männlichen und weiblichen Herrschaften redeten. Dann ließen sie das beiseite und zeigten mehr Anstand und Respekt, erhielten ihre Aufträge über die Fingersprache und antworteten in derselben Weise darauf. Das war die einzige Art Sprache, die ihr Bedeutung übermitteln konnte und die sie zu verstehen wünschte.[42]

Für Defoe ist diese Ablehnung der gesprochenen Sprache zugunsten der unmittelbaren, delikaten und graziösen Körpersprache etwas weniger Wünschenswertes, ist ein »fataler Fehler«.[43] Dennoch bringt er durch seine nachdrückliche Darstellung zum Ausdruck, dass das Kind mit seiner bevorzugten Wahl einem »angeborenen Urteilen« folgt – was soll schließlich an einer Gebärdensprache falsch sein? Durch diese Umkehrung hinsichtlich des akzeptierten Sprachsystems gibt er einen Hinweis dahingehend, dass alle Formen der Mitteilung etwas Zufälliges haben. Indem das Mädchen die Sprache ablehnt, wird sie für uns einen Moment lang zu etwas Befremdlichem, denn wir blicken mit anderen Augen darauf. Durch das Mädchen wird unsere gewöhnliche Wertung umgekehrt: Sprache sackt zusammen zum gewöhnlichen Geräusch und stille Gesten werden zu etwas Schönem erhoben. Dabei bleiben allerdings die Konzepte von Schönheit und Bedeutung intakt und werden nur in der Werteskala verschoben. Darin wird der Abstand Peters von dem Schweigen der Tauben und Stummen greifbar. Sein Schweigen ist nicht einfach eine Umkehrung, kein Schritt in Richtung eines gegensätzlichen Schemas der Dinge. Sondern Peter vermittelt uns eher die Vorstellung, dass Werte bei ihm überhaupt fehlen, dass er sich außerhalb aller Kommunikationsschemata befindet. Das Mädchen lebt in ihrer eigenen kleinen Gesellschaft. Peter lebt außerhalb jeder Gesellschaft. Seine Sprachlosigkeit wäre für das taube Mädchen ebenso unverständlich, wie sie es für Defoe ist.

Defoe ist also in Sorge um Peter, er macht sich Gedanken darüber, wie man seine ungewisse Geschichte verstehen soll. Um seine Einsamkeit beneidet er ihn nicht, aber er fängt an, ihn um sein Schweigen zu beneiden. Er fragt sich, ob Peter mit solchem Schweigen nicht Gott näher kommt und ob uns nicht die Worte vom direkten Kontakt zum Göttlichen abhalten. Mit der Sprache werden wir selbstbewusst, wir sprechen immer mit uns selbst in einem endlosen Dialog der Gedanken. Demgegenüber kommuniziert Peter im Stillen direkt mit Gott. Dabei kommt Defoe plötzlich auf seine ursprüngliche Beschreibung von Peter als jemandem ohne Seele zurück. Und so lebt Peter für Defoe jetzt in einer Welt vor Adam, als die Tiere noch keine Namen hatten. Peters Hirn denke in Bildern, die keine Reproduktion der Welt sind, sondern ein Gespräch mit ihr darstellen, das nicht auf Nachsinnen basiert. Wenigstens einen Moment lang entdeckt Defoe bei Peter einen Wundersinn, den von den Zeitgenossen keiner sonst entdeckt hat.

Peter ist allerdings das einzige der in diesem Buch vorgeführten Kinder, bei dem die Verhältnisse am wenigsten sichtbar und höchst unbestimmt sind. Es bleibt so wenig von ihm übrig: Er ist eine Zeit lang ein Spielzeug, dient dem Spaß und ist Gegenstand von Spekulationen, gerät bei Mode und Verrückthei zum Musterbeispiel, ist ein Weg zu den Tieren, ein mysteriöser Schweiger – und das ist alles. Wir wissen über ihn sehr wenig und müssen mehr als bei jedem anderen Fall sagen, dass wir über ihn nur wissen, was andere über ihn gedacht haben. Am Ende seines Buches über Peter bittet Defoe ihn um Vergebung: »Es kann sein, dass ich manchmal mit dem Charakter des Jungen freimütig umgegangen bin, weil ich diesen wilden Jugendlichen zu einer direkten Parallele zur Weisheit unseres Verstands habe machen wollen – dem etwas Besseres beigebracht wurde und von dem man vernünftigerweise Besseres erwarten kann.«[44] Dieser Gedanke Defoes sollte im Verlaufe des Buches an Gewicht gewinnen und pathetischer werden. Defoe hatte den Jungen als Ausgangspunkt für Spekulationen benutzt, die weit über diesen Fall hinauszugehen schienen. Es ist nicht das letzte Mal, dass das Kind in dem Gedankengebäude, zu dem es inspiriert hat, selbst verloren gegangen ist.

IV Der Hof zieht sich zurück

Und unsere ganze Schönheit und Ordnung vergeht,
Wie wenn sich der Hof zurückzieht oder ein Stück zu Ende ist.

John Donne, aus: *The Calme*

Den Frühling und Sommer des Jahres 1726 hindurch war Peter die sensationelle Nachricht. Die Gesellschaft, die sich für Wunder, Monstrositäten und Skandale begeisterte, fand in ihm Zerstreuung. Aber es traten bald andere Geschichten in den Vordergrund. Seit Peters Erscheinen in London war die öffentliche Aufmerksamkeit auf ihn gerichtet, die sich aber daneben Sensationen in der Oper zuwandte. Das ging so weit, dass in den Schriften fantasievolle Vergleiche zwischen Peters Schweigsamkeit und den für englische Ohren unverständlichen Klängen der italienischen Oper angestellt wurden. Auf den Londoner Bühnen waren zwei Primadonnen zu bewundern, die auffallend hässliche Francesca Cuzzoni und deren ältere Rivalin Faustina Bordoni. Sie hatten unter den Opernliebhabern einen Tumult ausgelöst, weil die Anhänger der einen jeweils die andere ausbuhten. (Händel wurde mit dem Problem in der Weise fertig, dass er in den Opern Arien für zwei erste Sopranstimmen schrieb.)

Die letzte Schrift, in der Peter erwähnt wird, ist 1727 veröffentlicht worden. Darin ist er zu einer unbedeutenden Nachricht herabgesunken, steht an sechster Stelle auf einer Liste mit sieben Punkten. Andere Nachrichten aus der Oper, die skandalösen Liebesaffären der Quäker, der bereits erwähnte Fall der »Hasenfrau« und der Tod König Georgs I. haben ihn verdrängt. Die Hasenfrau war vor dem wilden Jungen zum Gesprächsthema Nummer eins geworden: Die Öffentlichkeit war auf etwas anderes neugierig geworden.

Auch Swift kümmerte sich um andere, neuere Dinge. Im Frühsommer des Jahres 1726, als Peters Erziehung vorangetrieben wurde, war ein privates Gedicht Swifts an eine der beiden Frauen in seinem Leben, Esther Vanhomrigh, in dem er mit ihr flirtet, in Dublin ohne seine Zustimmung veröffentlicht worden. Was er ihr da in *Cadenus und Vanessa* enthüllt hatte, war Gesprächsgegenstand der böswilligen, geschwätzigen Leute in der Stadt. Der Ruf von Esther Vanhomrigh konnte allerdings durch dieses Gedicht nicht mehr beschädigt werden, da sie bereits seit drei Jahren tot war, Swift muss aber besorgt darüber gewesen sein, ob das nicht auf »Stella« (Esther Johnson), die andere große emotionale Stütze in seinem Leben, Auswirkungen haben könnte. Stella war zu der Zeit krank, lag möglicherweise im Sterben. Die Nachricht ihrer Krankheit nahm Swift mit der für ihn charakteristischen Kälte auf, er war um sie bekümmert, aber hauptsächlich sorgte er sich um sich selbst. Obwohl der Sommer voranschritt, zögerte Swift seine Rückkehr nach Irland hinaus, damit es ihm erspart bliebe, zusehen zu müssen, wie Stella starb.

Am 15. August 1726 macht sich Swift dann schließlich nach Dublin auf. Er sollte nach London und in die Wohnungen seiner alten Freunde in seinem Leben nur noch einmal zurückkehren. Vor seiner Abfahrt traf er Abmachungen über die Veröffentlichung von *Gullivers Reisen*. Er hat sich dabei mit seinem Verleger Benjamin Motte auf kriminalistische Spielchen eingelassen, indem er sie »alias« (von Richard Sympson) veröffentlichte und das Manuskript bei ihm unbeobachtet und nachts deponierte. Das Buch kam im November heraus und erhielt allgemeine Zustimmung. Arbuthnot schrieb an Swift: »Gulliver ist ein glücklicher Mann. Der kann in seinem Alter ein so fröhliches Buch schreiben.«[45]

Anfang 1727 war unerwartet Georg I. gestorben. Man kann sich denken, dass Swift nun in freudigerer Stimmung war. Swift, Arbuthnot und die anderen Parteigänger waren erregt, weil sich ihnen als Tories unter dem neuen König andere Möglichkeiten zu eröffnen schienen; aber davon wurde nichts wahr. Georg und Karoline bestiegen den Thron und Walpole von den Whigs blieb in seiner Position und erhielt sich Macht und Einfluss. In Wirklichkeit änderte sich nichts.

Aber was wurde aus Peter? Arbuthnot hatte nach weniger als einem Jahr die Erziehung des Jungen abgebrochen, und da auch das Interesse der Trendsetter an ihm nachzulassen schien, übergab ihn Karoline in die Obhut einer ihrer Haushaltsdamen, einer Mrs. Titchbourn. Diese Mrs. Titchbourn verbrachte ihre Sommerferien gewöhnlich bei dem königlich beamteten Landwirt James Fenn in Haxter's End Farm, Broadway, nahe Barkhamstead. Sie übergab den Fenns den Jungen. Die Familie erhielt für seine Betreuung eine beachtliche Pension. Peter hatte anfangs die Angewohnheit wegzulaufen und ging verloren. Man befestigte deshalb einen Kragen um seinen Hals, auf dem geschrieben stand: »Peter der wilde Mann aus Hannover. Wer ihn zu Mr. Fenn in Berkhamstead, Hertfordshire, zurückbringt, bekommt für seine Umstände bezahlt.«

Peter lebte dreißig Jahre lang in Haxter's End und wurde danach zur ungefähr anderthalb Kilometer entfernten Broadway Farm gebracht, wo John Fenns Bruder lebte. Nach dessen Tod verblieb er dort bei dessen Nachfolger, dem Farmer Brill. Manchmal gelangte Peter wieder in die Schlagzeilen, in ähnlicher Art wie Nachrichtenfetzen über verblichene Sterne. 1757 rannte er von der Farm weg, und das Ergebnis erfahren wir aus folgender Nachricht:

Am 27. *Oktober* wütete ein fürchterliches Feuer in *Norwich*, das Teile des Gefängnisses und mehrere andere Häuser zerstört hat. Peter der wilde Junge war von seinem Betreuer in Hertfordshire weggerannt und umhergestreut und war als unverbesserlicher Stadtstreicher in dieses Gefängnis eingewiesen worden. Er war nur mit Schwierigkeiten in Bewegung zu bringen. Er schien sich eher über das Feuer zu wundern als irgendeine Gefahr darin zu erkennen und wäre wahrscheinlich wie ein Pferd darin umgekommen. Wegen seines Benehmens und weil er nicht spricht, hält man ihn eher für einen Abkömmling vom Orang-Utan als für einen Menschen. Gleich nachdem der Betreuer die Nachricht entdeckte, in der sein Ausreißen gemeldet wurde, brachte er ihn zurück zu der Person, die unter der Herrschaft der verstorbenen Königin mit seiner Beaufsichtigung beauftragt worden war.[46]

Mehr ist kaum bekannt. Peter starb im Februar 1785 und wurde in North-church begraben. Er hatte sich die Sprache nie wirklich angeeignet.

Inmitten dieser nachrichtenlosen Zeit seiner späteren Jahre taucht Peter dennoch einmal kurzzeitig auf. Wir sehen ihn einen Moment lang deutlicher als zuvor: Auf der Szene war jemand erschienen, der leidenschaftlich an Peter und Kindern wie ihm interessiert war. Anfang Juni 1782 erhielt Peter auf der Farm Besuch von Lord Monboddo, dem schottischen Philosophen und Richter James Burnett. Burnett schrieb zwei Jahre später einen Bericht über seinen Besuch. Es ist die beste Momentaufnahme von ihm, die wir haben, und ist die letzte Spur vor seinem Tod.

Der wilde Junge war jetzt ein alter Mann, ungefähr siebzig Jahre alt und nur ein oder zwei Jahre älter als Burnett. Er wirkte jedoch frisch und sah ge-sund aus. Er trug einen Vollbart, hatte ein freundliches Gesicht mit einem scharfsinnigen und feinfühligen Ausdruck. Die Frau des Landwirts bestätigte, dass er gut verstehen konnte, was man ihm sagte, dass er selbst aber nur die Worte »Peter« und »König Georg« artikulieren konnte. (Er sprach seinen Na-men in Silben als Pe - ter). Als sie ihn ermunterte, für Burnett etwas zu singen, ging er freudig darauf ein und sang eine Version von »Nancy Dawson« ohne Text und noch ein anderes Lied. Musik machte Peter Freude. Er klatschte da-bei in die Hände und steigerte sich noch in seinem Singen, wenn man ihm einen Gin dafür versprach. Er war ziemlich klein, nur 1,60 Meter groß, war aber robust und muskulös und völlig zahm. Er war ein gütiger Mann, liebte das Wasser; er aß eine Zwiebel wie einen Apfel; es machte ihm Spaß, an einem Feuer zu sitzen; Geld war ihm gleichgültig. Er lebte ruhig und wurde nur, wenn der Frühling kam, unruhig; der Frühling bezauberte ihn. Auch wenn schlechtes Wetter aufzog, wurde er unruhig und brummte und heulte und ge-riet völlig in Unordnung. Er stand gerne in der Sonne, um sich zu wärmen, und war bei sternklaren Nächten im Freien.[47]

Das ist also das Letzte, was wir über Peter zu hören bekommen. Von Bur-nett werden wir allerdings noch mehr hören, denn dieser Philosoph hatte sich bereits in eine noch merkwürdigere Geschichte hineinziehen lassen. Sie be-trifft ein anderes wildes Kind, das auf der Liste von Linné als wildes Mädchen aus der Champagne erwähnt wird.

KAPITEL 3

Lord Monboddo und das wilde Mädchen

I Das wilde Mädchen

Ich sprang in die gefährliche Welt hinein ...

William Blake, »Infant Sorrow«, aus: *Songs of Experience*

Sie kam im Sommer, im September, spät abends ins Dorf, als die Dunkelheit hereinbrach. Die ersten, die sie erblickten, waren verschreckt. Sie riefen, der Teufel sei in Songy eingetroffen, und flohen in ihre Häuser, verschlossen die Türen und verbarrikadierten die Fenster.

Sie war mit einer kleinen Keule bewaffnet, die an dem einen Ende dicker war. Einer der Dorfbewohner hetzte eine Bulldogge mit eisernem Halsring auf sie und hoffte, sie vertreiben zu können. Aber als sie den wütenden Hund auf sich zukommen sah, blieb sie ruhig stehen, ergriff ihre Keule fester und spreizte die Beine, um schlagkräftiger zu sein. Der Hund näherte sich und fletschte mit den Zähnen. Als er dann in Reichweite war, schlug sie dem Hund die Keule mit aller Macht auf den Kopf. Der Hund war nach diesem einzigen Schlag sofort tot. Sie war über den Sieg ausgelassen und sprang mehrere Male über den blutenden Leichnam. Dann probierte sie eine Haustür, die war aber fest verschlossen. Und so rannte sie zurück aufs Land in Richtung der Marne. Dort kletterte sie auf einen Baum und legte sich in den Zweigen schlafen.

Sie war vielleicht neun oder zehn Jahre alt und lief barfuß herum, trug aber ein dürftiges Kleidungsstück aus Lumpen und Häuten; im Haar hatte sie ein Kürbisblatt. Ihre Hände waren schwarz wie Negerhände, erzählten die Dorfbewohner. Vielleicht war Durst der Grund, dass sie den Schutz des Waldes verlassen und den Vorstoß nach Songy gewagt hatte. Der Sommer war lang und heiß gewesen, und es gab in diesem trockenen Landstrich kaum Wasser. Es war nicht das erste Mal, dass man sie in der Gegend von Songy entdeckt hatte. Sie ist mehrere Male vorher von einem Schäfer in der Gegend des Weinbaugebiets außerhalb des Dorfes gesichtet worden; er sah, wie sie Frösche häutete und verspeiste und Blätter zerkaute.

Die Nachricht über das wilde Mädchen wurde schnell an den Viscomte d'Epinoy weitergeleitet, der zu dieser Zeit gerade mit seiner neuen Braut, der hübschen geborenen Mademoiselle Lannoy, auf seinem Anwesen in Songy die Flitterwochen verbrachte. Er wurde neugierig und befahl den Dorfbewohnern, das Mädchen zu fangen. Insbesondere übertrug er dem Schäfer, der das Mädchen Wochen zuvor entdeckt hatte, die Verantwortung für die Suchaktion.

Ein schlauerer Dorfbewohner hatte einen listigen Plan. Da er annahm, dass das Mädchen durstig war, schlug er vor, man solle unter dem Baum, auf dem sie immer noch schlief, einen Krug voller Wasser hinstellen, um sie dadurch aus ihrem Versteck hervorzulocken. Die Dorfbewohner schlichen sich an den Baum heran, stellten den Krug dorthin und verzogen sich wieder an einen entfernteren Punkt, von dem aus sie das Mädchen unbemerkt beobachten konnten. Und tatsächlich kam das Mädchen etwas später aus ihrer Behausung in den Zweigen heruntergekrochen und trank aus dem Krug; dabei tauchte sie ihr Kinn ins Wasser und schleckte es auf wie eine Katze. Dann wurde sie aber durch etwas aufgeschreckt und schoss den Stamm hinauf bis in die Zweige der Baumkrone.

Der schlaue Dorfbewohner hatte einen neuen Plan. Er schlug vor, man solle nahe beim Baum eine Frau mit Kindern platzieren. Das würde das Mädchen vielleicht nicht so sehr einschüchtern wie die Männer. Sie sollten sie außerdem anlächeln und so tun, als seien sie friedliche und sehr freundliche Leute. Die Dorfbewohner befolgten seinen Rat. Eine Frau mit einem Kind im Arm ging auf den Baum zu; sie hatte Gemüsewurzeln und Fische bei sich. Sie hielt das Essen dem Mädchen entgegen. Es kam, weil der Hunger es trieb, ein Stück weit herunter. Aber dann packte sie die Angst und sie huschte wieder zurück in ihr sicheres Versteck. Die Frau bot ihr aber weiterhin das Essen freundlich und ruhig an, lächelte und brachte mit Gesten ihr freundschaftliches Gefühl zum Ausdruck, indem sie sich die Hand auf die Brust legte, »so als wolle sie ihr zusichern, dass sie Liebe für sie empfindet und ihr nichts antun wird«.[1] Das Mädchen ließ sich darauf ein und vertraute ihr, verließ ihr Versteck und kam herunter, um den angebotenen Fisch und das Gemüse in Empfang zu nehmen. Doch während die Frau sie weiterhin lockte, entfernte sie sich unauffällig Stück um Stück von dem Platz, lächelte immer noch und demonstrierte ihr Liebesempfinden. Das Mädchen folgte der Frau, die sich immer weiter vom Baum entfernte. Dann kam für die Männer, die im Hinterhalt gelegen hatten, die Gelegenheit; sie sprangen aus ihrem Versteck hervor und nahmen sie gewaltsam gefangen.

Sie brachten sie zum Schloss. Sie wurde in die Küche geführt, während man dem Grafen meldete, dass man sie hergeschafft habe. Zuerst hatte man angenommen, sie sei schwarz. Nachdem man sie aber ein paar Mal gewaschen hatte, war klar, dass sie weiße Haut hatte. Die Schwärze rührte vom Dreck und möglicherweise von Farbe her. Ihre Haut war vielleicht etwas dunkel gebräunt, aber am Oberarm und auf der Brust war sie weiß. Sie hatte merkwürdige Hände. Während ihre Handflächen so klein wie die von Kindern waren, waren ihre Finger und Daumen merkwürdigerweise übermäßig groß. Später vermutete man, diese Besonderheit sei auf ihr Baumklettern und Herumspringen in den Bäumen zurückzuführen, was sie wie Eichhörnchen ausführte und dabei mit ihren starken Händen die Zweige ergriff.

Sie trug ein Halsband, einige Anhänger und hatte einen Beutel, der an Tierhaut befestigt war. Diese hatte sie um den Körper geschlungen, und der Beutel hing bis zu den Knien herunter. In ihm befanden sich eine Keule und ein kleines Messer, in das merkwürdige Zeichen eingraviert waren, die keiner entziffern konnte.

Der Graf war der erste einer Reihe von Würdenträgern, der sich für die Angelegenheit dieses wilden Mädchens einsetzte. Er übergab sie der Obhut des Schäfers, der sie zuerst entdeckt hatte, und war eifrig daran interessiert, dass man sich gut um sie kümmerte; er bot dem Mann eine hübsche Bezahlung dafür. Um sie zu zähmen, behielt der Schäfer sie innerhalb der engen Begrenzung seines Hauses. Sie fühlte sich daraufhin genötigt, verzweifelte Fluchtversuche zu unternehmen, indem sie die Wände und Dachziegel nach Löchern absuchte. Wenn sie einmal draußen war, rannte sie auf dem Dach entlang, ohne sich vor dem Abstürzen zu fürchten, und konnte dadurch verhindern, dass man sie fing. Manchmal gelang es ihr auch, sich durch schmale Löcher und Öffnungen hindurchzuzwängen, sodass die Aufpasser und Verfolger sich fragten, wie das geht. So gelang es ihr eines Abends, während es stürmte und starker Frost herrschte, aus dem Haus zu fliehen. Da man fürchtete, der Graf würde zornig sein, durchsuchte die gesamte Familie des Schäfers das Haus, aber keiner kam auf den Einfall, dass sie es bei diesem Frost gewagt haben könnte, in die schneebedeckte Landschaft zurückzukehren. Äußerst niedergeschlagen gaben sie die Suche schließlich auf, und dann entdeckten sie plötzlich das Mädchen, weil Schnee von einem Baum wirbelte: Sie hatte in dem blattlosen Gezweig eines Baumes Schutz gesucht.

Bei Graf d'Epinoy erschienen eine Menge Besucher, die das wilde Mädchen mit eigenen Augen sehen wollten. Man konnte beobachten, wie sie Wurzeln im Garten ausgrub; dazu benötigte sie nur Daumen und Zeigefinger, mit denen sie flink ein tiefes Loch bohren konnte. Oder sie fischte in den Gräben, kletterte in die Baumwipfel und machte den Gesang der Vögel nach. Sie hatte auch einen erstaunlich flinken Blick: Ihre Augen bewegte sie extrem schnell und ihre Sicht war so scharf, dass man dachte, sie würde zur gleichen Zeit nach beiden Seiten hin schauen können.«[2]

Von den Dorfbewohnern wurde sie bald als »Bestie des Schäfers« bezeichnet. Dann schien sich der Graf um ihre Erziehung Gedanken zu machen, oder der Schäfer schien das unberechenbare Kind nicht mehr beherrschen zu können, jedenfalls schickte man das Mädchen am 30. Oktober desselben Jahres (1731) in die allgemeine Klinik St. Maur in der nahebei gelegenen Stadt Chalon-sur-Marne, der größten Stadt in der Champagne. (Wie es scheint, war sie allerdings während der folgenden zwei Jahre noch mehrmals beim Schäfer und dessen Familie in Songy und auch oft beim Grafen d'Epinoy auf dessen Schloss.)

Man fing damit an, sie auf ein Leben in der Gesellschaft vorzubereiten; allerdings gab es bei dem Versuch, sie unter die Menschen zu bringen, viele Rückschläge. Wenn Graf d'Epinoy Gäste bei sich erwartete, ließ er das junge, wilde Mädchen zu sich rufen, denn es zeigte sich, dass sie ein glücklicher und liebenswerter Mensch war. Das eine Mal wurde ein großes Fest veranstaltet, als man sie ins Schloss holte. Als sie entdeckte, dass kein fertiges Essen für sie bereitstand, sondern alles erst zubereitet wurde, rannte sie nach draußen zum Teich des Anwesens und kehrte mit einem Arm voller Frösche zurück, die sie unter die Anwesenden verteilte. Wenn Gäste die Frösche von sich warfen, bückte sie sich, sammelte sie auf und packte sie auf die Essplatten und den Esstisch zurück.

Anfangs hatte sie einen Horror davor, berührt zu werden. Sie konnte nicht sprechen und sich nur mit quiekenden Schreien ausdrücken, die sie hervorbrachte, weil sie manchmal rau behandelt wurde. Aber wenn jemand so tat, als würde er sie berühren wollen, dann schrie sie, und der Blick ihrer unruhigen Augen wurde wilder.

Als sie für kurze Zeit in der Klinik untergebracht war, versuchte ein Mann einmal, sie zu berühren. Sie befand sich im Haus des Provinzverwalters der Champagne, Monsieur de Beaupré. Der Mann war ein Besucher, der zwar gehört hatte, dass sie aufbrauste, wenn ein Fremder sie berührte, der aber beschlossen hatte, sie dennoch zu umarmen. Er traf sie in einem der oberen Räume, als sie fröhlich herumstand und gerade rohes Rindfleisch aß. Bevor er sich ihr näherte, hatte er eine ihr vertraute Person dazu überreden können, sie an der Kleidung festzuhalten. Dann schritt er auf sie zu und ergriff ihren Arm. Zornentbrannt schlug sie ihn unmittelbar mit der Hand, in der sie das Fleischstück hielt, mit solcher Wucht, dass er benommen nach rückwärts fiel und kurzzeitig nichts sehen und auch kaum noch stehen konnte. Dann packte sie augenblicklich eine entsetzliche Furcht, und sie kämpfte sich durch die Hände, die sie hielten, durch und schoss aufs Fenster zu, aus dem sie herausspringen wollte, um zu den Bäumen und zum Fluss hin zu fliehen. Man konnte sie aber einfangen und entschlossen festhalten und zurückhalten.

Ganz langsam wurde das Mädchen zahm. Graf d'Epinoy fand zunehmend

Gefallen an ihr: Sie wurde zu *seinem* Mädchen, das er schützte und das er davor gerettet hatte, das schwere Leben einer Ausgestoßenen führen zu müssen. Zwischen beiden entwickelten sich zarte Bande. Sie hatte einen merkwürdig kleinen und runden Mund, und wenn sie lachte, zitterte ihre Oberlippe, und sie zog dabei Luft ein.[3] Sie fing an zu sprechen und konnte langsam das Französische erlernen, was ihr weniger schwierig fiel, als man erwarten mochte. Deshalb fragte sich mancher ihrer Lehrer, ob sie sich nicht schon unter französisch sprechenden Leuten aufgehalten habe. Ihre ursprüngliche Sprache hatte sie jetzt völlig verloren. In St. Maur unternahm man einen weiteren Schritt in Richtung ihrer Heilung, indem man versuchte, ihr die wilde Ernährung abzugewöhnen. Graf d'Epinoy hatte sehr darauf geachtet, dass sie weiterhin Gemüseknollen und rohes Fleisch zu essen bekam, das sie so sehr mochte. Aber bei ihrem längeren Aufenthalt in der Klinik wurde ihr dann immer stärker gekochtes Fleisch vorgesetzt. Anfangs gab man ihr Wein zu trinken und gepökeltes Fleisch. Das unerwartete Ergebnis davon war, dass ihr die Zähne und die Fingernägel ausfielen. Sie wurden sämtlich als Schätze für Neugierige aufbewahrt. Mit gesalzenem Brot quälte sie sich herum; bei Keksen und gekochtem Fleisch musste sie sich erbrechen und husten, wobei sogar Blut kam. Ein Arzt erschien und ließ sie kräftig zur Ader; er meinte, das sei gut, um mehr französisches Blut in sie gelangen zu lassen. Dann verspürte sie fürchterliche Magenschmerzen, einen Druck auf den Darm und Halsschmerzen. Ihr Gesundheitszustand verschlechterte sich plötzlich, sodass man sich damit beeilte, sie in den katholischen Glauben aufzunehmen, damit sie nicht ungetauft stürbe. So wurde sie also am 16. Juni 1732 in der Pfarrkirche St. Sulpice in Chalon auf den Namen Marie-Angélique Memmie Le Blanc getauft.

Graf d'Epinoy war bestürzt, als er hörte, sie könne sterben. Er ließ eilig einen Arzt kommen, und der gab den Rat, man solle ihr gestatten, ab und an rohes Fleisch zu essen. Sie war jetzt allerdings so krank, dass sie nicht einmal ihr gewohntes Essen zu sich nehmen konnte. Sie kaute nur an den Fleischstücken und saugte Saft aus dem Fleisch. Ein anderes Mal brachte man ihr lebende Hühner und Tauben; aus denen saugte sie das warme Blut und dieser erwärmende »Likör« verhalf ihr langsam wieder zur Genesung. Die Krankheit, die sie während dieser Zeit durchlitt, hatte jedoch ihre Gesundheit dauerhaft geschwächt.

Der Graf liebte die kleine Wilde, doch er verstarb bereits ungefähr ein Jahr, nachdem man sie eingefangen hatte. Wäre er am Leben geblieben, wäre Memmies Leben später sicherlich sehr viel anders verlaufen. Ihr Schicksal war allerdings, dass sie ihre Beschützer entweder verlieren sollte oder von ihnen verlassen wurde. Nach seinem Tode wurde sie in die Obhut des »Convent des Régentes« in Chalons übergeben. Eine Zeit lang war unklar, wie es mit dem Mädchen weitergehen sollte: Die Witwe des Grafen hatte den Gedanken, sie solle bei ihr bleiben und so erzogen werden, dass sie in der Welt der Mode und Eleganz leben könnte. Die Obere des Konvents focht allerdings darum, Memmie in der heiligen Abgeschiedenheit des Kloster zu behalten. Madame Epinoy ließ sich von ihr überzeugen, und so blieb Memmie, wo sie war.

Sie lernte dort das Nähen und Klöppeln und wurde davon abgebracht, ihren wilden Umtrieben zu folgen. Die Pfleger in Songy brachten ihr bei, dass es sich für Mädchen nicht ziemt, zu schwimmen und auf die Bäume zu klettern. Sie ließ das daraufhin auch.

Auf einen möglichen Fürsprecher traf wie wiederum 1737. Die polnische Königin, Mutter der französischen Königin Maria, bereiste die Champagne, weil sie die Grafschaft Lorraine in Besitz nehmen wollte. Da sie von dem wilden Mädchen, das sich immer noch im Konvent in Chalon aufhielt, gehört hatte, befahl sie, man solle sie zu ihr bringen.

Marie-Angélique, die allgemein unter dem Namen Memmie bekannt war (der von ihrem Paten oder vom ersten Bischof Chalons stammte), war jetzt 15 Jahre alt, hatte aber eine Stimme und ein Benehmen wie die eines vier- oder fünfjährigen Kindes. Ihre Stimme war schwach, aber scharf und durchdringend. Sie konnte nur wenige Worte sprechen, und das verworren und mit gebrochenem Akzent, sodass sie oft nicht mitteilen konnte, was sie ausdrücken wollte. Sie benahm sich kindisch und katzbucklerisch und wandte sich am liebsten denen zu, die sie am meisten liebkosten. Da die Königin von ihrer kindlichen Sanftheit beeindruckt war, war sie ihr sehr liebevoll zugetan, und Memmie betrachtete sie pflichtschuldigst und fragend.

Man sagte der Königin, Memmie könne unvorstellbar schnell laufen. Wenn sie laufe, könne das zwar linkisch aussehen, aber sie sei unbeschreiblich flink. Es wäre eher ein Galoppieren als Laufen. Sie setze dabei nicht ein Bein nach dem anderen auf den Boden, sondern hüpfe, springe, fliege fast, und das mit solcher Geschwindigkeit, dass man sie mit den Augen kaum verfolgen könne. Es sei unmöglich, neben ihr herzulaufen. Die Königin war dadurch neugierig geworden und sagte, sie würde Memmie mit auf die Jagd nehmen wollen. Als Memmie sich dann wieder in der Landschaft befand, war sie schnell wieder die alte und rannte los, um die Hasen und Kaninchen zu verfolgen, die das königliche Gefolge anfangs jagte. Sie jagte hinter ihnen her, ergriff sie, und in ganz derselben Geschwindigkeit kehrte sie zurück und überreichte sie, noch warm und blutend, der wartenden Königin.

Die Königin war beeindruckt. Sie beschloss, das Mädchen mit nach Nancy zu nehmen und sie dort in die Obhut des Konvents zu geben. Die Nonnen baten aber die Königin inständig zu bedenken, dass es Memmie verstören könnte, wenn sie nicht in Chalon leben bleiben würde. Die Königin hörte sich ihre Bitten an und willigte ein. Sie versprach aber, an ihre Tochter, die Königin von Frankreich, zu schreiben, um für Memmie eine Gunst zu erbitten. Zugleich mit dem Brief schickte sie eine merkwürdige Pflanze aus künstlichen Blumen, die Memmie hergestellt und ihr als Geschenk überreicht hatte; sie hatte in dieser Kunst bereits große Fertigkeiten erlangt.

Was mit Memmie während der folgenden zehn Jahre geschah, ist uns kaum bekannt. Sie lernte fließend Französisch sprechen. Sie war bereit dazu, ihre Wildheit abzulegen. Die Spuren ihrer wilden Mädchenjahre verloren sich, und sie entwickelte sich zu einer jungen Frau.

Sie wäre fast eine Nonne geworden. Ihre Zustimmung gab sie einzig aus dem Grund nicht, weil ihr bewusst war, dass die anderen im Konvent sie noch als wildes Mädchen kennen gelernt hatten. Sie hatte ein kompliziertes Schamgefühl: Sie konnte die anzüglichen Blicke der Nonnen nicht ertragen, weil sie sich dadurch ständig an ihre Vergangenheit erinnert fühlte. So verließ sie also im September 1747 Chalon und ging ins Konvent von St. Menehold, wo die Anwesenden Fremde für sie waren.

Sie konnte allerdings ihrer Vergangenheit nicht so leicht entkommen. Als sie in St. Menehold eintraf und gerade die Herberge betreten hatte, begegnete sie einem Monsieur La Condamine. Er war ein Mann mittleren Alters, penibel elegant und aristokratisch, gut aussehend, aber mit Pockennarben im Gesicht. Es schien eine zufällige Begegnung zu sein. Er war freundlich und höflich und speiste anschließend mit ihr und der Gastgeberin zusammen. Was sie nicht wusste, war, dass La Condamine einzig ihretwegen hierher gekommen war.

Er war einer der berühmtesten Wissenschaftler Europas und sollte sich als wertvolle Stützte für Memmie erweisen. Besonders bedeutend wurde für sie, dass La Condamine als Skeptiker bekannt war: Er hatte insbesondere die englischen Leser beeindruckt, weil er Zweifel an einer Wundervorstellung – dem sich einmal jährlich verflüssigenden Blut des Heiligen St. Januarius – geäußert hatte, und das, obwohl er selbst »ein Päpstlicher« war.[4] Das bedeutete also für die Skeptiker jener Zeit, dass es eine hinreichende Garantie für die Glaubwürdigkeit von Memmies Geschichte gab, wenn sich jemand wie dieser rigorose Skeptizist auf ihre Seite stellte.

La Condamine war vor gerade erst zwei Jahren von einer großartig erfolgreichen Expedition aus Südamerika zurückgekehrt; er hatte dort in der heißen Zone Messungen des Erdumfangs durchgeführt. Er war 1735 dorthin aufgebrochen und hatte mit seinen Kollegen aus der Wissenschaft – den Astronomen Godin und Bougeur – verabredet, dass jeder auf getrennten Wegen nach Frankreich zurückkehrt, weil sie so mehr Möglichkeiten zum Entdecken hätten. Bezeichnenderweise wählte La Condamine den längsten und schwierigsten Weg für sich und beschloss, den Amazonas kartografisch zu ermitteln. Wie aus seinen Schriften über die Indianer zu entnehmen ist, war sein Interesse an »Wildem« – das ihn bewogen hatte, Memmie aufzusuchen – nicht romantisch begründet. Er beschreibt die Wilden, denen er im Regenwald begegnet ist, folgendermaßen: Sie seien gefräßig, engstirnig, feige (außer wenn betrunken), faul, könnten weder etwas voraussehen noch reflektieren, würden sich manchmal unmäßig, wie Kinder, freuen, seien aber im allgemeinen beharrlich unempfindlich – kurzum, sie würden ihr Leben ohne nachzudenken verbringen und alt werden, »ohne die frühe Kindheit verlassen zu haben«.[5]

Veranlasst durch La Condamine, verließ Memmie St. Menehold und gelangte stattdessen in den Konvent der »Nouvelle Catholique« in der Rue St. Anne in Paris. Sie erhielt dort Unterstützung vom Herzog von Orléans (der Memmie 1744 begegnet war). Sie machte in ihrer religiösen Erziehung Fortschritte, erhielt die Kommunion und nahm zum ersten Mal an einer Messe teil. Dann gelangte sie in einen anderen Konvent in Paris (Konvent der Heimsuchung in Chaillot) und bereitete sich hier ein weiteres Mal darauf vor, Nonne zu werden. Aber gerade zu diesem Zeitpunkt ereignete sich ein Unglück. Ein Fenster im Konvent zerbrach, stürzte herab und traf sie direkt am Kopf. Sie wurde krank und befand sich erneut in Lebensgefahr. Man verlegte Memmie aus dem Konvent in ein Hospital im Vorort St. Marceau, wo sie auf bestmögliche Art medizinisch betreut werden konnte; die Kosten übernahm der Herzog von Orléans. Sie hatte allerdings, wie früher schon, Pech, wenn ihr Gunstbeweise erbracht wurden: Gerade im kritischsten Moment verstarb der Herzog. Memmie blieb wie eine Gestrandete zurück: Sie war krank, ohne Freunde, ohne Geld, ihre Hoffnungen waren dahin, und es stand schlecht um ihre Gesundheit.

Die folgenden Jahre verbrachte sie in Elend, schlechtem Gesundheitszustand und Armut, bis sie dann doch wieder einen Glücksfall erleben sollte: Sie begegnete einer Gönnerin in Gestalt ihrer späteren Biografin, Madame Hecquet. Durch diese Frau ist Memmie Le Blancs Lebensgeschichte der Nachwelt überliefert worden; sie brachte ihr Werk 1755 unter dem Titel *Histoire d'une jeune fille sauvage trouvée dans les bois à l'age de dix ans* (»Geschichte eines jungen, wilden Mädchens, das zehnjährig im Wald aufgefunden wurde«) heraus. Es folgt die Beschreibung der ersten Begegnung Madame Hecquets mit dem Mädchen:

> Als ich sie im November 1752 zum ersten Mal sah, befand sie sich in diesen unerfreulichen Umständen. Nachdem diese dann halbwegs behoben waren, hatte sie ihre Kräfte soweit zurückerlangt und war wieder zu sich gekommen, dass sie mir über den Herzog von Orléans berichten konnte. Der junge Herzog hatte die Tugenden seines Vaters geerbt und die Rechnung für die neun Monate Verpflegung, die sie seit dessen Vaters Tod schuldig war, bezahlt. Sie sagte auch, dass sie außerdem mit gutem Grund annehme, der Prinz würde sie auf die Liste der Empfänger einer lebenslangen

jährlichen Pension von 200 Livre setzen. Sie fügte dann hinzu, dass sie bis zur Erledigung dieser Angelegenheit, die sich bis zum Anfang des folgenden Jahres hinziehen würde, zugestimmt hatte, in ein kleines Apartment zu ziehen, das ihr eine Person, deren Namen sie erwähnte, angeboten hatte. [Möglicherweise bezieht sich das auf La Condamine.] Aber wie soll das denn gehen, fragte ich sie, wenn Sie zwei Monate oder gar länger in diesem Apartment in solch kränklichem Zustand leben wollen? Darauf antwortete sie fest und vertrauensvoll und sehr zu meinem Erstaunen: »Warum hat Gott mich denn dann von den wilden Tieren weggeholt und aus mir eine Christin gemacht? Sicherlich nicht deshalb, damit ich anschließend untergehe und vor Hunger sterbe; das ist unmöglich. Ich kenne nur ihn als meinen Vater und als meine Mutter nur die heilige Jungfrau; ich werde also mit deren Gnade Unterstützung finden.«[6]

Da Mademoiselle Le Blanc so einfach und fromm geantwortet hatte, gelangte Madame Hecquet zur Einsicht; und doch gab es da noch etwas hinsichtlich Memmie, worüber sie sich wunderte. Ihre Geschichte war seit ihrem Eintreffen in Songy an jenem Septemberabend eine klare Sache. Aber was war in den Jahren davor gewesen, die leer, dunkel und sprachlos waren? Woher stammte sie? Wie hatte sie gelebt? Und vor allem interessierte sie an der Frau, die vor ihr saß, die krank, bleich und nahezu dreißig Jahre alt war, was deren innere Identität war? Man hatte sie Mademoiselle Le Blanc genannt, hatte ihr den Namen Memmie gegeben, aber was bedeuteten diese Namen angesichts der merkwürdigen geheimnisvollen Tatsache, dass neun Jahre ausgelassen waren? Wer war sie wirklich?

II   Eine der Unglücklichsten

... und deshalb werden wir den Unglücklichsten stets unter
den letzteren (= die unglücklichen Individualitäten der Erinnerung)
suchen müssen.

Søren Kierkegaard, »Der Unglücklichste«, *Entweder-Oder*

James Burnett, der spätere Lord Monboddo, war bereits acht Monate in Paris, als er am Freitag, dem 28. März 1765 Mademoiselle Memmie Le Blanc zum ersten Mal zu sehen bekam und sich mit ihr unterhielt. Er war mit seinem Sekretär William Robertson gekommen und hatte sich vom Hôtel d'Espaine in der Rue Guénegaut im Quartier St. Germain des Près über die Seine hinweg in die Rue St. Antoine begeben, wo Memmie jetzt in einem Apartment wohnte. Burnett wird von allen Leuten, denen Memmie vorgestellt wurde, der einzige gewesen sein, der erwartungsvoll gespannt darauf war.

La Condamine sollte ihn vorstellen und war deshalb bei dem kurzen Anmarsch mit dabei. La Condamine hatte sich zum Prinzip gemacht, den Fall Memmie Le Blanc vor ausgezeichneten Leuten zur Sprache zu bringen, und stellte sie dann einigen sogar vor. James Burnett war derjenige, der für Memmies Lebensweg von entscheidender Bedeutung sein sollte.

La Condamine war jetzt 64 Jahre alt und hatte sich, seit Memmie ihn vor ungefähr 18 Jahren zum ersten Mal gesehen hatte, sehr verändert. Durch seine Südamerikareisen war seine Gesundheit angeschlagen. Er war praktisch taub und trug immer ein Hörrohr mit sich herum. Nach seiner Rückkehr vom Amazonas war sein linkes Bein erlahmt, sodass er beim Zusammentreffen mit Memmie einen Stock benutzte. Er war jetzt völlig gelähmt, allerdings konnte man von medizinischer Seite keine Erklärung für seinen Zustand finden.

Memmie fühlte sich unwohl. Ihr Apartment in der Rue St. Antoine lag gegenüber der Rue Vieille du Temple und zwischen der Rückseite des Rathauses (Hôtel de Ville) und der Kirche St. Gervais. Im Grunde war das ein günstiger Wohnort, wenn man, wie Memmie das versuchte, Geld mit Kuriositäten vor Schaulustigen verdienen wollte. Die Rue St. Antoine erstreckte sich von der Porte St. Antoine im Osten bis zum Place Baudoyers im Westen und war eine der längsten und schönsten Straßen von Paris, und sie war bei Reisenden bestens bekannt, denn hier erfolgte für die Gesandten der Zutritt und fanden die öffentlichen Festlichkeiten statt. Der nördlich davon gelegene Bezirk war geschäftig, aber nüchtern – hier hatten die Pariser Juristen ihre Wohnungen. In Richtung der Tuillerien und in der Gegend der Stadtmauern versuchten sich häufig sonderbare Leute durch Schauveranstaltungen ihr Geld zu verdienen. Schausteller, Seiltänzer, Parterreakrobaten, Quacksalber, Leute, die Kuriositäten präsentierten oder Taschenspielerkunststücke vorführten, riefen den Passanten aus dem Fenster zu und luden sie zur Besichtigung ein. Memmie war zumeist aber zu krank und zu erschöpft für solche Dinge. Außerdem lag ihr Apartment nach hinten herraus, und sie blickte auf die Rückseite der am Fluss stehenden Häuser.

Da sie in dieser Hinsicht nichts für sich erreichen konnte, stellte sie Kunstblumen her und verkaufte Exemplare ihrer von Madame Hecquet verfassten Biografie. Das Buch fand nach seiner Veröffentlichung keinen großen Absatz, und so besaß Memmie viele Exemplare, mit denen sie hausieren ging, Neugierige finden wollte, um etwas Gewinn zu machen. Sie kann in ihren Räumen nicht viele Bücher verkauft haben, das Leben muss hart für sie gewesen sein. Außer Burnett hat keiner der Parisbesucher sie namentlich erwähnt.

Auch ist sie weder in englischen Reiseführern noch in zeitgenössischen Paris-beschreibungen als Kuriosität erwähnt. Sie lebte zurückgezogen.

James Burnett, der lange schon fasziniert die primitiven Ursprünge des Menschen studiert hatte, schien jetzt allerdings die Gelegenheit zur Begegnung mit einer lebendigen Verkörperung dieses Ursprungs zu haben. Er wusste bereits, dass sie der Schlüssel zu einem Geheimnis sei. Er war ein philosophischer Beobachter, für den sich mit ihrem Körper und ihrem Leben das Bild vom Wesentlichen des Menschen auftat. Wer hätte nicht mal einen Tag frei genommen und seine angestrengten und terminlich drängenden juristischen Arbeiten liegen lassen, um sich ein solches Wesen anzusehen? Er wäre in jedem Fall nach Frankreich gekommen, um diese wunderbare und einmalige Gelegenheit zu ergreifen.

La Condamine muss sich wohl sehr angestrengt haben, als er an diesem Frühlingsmorgen mit seiner geheimnisvollen Lähmung die drei Treppen zum Apartment hinaufstieg. War, was die Herren da nun vorfanden, eine Enttäuschung für sie? Sie war krank, war in mittlerem Alter und von der Welt weitgehend vergessen. Ihre Gesundheit war damals, als man sie eingefangen hatte – wie Mademoiselle Memmie Le Blanc erklärte –, auf Dauer ruiniert worden, indem man ihr verboten hatte zu schwimmen und sie – wenn auch wohlmeinend – gezwungen hatte, gekochtes Fleisch zu essen. Was an ihr so außergewöhnlich gewesen war, schien jetzt verschwunden: Sie konnte weder wie der Wind rennen, noch wie eine Nachtigall singen und auch nicht mehr wie ein Eichhörnchen klettern. Durch bewusste Bemühungen war es ihr gelungen, sich den flinken Blick ihrer Augen abzugewöhnen. Sie war kaum noch sie selbst. Vielleicht konnte es nur Burnett gelingen, zu erkennen, wie außergewöhnlich ihr »bloßes« Selbst einmal gewesen war, welches Wunder sie darstellte. Für Außenstehende war nur noch der bei Wilden zu findende aufgeblähte Bauch und ein Rest an Wildheit in ihrem Blick zu erkennen.

Burnett hatte sich gesetzt und schaute Memmie Le Blanc an. Wie war sie nach Songy gelangt? Woher war sie gekommen? Und wie hatte sie das hinbekommen können, in den Wäldern Frankreichs zu leben? Die Besucher waren um sie herum und hörten zu, als Memmie zu erzählen anfing. Nachdem Burnett in sein Hôtel d'Espaine zurückgekehrt war, schrieb er alles, was Memmie ihm erzählt hatte, auf.

Ihre Vermutung war, dass sie im Alter von sechs oder sieben Jahren aus ihrem Heimatland fortgeschleppt wurde. Man hatte sie auf ein großes Schiff gebracht und in ein warmes Land befördert. Dort verkaufte man sie als Sklavin, malte sie aber erst vollkommen schwarz an, denn es gab dort viele schwarze Sklaven, die per Schiff über See wegbefördert wurden. Man hatte sie in dem heißen Land auf ein anderes Schiff verfrachtet, und der Aufseher dort hatte ihr den Befehl erteilt, Handarbeiten auszuführen. Wenn sie nicht arbeiten wollte, wurde sie geschlagen. Ihre Betreuerin war aber nett zu ihr und versteckte sie des Öfteren. Dann erlebten sie Schiffbruch und die Mannschaft verlud alle auf ein Boot, nur sie und ein Negermädchen blieben zurück und mussten zusehen, wie sie sich retten konnten. Sie waren von dem sinkenden Schiff fortgeschwommen, aber da das Negermädchen nicht so gut schwimmen konnte wie sie, hatte sie ihm geholfen. Und so hatte sich das Negermädchen vor dem Ertrinken retten können, indem es sich an einem ihrer Füße festhielt.

Sie konnten die Küste erreichen. Dann reisten sie eine weite Strecke ins Land hinein und bewegten sich dabei nur des Nachts vorwärts, sodass niemand sie sehen konnte, und tagsüber schliefen sie in Baumwipfeln. Sie hatten sich von Wurzeln ernährt, die sie aus dem Boden ausgegraben hatten. Wenn es sich ergab, fingen sie Wild und aßen das noch rohe, warm blutende Fleisch wie Raubtiere. Einmal hatte sie einen Fuchs gefangen, aber dessen Fleisch war nicht essbar, und so hatte sie nur das Blut getrunken.

Sie konnte den Gesang der Vögel nachahmen, denn das war die einzige Musik, die man in ihrer Heimat kannte. Sie hatte sich aber mit dem Negermädchen nicht unterhalten können, weil keiner die Sprache des anderen kannte. Damals hatte sie noch sprechen können, sie vergaß aber später alle Worte, die sie gewusst hatte. Beide konnten sich also nur durch Zeichen und wilde Schreie verständigen. Mit solchem Schrei hatte sie damals die französischen Dorfbewohner erschreckt, als man sie gefangen nahm.

Zwei oder drei Tage bevor man sie eingefangen hatte, hatten sie einen großen Fluss überquert. Dabei waren sie von einem Mann im Wald beobachtet worden, was ihnen aber nicht bewusst war. Als er bloß die beiden schwarzen Köpfe aus dem Wasser hervorschauen sah, muss er sie für Wassergevögel gehalten haben und schoss auf sie. Er traf aber nicht. Das Geräusch des Gewehrs veranlasste sie, unterzutauchen und sich schwimmend aus der Gefahrenzone zu entfernen.

Als sie ans Ufer kamen, hielt sie in jeder Hand einen Fisch und zwischen den Zähnen einen Aal. Sie und das Negermädchen aßen die Fische roh auf und machten sich dann weiter auf den Weg ins Land. »Einige Zeit später entdeckte Mademoiselle Le Blanc, wie sie heute heißt, zum ersten Mal einen Rosenkranz, der auf dem Boden lag; irgendein Spaziergänger musste ihn verloren haben. Ob sie über diesen Gegenstand entzückt war, oder ob er Erinnerungen an etwas Ähnliches in ihr hervorrief, ist nicht bekannt ...«[7] Sie veranstaltete sofort einen Tanz. Da sie Angst hatte, das Negermädchen würde den Rosenkranz an sich nehmen, bückte sie sich und wollte ihn aufheben. Doch als das Negermädchen sie danach greifen sah, schlug sie mit ausgestrecktem Arm mit der Keule, die sie bei sich hatte, mit aller Wucht auf Memmie los. Dabei wurde Memmies Hand schwer verletzt. Sie erwiderte den Schlag aber trotzdem und verletzte das Negermädchen an der Augenbraue. Das Negermädchen fiel zu Boden und schrie. Die Wunde blutete, und da empfand sie Mitleid und bereute, was sie getan hatte, und rannte, um Frösche zu suchen. Als sie einen gefangen hatte, häutete sie ihn und legte dem Negermädchen die Haut auf die Braue, um die Wunde zu stillen. Als Band zum Befestigen benutzte sie einen Streifen Baumrinde.

Hiernach trennten sich die beiden ohne ein Wort. Das verwundete Mädchen machte sich auf den Weg zurück zum Fluss, und die Siegerin machte sich auf nach Songy. Sie hat aber nichts darüber gesagt, ob sie sich damals einsam gefühlt hatte, und ob sie, als die Franzosen sie in die Falle lockten, Schmerz oder Furcht verspürt hatte.

Diese Angaben machte Memmie bei Burnetts erstem Besuch. Er war stark an weiteren Unterhaltungen mit ihr interessiert, denn sie war für ihn das merkwürdigste Wesen, das er jemals gesehen hatte – eine Frau, die vom Anfang der Dinge herstammte, ein Atavismus, eine Erinnerung an alles das, was wir verloren haben. Burnett ging mit all seinem Skeptizismus, seinem Scharfsinn und seiner philosophische Fantasie heran und ließ es beharrlich und bestimmt auf zwei wahrscheinlich unbeantwortbare Nachforschungen hinauslaufen: Wer war Memmie Le Blanc? Und woher war sie gekommen? Von vitalerem Interesse war die größere, außerdem in seinem Kopf auftauchende Frage: Was konnte sie ihm über das größte Geheimnis überhaupt mitteilen – dem Geheimnis vom Ursprung der menschlichen Natur.

III   Ein paradoxer Mensch

Er war heute sehr angetan von Lord Monboddo. Er sagte, er hätte ihm auch ein paar Paradoxa verziehen, da er sähe, daß so viel Gutes an ihm sei; aber nach seinem Auftreten in London habe er gedacht, er bestünde ganz aus Paradoxa, und das ginge nicht an. Er bemerkte, seine Lordschaft habe heute keine Paradoxa geäußert.

Samuel Johnson über James Burnett in: James Boswell,
Das Tagebuch einer Reise nach den Hebriden *

James Burnett besaß seit diesem Frühlingstag ein geradezu närrisches Interesse an Memmie Le Blanc. Denn es trieb ihn hierbei mehr als nur ein intellektueller Hunger. Er wusste, dass die Wahrheit, wenn auch verborgen, in Memmie als Person lag, und so heftete er sich an ihr Leben und suchte nach der Antwort.

Es kann noch andere, mehr persönliche Gründe für Burnett gegeben haben, weshalb er von Memmie so fasziniert war. Er hielt sich in Frankreich auch deshalb auf, weil er das Erbe eines entfernten Verwandten, dem berühmten Waisen Lord Archibald Douglas, vor feindlichen Eingriffen sichern sollte. Während Burnett in Frankreich weilte, starb seine Mutter. Um die Trauer zu überwinden, stürzte er sich in die Untersuchungen über Memmies Leben und schrieb außerdem einen Essay über Aristoteles und die intellektuellen Eliten. Burnett machte den Fehler, wie viele Leute, die zu intensiv nachdenken: Er war schnell bereit, in Abstraktionen zu leben, was ihn davor schützte, Erfahrungen zu machen, die nacktes Leiden bedeuten könnten. Allerdings zeigt sein Interesse an Memmie Le Blanc, dass er jemand war, der sich zwangsweise mit den Beraubten identifizierte. Memmies Aussetzung muss bei ihm dunkel Zusammenhänge mit eigenen Verlusten hergestellt haben.

Es gibt von John Kay eine satirische Zeichnung, auf der Burnett in seiner tiefen Nachdenklichkeit dargestellt ist. Er sitzt an einem Schreibtisch und schreibt, trägt einen schwarzen Frack und weiße Stulpen und Kragen, hat eine graue, gepuderte Perücke auf, mit in der Mitte geteiltem Haar, das nach den Seiten hin aufbauscht. Er hat einen Ellbogen auf dem Tisch und ist etwas nach vorn gebeugt und drückt einen langen Finger gedankenvoll und steif gegen seine linke Wange. Sein Gesicht ist zusammengedrückt und sieht leicht verdrießlich aus. Die Nase springt über einen skeptischen Mund hervor, die Augen sind hervorgetreten und sehen leicht traurig aus, obwohl die Lachfalten stark markiert sind. Er hat die Beine überkreuz, trägt feine Socken und an seinen kleinen Füßen befinden sich schwarze Schnallenschuhe. Hinter ihm hängt an der Wand ein Bild, auf dem Männer im Frack im Kreis tanzen – ein schelmisches Bild für jemanden, der für Spiele zu exzentrisch ist.

Alle, die sich über ihre Begegnung mit Burnett geäußert haben, haben ihn als schwungvollen Mann von schlanker Figur beschrieben – das Ergebnis von Enthaltsamkeit, wie für Philosophen typisch. Er ahmte die Alten nach, indem er üppig aß und wenig trank. Typisch für ihn war, dass er seine stoischen Prinzipien derart rigoros anwandte, dass die Zeitgenossen ins Schwanken kamen, ob sie das nun loben oder lächerlich finden sollten. Man könnte sagen, er hatte mit diesen Gewohnheiten konkret primitiv gelebt, was ansonsten eine rein intellektuelle Nachforschung geblieben wäre. Für Burnett war der Abstand zwischen Gedanke und Handlung nur klein: Das Zusammentreffen mit Memmie war für ihn wieder so ein Fall, wo abstruses Forschen zu einer wirklichen, lebendigen Verstrickung führte.

Klarer wird uns Burnetts Bild durch James Boswells *Tagebuch einer Reise nach den Hebriden* (1785). Boswell steht in unserer Geschichte jedoch nur am Rande. Einige Monate nachdem Burnett Memmie das erste Mal besucht hatte, war Boswell in Paris eingetroffen und dort hatte ihn die Nachricht vom

Tod seiner Mutter erreicht – es erging ihm wie Burnett zuvor. Während Burnett sich nach dieser Nachricht in Studien gestürzt hatte, versuchte Boswell seine Trauer zu vergessen, indem er ins Bordell ging. Dass sich beide so unterschiedlich verhielten, verschaffte ihrer Freundschaft eine pikante Note: Boswell bereute sein Tun stark und schloss sich etwas sprunghaft moralischen, gedankenvollen, älteren Männern an.

Boswell schreibt in seinem Bericht über eine Reise durch Schottland über einen Besuch, den er 1773 mit Samuel Johnson bei Burnett gemacht hatte – Burnett war 1767 zum Lord Monboddo erhoben worden. Johnson und Burnett waren intellektuell alte Feinde, aber Boswell vermutete zu Recht, dass sich unter der oberflächlichen Feindschaft innerlich eine Affinität verbarg. Burnett hatte beide am Eingang von Schloss Monboddo begrüßt und war nur in Tageskleidung, im einfachen Anzug, erschienen. Die beiden großen Geister sprachen über Homer und über den Sinn und Zweck von Biografien. Johnson stellte die Lateinkenntnisse des jüngeren Sohns Burnetts, Arthur, auf die Probe und war einigermaßen von der Bildung des Jungen beeindruckt. Auch der Negersklave Burnetts, Gory, beeindruckte Johnson: Boswell notiert die Äußerung »wie merkwürdig es sei, dass man im Norden Schottlands einen Afrikaner treffe, der sich in seinen Manieren kaum oder überhaupt nicht von denen der Einheimischen unterscheidet«.[8] Über Burnett selbst wird bemerkt, er sei umgänglich, höflich, unaffektiert und nichtsdestoweniger schlau.

Das Heim von Burnett namens Monboddo kommt in Boswells Bericht allerdings weniger gut weg. Es liegt auf freiem Feld in den Grampian Hills. Beim Ritt dorthin hatte Johnson verwundert und mürrisch bemerkt, dass man sich hier merkwürdigerweise in einer Landschaft ohne Bäume befinde. Boswell war in Melancholie versunken. Sie erreichten Monboddo bei Regen, nachdem sie eine wilde und eintönige Moorlandschaft durchquert hatten. Monboddo selbst war ein miserabler Komplex. Die Häuser wirkten trotz des traurigen Glanzes der beiden Türme heruntergekommen.

In dieser Welt war Burnett aufgewachsen. Er war hier am 25. Oktober 1714 geboren worden und hatte seine frühen Kindheitsjahre auf diesem Anwesen verbracht, betreut von seinem Lehrer, Dr. Francis Skeene. Sein Vater, James Burnett, besaß viele Ländereien, war aber dennoch kein märchenhaft reicher Mann. Seine Mutter, Elisabeth, war wie sein Vater in politischen Dingen ein Anhänger König Jakobs und in religiösen Dingen ein Anhänger der Episkopalkirche.

Seine Erziehung war typisch für die Land besitzenden intelligenten Schotten seiner Zeit: Er schloss sich seinem Erzieher an und ging nach Aberdeen aufs College und anschließend auf die Edinburgher Universität. Er traf die fast unumgängliche Wahl, Jura zu studieren, und ging deshalb natürlich nach Groningen, wo er drei Jahre lang Zivilrecht studierte. Wieder in Edinburgh zurück, bestand er am 12. Februar 1737 die Gerichtsprüfungen und wurde fünf Tage später als Mitglied in der Rechtsanwaltsfakultät aufgenommen.

In den folgenden sechsundzwanzig Jahren folgte er seiner Juristenlaufbahn, auch wenn sie trist war. Er war aktiv in der Rechtsprechung; er studierte; er rief ein Treffen »gelehrter Abendessen« ins Leben, das in zutreffender Weise seinen natürlichen Wunsch nach Geselligkeit mit intellektuellem Austausch verband. Es waren vierzehntägig stattfindende Abendessen in seinem Haus in Edinburgh, bei denen sich ein Kreis juristischer und philosophischer Freunde traf. Es muss ein ernstes, entrücktes Leben eines Junggesellen gewesen sein, wenn man es auch nicht als »zurückgezogen« wird bezeichnet haben können. Burnett war in seinen frühen mittleren Jahren ein Mann des öffentlichen Lebens: Er war als Jurist durchaus erfolgreich und verkehrte als Gleicher mit den besten und hellsten Köpfen seines Landes.

Dann heiratete Burnett 1758 im Alter von 44 Jahren. Seine Braut war die »schöne und tüchtige« Elizabeth Farquharson – klischeehafte Adjektive des 18. Jahrhunderts, die mehr verschweigen als verraten. In acht Jahren gebar sie ihm drei Kinder: eine Tochter, einen Sohn, Arthur, und eine zweite Tochter.

1763 nahm für Burnett das juristische Leben eine Wende, indem Kontroversen und Erregung entstanden. Er war als Verteidiger in eine Rechtsangelegenheit verwickelt, die seinen Namen bekannt machte – der heiß umstrittene Douglas-Fall, der einer der bittersten und wildesten rechtlichen Streitfälle des 18. Jahrhunderts gewesen ist. In diesem Zusammenhang war Burnett nach Paris gekommen und hätte ansonsten Mademoiselle Memmie Le Blanc nie getroffen.

Memmie traf er bei seinem dritten und längsten Aufenthalt in Frankreich, bei dem er Beweismaterial für Douglas auffinden wollte. Dieser dritte Aufenthalt dauerte länger als ein Jahr und hatte im August 1764 begonnen. Er hatte sich im Hôtel d'Espaine in der Rue Guénegaut einquartiert. (Die Ankläger hielten sich im Hôtel de Tour auf, das eines der teuersten und exklusivsten Hotels von Paris war und von den Verteidigern nur eine Straße weit entfernt, in der Rue de Paon, lag.) Paris muss für diese Schotten ein befremdlicher Ort gewesen sein. Die britischen Besucher waren von der Beleuchtung in Paris bei Nacht beeindruckt: 5800 glühende Laternen aus Glas hingen von einem Seil in der Mitte der Straßen herab. Es gab noch andere befremdliche Dinge: Es gab hier eine Menge Haushunde, es gab keinen Tee, es gab zahllose Konvente und Jungfrauenstandbilder an den Straßen; das arrogante modische Verhalten der Franzosen; die Frauen liebten es, dickes weißes Make-up zu tragen; und neu und unerklärlich war das modische Rot. Paris war die Hauptstadt des Amüsements: »Für die Franzosen ist die Leichtfertigkeit das fünfte Element ... Das ist das Reich der Freude. Liebhaber stöhnen nicht lange, niemanden quält die Eifersucht.«[9]

Burnett suchte nach Beweismaterial zur Verteidigung von Douglas, und davon gab es eine Menge. In der Stadt kursierten Gerüchte und Geschichten. Aber als es darum ging, Informationen über Memmie zu erhalten, war Burnett keinesfalls so erfolgreich. Memmie erscheint uns zwar in ganzer Fülle: Sie ist lebendig, geistig flink und ist – trotz des langen Zähmungsprozesses – eine vitale, nicht zu ignorierende Erscheinung. Allerdings müssten wir mehr über sie wissen können, aber was sich im Hintergrund befindet, ist ohne Substanz und vage. Typisch für die Art, in der sie behandelt wurde, ist, dass wir eine Menge an Einzelheiten und Anekdoten über sie aus den ersten Jahren, in denen sie unter den Franzosen gelebt hat, haben, aber fast nichts aus den Jahren davor und danach. Memmie musste in ihrem Leben immer wieder erleben, dass bei ihr Erwartungen geweckt und wieder zunichte gemacht wurden, denn es erschienen Experten, die sich mit Neugierde an sie wandten, und die sie dann irgendwann wieder fallen ließen.

Ging es in ihrem Leben so, dass sie darin nicht die Tiefe erlangte, aus der heraus sich ihre Identität hätte bestätigen lassen? Was ihr ihren Platz zuweisen würde, lag hinter ihr und schien auf eine Weise verloren, dass es nicht wiederzuerlangen war. Sie trieb sich in einem Paris herum, in das sie nicht gehörte. Sie hatte ihr Geheimnis, ihr Selbst in die Hände des anständigen, neugierigen James Burnett gelegt.

Memmie Le Blancs Geschichte war für Burnett mysteriös und ihr selbst unbekannt; sie lag außerhalb der soliden Fakten und des Beweisbaren. Sie selbst war ein Mysterium, aber das Mysterium, das sie verkörperte und das sie lebend vorführte, war noch um vieles größer: dieser entschwundene Ursprung sowohl wie das Muster der gesamten menschlichen Rasse.

IV Über Eskimos

... es gibt nichts Glaubwürdigeres als Zeichen ...

Madame Hecquet, *Histoire d'une Jeune Fille Sauvage*

Je weiter wir in Memmies Leben zurückgehen, desto weniger wissen wir sicher darüber. Burnett unternahm jetzt also ein stärkeres Stück detektivischer Arbeit, indem er Memmies verloren gegangene Vergangenheit rekonstruierte. Mit einer ähnlichen Sache hatte sich zuvor Memmies Biografin, Madame Hecquet, herumgeschlagen.

Eine Mrs. Cockburn hatte an Hume geschrieben, dass Burnett genau wie er auf der Suche nach der Wahrheit sei. Burnett wusste natürlich, dass in dieser Welt der Erscheinungen die Wahrheit notwendigerweise nur relativ und verfälscht sein kann, dennoch sah er es als seine Aufgabe und tat es mit Leidenschaft, aufzudecken, was man darüber wissen konnte. In Bezug auf Douglas blieb er bei seinem Glauben, und in Bezug auf Memmie wollte er sich ebenfalls darum bemühen, die Wahrheit über sie zu ermitteln.

Um für den Douglas-Fall Informationen zu beschaffen, reiste er mit seinem Sekretär Robertson nach Reims in die Champagne. Diese Reise bot eine einmalige Gelegenheit, die er nicht verpassen wollte: Chalon, wo Memmie gelebt hatte, war denkbar nahe. So nahmen sich also die beiden Männer die Zeit und reisten nach Chalon zum Convent des Régents und von dort aus weiter direkt nach Songy. Im Konvent hörte Burnett von der Äbtissin Anekdoten über Memmie in ihren Mädchenjahren; sie berichtete, wie sie Vogelgesang nachahmen konnte oder über die Dächer rannte. In Songy befragte Burnett mehrere Einwohner und bekam vieles von dem bestätigt, was er aus Memmies Mund darüber gehört hatte. Burnett suchte aber nach greifbarerem Beweismaterial.

Er war unmittelbar neugierig geworden, als Memmie ihm etwas von ihrer Keule und ihrem Messer erzählt hatte. Was ihn besonders reizte, nach Songy zu kommen, war, dass sie von merkwürdigen Schnitzereien auf diesen Waffen gesprochen hatte. Wenn er die zu sehen bekommen würde, könnte er sie kopieren und das Ergebnis nach Paris oder gar nach Edinburgh mit zurücknehmen; sie wären sicherlich das bestmögliche Beweismittel beim Ausfindigmachen von Memmies Heimatland und bei der Erkundung des Vorgangs, wie sie nach Frankreich gelangt war. Die Waffen befanden sich im Besitz des jungen Grafen d'Epinoy. Burnett wanderte also auf den Spuren Memmies und begab sich auf die kurze Reise vom Dorf zum Schloss. Er hatte aber kein Glück. Denn eine halbe Stunde vor Burnetts und Robertsons Ankunft hatte der Graf seine Residenz in Songy verlassen, und keiner von den zurückgebliebenen Haushältern konnte den Schotten etwas über diese Keule sagen.

Aus harten Fakten wurde also wiederum Zweifel, was Burnett und auch anderen immer wieder passierte, wenn sie tatsächlich versuchten, die Identität des wilden Mädchens auszuloten. Was war zum Beispiel aus Memmies Begleiterin, dem Negermädchen, geworden, mit der sie zusammengelebt und die sie verwundet am Ufer der Marne zurückgelassen hatte? Es gab vage Berichte, dass man sie einige Kilometer von Songy entfernt tot aufgefunden hatte. Memmie hatte sich erinnern können, dass sie in Toul in Lothringen gesehen wurde, konnte aber nicht sagen, ob sie tot war oder lebte. War das möglich? Konnte sie wirklich mit ihrer Verwundung die Marne durchschwommen haben? Außerdem hatte Memmie Madame Hecquet erzählt, dass man verschiedene Briefe, die über dieses Mädchen berichteten, gefunden hatte. Wo aber befanden die sich jetzt? Es existierte nur noch ein Brief, in dem es hieß, dass das schwarze Mädchen in der Nähe von Cheppe gesichtet worden sei, einem Dorf nicht weit von Songy entfernt. Sie sei dann aber verschwunden und nie wieder gesehen worden.

Dann bestanden Fragen in Bezug auf eine Geschichte, die ein »M L-« in Umlauf gebracht hatte. Er hatte Madame Hecquet von einem Bericht erzählt, den er irgendwann von der Familie des Monsieur d'Epinoy erfahren hatte. Diesem Bericht nach waren die beiden Wilden auf den amerikanischen Inseln verkauft worden. Die Ehefrauen mochten sie sehr, aber die Ehemänner mochten sie gar nicht und verkauften sie weiter an Sklavenhalter. Diese Geschichte hatte etwas Einleuchtendes und war möglich. Es gab aber Zweifel über ihren Ursprung. Was konnte den Wahrheitsgehalt garantieren?

Diese Umstände stimmen ziemlich genau mit den in einem bereits erwähnten Brief genannten überein, der im »Mercure de France« abgedruckt wurde: Es ist allerdings klar, dass diese Einzelheiten nur Vermutungen sind, wobei die Wahrscheinlichkeit mehr oder weniger groß ist. Sie sind hergeleitet aus den ersten Zeichen und Ausdrücken, die von dem jungen Mädchen zu erhalten waren, als sie in den Monaten nach ihrer Gefangennahme anfing, Französisch zu sprechen. Und sicherlich ist ein derart belegtes Verhältnis, das auf keinen besseren Beweismitteln als auf Zeichen beruht, sehr wenig, auf das man sich verlassen kann.[10]

Kurz nach dem Eintreffen des Mädchens gab es Spekulationen darüber, wo sie herkam. Sie könnte eine Norwegerin sein, hieß es, oder eine Einheimische aus Guadeloupe oder aus Santo Domingo oder einer der anderen französischen westindischen Besitzungen. Schließlich hatte sie ja erstaunlich leicht ihre ersten französischen Worte lernen können. Und dann hatte sie auch das Maniok-Brot – aus westindischem Getreide –, das ihr ein Mann aus Chalon aus reiner Neugierde gereicht hatte, scheinbar sofort erkennen können und war in einen Freudenruf ausgebrochen, hatte es ihm entrissen und aufgegessen.

Dass Interesse an der Herkunft Memmies und damit an ihrer rassischen Identität aufkommt, weist in der Geschichte der wild aufgewachsenen Kinder in eine neue Richtung. Das geht zum Teil auf die Eigentümlichkeiten in Memmies Fall zurück und auf die Tatsache, dass sie, sehr wirksam, in das bevölkerte Frankreich gelangt war. Sie war wie ein Spiegelbild von Robinson Crusoe, eine Wilde, die inmitten der Zivilisation Schiffbruch erlitten hatte.

Den meisten von uns ist geläufig, dass man sich beim Aufenthalt im Ausland mit den fremden Sitten und der fremden Sprache konfrontiert fühlt. Memmie ist das extremste Exemplar, das es hinsichtlich solcher Fremdheit gibt. Es waren noch andere Geschichten wie die ihre zu der Zeit im Umlauf. So kommt also beispielsweise in Voltaires *L'Ingénu* jemand vor, der sich Frankreich, mit den Augen eines »Wilden« gesehen, neu vorstellt. So wie dieser Hurone Voltaires oder wie Shakespeares Miranda gelangt Memmie in ein Europa, das ihr wie eine schöne neue Welt erscheint.

Aber mehr noch: Mit Memmies Entdeckung Europas wird die Entdeckung der Neuen Welt durch die Europäer parodiert und ins Gegenteil verkehrt. Sie präsentiert uns die Möglichkeit, wie auch schon Peter der wilde Junge, dass wir uns selbst als Fremde und neu betrachten können. Denn wir können in der Geschichte Memmies eine merkwürdige Verkehrung jenes Dilemmas, in dem sich die Touristen befinden, erkennen. Ihr Fall ist ja einer, bei dem nicht nur der Außenseiter einen befremdlichen Schock erlebt hat. Sondern auch die Franzosen – die ja hier zu Hause sind – waren perplex und durch Memmie verstört worden. Memmies unerklärliches Erscheinen hätte bedeuten können, dass die Sicherheit und Gewissheit des Bekannten in Gefahr gerät. Ohne dass man also einen Schritt außerhalb von Paris hatte tun müssen, konnte man hier eine Erfahrung machen wie im jenseitigen Amerika, Afrika und der Südsee: die komplexe Angst, das Schamgefühl, den Ekel und den Reiz, den die europäischen Kolonisten empfanden, als sie zum ersten Mal mit den »Wilden« in Kontakt kamen.

Als Madame Hecquet ihre Biografie von Memmie in den Druck gegeben hatte, veröffentlichte Jean-Jacques Rousseau sein zukunftsweisendes Werk *Diskurs über die Ungleichheit*. Darin blickte Rousseau mit Bedauern zurück auf die primitiven Ursprünge der Menschheit und sah, dass wir in unseren einfachen Anfängen Würde, Grazie und Vitalität besessen hatten, die uns in der kultivierten Gesellschaft verloren gegangen waren. So ist Memmie also just zu dem Zeitpunkt in Frankreich aufgetaucht, als Rousseau unser Verständnis von den Wilden revolutionieren wollte.

Wie es auch schon in Peters Fall zu beobachten war, rief bei den Europäern die Unterschiedlichkeit der menschlichen Wesen eine Faszination hervor – was durch die schnelle koloniale Ausdehnung nach Amerika und Afrika begünstigt wurde. Eine Zeit lang passte diese Erfahrung, die man hinsichtlich der Unterschiedlichkeit machte, in das Bild von der Universalität der menschlichen Wesen. Aber hier hatten dann die kolonialen Unternehmungen und der enorme Sklavenhandel über den Atlantik, der wirtschaftliche Folgen hatte, andere Konsequenzen: Die Europäer sahen zunehmend die »Wilden«, denen sie begegneten, nicht als Gegenbild ihrer selbst, sondern als eine derart andere menschliche Rasse, dass es schmerzlich erschien, wenn man dazu eine Verbindung herstellen wollte.

Die Sache, um die es in Memmies Fall ging, war, wie überall bei den wild aufgewachsenen Kindern, zu definieren, was es hieß, Mensch zu sein. Denn man hatte hier ein Wesen vor sich, das dem Aussehen nach menschlich war, das sich aber auf eine Weise benahm, die unmenschlich schien. Wie konnte also ein zivilisierter Mensch behaupten wollen, er sei mit einem solchen Wesen verwandt – das taub ist, gemein, blutrünstig, schmutzig, bestialisch?

Die Antworten auf Memmie zeigen erste Anzeichen für einen völlig neuen Ansatz in der Lösung des Problems. Was ist davon zu halten, wenn wir Memmie nicht als jemand, der Menschsein auf andere Art repräsentiert, ansehen, sondern als jemanden aus dem Feld der Wilden und Animalischen, die für uns den Ursprung machen? Sind Memmie und die anderen wie sie nicht einfach diejenigen, die wir haben überwinden müssen, um jene zivilisierten Leute zu werden, die wir sind? Wenn man das so sieht, könnten sich Beobachter des Geschehens getröstet fühlen: Sie hatten das Leben, das Memmie geführt hatte, abgelehnt und es war ihnen gelungen, über die beängstigende Einsamkeit, die Memmie im dunklen Herzen trug, hinwegzugelangen.

In Memmies Geschichte lassen sich die ersten Spuren eines Motivs festmachen, das in den folgenden zweihundert Jahren immer wieder auftauchte. Hier finden wir die ersten Anzeichen einer Denkweise, die ein Interesse an der Rasse mit einem Evolutionsmodell menschlicher Entwicklung verknüpft. Wenn man verstehen wollte, was mit Memmie los war, musste man, scheint es, wissen, wie bei ihr der rassische Hintergrund aussah. Man würde schließlich wissen, wer sie war, wenn man ihr Heimatland ausgemacht hatte.

Madame Hecquet und Burnett waren diejenigen, die Memmies Herkunft höchst genau erforschten. Als Madame Hecquet jedoch über Memmies Vergangenheit nachzuforschen begann, gelangte sie vor eine Mauer vergessener Dinge.

Memmie hatte Madame Hecquet mitgeteilt, dass sie über ihr Leben erst nachzudenken begonnen hatte, nachdem sie von dem Wildsein geheilt worden war.[11] Sie hatte davor nur im unmittelbaren, ständig ablaufenden Jetzt existiert und war sich nur ihrer animalischen Bedürfnisse bewusst gewesen. Wenn sie im Geist an diesen Zustand zurückdachte, entdeckte sie nichts weiter: keinen Vater, keine Mutter, keine Schwester, keinen Bruder, keinen Spielkameraden. Sie hatte schwache, körperlose Vorstellungen: Es war ihr irgendwie so, als habe es in der Gegend, in der sie geboren wurde, keine Häuser gegeben, nur Höhlen im Boden oder lange schneebedeckte Hütten, in die die Leute auf Händen und Knien krochen.

Das einzige, woran sie sich besonders erinnern konnte, war ein riesiges Tier im Meer, das mit zwei Beinen schwamm, wie ein Hund, einen runden Kopf und riesige Augen hatte. Diese schwarze Kreatur war auf sie zugeschwommen, woraufhin sie, weil sie Angst hatte, aufgefressen zu werden, zurück zur Küste gestürzt war. Konnte das eine Robbe gewesen sein, fragte sich Madame Hecquet. Und wenn, was würde das über Memmies Herkunft aussagen?

Madame Hecquet nahm tatsächlich nach allem, was sie gehört hatte, an, dass Memmie ein Eskimo war, der von den gefrorenen Gewässern im Norden nach Frankreich gelangt war. Memmies Liebe zum Wasser, ihre Unempfindlichkeit gegen Kälte und Frost, ihre weiße Haut und ihre Bevorzugung roher Esswaren schienen allesamt darauf hinzudeuten, dass die Arktis ihre natürliche Heimat war.

Wie sie allerdings nach Frankreich gekommen war, war immer noch unklar. Madame Hecquet stellte dazu folgende Spekulation an: Ein Sklavenschiff aus Holland oder aus dem Norden Schottlands musste sich nach Labrador aufgemacht haben, um dort weitere Sklaven für den Transport zu den westindischen Inseln aufzunehmen. Das wilde Mädchen wurde dort gefangen genommen und schwarz angemalt, entweder »aus Spaß« oder weil man sie als Afrikanerin oder, noch spezieller, als Eingeborene Guineas verkaufen wollte.[12] Nachdem man das Eskimokind per Schiff von Labrador oder Grönland zu den westindischen Inseln gebracht hatte, mussten die Besitzer feststellen, dass sie sich der karibischen Hitze nicht anpassen konnte. So brachte man sie zusammen mit dem Negermädchen per Schiff nach Europa. Möglicherweise sprangen sie in der Zuidersee vom Schiff und machten sich über mehrere Monate auf den Weg, der sie durch den Ardennerwald führte. Vielleicht waren sie aber auch als Bedienstete von einem französischen Landbesitzer eingestellt worden, der sie auf den westindischen Inseln aus einer Laune heraus gekauft hatte. Da der Franzose jetzt aber, wo sie in Frankreich waren, feststellen musste, dass sie nicht einsatzfähig genug waren, hatte er sie ermutigt oder es ihnen erlaubt, zu fliehen.

Madame Hecquet hatte sich selbst die Aufgabe gestellt zu beweisen, dass Memmie ein Eskimo war. Sie gab zu, dass die »Fakten« allesamt höchst zweifelhaft seien. Sie suchte aber nach einer Wahrheit, durch die Irrtümer und Fehlschlüsse, wie sie von sprachlicher Seite her auftreten konnten, vermieden wurden.

An einer Stelle ihrer Biografie schreibt Madame Hecquet, dass sie die Entscheidung getroffen habe, mit Memmie ein Experiment durchzuführen. Eine alte Freundin von Madame Hecquet, Madame Duplessis, hatte ihr aus Quebec eine Sammlung Puppen nach Paris geschickt, die so ähnlich wie die Wilden in der neuen Welt aussahen. Darunter befanden sich ein Eskimo und eine Eskimofrau, die ihr Baby trug.

Madame Hecquet beschloss, anhand dieser Puppen auszuprobieren, wie es mit den »Naturkräften« bei dem wilden Mädchen ausschaute.[13] Sie setzte sich mit Memmie zusammen und präsentierte ihr die Kiste mit all den »wilden Puppen«. Als sie die Kiste öffnete, beobachtete Madame Hecquet sorgfältig, wie ihr Gegenüber darauf reagierte, weil sie hoffte, Anzeichen über Memmies Herkunft erkennen zu können. Memmie griff sich als erstes das Eskimopaar, obwohl die anderen Puppen bunter und interessanter gekleidet waren. Sie staunte sie an, ohne ein Wort zu sagen. Als Madame Hecquet sah, wie sie sich freute, fragte sie sie, »weil sie wollte, dass sie darüber redet«, ob sie hier eine ihrer Verwandten entdeckt habe. Memmie war sich nicht sicher, aber sie erinnerte sie dennoch an etwas. Sie hatte etwas wie diese vorher gesehen. »Wie!, sagte ich. Männer und Frauen von dieser Gestalt? So ziemlich, antwortete sie. Aber sie hatten das nicht (und dabei zeigte sie auf eine Art Handschuh, den meine Puppen trugen).«

Nach einer längeren Unterhaltung ging Memmie die Verbindung mit den Puppen immer mehr verloren. Madame Hecquet wählte einige andere Figuren aus, die Ohrringe trugen. Memmie erklärte ihr, dass die Leute Ringe hatten, die vom Ohrläppchen bis zum Rücken herunterreichten. Da das mit den Eskimos nichts mehr zu tun hatte, ließ sie nach einigem Zögern das neue Beweismaterial beiseite:

Da ich an den Figuren selbst und auch aus dem Begleitschreiben nichts entdecken konnte, das mir zu diesem Unterschied [– zwischen den Puppen und jener speziellen Erinnerung Memmies –] etwas hätte beantworten können oder das Memmie einen entsprechenden Hinweis geben könnte, war mein Gedanke, dass es ihr nur durch eine Sache aus den Jugendtagen, woran sie sich erinnerte, in den Kopf gekommen war und worüber sie nur eine konfuse Vorstellung hatte. Und tatsächlich fügte sie von sich aus spontan hinzu, dass diese Vorstellungen so weit zurückliegen und dass sie kaum verlässlich seien.[14]

Entscheidend war allerdings, dass Madame Hecquet sich nicht ausschließlich auf Memmies Worte verlassen wollte. Memmies authentisches Selbst kam bei dieser Szene nicht durch die Worte ans Licht. Sie war allein durch ihren Instinkt, ihr »natürliches unaffektiertes Empfinden« dazu veranlasst worden, ihre Hände an diese Stelle zu bewegen und ihre Augen auf die Eskimopuppen zu richten. Worte täuschen, die Natur nicht: »Solches waren jedenfalls meine Überlegungen bezüglich der Unterscheidungen, die sie getroffen hatte, und weil sie so natürlich gesagt hatte: ›*Wir hatten nichts an unseren Händen*‹, was sie allein aus wahrem Empfinden – auch wenn es ihr nicht bewusst war – geäußert hatte.«[15]

In dieser Szene erreicht die Vorstellung, Memmie sei die unbewusste Quelle ihrer eigenen Identität, einen Höhepunkt. Voreingenommenheit macht Madame Hecquet blind, führt dazu, dass sie Einwände gegen ihre bevorzugte Annahme hinsichtlich der Herkunft Memmies unbeachtet lässt. Sie lässt einen gewissen Raum für Zweifel zu, die aus einer Beeinträchtigung bei der Wahrnehmung der Eskimofiguren herstammen könnten, räumt dem aber nur einen peripheren Stellenwert ein. Memmie wird zu einer Chiffre, zum Träger einer Wahrheit, die sie selbst nicht verstehen kann.

Entscheidend ist, dass das natürliche Selbst des Mädchens durch Aktion in Erscheinung tritt, durch das Ergreifen der Eskimopuppen, und nicht anhand der späteren, eher ambivalenten Diskussion über die Puppen. Memmie handelt aus einem Verständnis, einem Empfinden heraus, das tiefer liegt als beim zivilisierten Selbst. Weil sie eben »empfindsam« ist – oder anders gesagt: offen für spontanes Fühlen –, geht aus ihren Handlungen ihre innere, unbestreitbare Wahrheit hervor. Memmies Präsenz als Redende, die man als Leser empfindet, ist angesichts der ganz bewussten Absichten, die die Schriftstellerin hat, unwesentlich.

Burnett wandte etwas andere Methoden als Madame Hecquet an, aber beide glaubten bei ihren Nachforschungen daran, dass es neben den Zeichen, die Verwirrung auslösen können, noch eine innere, wesentliche Wahrheit gäbe. Burnett kam genau wie Madame Hecquet zu dem enttäuschenden Entschluss – was für uns allerdings irrelevant ist –, dass das Geheimnis Memmies sich nur durch rassische Vorstellungen lösen ließ. Wir werden aber sehen, dass er sich außerdem bei der Frage nach Memmies Identität um eine Lösung bemühte, die sich weit über die Rassenfrage hinausbewegte.

Burnett konnte bei den Treffen mit Memmie in ihrem Apartment in der Rue St. Antoine ebenfalls alles herausfinden, was möglich war. Sie hatte ihm erzählt, dass sie aus einem Land herstammte, in dem es sehr kalt ist und wo die meiste Zeit des Jahres Schnee liegt; dass die Kinder dort, gleich wenn sie laufen können, auch das Schwimmen erlernen; dass sie, als sie in Frankreich angekommen war, hier nur leben konnte, wenn sie schwimmen konnte und dass sie wie eine Otter schwamm; dass bereits einjährige Kinder dort einen Baum erklettern können; dass es dort fliegende Eichhörnchen gab; dass die Menschen dort in kleinen Hütten über dem Wasser lebten, so wie die Biber; dass sie zumeist Fisch aßen;. dass sie Kleidung aus Häuten trugen; dass sie dort keine Feuer hatten, und dass sie es anfangs in Frankreich nicht ertragen konnte, wenn in einem Raum ein Feuer brannte, so erging es ihr auch mit der Luft in geschlossenen Räumen; dass hier die Leute anders seien, größer als die Leute bei ihr und stärker; dass ihre Leute gemeinsam kämpften und, wenn ihre Feinde sie fingen, sie von denen verspeist wurden.[16]

Sie konnte sich noch an einige Idiome ihrer Sprache, die sie nicht mehr beherrschte, erinnern: »Verwunden« umschrieb man mit »jemanden rot machen« und »töten« war »jemanden in langen Schlaf schicken«. Zur Begrüßung sagte man »Ich sehe dich«. Sie konnte sich auch daran erinnern, wie sie ihre Toten bestatteten. Der Leichnam wurde in eine Kiste, ähnlich wie ein Sessel, gelegt. Dann sprach einer der nächsten Verwandten mit dem Toten und sagte zu ihm, dass er Augen habe, aber nicht sehen könne, Ohren habe, aber nicht hören könne, Beine habe, aber nicht laufen könne, einen Mund habe, aber nicht reden könne. Was ist aus dir geworden? Und wohin bist du gegangen? Die Bestattung endete damit, dass sie in Klagerufe ausbrachen und äußerst verzweifelt schrien. Sie habe oft so geschrien und habe, als sie hier anfangs eingefangen wurde, alle damit erschreckt.[17]

Burnett war sich der einen Sache ganz sicher: Memmie war auf keinen Fall ein Eskimo. Madame Hecquet musste nach seiner Auffassung eine nur ziemlich skizzenhafte Vorstellung von den Eskimos haben. Sie scheint sich dabei hauptsächlich auf die Reisebeschreibungen des Baron La Hontan und auf einen Brief der Madame Duplessis verlassen zu haben. In diesem Brief heißt es über die Eskimos, dass sie zur tiefsten Barbarei herabgesunken seien: »Sie sind ein Volk von Menschenfressern, sie verschlingen Menschen, legen Hand an sie, wann immer sie können. Sie sind von kleiner Statur, weißhäutig und sehr dick.« Madame Duplessis war der Auffassung, dass sie das Feuer heiligen, das Essen roh verspeisen, sich in Seehundshäute kleiden. Eskimomädchen wären besonders als Dienstmädchen beliebt und würden oft gefangen genommen und zu zivilisierten Personen erzogen. Obwohl sie sich in den Häusern ihrer Herrschaften wohl fühlten, würden sie aber trotz allem sehr früh sterben, so wie auch die Wilden, die bei den Franzosen lebten.[18]

Burnett hatte begründeten Zweifel an der These Madame Hecquets von Memmie als Eskimo. Der wichtigste Einwand war, dass Memmie nicht wie ein Eskimo aussah. Sie hatte eine helle Gesichtsfarbe, zarte Haut und so weiche Züge wie die Europäer: »Die Völker der Eskimos sind hingegen, so wie es alle Reisenden berichteten, die hässlichsten Menschen, haben harsche und höchst unangenehme Gesichtszüge und sind von Haaren überdeckt.«[19] (Wie wir sehen, hatte Burnett ebenso verdrehte Informationen über die Eskimos wie Madame Hecquet.)

Burnett war allerdings aufgrund der Theorie Madame Hecquets stärker davon überzeugt, dass Memmies Herkunft in der Wildnis Nordamerikas zu suchen sei. Burnett erklärte, Memmie sei eine Angehörige der Huronen. Das sei einfach genug zu beweisen: In ihrer Sprache fehlten – was Bände spräche – die labialen Konsonanten (wie zum Beispiel »p« oder »b« oder »m«) und die Zungenlaute (wie zum Beispiel »g«); ihre Waffen seien typisch für die Huronen; dazu ihr Aussehen; ihre Hellhäutigkeit.

Was ist nun also von Memmies eigenen Berichten über ihre Geschichte zu halten? Madame Hecquet empfand, die ganze Erzählung würde auf so dürftigen Fakten, wie überhaupt nur denkbar, aufbauen:

Le Blanc gibt mir darin Recht, dass sich in den verschiedenen Berichten, die sie mir zu unterschiedlichen Zeiten gegeben hat, mehrere Einzelheiten finden, an die sie sich nur konfus oder undeutlich erinnern kann, und dass sie annimmt, hier seien Sachverhalte mit hineingelangt, die sie sich erdacht hat, nachdem man angefangen hatte, ihr Fragen zu stellen, und dass sie das danach immer wiederholt hat.[20]

Worte reichten nicht aus. Darüber hinaus erhob sich die Frage, wie viel in Memmies Geschichte ihr durch die ersten Leute, die sie befragt hatten, suggeriert worden war. Wie stark wird das, was ihre Betreuer zu ihren Abenteuern zu kommentieren hatten, auf die Vorstellung, die sie von ihrem Leben hatte, eingewirkt haben?

Burnett wusste genauso gut wie Madame Hecquet, dass Anpassung über die Sprache erfolgt. Seine Arbeit als Jurist im Douglas-Fall zeigte ihm täglich, welche unberechenbaren Größen und Rätsel es gibt, wenn man die Vergangenheit rekonstruieren will. Er begriff aber wie Madame Hecquet Memmie als Schlüssel, als Hinweis auf etwas Reales, Universales und Angeborenes – auf etwas, das jenseits der willkürlichen Sprachkultur lag.

In Burnett war merkwürdigerweise beides anzutreffen: das Skeptische und das stur Dogmatische. Er wusste, dass die Wahrheit schwer ausfindig zu machen war, die Dinge verworren, fließend, wenig substantiell sein konnten, und dennoch vertraute er voll und ganz darauf, dass seine Annahmen richtig seien. Er stieß im Douglas-Fall auf ein Gewirr widersprüchlicher Fakten und schien trotz allem nie wirklich an der Glaubwürdigkeit von Archibald Douglas zu zweifeln. Memmie war für ihn ein Rätsel, das aber nie den Reiz verlor, es mit der Lösung der größten Frage von allen zu versuchen.

V Über Orang-Utans

Der Mensch, das oberste der lebenden Wesen, der ein Wunderwerk der Natur ist, und für den alles auf dieser Welt geschaffen wurde, ist ein nachahmendes Tier.

Carl von Linné, *Systema Naturae*

Wir wissen von einer weiteren Expedition, die Burnett während seines Paris-Aufenthalts unternommen hat. Im 16. Bezirk der Stadt befand sich der Jardin des Plantes, ein botanischer Garten mit exotischen Pflanzen und merkwürdigen Gewächsen; er lag am Rande der Felder auf dem Weg zum Château de Vincennes. Im Sommer kamen die Studenten hierher, um sich die morgendlichen Vorlesungen über Botanik und Chemie anzuhören. Außerdem wurden das ganze Jahr hindurch im großen Amphitheater Vorlesungen zur Anatomie gehalten. Der Aufseher über diesen Jardin du Roi war George-Louis Leclerc, auch bekannt als Comte de Buffon, einer der bekanntesten Naturhistoriker seiner Zeit, der, wie wir sehen werden, starken Einfluss auf Burnetts Vorstellungen über Memmie hatte.

Im Botanischen Garten hatte Burnett das königliche *Cabinet des Curiosités* kennen gelernt, das durch Buffons Werk *Histoire Naturelle* (Geschichte der Natur) international bekannt geworden war. Die Sammlung war auf drei Räume verteilt. Im ersten befanden sich eine Sammlung an Skeletten, eine komplette Sammlung von Fötussen, angefangen vom kleinsten Embryo bis zum voll entwickelten Baby, eine schöne Sammlung von Muscheln und Korallen und alle neuesten maschinellen Erfindungen. Im zweiten Raum konnte man wertvolle Steine und seltene geologische Beispiele finden, und im dritten befanden sich ältere Steine – Achat, Onyx, Smaragd, Topas –, ferner eine Sammlung von Insekten, Fische in Spiritus, Schlangen von der kleinsten bis zur fünfeinhalb Meter langen, Vogelskelette, eine der neu erfundenen Sphärenkugeln aus Messing und »anatomisch präparierte« Tiere.

Wegen eines dieser Tiere hatte sich Burnett zum Königlichen Garten aufgemacht: dem Orang-Utan. Die Kreatur war ausgestopft und stand auf einem Regal. Burnett war erstaunt darüber, dass das Tier in seiner Gestalt und seinen Zügen exakt dem Menschen ähnelte. Von seinem Führer erfuhr er dann, dass es auch alle zur sprachlichen Artikulation notwendigen Organe besaß. Dieser Orang-Utan hatte einmal mehrere Jahre lang in Versailles gelebt, war aber schließlich gestorben, weil er Alkohol getrunken hatte. Burnett notiert über das Tier mit einer leichten, möglicherweise unbeabsichtigten Anspielung auf Sexuelles: »An Menschenverstand besaß er so viel, wie von seiner Erziehung her zu erwarten war, und er erledigte für seine Herrin, mit der er zusammenlebte, viele kleine Dienste. Aber er hat nie sprechen gelernt.«[21] Burnetts Führer erwähnte noch einen anderen Orang-Utan, der ebenfalls sprachstumm war, und der in Indien bei seinem französischen Herrn gelebt und diesen zum Markt begleitet hatte.

Später sollte Burnett das Glück haben, in London zwei lebende Orang-Utans zu sehen. Obwohl er arm war, sollte er sich zum Kauf versucht fühlen; einer sollte £ 50 kosten. Sein Plan war, ihn zu erziehen und ihn möglicherweise auf die Ebene eines gewöhnlichen zivilisierten Menschen zu bringen.

Aufgrund seiner Wissbegierde über den Orang-Utan kam Burnett schließlich unerschütterlich zu der Annahme, dass diese Kreatur eine Art Mensch sei, der man das Sprechen beibringen könne. Nach weit verbreitetem Verständnis wurde Burnett wegen einer Reihe solcher Besessenheiten und verrückter Annahmen berühmt. Die anderen waren: Dass Sprache sozial erworben würde; dass die Menschen einmal Schwänze gehabt hätten; dass die Menschen seit den alten Zeiten eine Degeneration erlebt hätten; und dass er an wildlebenden Kindern interessiert war. Er ging seinen Gedanken in zwei monumentalen Werken nach: dem sechsbändigen Of the Origin and Progress of Language (Über den Ursprung und die Entwicklung der Sprache), das zwischen 1773 und 1792 veröffentlicht wurde, und dem gleichfalls gewaltigen Ancient Metaphysics (Die alte Metaphysik), das ebenfalls in sechs Bänden herauskam, von denen der letzte 1799 gedruckt wurde – im Jahr seines Todes, als er 85 Jahre alt war. Was ihn hier interessierte, war im Allgemeinen als exzentrisch verschrien – und zwar so sehr, dass Burnett in seinen späteren Jahren zu einer Witzfigur wurde.

Burnett ist als visionärer Spinner gesehen worden. Ein beachtliches Bild von ihm hat Peacock in seinem 1818 erschienenen satirischen Roman *Melincour* gezeichnet. Hier wird Burnett als Forstmann und verträumter, melancholischer Mann dargestellt, der einen großen Affen erzieht und sich mit ihm anfreundet, einen gewissen Lord Orang-Utan. Lord Orang ist ein höflicher, wenn auch völlig schweigsamer Begleiter, der gelegentlich ungewöhnliche Laute ausstößt, die ihn aber auszeichnen, und das deutet auf eine bevorstehende glänzende gesellschaftliche Karriere hin, die darin gipfelt, dass er ins Parlament gewählt wird.

Burnett galt zu seiner Zeit mit seiner Faszination am Orang-Utan keinesfalls als fremdartig und exzentrisch, wie es zunächst erscheinen mag. Neben ihm gab es in stark zunehmender Zahl Naturwissenschaftler und Naturphilosophen, die von den Affen fasziniert waren. Denn so wie beim wild aufgewachsenen Kind wurde hier der Unterschied zwischen Tier und Mensch auf dramatische Art deutlich, eine lebende Kreatur, die zum Nachdenken über Wesen und Grenzen des Menschen herausforderte und zur Definition darüber beitrug.

Burnett war mit der Zusammenstellung der äußeren Fakten zu Memmies Geschichte zu Ende gekommen. Wenn er sich jetzt über ihre innere Identität Gedanken machen wollte, musste er sich andernorts weiter umtun und die Schriften der Naturhistoriker heranziehen. Es schien möglich, dass Burnett in den Werken Buffons und Linnés den Schlüssel finden konnte, um das Rätsel, das Memmie Le Blanc umgab, lösen zu können.

Linné und Buffon, die beiden Giganten der Naturgeschichte des 18. Jahrhunderts, waren es, die Burnett auf die zentrale Bedeutung des Orang-Utan hinwiesen. Das große Projekt, das diese beiden Naturhistoriker in Angriff genommen hatten, war, festzustellen und festzulegen, welches die Wesensmerkmale, Elemente und Unterscheidungen sind, durch die sich die Arten voneinander unterscheiden. Sie gingen an ihre Unternehmung von völlig verschiedenen Standpunkten aus heran.

Buffon wird oft als Vorläufer des Evolutionsgedankens angesehen. In seiner Beschreibung besitzt die Welt der Natur ein Potential an Instabilität. Seine enorme, vierundvierzigbändige Naturgeschichte liest sich überraschend lebendig. Sie ist angefüllt mit bedeutsamen Anekdoten und unwahrscheinlichen Geschichten. Seine Tiere erscheinen wie Handelnde in einer Geschichte und besitzen die fast menschliche Fähigkeit der Veränderlichkeit.

Im Gegensatz dazu beschreibt Linné die statische Natur der Tiere und Pflanzen. Sein Werk besitzt eine strenge Regelmäßigkeit; darin erscheint die Kreatur wie aus dem Fluss der Zeit herausgenommen und vor das untersuchende Auge gerückt. Dennoch handelt es sich nicht um ein trockenes Werk der Klassifizierung. Bei Linné erreicht die Ordnungsdisziplin eine visionäre Ebene, es läuft bei ihm auf eine Hymne auf die Fülle des Existierenden hinaus:

Aufgewacht wie aus dem Traum eines Ignoranten, habe ich dunkel erblicken können, wie er vorbeigeht: der Ewige, Unendliche, Allwissende, Allmächtige Gott, und ich bin erstaunt! Ich habe aus manchen Spuren seines wunderbaren Werks etwas über ihn lesen können. Aus den kleinsten von ihnen, die verhältnismäßig unbedeutend sind, sogar bis zum Verschwinden, scheint eine zutiefst unfassbare Perfektion an Kraft und Weisheit hervor.[22]

Von hier aus ist der Sprung zu William Blake nicht allzu weit, der den Himmel in einem Sandkorn erblickt hat.

Linné platziert den Orang-Utan in seiner Klassifikation der Primaten unter die Ordnung der »Simia«. Dennoch spielt der Orang-Utan bei dieser Einteilung weiterhin eine zwiespältige und destabilisierende Rolle:

2. Orang-Utan. – 2. Simia Satyrus. I
Hat keinen Schwanz. Ist rostbraun gefärbt. Das Haar auf den Vorderarmen wächst nach rückwärts oder steht aufrecht. Die Oberschenkel sind behaart. Amoen. acad. vi. 68. tab. lxxvi. f. 4.

Homo sylvestris, oder wilder Mann aus den Wäldern. Edwards, av. v. 6. tab. 213. – Orang-Utan. Camper kort beright, &c. Amsterdam 1788, p. 8.

Lebt auf der Insel Borneo. – Ist ungefähr 60 cm groß und läuft zumeist aufrecht. Körper und Glieder sind einheitlich mit braunem Haar bewachsen, das ungefähr zweieinhalb Zentimeter lang ist. Einige Haare dazwischen sind rötlich. Das Haar auf den Vorderarmen bis zum Handgelenk wächst nach rückwärts oder liegt und ist gegen den Ellbogen gerichtet; die Oberschenkel sind behaart. Der Kopf ist rund; die Stirn ist nackt; der Rand des Mundes ist behaart; die Augenwimpern sind schwarz, davon die oberen dicker und länger als die unteren, an der Stelle der Augenbrauen befindet sich ein Streifen horizontal gewachsener Haare; die Nase ist sehr kurz und mit Flaum bedeckt; die Handflächen sind glatt und der Daumen ist kürzer als die Handfläche: Die Füße sind ähnlich wie beim Menschen, außer dass die großen Zehen kleiner als die anderen sind, die sehr lang sind.

Diese Art ähnelt in vielem dem Menschen, besitzt sogar den os hyoides, muss aber dennoch zum Geschlecht der Affen gerechnet werden, mit dem es in Folgendem übereinstimmt: es fehlt der flache runde Nagel am großen Zeh, und es hat dessen Kehlkopfstruktur. Außer diesen Umständen geht weiterhin aus der Muskelrichtung und aus der ganzen Skelettgestalt klar hervor, dass das Tier von Natur aus nicht zum aufrechten Gang bestimmt ist.[23]

Aus diesen Ausführungen geht klar hervor, dass Linné den Orang-Utan zweifellos nicht zu den Menschen gerechnet hat. Dennoch bleibt etwas Verwirrendes. Indem der Orang-Utan semantisch und wissenschaftlich mit dem Homo sylvestris, oder wilden Mann aus den Wäldern, identifiziert wird, könnte der Orang-Utan auf beiden Seiten der Mensch-Tier-Trennung platziert werden. Man könnte fälschlicherweise meinen, dass durch Linnés »vierfüßigen, stummen, behaarten« *Wilden Mann*[24] der Orang-Utan in den Zusammenhang der menschlichen Spezies einbezogen ist.

Eine Studie Buffons über den Orang-Utan könnte aber ebenfalls Anlass zur Verwirrung geben. Buffon gründet seine Analyse des Orang-Utan auf einen Bericht, den Andrew Battell hinterlassen hat – ein englischer Seefahrer des 16. Jahrhunderts, der an der afrikanischen Küste gestrandet war. Battell beschreibt den Pongo und den Jocko, zwei Arten »Monster«, die er ganz ausdrücklich von den gewöhnlichen Affen abgrenzt:

> Den größten dieser beiden Monster nennen sie in ihrer Sprache Pongo und den kleineren Jocko. Dieser Pongo hat insgesamt Proportionen wie ein Mensch, ist aber von der Statur her eher ein Riese als ein Mensch; denn er ist sehr groß, hat aber das Gesicht eines Menschen, hat Augenhöhlen und langhaarige Augenbrauen ... Sie ernähren sich von Früchten, die sie in den Wäldern finden können, und von Nüssen, denn sie fressen überhaupt kein Fleisch. Sie können nicht sprechen und besitzen nur das Verständnis, wie es bei Tieren zu finden ist.[25]

Buffon setzt in seiner *Naturgeschichte* den Pongo mit dem Orang-Utan und den Jocko mit dem Schimpansen gleich. Er beschreibt die Aktivitäten eines Orang-Utans aus eigenen Beobachtungen, die er anstellen konnte:

> Der Orang-Utan, den ich sah, lief immer aufrecht, sogar wenn er schwere Lasten trug. Er war in melancholischer Stimmung, sein Verhalten war ernst,

er hatte eine edle Art und unterschied sich darin sehr von den anderen Affen. Ich habe ihn bei Tisch sitzen sehen, wie er seine Serviette entfaltet, sich die Lippen abwischt, den Löffel und die Gabel zum Essen gebraucht, sich etwas zu trinken ins Glas gießt, mit dem Glas anstößt, wenn man ihn dazu einlädt, Tasse und Untertasse ergreift und sie auf den Tisch setzt, sich Zucker in die Tasse tut und Tee eingießt, den Tee abkühlen lässt, bevor er ihn trinkt – und das alles tut er allein auf die Kommandozeichen hin, die sein Herr ihm gibt, und oft mit innerer Übereinstimmung. Er war sanft und friedfertig. Er hat sich sogar Fremden mit Respekt genähert und ging an sie eher mit dem Wunsch, Liebkosungen zu empfangen, heran, als sie zu verletzen ...[26]

Das ist eine Litanei an Höflichkeiten, und da Buffon das höchst präzise darstellt, wird aus dem Bekannten etwas Zauberhaftes und Befremdliches. Der Affe führt die alltägliche Etikette des Teetrinkens aus. Bei ihm wird diese Etikette zum Affentheater reduziert und lässt sie gleichzeitig als eine wunderbare Sache erscheinen. Das ist ein Spiegel für uns, wobei uns daran nicht nur das Erledigen von Aufgaben eines Menschen beeindruckt, sondern wir werden auch gezwungen zu begreifen, dass wir unsere Aufgaben nach einem gewissen Brauch erledigen und hierbei selbst unselige Schauspieler sind.

Auch für Buffon ist wie für Linné klar, dass der Orang-Utan einfach ein Affe ist. Er beschreibt ihn uns aber als ein Tier, das höflich, empfindsam und taktvoll sein kann. Beim Orang-Utan fällt ihm auf, dass er seine Genitalien bedeckt hat (»jene Teile ... die die Sittsamkeit verbietet zu zeigen«), und er erwähnt sogar einen Fall, wo einer an Liebeskummer gestorben ist, denn er hat sich vor Kummer über den Tod seines Weibchens verzehrt.

Außerdem hat der Kaptän eines Liverpooler Schiffs, namens Begg, Burnett die folgende Geschichte erzählt:

Auf einer Reise nach Calabar in Afrika kaufte ich von einem Eingeborenen einen weiblichen Orang-Utan. Das Tier war, wie man mir sagte, ungefähr acht Monate alt. Es war ein Meter vierzig groß, von dunkelbrauner Farbe, nur dass die Brust weiß war, hatte eine sanfte Art, lief im allgemeinen aufrecht auf den Hinterbeinen, manchmal auf allen Vieren, letzteres erschien mir allerdings nicht seine natürliche Art der Fortbewegung zu sein. ... Das Tier trank oft aus einem Glas Wein oder Wasser und stellte das Glas jedes Mal anständig auf den Boden; es hat nie eins zerbrochen. Das Tier mochte die Mädchen und Jungen gerne, besonders aber letztere, und es weinte und schrie wie ein Kind, wenn es gequält wurde. Es hatte aber nie bösartige Ausbrüche und ließ sich leicht wieder beruhigen. Ich gab dem Tier eine Decke als Bett, und es gab sich alle Mühe, sie so auszubreiten, dass sie glatt und angenehm war, und dann legte es sich darauf. Das Tier hatte beim Schlafen immer seine Hände (wenn ich den Ausdruck mal gebrauchen darf) unter dem Kopf und schnarchte beim Schlafen, ganz ähnlich wie bei den Menschen. Es lebte drei Monate und starb dann an der Ruhr.[27]

Diese Bilder lagen Burnett als Information vor, als er zu seiner kurzen Reise durch Paris zum Königlichen Garten aufbrach, um sich erstmals einen Orang-Utan anzusehen. Aber was hatte diese Reise mit Memmie Le Blanc zu tun? Kurz gesagt, alles. Burnett verteidigte nämlich leidenschaftlich und besessen die Auffassung, dass der Mensch mit dem Orang-Utan verwandt sei, und darin liegt der Schlüssel, wenn wir verstehen wollen, was er alles in Memmie Le Blanc erblickt hat. Burnett war bekannt dafür, dass er für die Evolution die Theorie von der Kontinuität aufgestellt hatte. Und er konnte dann in seiner reifen Philosophie, wo er Memmie mit dem Orang-Utan in Verbindung brachte, die Antwort auf seine Frage nach dem menschlichen Leben finden.

Burnetts Philosophie wird heute kaum noch gelesen, auch in den Universitäten nicht. Wenn auf ihn überhaupt eingegangen wird, dann als ein aus der Zeit der Aufklärung stammender Vorläufer Darwins, als weiterer Markstein auf dem Weg zu unserem heutigen Bild von uns selbst, das postdarwinistisch ist und auf der DNA basiert. Paradoxerweise ist Burnetts Philosophie dort, wo sie am modernsten erscheint, am traditionellsten – übrigens hatte Samuel Johnson Burnett als überhaupt paradox bezeichnet.[28] Wo die Leute sein Werk für prophetisch hinsichtlich der Evolution hielten, klingt es an die Scholastik an, und wo sie es für prädarwinistisch hielten, ist es postaristotelisch. Aber gerade diese »altmodische« Qualität macht Burnetts Schriften dauerhaft und bleibend interessant. Seine Probleme sind die unsrigen; durch sein Eintauchen in eine Tradition, die uns verlustig gegangen ist, erhalten wir überraschend die Möglichkeit für eine Lösung.

Burnett kommt in seinen philosophischen Schriften immer wieder auf den Orang-Utan und das Kind der Natur zurück. Es erschien ihm anhand dieser Gestalten möglich, eine Antwort auf die wichtigste Frage von allen zu finden: Was uns zu Menschen macht?

Burnett stellt sich vor, dass die Welt kontinuierlich in Bewegung ist und von der »Verstandeskraft« nach vorn und nach oben getrieben wird. Er lehnt die Newtonsche Vorstellung eines Universums aus mechanischen Körpern ab und setzt an die Stelle eine Welt des Strebens und Wollens, in der die Energie des »Verstandes« sich selbst in der Zeit aktiv zu verwirklichen sucht. Dieses bei den Menschen vorherrschende Prinzip des Verstandes führt dazu, dass sie sich vom rein physischen zu einem geistigen Leben hin bewegen und sich mit dem Höchsten alles Verstandesmäßigen, mit Gott, beschäftigen. Die Geschichte des menschlichen Lebens berichtet vom Übergang, ist eine Geschichte des Wandels.

Bei diesem Aufstieg der menschlichen Natur erreicht sie den Punkt, wo sie sich aufgrund ihrer Neigung, sich sozial zu versammeln, die Sprache erfindet. Sie wächst über die unpersönlichen, notwendigen Mitteilungen, wie wir sie im Tierreich beobachten können, hinaus, und es entsteht eine für menschliche Begriffe angemessene Kommunikationsform, die sich auf persönliche und freiwillige Äußerungen gründet. Die menschliche Gesellschaft als Urheber hat dazu geführt, dass sich der Mensch von einem vorsprachlichen zu einem Wesen, das die Sprache benutzt, entwickelt hat. In dem Augenblick, wo der Mensch die Sprache hat, ist er dahin gelangt, dass er eine eigene Welt fabrizieren will. Denn mit der Sprache erhält er das doppeldeutige Geschenk des Selbstbewusstseins, eine Auffassungsgabe, die außer ihm nur die höchsten Primaten besitzen.

Durch eine gewaltige Anzahl unmerklicher und kleiner Veränderungen ist der Mensch von seinen tierischen Ursprüngen hinweggeholt worden. Burnett bringt diesen Prozess mit unserer Entwicklung vom Kind zum Erwachsenen in Verbindung, bei dem ein Individuum in gleicher Weise kontinuierlich eine Anzahl Veränderungen durchmacht. Burnett stellt sich ein Lebensmodell vor, bei dem das Menschliche nicht gegeben vorliegt, sondern erst nach einer Reihe subtilster Veränderungen zu einem undefinierbaren Zeitpunkt erworben worden ist.

Dieser Punkt war es, weshalb sich Burnett für Memmie Le Blanc interessierte und Peter den wilden Jungen aufsuchte, und der ihn an den Reiseberichten über den Orang-Utan faszinierte. Das Kind der Natur und der Orang-Utan sind lebendige Beispiele eines Evolutionsprozesses, den der Mensch durchschritten hat. Der Orang-Utan befindet sich in dem unendlich kleinen Zwischenstück, das den Menschen vom Tier trennt. Indem er Menschliches besitzt, stellt er ein Intervall, eine Brücke zwischen uns und den Tieren dar.

Burnett glaubte, dass das endliche System der Kette von Lebewesen keinen Leerraum zulasse: Es bestehe der Wunsch, jeden Raum mit Dingen zu besetzen, die auf das, woher sie rühren, zurückweisen und zugleich nach vorne auf das, was aus ihnen wird.

Burnett beschreibt die drei dem Menschen vorausgehenden Zustände: Für den primitivsten ist Peter der wilde Junge ein Vertreter – stumm, tierhaft, vereinzelt; dann folgt der Orang-Utan, ebenfalls stumm, aber mit der Fähigkeit zu sprechen und zur Geselligkeit. Und schließlich an der letzten Schwelle vor der vollen Realisierung des Menschen ist Memmie Le Blanc die Verkörperung; sie ist sozial und spricht auch, ist aber vom vollen Menschsein durch geringfügigste Diskrepanzen entfernt. Sie ist Mensch und doch noch jemand anders, denn sie lebt in einem Naturzustand, den wir hinter uns gelassen haben.

In Edinburgh angekommen, machte Burnett seinem Sekretär Robertson den Vorschlag, Madame Hecquets Werk ins Englische zu übersetzen. Burnett schrieb zu dem Buch die Einleitung. Darin weist er darauf hin, dass es in Memmies Geschichte für den »philosophischen Leser« Dinge gibt, die man verpassen würde, wenn man sie als eine Romanze in der Weise wie Robinson Crusoe liest. Was findet denn der ideale »philosophische Leser« in Memmie Le Blanc?

Er wird mit Erstaunen die Entwicklung unserer Spezies vom Tier zum Wilden und zum Menschen, wie wir es sind, beobachten können. Er kann an diesem Beispiel augenscheinlich erkennen, dass der Mensch – obwohl er von Natur aus dazu neigt, sich gesellschaftsbezogen zu verhalten, wie viele andere Tiere auch – von Natur aus nicht *notwendig* sozial ist und auch nicht zum Leben in einer zusammengehörigen Familie gezwungen ist wie z. B. Ameisen oder Bienen. Sondern durch seine natürlichen Kräfte ist es ihm gegeben, für seine Existenz selbst sorgen zu können, und das so gut wie jedes andere Tier und besser als die meisten, denn er hat vielfältigere Existenzmöglichkeiten. Wenn er die lange Strecke der Entwicklung des Menschen zurückverfolgt, wird er noch einen ganz anderen Zustand unserer Natur – sogar einen jenseits dessen, in dem sich das Mädchen befand – entdecken, wobei egal ist, wie nahe das dem Originalzustand ist; ich meine den Zustand, ehe die Sprache erfunden war, also die Mitteilung allgemeiner Gedanken durch Artikulation der Stimme, als die Menschen buchstäblich noch, wie es der Dichter beschreibt, *mutum et turpe pecus* waren, (eine stumme und erbärmliche Schar): Denn es lässt sich unmöglich annehmen, dass die Sprache – die wundervollste Kunst des Menschen – uns angeboren sein soll und wir sie rein instinktiv praktizieren, es sei denn, wir würden zugleich annehmen, dass die anderen Künste auf dieselbe Weise mit uns in die Welt gelangt sind; außerdem können wir nicht annehmen, dass die Sprache früher als andere, weit weniger schwierige Künste entstanden ist, und das auch noch offensichtlich.

In dieser Beschaffenheit wird der Philosoph einen Naturzustand entdecken, der sich sehr von dem unterscheidet, was allgemein unter diesem Namen bekannt ist. Und aus diesem Blickwinkel wird er erkennen: – 1.) Dass diese höchste Verstandesgabe, durch die wir uns von Natur aus von allen anderen Tieren auf der Erde unterscheiden, nicht mit ihm *gleichzusetzen* ist, was die Ausübung von Energien betrifft, sondern *hinzukommend* und *erworben* ist und nur zunächst als *latent vorhandene Kräfte* in unserer Natur vorliegt, welche sich dann entwickeln und schrittweise während unserer oben erwähnten Weiterentwicklung vom einen Stadium zum nächsten ausgeübt werden. – 2.) Dass der *rationale* Mensch sich aus dem *rein animalischen* entwickelt hat; und so gehen also *Einsicht* und *tierische Wahrnehmung* – egal, wie genau wir zwischen beiden unterscheiden – in solch unmerklichen Stufen ineinander über, dass es schwierig oder vielleicht sogar schwieriger noch ist, zwischen diesen beiden als zwischen *Tier* und *Pflanze* eine Linie zu ziehen.[29]

Darin liegt also für Burnett und für uns die Bedeutung Memmies: Sie ist ein Spiegel dessen, was wir im Wesentlichen einmal waren. Memmies Leben zeigt die Welt, aus der wir herausgewachsen sind. Wenn man ihr begegnet oder über sie liest, nehmen wir eine Reflexion der tiefsten Ursprünge unseres Selbsts wahr. Und ist der Orang-Utan nicht auch eine Art Spiegel, ein Imitator jener Handlungen, die uns als höchst natürlich erscheinen: Wir trinken unseren Tee, wischen uns die Lippen mit dem Tuch ab, drehen uns zum Schlafen auf die Seite, richten uns sorgfältig unser Bett her, zeigen Sittsamkeit, weinen, vermissen jemanden, sterben vor Kummer?

Burnett war von der Imitation fasziniert – jener Prozess, durch den wir zu einem »anderen Menschen« werden.[30] Vielleicht ist sogar Sprache durch Nachahmung entstanden. Burnett erkannte, dass der Mensch sich durch Nachahmung entwickelt, indem er sich analoge Prozesse aneignet, und dieses Prinzip der Ähnlichkeit – Analogie – bildet das Kernstück seines Verständnisses von Memmie Le Blanc.

Burnett stellte sich selbst die folgende Frage: Als Memmie noch stumm in den Wäldern der Champagne lebte, weil sie die Worte vergessen hatte und noch nicht am anderen Ufer, wo sie Französisch erlernen sollte, angekommen war, was machte sie da zu einem menschlichen Wesen?

Seine Antwort war einfach und überrascht. Es war die Ähnlichkeit mit uns in ihrem Verhalten wie auch in ihrem Aussehen, welche ihm die Gewissheit gab, dass sie ein Mensch war. Hatte Linné nicht behauptet, der Mensch sei ein nachahmendes Tier? Memmie war ein Mensch insofern, als sie in einem Geflecht von Ähnlichkeiten wiederzufinden war.

Gleichzeitig mit Burnetts Untersuchungen über den Ursprung des Menschen gab es andere diesbezügliche Forschungen, die stärker entzweiten. Burnetts Richterkollege im Douglas-Fall, Lord Kames, der im Philosophischen ein großer Rivale war, war gleichfalls stark an der Beschreibung der Ursprünge des Menschen interessiert. Während allerdings Burnett die Definition des Menschen soweit ausdehnt, dass sie zum Beispiel den Orang-Utan mitumfasst, neigt Kames zur Eingrenzung des Menschen, wobei er die Unterscheidungen zwischen den Rassen erhöht, was so weit geht, dass er am Ende für die Ureinwohner Amerikas einen eigenen Ursprung postuliert. Uns könnte aber bei allem besonders Folgendes stören: Kames wie auch Burnett sehen unsere Fähigkeit, den Menschen vom Tier zu unterscheiden, als ein natürliches Vermögen, bei dem äußere Merkmale herangezogen werden. Die menschliche Identität ist auf der Oberfläche vorzufinden, die man lesen kann. Indem nun aber dieser selbe angeborene Sinn bei Burnett dazu führt, dass er das Verschiedenartige einbezieht, und bei Kames dazu, dass er das Unterschiedliche ausgrenzt, zeigt uns das eine hierin liegende Schwäche.

Burnett gibt die klassische Vorstellung vom universal Menschlichen wieder, aber so, dass darin die spätere rassisch orientierte Richtung in den Schriften über wild lebende Kinder mit angedeutet ist. Ähnlich hat auch Charles White 1799 den Orang-Utan als Ausgangspunkt bei der Definition des Menschen herangezogen:

Alle, die die Gelegenheit hatten, einen Orang-Utan zu beobachten, schreiben ihm übereinstimmend Folgendes zu: Er besitzt nicht nur eine bemerkenswerte Gelehrigkeit im Ordnen, sondern führt auch Handlungen aus und zeigt Leidenschaften, wie sie beim Menschen zu beobachten sind ... Sie erkennen Anzeichen der Sittsamkeit, und es werden Fälle von größter Anhänglichkeit des Männchens ans Weibchen berichtet. Auch ist bekannt, dass sie sich im Falle einer Krankheit aufs Aderlassen einlassen und sich sogar zur Operation bereit zeigen und auch bereit sind zu anderen notwendigen Behandlungen, genau wie die vernunftbegabten Wesen ... Man hat ihnen beigebracht, ein Musikinstrument, wie beispielsweise die Flöte und die Harfe, zu spielen. Man weiß von ihnen, dass sie Negerjungen und Mädchen und sogar Frauen wegbefördert haben, in der Absicht, sie für eigene Wünsche als Sklaven gefügig zu machen, oder dass sie brutal leidenschaftlich mit denen umgingen: Einige haben sogar bestätigt, dass Frauen aus solcher Verbindung Nachkommen gezeugt haben sollen.[31]

Auch White wiederholt das Modell von Burnett von der evolutionären Entwicklungskette der Lebewesen. White betont allerdings stärker die Grenzen innerhalb des Genus »Homo«. Die niederen Rassen wie zum Beispiel die Afrikaner platziert er in einer hierarchisch aufsteigenden Skala ans Ende, und an die Spitze stellt er die europäischen Rassen.

Dieses Modell ließ sich auf Burnetts andere Modelle der Entwicklung des Menschen übertragen und erbrachte eine viergestaltige Entwicklung: Vom Affen zum Menschen; von den »wilden« Rassen zu den Europäern; vom Kind zum Erwachsenen; vom wild lebenden Kind zum zivilisierten Menschen. Damit konnten also die Bedingungen beim wild lebenden Kind wie die beim Tier, beim Wilden und beim Kind gesehen werden. Damit war das Kind der Natur fest am Ende aller möglichen Entwicklungsskalen platziert. In der

Mitte des 19. Jahrhunderts wurden diese hierarchischen Modelle dann als Analogien gegeneinander ausgespielt – und nicht nur als Analogien. Wie wir sehen werden, entwickelten sich diese Entwicklungsmodelle dahin, dass sie zu einer allgegenwärtigen Methode des Weltverstehens wurden. Der Keim unserer eigenen Gedanken lässt sich bei Burnett auffinden.

Burnett hatte sich nach eigener Ansicht befriedigend die Frage beantwortet, die Memmie aufgeworfen hatte. Fast ganz gegen seine Absichten hatte er die lebende, atmende Memmie Le Blanc zu einem Bild, zu einer nötigen Stufe im Rahmen eines Arguments reduziert. Indem er über ihr Leben philosophierte, hatte er unabsichtlich bei dem Prozess, der sie langsam aus ihrer eigenen Geschichte verschwinden ließ, seine Rolle gespielt.

VI Über Aristokraten und Waisen

Sie erhielt einen Namen. Aber meine arme Insel ist immer
noch nicht wiederentdeckt, lässt sich nicht umbenennen.
Keines der Bücher hat das je richtig stellen können.

Elizabeth Bishop, *Crusoe in England*

Burnett kehrte im Herbst 1765 nach Hause zurück. Er hatte seine Aufgabe in Paris erledigt. Als er wieder in Edinburgh war, begann er damit, das Beweismaterial, das er in Frankreich gesammelt hatte, zu einer Eingabe für die Verteidigung von Lord Douglas zusammenzufassen. (»Eingaben« waren in Prosa verfasste Kompendien der Beweismittel, die in Schottland bei Prozessen von der Verteidigung und von der Anklage eingereicht wurden.) Zu seiner Entspannung betrieb er weiterhin Studien über das Leben von Wilden und las John Byrons Bericht über die Menschen in Patagonien. Seine Frau wurde schwanger; sie erwartete ihr drittes Kind. Aber am 28. Oktober 1766 starb Elizabeth Burnett, nachdem sie eine Tochter zur Welt gebracht hatte. So wie er es schon nach dem Tod seiner Mutter getan hatte, tröstete er sich auch diesmal mit dem Studium philosophischer Werke. Er war aber empfindsam genug und von dem Ereignis ergriffen, sodass er seiner Tochter den Namen seiner Frau gab.

Sein Interesse an Memmie Le Blanc bestand in den folgenden Jahren unvermindert fort. Er überwachte die Übersetzung Robinsons von Madame Hecquets Biografie über das wilde Mädchen und verfasste für sie eine Einleitung, in der er darlegte, was seine anfänglichen Vorstellungen zu Memmie waren. Damit hatte sich aber der Einfluss, den sie auf ihn ausübte, nicht erschöpft: Noch Jahre später berichtet er Einzelheiten über die Begegnung mit ihr und verwendet die Konversation mit ihr als Grundlage für seine philosophischen Spekulationen.

Burnett lebte weitere zweiunddreißig Jahre in Edinburgh und überlebte sogar zwei seiner Kinder – seinen Sohn Arthur, den Johnson 1773 auf seine Lateinkenntnisse getestet hatte; er war nur ein Jahr danach, elfjährig, gestorben; und seine Tochter Elizabeth Burnett, die Robert Burns in Versen als große Schönheit verewigt hatte (ohne ihre schlechten Zähne zu erwähnen); sie war an einem Erstickungsanfall gestorben, verursacht durch Schwindsucht. In einem Brief hatte Burns über sie geschrieben: »Niemand war gleichsam so wie sie. In ihr hat der große Schöpfer Schönheit, Grazie und Güte vereint, wie es sie seit Miltons Beschreibung von Eva an ihrem ersten Tag nicht mehr gegeben hat.«[32] Jetzt war sie tot. Es wird die Anekdote erzählt, dass ihr Schwager nach der Rückkehr vom Begräbnis vor Burnetts Augen ihr Porträt verhangen hat. »Ganz richtig so«, soll dieser geantwortet haben, »und nun lass uns zu Herodot zurückkehren.«[33] Ein herzloser Kommentar? Wer Burnett kannte, würde das bezweifeln. Der Tod war für James Burnett keine mysteriöse Sache. Er hatte eine feste Ansicht über den Tod: Keinen Augenblick lang zweifelte er an der christlichen Auffassung von der Unsterblichkeit der Seele, aber auch nicht an den stoischen Tröstungen durch die Philosophie.

Es wäre zu hoffen gewesen, dass Burnett in seinem hohen Alter die Anerkennung als respektierter und berühmter Philosoph gefunden hätte. Auf dem Kontinent war er auch ein angesehener Mann, aber in seinem eigenen Land traf ihn das Schicksal, dass er zu einer Art Witzfigur wurde, er repräsentierte den Typen, der mit seinem abstrakten und überhitzten Denken an wildeste Zielpunkte gelangt. Er starb im Frühjahr 1799 in Edinburgh. Vor seinem Tod sagte er zu seinem Arzt und Freund Dr. Gregory: »Ich weiß, dass die ärztliche Kunst nicht die Macht hat, mich zu heilen. Alles, was ich mir wünsche, ist die Euthanasie – einen schönen Tod.«[34]

Es gibt weder in Burnetts späteren Schriften noch von einem anderen sonst einen Hinweis darauf, was aus Memmie Le Blanc geworden ist. Im Jahr 1779 war La Condamine gestorben, war die mysteriöse Madame Hecquet verschwunden und befand sich Burnett meilenweit entfernt in den öden Grampian Hills. Damit verschwindet Memmie aus unserer Sicht. Hatte sie weiterhin, krank und verarmt, von dem Verkauf der wenigen verbliebenen Exemplare ihrer Biografie gelebt – abhängig vom Besuch Neugieriger? Können wir eine andere Rettung für sie erkennen, eine Antwort darauf, was die Vorsehung für sie bereit hielt, an die sie glaubte?

Für Burnett war sie die Lösung eines Rätsels. Und können wir noch heute, nach über zweihundert Jahren, Memmie Le Blanc als Lösung sehen?

Für La Condamine, Madame Hecquet, James Burnett und für uns war ihre Lebensgeschichte eine fantastische Überraschung. Ein kleines Kind, das ausgesetzt an die Ufer eines unbekannten Landes geschwemmt wird; ein Robinson Crusoe in umgekehrter Form; ein »Wilder« allein und isoliert inmitten des zivilisierten Europa; das Rätsel für einen Philosophen; ein Wunder für die königliche Hoheit; eine Inspiration für die Frommen – das alles war Memmie.

Was uns zusätzlich erstaunt, ist, dass Memmie hier überhaupt auftaucht: Ein fremdes Kind, das zarteste Zuneigung zeigte und daher mit dem Leben von Philosophen, Monarchen und Aristokraten in Verbindung getreten ist – alles Leute, deren Name gewöhnlich die Zeit überdauert. Angesichts dessen, was wir über die Umwälzungen auf dem Kontinent im Zusammenhang mit der Kolonisierung der Neuen Welt wissen und über das Ausmaß des Sklavenhandels über den Atlantik, mag uns erstaunen, dass Memmies Leiden von nur sehr gewöhnlicher Art waren: Sie war ein Flüchtling, ein Auswanderer, eine von Millionen, die für den Sklavenhandel eingefangen wurden – wodurch die Länder am Atlantischen Ozean Veränderungen erlebten –; es geschah in einer Welt, in der es nicht ungewöhnlich war, wenn man schwarz angemalt wurde, um besser verkauft zu werden, oder in der Gefangenschaft starb, voller Sehnsucht, ohne Orientierung und verlassen. – In dieser merkwürdigen Tatsache liegt begründet, dass sie immerhin flüchtig sichtbar wurde: Anders als die zahllosen Toten, die vielen Waisen und Findlinge in Paris fand sie den Weg in die dicht besetzten Zwischenräume der Geschichte.

Bei den ausgesetzten Kindern in den Legenden bewegt man sich vollständig im Bereich der märchenhaften Erzählung: Sie werden ausgesetzt und später wiedereingesetzt; es handelt sich um Familienromanzen, bei denen der König und die Königin die wahren Eltern sind. Aber wie ist die Fortsetzung bei Memmie Le Blanc zu denken? Vielleicht lässt sich bei ihr nur eine solche Geschichte denken, die nicht angemessen endet, in der ein Urteil nicht rückgängig gemacht wird, in der nichts eine Bestätigung findet – eine Geschichte, die außerhalb des Tastens nach Gesetzmäßigkeit und außerhalb parodistischer Gewissheit von Gesetzmäßigkeit liegt – und erreicht damit tatsächlich Ähnlichkeit mit der Wahrheit.

Das kurze Wunder, dass Memmie sichtbar geworden ist, endet wie alle kurzen Wunder: mit dem unbeantwortbaren Fragezeichen des Schweigens.

KAPITEL 4

Grundunschuldig

I: Die Elenden dieser Erde

Ich verlor ihn letztens im wilden Wald,
wo ich ganz sicher längst schon gestorben wäre,
oder mich zumindest in einem höchst elenden Zustand befinden würde,
wenn nicht dieser wilde Mann mich an jener beklagenswerten Stätte
versorgt hätte und mich aus dieser tödlichen Angst befreit hätte.
Höchst merkwürdig ist's und wunderbar, dass man
in solch einem wilden Wicht, von brutaler Art,
der in verlassenen Wäldern unter wilden Tieren aufgewachsen ist,
jemanden findet mit so milder Menschlichkeit und perfektem
edlem Geist.

Edmund Spenser, aus: *The Faerie Queene*

Der Junge kam in den Raum gekrochen und wackelte dabei hin und her –
wie ein Tier in der Menagerie von Paris, dachte der Arzt. Er bestaunte alles,
sein Blick wanderte unruhig und ohne Empfindung von einer Sache zur
nächsten. Manchmal befiel den Jungen plötzlich ein Krampf, ein konvulsivi-
sches Zucken durchfuhr seinen Körper. Aber dann führte er bald wieder seine
endlosen Bewegungen aus. Sein Verhalten war indifferent und er gab sich jedem, der sich um ihn kümmerte, ohne Gefühl hin. Jeden, der seine Absichten
verhinderte, biss er oder kratzte er wild.

Jean Marc Gaspard Itard hatte ein wildes Kind vor sich – das war eine Begegnung mit jemandem aus dem heimatlichen Umkreis, denn es war ein fran-
zösischer Junge aus dem Gebiet von Paris; man hatte keine Grenze über-
queren müssen. Allerdings war der Junge so anders, befand sich losgelöst am
äußersten Rand des Menschlichen, was eine genügend große Grenze bildete;
eine Sperre lag in seinem Leben und in seinem Körper und machte ihn zu
einer merkwürdigen, zurückgezogenen und hoffnungslos fremden Person.

Das Zusammentreffen dieser beiden sollte unwiderruflich deren Leben verändern.

Den Jungen hatte man ungefähr drei Jahre zuvor, 1797, zum ersten Mal gesehen, man fand ihn als nacktes Kind, frei in den Wäldern bei Lacaune herumstreifend. Man hatte ihn eingefangen, aber er konnte fliehen. Doch ungefähr fünfzehn Monate später, im Juli 1798, konnten Jäger ihm eine Falle stellen. Der Junge konnte wiederum fliehen, aber Anfang des Jahres 1800 hatte er dann in einem Haus in St. Sernin, Departement Aveyron, Zuflucht gesucht, und so konnte man ihn fangen und schließlich festhalten.

Der Junge wurde ins Hospital von St. Afrique gebracht und gelangte von dort nach Rhodes, wo er mehrere Monate blieb. Er wurde hier von einem Mann namens Bonaterre, Professor für Naturgeschichte an der Ecole-Centrale von Aveyron, untersucht, der ein Freund Linnés war. Nachdem er den Jungen lange untersucht hatte, kam Bonaterre zu dem Schluss, dass man hier letztlich ein wildes Kind vor sich hatte, ein erstaunliches Individuum; wenn man Studien an ihm durchführte, könnte man Entdeckungen über unsere wesentliche Natur machen.

Bonaterre entdeckte zahllose Narben an dem unbehaarten Körper und im Gesicht des Jungen. Aber am meisten verwirrte ihn eine fast vier Zentimeter große Narbe am Hals. Konnte es sein, dass man dem Jungen in den Hals gestochen und ihn im Wald zum Sterben zurückgelassen hatte? Als man den Jungen damals eingefangen hatte, war seine Haut dunkel getönt, jetzt allerdings war sie nach vielem Waschen hell. Das gleiche mit seinen Zähnen; die einst dunkel und stumpf waren, waren jetzt gelblich-weiß. Er hatte ein rundes Gesicht, das man gerne anschauen mochte, ein liebenswürdiges Lächeln, braunes Haar und tief sitzende Augen.

Der Junge war 1,37 Meter groß und hatte einen ungleichmäßigen, eckigen Gang, so ähnlich wie man ihn bei Läufern, die ihre Geschwindigkeit verbessern wollen, beobachten kann. Es gab keine Anzeichen dafür, dass er je auf allen vieren gelaufen war, seine Knie waren gewöhnlich, ohne Schwielen. So wie schon Memmie, war auch er ein erstaunlich schneller Läufer, der mit gesenktem Kopf geradeaus lief. Aber anders als sie konnte der Junge nicht schwimmen. Am häufigsten saß er einfach nur da und schaukelte seitwärts oder vor und zurück, hatte dabei seinen Kopf nach oben und seine Augen starr nach vorn gerichtet. Er war hauptsächlich an Essen interessiert. Als man dem Jungen einen Spiegel gab, konnte er überhaupt nichts damit anfangen. Er schaute gleich auf die Rückseite, um das Kind zu finden, das er eben auf der Vorderseite gesehen hatte.

Er ging erst spät in der Nacht zu Bett. Vielleicht blieb er aus Langeweile so lange auf. Er stand am Fenster lange bis in die Nacht und blickte in die Landschaft, aus der er gekommen war. »Wenn der Südwind weht, kann man ihn nachts lachen und von Zeit zu Zeit auch andere stimmliche Geräusche hören, die weder Schmerz noch Freude zum Ausdruck bringen.«[1] Wenn er einmal eingeschlafen war, schlief er bis zehn oder elf Uhr am nächsten Morgen durch. Sein Schlaf war aber leicht, das leiseste Klopfen konnte ihn aufwecken.

Der Junge war für Bonaterre nun aber eher wie ein Tier als wie ein Mensch. Er war beschränkt auf tierische Instinkte und rein animalische Funktionen. Seine niederen Sinne, Geruch und Geschmack, waren überentwickelt auf Kosten des höheren, für den Menschen bezeichnenden Gehörsinns – jener zusammen mit unserer wunderbaren Erfindung der Sprache entwickelten Sinneswahrnehmung. Man nahm zuerst an, der Junge sei taub, aber er war einfach völlig ohne Sprache. Manchmal stieß er einen zornigen Schrei aus oder gab ein Grunzen der Zufriedenheit von sich oder lachte heiter.[2]

Ein örtlicher Priester schaltete sich ein und veranlasste, dass der Junge nach Paris zur medizinischen Untersuchung geschickt wurde. Die Regierung der Nachrevolutionszeit zeigte vom selben Augenblick an, wo über seine Gefangennahme berichtet wird, ein offizielles und väterliches Interesse an seinem Schicksal. Er traf in Paris am 18. Thermidor ein und war für die Pariser, die während des heißen Augusts in der Stadt geblieben waren, Gegenstand ihrer großen Teilnahme. Frankreich hatte eine Revolution durchgemacht, die im Interesse der unterdrückten Armen erfolgt war, den *misérables*, und dieser Junge war ganz klar einer der Unglücklichsten, das lebende Symbol der äußersten Mittellosigkeit und Verlassenheit. Mehr noch: Die Revolutionäre hatten die »Rechte des Menschen« mit der Idee einer abstrakten und universalen menschlichen Natur verbunden, und für sie war das »Kind der Natur« ein Beispiel für diese abstrakte Wesenserkenntnis, indem es sowohl die Verkörperung menschlichen Elends wie auch des original »Wilden« darstellte.

So kamen also die Neugierigen und Modischen in Scharen, um zu sehen, ob er den Beweis für den »edlen Wilden« lieferte, ein Repräsentant des verschwundenen Eden war, vielleicht sogar das Symbol für die politische Erneuerung. Stattdessen fanden sie genau das, was Itard später finden sollte: einen stummen, verlotterten, uninteressierten, teilnahmslosen Jungen.

Nach seiner Ankunft in Paris wurde er in die Institution Nationale des Sourds et Muets de Naissance (Staatliche Anstalt für Taubstumme) in der Rue de l'Observatoire 115 gebracht. Sie war von dem berühmten Taubenlehrer Abbé de L'Epée gegründet worden, und die Leitung des Instituts war nach seinem Tod an seinen früheren Schüler Abbé Sicard übergegangen. Als der wilde Junge eintrat, waren 120 taube Kinder dort untergebracht; für jedes wurde eine jährliche Pension von 500 Francs bezahlt. Das Institut war öffentlich, es konnten einmal die Woche Besucher von elf bis ein Uhr erscheinen, ausgenommen in den Monaten Fructidor und Vendémiaire (also vom 19. August bis 22. Oktober).

Der Junge wurde zur medizinischen Untersuchung an Philippe Pinel übergeben, der der führende Arzt seiner Zeit war. Er war der erfinderische und humane Lehrer der Verrückten, der Mann, der den Irren die Eisenketten in ihrem Asyl in Bicêtre abgenommen hatte. Pinel untersuchte den Jungen und fand, dass ihm etwas fehlte. Er sah ihn einfach nur als eine ausgesetzte, geistig gestörte Kreatur und nicht wie Bonaterre als das wilde Kind, geschweige denn das Rousseausche »Kind der Natur«, das die Zeitgenossen in Paris zu sehen erwartet hatten. Der Junge war ein »Idiot« – was zu jener Zeit nicht als abfälliger Begriff, sondern als genaue medizinische Bezeichnung galt. Für Pinel war der Junge geistig so geschädigt, dass man ihm nicht helfen konnte, seine intellektuellen Fähigkeiten waren wirksam heabgesetzt. So wie es der Professor sah, fehlten dem Jungen Gefühle der Zuneigung, konnte er kein Dankbarkeitsgefühl, keine Höflichkeit zeigen und kein Beziehungsverhältnis zu anderen herstellen. Der Junge war in extremster Form unsensibel, blieb von allem unberührt und konnte nur eine Art vegetatives Leben führen. Er war in eine unzugängliche Schlaffheit versunken, konnte nur unzusammenhängende und halb artikulierte Geräusche von sich geben, oder er war stumm, weil ihm keine Gedanken kamen. Im besten Fall erlebte er leidenschaftliche Ausbrüche, die vorübergingen, sie waren aber nur kurz, leer und ohne emotionale Bedeutung. Man begriff ihn als jemanden, der zu den geistig Geschädigten im Asyl, aber nicht zu den lange zurückliegenden, einst berühmten Fällen der wilden Kinder gehörte.

Damit könnte der Junge verschwunden sein, nachdem Pinels Diagnose ihn definiert hatte: weggebracht und eingesperrt in eine Institution bis zu seinem Tod. Aber gerade jetzt trat Itard auf und nahm eine Visite bei dem Jungen vor. Er nahm noch etwas mehr wahr als die anderen Besucher. Er hatte den Jungen gesehen und erblickte eine Möglichkeit.

Itard besaß bei allem eine große, unerschütterliche Begeisterung. Er näherte sich dem Jungen als jemand, der billig unbillige Gefahr auf sich nahm, wie ein junger Sohn in einem Märchen, der sich aufmacht, sein Glück zu suchen. Und wie es solchen Söhnen ergeht, war Itards Triumph davon abhängig, ob er einen tieferen Wert in dem, was die Älteren lässig abtun konnten, finden würde. Er war, als er den Jungen traf, gerade 25 Jahre alt, war ein viel versprechender Student am Militärhospital Val-de-Grâce in der Rue St. Jacques, Schüler von Larrey, und arbeitete an seiner noch nicht fertig gestellten Doktorarbeit über den Pneumothorax. Er erwarb sich seinen Unterhalt durch Arbeit während des Tages am Val-de-Grâce, und abends ging es dann noch fleißig weiter mit der Arbeit als Berater am Institut für die Taubstummen. Es lag an Itards Jungendlichkeit, dass Opportunismus ernsthaft mit im Spiel war; man kann sich heute noch vorstellen, welch feuriger Enthusiasmus bei ihm herrschte. Er sah herausfordernd hübsch aus, hatte lockiges Haar, eine vorspringende Nase und ein vorstehendes Kinn. Wie ein echter Held bei Stendhal stammte Itard aus der Provinz (er war in Oraison in den Basse-Alpes geboren), war der Sohn eines Zimmermanns und sehnte sich danach, sich in der großen Metropole zu beweisen. Dieser Junge hier erschien ihm als der sichere Weg, Bekanntheit zu erlangen, durch ihn konnte er mit einem Sprung aus dem Dunkel der medizinischen Plackerei zu respektablem und sicherem Ansehen gelangen.

Pinels Diagnose war exakt und abschließend. Für ihn war der Junge ein Idiot, dem die Verstandesfähigkeit verloren gegangen war, durch die allein der Mensch sich vom Tier unterscheidet, und übrig geblieben war nur die menschliche Gestalt, als Symbol für seine ihm verlustig gegangene Herkunft. Der Junge war wahrscheinlich ein oder zwei Jahre zuvor von seinen Eltern ausgesetzt worden, die verzweifelt waren, lange gelitten hatten und mit ihm am Ende waren. Er hatte einige Jahre überlebt und war dabei noch weiter auf seine tierischen Instinkte zurückgeworfen worden. Pinel versicherte, den Jungen würde von den andern allein seine Idiotie trennen, nicht aber seine vermutete »Wildheit«. Was sollte man von dem Lachen des Jungen halten? Die Antwort, die Pinel darauf wusste, war: Das Geräusch bedeute nichts; es handle sich nur um eine hohle und bedeutungslose Verblüffung. Da er keine Aufmerksamkeit aufbringen konnte, fehlte es ihm natürlich an »Erinnerung, Urteilsvermögen, sogar an der Bereitschaft zum Nachahmen«.[3] Sein Leben hatte das Menschliche aus ihm vertrieben.

Itard verehrte Professor Pinel. Schließlich hatte der ältere Mann als erster jene »erhabene Kunst« der moralischen Medizin in Frankreich eingeführt, die wissenschaftliche und humane Behandlung von geistig Geschädigten, mit der in England Sir Alexander Crichton und Francis Willis begonnen hatten, die Georg III. von seinem wilden Wahn geheilt hatten. In beruflicher Hinsicht war Itard ein Schüler Pinels; er wusste, dass er dem alten Mann etwas schuldig war. Dennoch empfand er, dass der Junge tatsächlich ein wildes Kind, wie Memmie Le Blanc zuvor, war, und dass seine offensichtliche Rückständigkeit nicht aus angeborener Idiotie resultierte, wie Pinel meinte, sondern das unvermeidbare Resultat seines abgetrennt verlaufenen Lebens war. Bei näherer Betrachtung kam Itard zu dem Ergebnis, dass der Junge ungefähr sieben Jahre lang in den Wäldern um Aveyron gelebt haben muss, vom fünften bis zu seinem zwölften Lebensjahr. Jedenfalls fragte er sich, wie der alte Mann den Jungen so leicht aufgegeben haben konnte. Er empfand, dass man bei einigem Zutrauen zu den Methoden, für die Pinel selbst sich engagiert hatte, auch eine so gewaltig misshandelte Person wie den Wilden von Aveyron verwandeln können müsste. Der junge Itard war von sich überzeugt, sodass er den Weg, den der Bürger Pinel gerade mal erst betreten hatte, zu Ende gehen wollte.

Darüber hinaus empfand Itard, dass sich die Gesellschaft dem Jungen gegenüber, nachdem sie ihn zu fassen bekommen hatte, verpflichtet fühlte. Indem man das wilde Kind eingefangen hatte, hatte sich die Gesellschaft eine Verpflichtung auferlegt. Rechte beginnen bei den Schwachen, Pflichten bei den Starken, sagte der zeitgenössische französische Philosoph Tracy. Hier bei dem wilden Jungen lag absolute Schwäche vor; er war komplett abhängig, trotz seiner offensichtlichen und beachtlichen Fähigkeit, sich am Leben zu erhalten. Es gab hier schlicht einen sozialen Kontrakt, der nur mit dem Tod des Jungen ein Ende finden konnte. Sie konnten ihn nicht in die Wildnis zurückschicken; sie konnten ihn wegen seines Elends nicht endlos einkerkern. Es bestand ein unauflösliches Band. Itard musste die Aufgabe auf sich nehmen, die gerade der französischen Nation erforderlich schien, er musste den Jungen retten.

Itard scheint bereits mit seiner Arbeit an dem jungen Wilden begonnen zu haben, da ernannte ihn am Neujahrsabend des Jahres 1800 der Abbé Sicard zum Hausarzt am Institut der Taubstummen und übertrug ihm offiziell die Verantwortung für die Erziehung des Jungen. Um dem jungen Arzt und auch dem ihm anvertrauten Wilden das Leben zu erleichtern, bekam Itard für die Dauer seiner Bestallung im Institut eine Wohnung zugewiesen.

Der Naturkundler Virey, ein Kollege Itards am Hospital von Val-de-Grâce, hatte den Jungen in den Monaten nach seinem Eintreffen in Paris untersucht und über ihn geschrieben. Er notierte, dass der Junge, wie jedes andere Kind, gern gekitzelt werden mochte, und wenn man damit aufhörte, griff er nach der Hand des anderen, und wollte, dass er weitermachte: »Er hat ein sehr freundliches Lächeln«, fand Virey.[4]

Virey erkannte aber auch, dass der Junge sehr selbstbezogen und gleichgültig andern gegenüber war. Er konnte bei ihm kein Zeichen von Interesse an anderen Menschen entdecken. Er zeigte keine Gefühlsregungen und stellte keine Verbindung zu anderen her, außer rein notwendige. Er war weder böswillig noch gut, war sich beidem gar nicht bewusst. Durch sein animalisches Leben und seine Welt ohne Sprache war er in eine schreckliche und schwer zu erschütternde Isolation gelangt. Virey stellte einen Versuch an und brachte den Jungen mit einer anderen Person zusammen und gab jedem die gleiche Portion Essen, weil er sehen wollte, ob der Junge das Gebot der Fairness einhalten würde. Er tat es natürlich nicht, sondern nahm sich das ganze Essen selbst, denn er dachte nur an sich selbst. Er stahl gewohnheitsmäßig und ohne Rücksicht. Itard unterrichtete Virey darüber, dass der Junge völlig unfähig sei, Bedauern und Mitleid zu empfinden, denn er lebe nur für und in sich selbst und würde in Bezug auf andere einfach nur überlegen, ob sie hilfreiche oder unnütze Objekte für ihn seien.

Virey hielt den Jungen für einen hoffnungslosen Fall. Er erschien ihm so ignorant, so leer; wie ein reines Tier, das in den Grenzen der eigenen Wahrnehmung gefangen ist. Er hatte die Tragödie vor Augen, die auch Itard bald selbst erkennen sollte. Virey stellte sich vor, dass der Junge einst in einer unschuldigen Welt gelebt habe, in Harmonie mit der Natur, dass er seinen Durst an kristallklaren Quellen gestillt hatte und seinen Hunger mit einfachem Essen. Jetzt war er in Abhängigkeit geraten, machtlos, angewiesen auf die Gnade, dass andere Mitleid mit ihm empfanden. Seine Rousseausche Freiheit in Unabhängigkeit war dahin. Der Junge musste lernen, wie man sich als Mensch verhält, und dabei tausend kleinmütige Wunschvorstellungen in sich aufnehmen, die seine Seele hemmen würden. »Der Weg deiner Erziehung wird mit deinen Tränen bedeckt sein. Und wenn sich deine ursprüngliche Seele wieder dem azurfarbenen Gewölbe des Himmels zuwendet, wenn du die Ordnung und die Schönheit dieses gewaltigen Universums erblickst, welch neue Ideen werden deinem Kopf dann entspringen! Wenn dir schließlich die Liebe die Tore zu einer neuen Art Leben öffnet, oh, wie viele neue und delikate Empfindungen, wie viele unbekannte Leidenschaften werden dann dein junges Herz beunruhigen!«[5]

II   Über Wilde und Statuen

Ängstlich wie ein Hase, flink wie er,
gerade und schlank wie eine junge Lärche,
süß wie das erste wilde Veilchen ist sie
für sich, als das wilde Wesen. Aber was ist sie für mich?

Charlotte Mew, *The Farmer's Bride*

Der Junge war aus der wilden Einsamkeit hergekommen, einem außerhalb befindlichen Raum, einer unsichtbaren Welt, über die nie je etwas zu erkennen sein wird. Nachdem er sich im Institut häuslich niedergelassen hatte, ging sein Leben mal munter und mal trübe weiter. Er schlief lange, hatte einen leichten Schlaf und wurde durch Träume aufgewühlt. Er hatte nichts auf dem Kopf und nichts am Körper, sondern war in ein Laken gehüllt und lag auf Stroh. Seine Ausscheidungen verrichtete er, wo immer er wollte, hat aber nie sein eigenes Bett beschmutzt. Sein großes Geschäft verrichtete er im Stehen, und zum Urinieren ging er in die Hocke. Als er in Paris eintraf, war er erschreckend dünn, nahm aber jetzt an Gewicht zu und war auch um einige Zentimeter gewachsen.

Der Junge konnte in Paris in Ruhe leben, da man hier jetzt, nachdem jahrelang Gewalttätigkeit geherrscht hatte, zum gewöhnlichen Leben zurückgekehrt war. Paris war temperamentvoll, stürmisch, wechselhaft, aber im Grund ruhig, und man befolgte die Gesetze – man konnte kaum erkennen, dass hier vor kurzem die Schrecken der Revolution traumatische Zustände geschaffen hatten. Es war wieder Ruhe eingekehrt, obwohl die Behörden noch Aufstände in den dicht besiedelten Gegenden der Stadt befürchteten, wie z. B. in den Vorstädten St. Antoine, St. Jacques und St. Marceau.

Die republikanischen Redeweisen und Bekleidungen hatten sich verabschiedet: Nur die Offiziellen wurden noch als »Bürger« angesprochen. Wenn man den Begriff in privater Rede verwendete, kam das fast einer Beleidigung gleich. Die Straßen, die während der Revolution umbenannt worden waren – wobei die Namen von Heiligen durch Städtenamen ersetzt wurden –, erhielten langsam wieder ihren alten Namen mit den Heiligen zurück. In der Bekleidung und im offiziellen Leben kehrte man zu bequemer Prachtentfaltung zurück. Modisch gesonnene Damen gingen jetzt *à la Grec* gekleidet – wie fantasievolle Griechinnen – oder *à la Sauvage* – also in fleischfarbene Gewänder gehüllt –, welch letzteres aber bald gefährlich wurde zu tragen, weil der Mob seine Aufmerksamkeit darauf richtete.

Spaß war in die Stadt zurückgekehrt: Wenn man sich in die Gegend um das Palais Royal begab, fand man dort eine Welt für sich, in der alle Geschmäcker Befriedigung finden konnten: in Läden, Restaurants, Kaffeehäusern; Trinken, Spielen, Prostituierte; oder man konnte sich in die Schwimmakademie begeben, wo die Franzosen in der Seine schwimmen lernen konnten – die Männer trugen dabei kurze Bundhosen oder weite Überwurfe, die um die Hüfte geschnürt waren –; oder man konnte den modischen, merkwürdigen Tanz, den Walzer, erlernen.

Als der wilde Junge in der Stadt eintraf, waren die Erwartungen in diesem frivolen Paris der Zeit Napoleons hoch. Man stützte sich dabei auf die Gedanken von Jean-Jacques Rousseau (1712-1778). Rousseau hatte im Kind der Natur ein Bild von uns in unseren unbeschränkten Ursprüngen gesehen, also implizit eine Zurückweisung der Heuchelei und Ungerechtigkeit in unserem sozialen Leben. Seiner Vorstellung zufolge war der ursprüngliche Zustand des wilden Kindes einer von einsamer Glückseligkeit, genau wie er einst bei unseren wilden Vorfahren herrschte, die rein nur unter sich selbst lebten und denen die Meinung oder die Wünsche anderer gleichgültig waren. Irgendwann einmal war das Leben überall wie das des wilden Kindes: nicht beschränkt durch die trivialen Forderungen der Gesellschaft, wild, unbezähmbar und frei.

Dennoch besitzt Rousseaus verschwundenes Ideal etwas Schauerliches: Seine Kinder der Natur wohnen in einer Welt, in der es keine Schönheit, Kunst, Liebe oder Freundschaft gibt, und in der gegenseitiges Verlangen unmittelbar zu Besitztum und Unterdrückung wird. Denn alle unsere Wünsche sind in diesem Zustand einfach und deshalb leicht zu erfüllen, und so herrscht über Jahrhunderte hin Trägheit, und die Geschichte der Menschen stagniert. In dieser Welt malt sich der Mensch in seiner Vorstellung nichts aus; sein Herz sehnt sich nach nichts. Rousseau langte dabei nach einem Zeitalter aus, »in dem das Individuum still zu stehen verlangte«, nach einem Moment in der Geschichte, wo wir uns wiederum über das, was er sich als die Allgewalt des Kindes dachte, freuen könnten.

Rousseau hatte eine Trennung zwischen den »originalen« und »natür- lichen« Wurzeln unseres Menschseins und dem korrupten Drum und Dran des Künstlichen vorgenommen und dabei instinktiv seine Vorliebe für »einfa- che« Empfindungen und Gefühle zum Ausdruck gebracht. Das Kind der Na- tur lebte in dieser selbstzufriedenen Einfachheit in Ruhe. Mit diesen Model- len trug Rousseau zum Entstehen des Kults der Empfindsamkeit bei, der der Revolution, die fólgen sollte, Nahrung lieferte:

> Einige Jahre vor der Revolution waren die Leute des *bon ton* zu Anhängern einer gewissen *sentimentalen Philosophie* geworden, ein Akt, der als Ent- schuldigung galt, dass sie nicht tugendsam sind. Diese Philosophie hatte ih- ren eigenen Jargon, ihre Empfindsamkeit, ihren Akzent, ihre Gesten; sie nahm sogar Leidenschaften, zarte Modulationen, leidenschaftlichen Aus- druck in sich auf ... Leute aus guter Gesellschaft haben im Zusammenhang mit Schilderungen unmoralischer Stellen oder von Missgeschicken, die tu- gendhafte Menschen trafen, dieser geheuchelten und sterilen Empfindung den Namen *sensiblerie* angehängt.[6]

Das Eintreffen des jungen Wilden hat damit also den fantastischen Vorstellun- gen von einer ursprünglich vorhandenen Perfektion Nahrung gegeben. Der wilde Junge passte damit gut in die bereits vorhandene Kultur der Einfach- heit, die sowohl in Frankreich wie auch jenseits des Kanals, in England, prak- tiziert wurde. Der Primitivismus war in Mode; radikale Romanciers machten ihn zum Gegenstand ihrer Dichtung, so z. B. Robert Bage (1720-1801), der in seinem Buch *Hermsprong* (1796) einen Helden darstellte, der unter amerikani- schen Indianern aufgewachsen und danach dann in die englischen Wohnzim- mer zurückgekehrt war. Gerade eben hatten auch William Wordsworth (1770-1850) und Samuel Taylor Coleridge (1772-1834) ihre *Lyrical Ballads* (Lyrischen Balladen) (1798) herausgegeben, in denen sie für die von Kin- dern, Wilden und Idioten gewonnenen Einsichten ein revolutionäres Interesse aufbrachten und ihnen Respekt zollten. Forschungsreisen in die weiteste Ferne von Leuten wie Cook (1728-1779) und Bougainville (1729-1811) ließen ebenfalls erneutes Interesse an den Wilden aufkommen. Und Fabeln wie die jüngst von Bernardin Saint-Pierre (1737-1814) erschienene *Paul et*

Virginie (1788) bestätigten das idealisierte, entzückende Bild vom primitiven Leben.

Für Itard diente bei der Erziehung des wilden Jungen allerdings nicht Rousseau als Führer, zu dessen Ideen er ein zutiefst doppeldeutiges Verhältnis hatte. Es gab noch andere Philosophen, denen es ebenfalls gut gelang, zur Natur des wilden Kindes eine Erklärung abzugeben. Den größten Einfluss auf Itard sollte von ihnen allerdings Etienne Bonnot De Condillac (1715-1780) ausüben. Er wird zwar heute kaum noch gelesen, war aber im Paris der 1790er Jahre ein Weiser, eine anerkannte Autorität. Jacques Derrida schreibt seit ungefähr dreißig Jahren über diesen heute nur als Randfigur gesehenen Philosophen und nennt ihn einen Meister des Leichtsinns. Das wäre für Itard undenkbar gewesen, denn für ihn war Condillac ganz und gar eine Autorität. Er war ein Nachfolger John Lockes und gründete seine Autorität auf der methodischen Strenge, mit der er seine Gedanken vortrug. Während Rousseau in blitzartigen Gedanken zu räsonieren scheint – wobei er an die Wahrheit mittels der Dichtung heranzukommen versucht –, geht Condillac den Weg der rationalen Erwägungen. Dennoch werden wir sehen, dass Condillac, wenn er sich in das wilde Kind hineindenkt, auf die Erfindungen im Mythos zurückfallen kann.

Itard konnte Condillac für sich nutzen, denn der Philosoph hatte eine Geschichte der Entwicklung des Menschen ausgearbeitet; danach ist der Ausgangszustand des Menschen dem des wilden Kindes auffallend ähnlich, von wo aus er sich zum zivilisierten Menschen weiterentwickelt. Condillac stellt sich den ursprünglichen Menschen als eine Statue vor, die darauf wartet, ins Leben gerufen zu werden, und damit hatte er Itard unbewusst ein Muster geliefert: Der junge Arzt sei nun jener Pygmalion, der die Worte und Gedanken in das leere Gefäß, das der Wilde von Aveyron bildete, hineinbefördert.[7]

Es gab noch andere Gründe, weshalb sich Itard in Gedanken natürlicherweise dem Beispiel Condillacs zuwandte. Denn Condillac hatte wie Rousseau dem wilden Kind einen Ort zugewiesen. Bei seiner Suche nach der Quelle für die Sprache hatte er sich den ausgesetzten, animalischen Kindern zugewandt, die für ihn das Symbol für das wesentlich Menschliche waren, das noch ohne alles ererbte Wissen war. Er beschwor das Bild vom Kind in ewiger Gegenwart herauf, das sich in einer Welt ohne Vergangenheit und Zukunft bewegt, und zog dabei das Beispiel des von Bernard Connor erwähnten litauischen Bärenjungen heran – ohne Sprache, tierisch und ohne Welt. Wie sollte solche ein Junge sich an seine Vergangenheit erinnern können? Nur durch Worte können wir etwas bewahren, sodass wir unsere fortbestehende Identität empfinden. Ohne sie, so argumentierte Condillac, wären wir verloren, wie der unglückliche Bärenjunge. Wir würden uns vorstellen, dass unser Leben ein andauernder Augenblick wäre, in dem es weder Geschichte noch Fortschritt gibt, wo wir wie Tiere wären, die in einer ewigen und unveränderlichen Gegenwart leben.

Condillac behauptete, dass die Sprache ein autarkes System sei. Die wild lebenden Kinder dienten ihm dafür als Beweis, denn sie würden notgedrungen außerhalb dieses Sprachsystems leben. Mit Blick auf das wild lebende Kind stellt Condillac die Frage: Ab wann gibt es so etwas wie Identität? Geht das, dass wir zuerst außerhalb der Sprache existieren, dann einfach in sie eindringen und dort dann Ausdrücke für uns in der Kunstfertigkeit der Worte finden? Oder kann das Selbst nur innerhalb des Mediums von Sprache hervorkommen, wobei es so lange etwas Leeres bleibt, bis es die Erfüllung erreicht und reden kann?

Condillac hatte für sich eine Antwort darauf. Für diesen Philosophen konnte es Identität außerhalb des Zusammenhangs und der Ordnung von Sprache nicht geben. Was ist nun aber mit dem wilden Kind? Hat es kein Empfinden für sein Selbst? Condillacs Antwort darauf war einfach: Ohne ein System von Zeichen gibt es kein Selbst und keine Identität. Für das wild lebende Kind gibt es nur die Bewusstheit wie bei einem Tier, und diese Bewusstheit gelangt nie zur Übereinstimmung im Sinne von Identität. Die Antwort von Condillac wirft allerdings eine andere Frage auf: Wie erlangt dann das stumme, geschichtslose Subjekt den Status eines reflektierenden, die Sprache verwendenden Selbst?

Für Itard, der Condillacs Auffassungen teilte, war diese Frage mehr als ein philosophisches Rätsel. Denn seine Hoffnungen, das wilde Kind erziehen zu können — sodass es von der immer wieder neu auftretenden Empfindung des Animalischen in die Welt des historischen Selbst wechselt —, gründeten sich auf die Kraft aus dieser Antwort. Condillac hatte eine Lösung für das Rätsel, wie der Ausgangspunkt, an dem sich die Empfindung fürs Selbst einstellt, aussieht. Allerdings war das keinesfalls die praktische Antwort, die Itard benötigte. Hier an diesem kritischen Punkt gibt Condillac sein rigoroses logisches Denken auf. Um das Problem zu lösen, erfindet er einen Mythos, eine Fabel über den Ursprung der Menschen.

Sein Mythos beginnt mit einer furchtbaren Katastrophe — vielleicht einer zweiten Flut. Nur zwei Kinder überleben die totale Zerstörung. In Condillacs Fabel müssen es zwei sein, denn für ihn bedarf die Eigenpersönlichkeit des Vorhandenseins eines »anderen«, damit sie überhaupt hervorkommen kann. Allerdings sind die Kinder anfangs getrennt. Sie sind verlassen und allein und leben auf folgende Weise:

So lange wie die oben erwähnten Kinder getrennt voneinander lebten, waren ihre sinnlichen Operationen auf die Wahrnehmung und das Empfinden beschränkt, die ständig ablaufen, so lange wir wach sind; auf Aufmerksamkeit, die sich eingestellt haben muss, wenn ihre Wahrnehmung sie in einer bestimmten Weise beeinflusste; auf Erinnerung, das heißt, wenn sie sich an Umstände erinnerten, die sie beeindruckt hatten, bevor ihnen die durch diese Umstände entstandenen Verbindungen verloren gegangen waren; und auf eine sehr begrenzte Übung ihres Vorstellungsvermögens.[8]

Das ändert sich alles, wenn sich die beiden Kinder schließlich begegnen. Durch die Gesellschaft entwickelt sich bei ihnen die Fähigkeit des Mitgefühls, ein Mitgefühl, das im Bedürfnis begründet liegt. Sie machen es sich zur Angewohnheit, die Geräusche und Gesten des anderen verstehen zu wollen und wollen solche Zeichen, mit denen sie sich dem anderen gegenüber ausdrücken können, ebenfalls lernen. Die Geräusche, die sie dabei von Natur aus äußern – »eigenmächtige Zeichen« – werden wiederholt und gelten forthin.

Die Jahre vergehen, und dann haben beide Kinder. Dieses Kind nun besitzt eine formbare Zunge, die seinen Eltern versagt gewesen war, und *erfindet* aus eigenem Bedürfnis heraus *ein Wort*:

Nehmen wir einmal an, dieses junge Paar hat ein Kind; dieses hat starke Wünsche, die es aber nicht ohne einige Schwierigkeiten kundtun kann und daher jeden Körperteil bewegt. Seine Zunge, die extrem formbar ist, führt eine ungewöhnliche Bewegung aus und bringt dabei einen neuen Ausdruck hervor. Da das Kind diese Wünsche weiterhin verspürt, wiederholt es das also mit derselben Anstrengung. Wieder bewegt es seine Zunge auf dieselbe Art wie vorher und artikuliert dasselbe Geräusch. Die Eltern sind überrascht, aber schließlich können sie sich denken, was das bedeutet und geben dem Kind, was es sich wünscht, und versuchen dabei aber gleichzeitig dieses Wort zu wiederholen. Die Schwierigkeit, die sie dabei hatten, es auszusprechen, zeigt, dass sie selbst nicht in der Lage waren, es zu erfinden.[9]

Bei der Aufgabe, eine praktische Lösung für die Erziehung des wilden Jungen von Aveyron zu finden, räumt dieser Mythos keine Probleme aus, sondern vermehrt sie eher. Er gab Itard allerdings einen Hinweis, dem er folgen sollte. Diese umfängliche Vorstellung von den stummen Eltern ist nötig, weil so das Kind in eine Welt ohne Sprache hineingeboren wird, in der aber seine Schreie zu hören sind. Dennoch ist es am Ende einfach nur das Verlangen (*besoins*) des Kindes, das daraufhin spontan erfinderisch wird und ein Wort schafft. Es spricht, um Zuwendung zu erlangen, welches selbst bereits ein *besoin* ist. Doch bringt uns diese plötzliche, noch nicht da gewesene Institution, die gesprochene Zeichen produziert, nicht näher an das Entstehen der menschlichen Sprache heran. Das verspürte Condillac, denn er übertreibt es mit der Langsamkeit, in der das alles vor sich geht, und außerdem hat es viele falsche Starts gegeben, bis die Sprache auf diese Weise zustande gekommen war: Die Erwachsenen, die ja Geräusche von sich aus nicht direkt artikulieren konnten, enttäuschen das Kind, das der Sprache der Gesten zugeführt wird. Deshalb entsteht Sprache nur äußerst langsam, weil der Wortvorrat erst durch die Generationen erweitert wird. Allerdings stellt sich Condillac auch hier noch eine zweite, effektivere Entstehung der Sprache vor, die so vor sich geht, dass einfach nur Eigennamen am Anfang stehen. Nun liegt die Bedeutung dieser Fabel vom wilden Kind eher darin, dass wir uns auf das Merkwürdige einer solchen Figur konzentrieren, und nicht darauf, wie sie mit Erfolg zu einem überzeugenden Modell von der Entstehung der Sprache werden kann. Immerhin hat Condillac bei der Ausgestaltung dieses Mythos das Stichwort gegeben, das Itard gesucht hat: Der Schlüssel zur Zivilisierung des wilden Kindes lag potentiell in dessen inneren Wünschen und vor allem im Wunsch nach Zuneigung. Aus diesen ursprünglichen Antrieben sollte Itard sein praktisches Vorgehen für die Erziehung des wilden Jungen herleiten.

III   Traurige Musik

Die Geräusche des Katarakts
verfolgten mich wie eine Leidenschaft: der hohe Felsen,
der Berg, der tiefe und düstere Wald,
die Farben und Formen waren für mich etwas,
worauf ich Appetit hatte; waren ein Gefühl und eine Liebe,
die nicht noch eines anderen Zaubers bedurften,
der gedanklich hinzugefügt werden müsste, und auch keines Interesses,
welches nicht original das des Auges gewesen wäre.

William Wordsworth, aus: *Lines composed a few miles above Tintern Abbey*

Itard wusste, dass er eine scheinbar unmögliche Aufgabe vor sich hatte. Der berühmteste Arzt seiner Zeit, Pinel, hatte den Fall als hoffnungslos abgetan. Das waren verschiedene Dinge: Einerseits in die Bresche zu springen und andererseits den Jungen geduldig und angestrengt in die Herde der Menschen zurückzuholen.

Er zeichnete die Ergebnisse seiner Erziehungsmethoden in einem kleinen Büchlein auf, das er mit *Historischer Bericht über die Entdeckung und Erziehung eines wilden Mannes, oder Über die ersten Entwicklungen des jungen Wilden, den man 1798 in den Wäldern bei Aveyron eingefangen hatte* betitelte. Es erschien 1801 in

Frankreich und ist ein Meisterwerk der wissenschaftlichen Literatur sowie ein bemerkenswerter Bericht über eine einzigartige menschliche Beziehung.

Der Junge befand sich zu Beginn seiner Erziehung in einem Zustand, der eher dem eines zehn Monate alten Kleinkinds als dem eines zwölfjährigen Jungen glich. Und er war »ein Kleinkind mit den abweisenden Merkmalen, dass er anti-soziale Angewohnheiten hatte, in hartnäckiger Form unaufmerksam war, seine Organe wenig beweglich waren, und er von stumpfer Empfindsamkeit war«.[10]

Wie sollte Itard diese Schwierigkeiten überwinden? Seine ganze Methode für die Erziehung des wilden Jungen hing von seinem radikalen Verständnis, das er von Condillac hatte, ab. Itard übernahm von dem Philosophen das Modell von der menschlichen Entwicklung: Demnach nimmt der Mensch eine Unzahl an Sinneseindrücken auf, von denen jeder sich mit der Zeit zu Vorstellungen verdichtet, die dann das individuelle Leben eines Menschen entstehen lassen. Itard hatte den Eindruck, dass er die Entwicklung des Jungen lenken könne, wenn er in diesen Vorgang eingriff. Um das zu erreichen, wandte er fünf Methoden an: »Ihn ins gesellschaftliche Leben einzubeziehen«; seine nervliche Sensibilität zu wecken; den Vorstellungsbereich bei ihm zu erweitern; ihn zum Gebrauch der Sprache zu führen; und Geist und Körper zu vereinigen, indem er ihn einfache geistige Operationen im Zusammenhang mit Gegenständen, deren er körperlich bedurfte, ausführen ließ.[11]

Itard war, indem er sich so verhielt, darauf aus, Rousseau zu widerlegen, und er wollte seine neuen erzieherischen Methoden bestätigt finden. Itard wusste, dass Rousseau gelogen hatte. Er hatte um unsere Sicht vom natürlichen Menschen einen schönen, berauschenden Zauber gehüllt. Er hatte eine verderbliche Illusion gemalt, etwas, das irgendwie als ungerecht anzusehen war. Der Zustand des Natürlichen war nicht magisch, attraktiv oder schön, sondern ein Zustand von Geistlosigkeit und Barbarei, es herrschte die leere, hässliche und bedeutungslose Bedingung des Gefangenseins.

Itard versuchte zu beweisen, dass Rousseau Unrecht hatte. Er wusste, dass sich menschliches Leben nur in der Gesellschaft verwirklichen kann. Dennoch hatte dieser junge Arzt auch eine Sehnsucht nach dieser selben Vision vom freien Wilden, die aber sein Verstand bewusst zurückwies. Itard verachtete Rousseau, konnte sich aber, sogar im Widerstreit, seinem Einfluss nicht entziehen. Er hatte von Rousseau gelernt, dass der Mensch einen Instinkt für Mitgefühl besitzt. Von unserer Natur her drängt es uns unvermeidlich zur Beziehung mit anderen. Die Französische Revolution hatte ja ganz ähnlich diese menschlichen Gefühle auf die politische Ebene gehoben. Das Mitleid, das einstmals nur unter Individuen einen Stellenwert hatte, war zur Basis für das soziale Leben geworden. Der Ausgangspunkt für den sozialen Kontrakt war jetzt nicht mehr eine Tat, sondern ein Gefühlsempfinden.

Für Itard hieß das, wenn er dem Jungen helfen wollte, musste er bei ihm die Fähigkeit, Mitgefühl zu empfangen und zu geben, entwickeln, eine emotionale Verbindung zwischen ihm und einem anderen Menschen. Das war der einzige Weg für den Jungen aus seiner Isolation. So achtete Itard jeden Tag, wenn sie miteinander arbeiteten, darauf, wann der Junge sich abtrennte und in seine stumpfe Gleichgültigkeit verfiel. Wenn es ihm doch gelingen würde, nur einen Moment lang emotional die Aufmerksamkeit des Jungen auf sich zu ziehen! Denn der Junge war zu intensiven Gefühlen fähig. Itard entdeckte oft, wie er höchst leidenschaftlich und hingerissen auf etwas reagierte. Aber alle diese vorübergehenden leidenschaftlichen Äußerungen blieben fern von anderen und ohne das Bedürfnis, einen anderen Menschen dabei zu haben. Sie tauchten auf und verschwanden wieder, und dem Jungen ging es dennoch nicht besser.

Das Werk von Rousseau enthält ein merkwürdiges Geheimnis – ein Geheimnis, das Itard intuitiv verspürt haben muss, weil er es von seinem Alleinsein her kannte. Rousseau hatte, wie schon vor ihm Defoe, das Alleinsein gefeiert und zugleich gefürchtet. Seine Wilden wandern in ihrer Isolation meisterlich herum, befreien sich immer aus dem Kontakt mit anderen, verbinden sich nur kurz ehelich und verlassen ihre Kinder so schnell wie nur möglich. Auch wenn es Rousseau in seinem Leben bedauerlicherweise nicht gelungen ist, einen Freund zu finden, soll uns das nicht davon ablenken, dass seine Vision eine grässliche Klarheit besaß. So sah Itard Rousseau als Feind der eigenen Auffassungen und als Verkörperung des Alleinseins. Rousseaus Wilder lebt in Klarheit, weil er allein lebt. Itard verspürte die Sehnsucht nach Isolation, was Rousseau als zutiefst wünschenswert dargestellt hatte, aber er schreckte davor wie vor einer unreinen Sache zurück. Jeden Tag arbeitete er lange und hatte als ständigen Begleiter einen Jungen, der nie wirklich auf ihn eingehen konnte. Itard zog sich zurück und sann darüber nach, welche Vorstellung er von sich als Bürger hatte. Er sagte sich, dass er einzig nur dieses wolle, den Jungen aus seiner wilden und asozialen Welt herauszuholen und in ihm das Verlangen nach einem »anderen« zu wecken. Und dieser andere war er selbst.

Man konnte manchmal beobachten, wie der Junge bis zum Ermüden auf immer dieselbe Weise balancierte und dann aus dem Fenster seines Zimmers blickte. Wenn der Wind hochfuhr oder die Sonne durch die Wolken blitzte, brach er in brüllendes Lachen aus und vibrierte vor Entzücken, dass man dachte, er würde jeden Moment durchs Fenster in den Garten springen. Andere Male schien es, als sei er wahnsinnig, da rang er mit seinen Händen und knirschte mit den Zähnen. Den einen Morgen hatte es geschneit, da sprang er aus dem Bett und schoss ans Fenster und dann zur Tür und dann wieder zurück ans Fenster und dann wieder zurück zur Tür – hin und her, und schließlich befreite er sich aus dem Zimmer und floh nur halb bekleidet in den verschneiten Garten. Dort rannte er herum, rollte sich im Schnee, warf sich dort hinein, sprang hoch, schaufelte Hände voll Schnee und aß ihn auf.[12]

Der Junge war aber nicht immer einfach nur ausgelassen. Manchmal überfiel ihn eine traurige und melancholische Stimmung. Itard beschreibt eine solche Begebenheit:

> Als die Jahreszeit streng wurde und jeder andere sich aus dem Garten getrieben fühlte, drehte er dort begeistert seine Runden, und zum Schluss setzte er sich auf den Rand eines Wasserbassins. Ich war oft dabei und habe ganze Stunden lang Halt gemacht und ihn mit unsäglicher Freude in dieser Situation beobachtet. Ich konnte sehen, wie seine konvulsivischen Bewegungen nachließen und er mit dem endlosen Balancieren seines Körpers aufhörte und seine Haltung ruhiger wurde; und wie sich auf seinem Gesicht – egal, ob es ruhig oder verzerrt war – unmerklich Besorgtheit oder melancholische Träumerei abzeichnete, und zwar während er seine Blicke starr auf das Wasser gerichtet hatte, in das er von Zeit zu Zeit Klumpen vertrockneter Blätter warf. Wenn der Mond in der Nacht schien und das Licht in sein Zimmer fiel, ist er fast jedes Mal aus dem Schlaf erwacht und hat sich ans Fenster begeben. Er blieb dort eine ganze Zeit lang stehen und starrte regungslos, hatte seinen Hals vorgestreckt und blickte in das mondbeschienene Land. Er war in einer Art betrachtender Begeisterung versunken. Die Stille wurde nur unterbrochen, wenn bei ihm Eingebungen aus der Tiefe hochkamen, was in ziemlichen Abständen geschah und immer von einem schwachen, wehleidigen Laut begleitet war.[13]

Was Itard hier erlebt und in Form einer Elegie vorträgt, muss er irgendwann zunichte machen. Allerdings teilt der junge Doktor, während er das Kind beobachtet, dessen wortlose Melancholie. Der Tonfall ist elegisch und schwermütig; die ausgelassenen Freuden des Jungen gehen in Ruhe über; die Dinge verlangsamen sich und es herrscht fast eine reglose Aufmerksamkeit. Zuvor hatten wir gesehen, wie der Junge gezügelt wird durch jene, die um ihn herum sind, er ist eingesperrt und eingeschränkt. Hier beruhigt er sich selbst. Andererseits wird die Melancholie des Jungen als Ekstase wahrgenommen – er erlebt die Welt mit intensivem Entzücken. Itard beobachtet diese so lebhaft geäußerte traurige Freude des Jungen über die natürliche Welt verwundert und macht sich selbst dabei Vorwürfe. Der Junge hat sich, als er diese Erfahrung macht, völlig hingegeben. Itard allerdings steht außerhalb und beobachtet die wortlos gemachten Erfahrungen des Jungen mit wissenschaftlicher Objektivität und registriert alle äußeren Erscheinungen und Handlungen höchst aufmerksam.

Die Empfindung, davon ausgeschlossen zu sein, besitzt Gewicht, wenn man bedenkt – wie Itard es tat –, dass beim Prozess der Zivilisierung des Jungen auf unmittelbar geäußerte Leidenschaften verzichtet werden muss, und er distanziert und durch das Medium der Sprache mit ihnen umgehen muss. Itard möchte erreichen, dass der Junge seine Empfindungen intellektuell versteht; es reicht nicht hin, dass sie rein nur die Quelle von unverständlichem Entzücken oder Sorge sein sollen.

Der Junge ist wie Condillacs wildes Kind – eine Kreatur, die jeden Moment, so wie der Philosoph es beschreibt, gefangen ist:

> Um jede Hypothese ausprobiert zu haben, sei angenommen, dass er sich an die Zeit erinnert, als er im Wald lebte, dann könnte er sich das nur vor Augen führen anhand der Wahrnehmungen, die er sich in Erinnerung rufen kann. Es könnten sehr wenige Wahrnehmungen sein. Und weil er sich nicht an die erinnern kann, die dem vorausgingen, dem folgten oder das unterbrochen haben könnten, kann er sich nie an die Abfolge der Teile zu jener Zeit erinnern. Die Konsequenz daraus muss sein, dass er nie annehmen wird, es habe einen Beginn gegeben, und er es dennoch nur als eine Augenblickssache betrachten wird. Kurzum, wird die konfuse Erinnerung an seinen früheren Zustand das absurde Ergebnis hervorbringen, dass er sich vorstellt, er habe immer existiert, obwohl ihm diese eingebildete Ewigkeit tatsächlich nur als Augenblickssache präsent ist. Ich bin fraglos der Auffassung, dass er gewaltig überrascht wäre, wenn man ihm erzählen würde, dass er irgendwann zu existieren begonnen hat, und sogar mehr noch, wenn man ihm auch noch sagen würde, dass er verschiedene Wachstumsstufen durchgemacht hat.[14]

Itard schloss daraus, dass sein wilder Junge keine Geschichte hatte, nur ein ständiges Empfinden von Gegenwart, eine materialistische Parodie des mystischen *nunc stans* (beharrender Augenblick). In einer solchen Welt gibt es die Gedanken anderer nicht, so wie auch das Selbst nicht zugleich ein »anderes« ist, denn es kennt den Gedanken von sich als in der Zeit existierend nicht.

Wie konnte Itard unter dieser Bedingung ein Verhältnis zu dem jungen »Wilden« aufbauen? Die Situation am Wasserbecken bringt zum Ausdruck, wie komplex das Verhältnis Itards zu dem Jungen ist. Das Wasser sieht er als Spiegel, der aber seine Funktion nicht ausübt, weil der Junge sich darin nicht wiederzuerkennen vermag. Der Junge starrt ins Wasser und Itard starrt wie in Erwiderung darauf stundenlang auf den Jungen. Die Freude empfindet das Kind aber ohne dass jemand anders anwesend sein müsste. So ist Itards Beobachtungsdrang voyeuristisch, ein Eindringen ins Private. Er sehnt sich danach, dass der Junge ihn wahrnimmt, weil von diesem Augenblick an seine Erziehung als Erfolg gesehen werden könnte, aber er ist auch abhängig davon, dass der Junge teilnahmslos ist, weil er wegschauen soll, wenn Itard ihn beobachtet.

Es ist ein Augenblick, in dem Beziehungen entstehen: zwischen Itard und dem Jungen und zwischen dem Jungen und der natürlichen Welt. Allerdings ist die Beziehung zwischen dem Erwachsenen und dem Kind brüchig und ungewiss, während die zwischen dem Kind und seiner Welt intensiv und erfüllt ist. Itard hat die Absicht, zwischen sich und dem wilden Kind ein soziales Band zu knüpfen, und muss feststellen, dass er den Jungen um seine Hingabe an die Natur beneidet. Dieser Neid ist auch als eingebildete Identifikation zu sehen, ist ein Augenblick des Mitgefühls, in dem Itard versucht, mit dem Jungen die Erfahrung an Reichtum und Melancholie zu teilen; es gelingt ihm aber nicht, wie seine Worten zeigen.

Dieser Augenblick der Begeisterung des Kindes überdauert. Und in dessen zerbrechlicher Zartheit kommt die Bedeutung des ganzen Buches zum Ausdruck. Wir fühlen uns sofort in die Gegenwart des verlassenen, verletzten Jungen versetzt, der ohne Sprache und Macht ist. Und ebenfalls in die Rolle des Retters, der ihn ernährt und überwacht, und der dieses Verhältnis in artikulierter Sprache festhält.

IV   Erziehung durch die Natur

Gib, dass ich weder streben will noch heulen,
dass ich die Kraft besitze, mit anderen mitzufühlen,
Besänftige, besänftige mich noch stärker; aber lass mich nicht sterben,
ehe ich nicht zu leben begonnen habe.

Matthew Arnold, *Lines Written in Kensington Gardens*

Der Junge hatte weiterhin eine Vorliebe für wilde Orte. Itard hatte sich mit ihm erneut aufs Land aufgemacht, zu den Gütern des Bürgers Lachabeaussière im Tal von Montmorency. Der Blick in eine richtige Landschaft hatte in dem Jungen wieder den Wunsch nach Flucht hochkommen lassen; er war immer wieder ans Fenster des Hauses gerannt, um immer noch mal in den Park zu blicken. Itard wusste, dass er diese Vorliebe dämpfen musste, und doch zögerte er und war nachsichtig gegenüber dessen Freuden im Freien. Als sie wieder zurück waren in Paris, unternahm er mit ihm also regelrechte Spaziergänge inmitten der Schönheiten der eher ordentlich und regelmäßig angelegten örtlichen Gärten nahe des Instituts.

Desgleichen nahm ihn fast täglich die Haushälterin, Madame Guérin, in die Luxembourg-Gärten mit. Dabei statteten sie jedes Mal dem Bürger Lemeri im Observatorium einen Besuch ab. Der junge Wilde holte dort eine hölzerne Schale hervor und erhielt, nachdem er in stummen Gebärden darum gebeten hatte, zum Frühstück Milch darin eingeschenkt. Manchmal wurde er zum Spaziergang in einem alten Schubkarren herausbefördert, oder auch einfach nur im Schubkarren durch den Institutsgarten gefahren. Bei diesen Spaziergängen fing der Junge an, eine große Zuneigung zu Madame Guérin zu entwickeln. Er wollte in ihrer Nähe sein, und wenn sie sich trennten, war er unruhig und besorgt. Ein Mal hatte er sie bei einer Tagestour auf der Straße aus den Augen verloren, und als er sie schließlich wieder gefunden hatte, brach er in Tränen aus. Das waren zum ersten Mal Tränen, die er vergoss, weil er das Verlangen nach einem anderen hatte. Seine Gefühle Itard gegenüber waren unmissverständlich schwächer, vielleicht deshalb, weil die Aufmerksamkeiten, die ihm der junge Doktor entgegenbrachte, sich zwangsläufig auf seinen Erziehungsprozess bezogen und nichts mit Freude zu tun hatten.

Und trotzdem beschreibt Itard mit großem Pathos, wie zwischen ihm und dem Jungen langsam eine Zärtlichkeit wuchs. Zur Schlafenszeit besuchte Itard den Jungen in seinem Zimmer noch einmal. Das Kind war bereit, umarmt zu werden, und zog Itard am Arm und wollte, dass er sich auf das Bett setzte. »Dann hat er im Allgemeinen meine Hand ergriffen, sie über seine Augen, seine Stirn und seinen Hinterkopf gezogen und hat sie lange Zeit dabei gleichzeitig mit seinen eigenen Händen gehalten.«[15] Hier gibt sich der Junge der Zuneigung hin und bestimmt, wie er sie angewendet haben will. Er nutzt Itard, um sanfte Streicheleien zu erhalten. Mit Blick hierauf bemerkt Itard, wie sehr doch die Zuneigung einer *Mutter* zur Erziehung des Kindes beiträgt. Itard wird für den Jungen wie eine Mutter und ersetzt damit die Mutter, die der Junge verloren hat – und zwar sowohl die wirkliche Frau wie auch die symbolische mütterliche Natur. Damit kann sich Itard Mutterschaft für sich vorstellen: Er macht es als Mann dem Jungen möglich, dass dieser die frühesten Freuden erlebt. Der Beziehung zwischen Itard und dem Jungen liegt das Muster der elterlichen Beziehungen zugrunde: Er ernährt den, der ihn verlassen wird.

Itard hatte mit dem Jungen schon Wunder vollbracht, denn er hatte ihn in solcher Weise vorangebracht, wie Pinel es anfangs für unmöglich gehalten hatte. Allerdings war eine Schranke erreicht – mit dem Erziehungsprozess hatte man einen toten Punkt erreicht –, und der Junge war doch nur halbwegs zivilisiert. Der Schlüssel war, er musste die Sprache erlernen.

Hier allerdings versagte Itard. Am Institut hatte man schon früh festgestellt, dass der Junge nicht taub war. Itard konnte beobachten, dass den Jungen zwar manche Geräusche gleichgültig ließen, aber das war nicht alles; beeindruckend war seine Fähigkeit, auf bestimmte kleinste Geräusche einzugehen, wie das Pflücken einer Walnuss oder das Klappern des Schlüssels in der Tür. Auch wenn der Junge Geräusche hören konnte, hieß das immer noch nicht, dass er selbst solche auch artikulieren konnte. Itard dachte sich, dass die Sprache eine Art Musik ist, der manche Ohren gegenüber unempfindlich sind.[16] War der Junge so jemand? Und wie sollte er ihm das Sprechen beibringen?

Der Junge besaß bereits eine »Handlungssprache«, wie Itard es nannte, eine »pantomimische Sprache« ausdrucksvoller Gesten. Es stand Itard fern, diese Art der Mitteilung abzuschaffen. Er konnte sehen, dass sie ganz deutlich die primitivste Form der menschlichen Mitteilung war. Der junge Wilde konnte seine Wünsche ganz klar ausdrücken. Wenn zum Beispiel die Zeit für den Spaziergang mit Madam Guérin herangekommen war, legte er einfach deren Kleidungsstücke vor sie hin, derart, dass sie sich die anziehen konnte, und wenn er dann auch noch ungeduldig war, fing er an, Madame Guérin anzukleiden. Dennoch verspürte Itard auch, dass dieses System der Gesten ganz wesentliche Grenzen hatte. Es konnte nur durch Worte – ein System mit Reden – gelingen, dass der individuelle Mensch einen Entwicklungsprozess durchmachte, so wie Condillac es beschrieben hatte: Indem dem Menschen Zugang zu einem Medium verschafft wird, durch das er sich unendlich verbessern kann. Ohne ein solches System würden wir zu einem Seinszustand, in dem sich der wilde Junge befand, zurückfallen.[17]

Im Monat Frimaire (November), als es früh dunkel wurde und der Herbst in den Winter überging, fing der Junge zum ersten Mal an, besonders auf die menschliche Stimme zu hören. Er ging manchmal an die Tür seines Zimmers und lauschte den Worten, die in der unteren Galerie gesprochen wurden, und überprüfte dann, ob die Tür auch verschlossen und der Hebel fest eingeklinkt war. Um Weihnachten herum, im Monat Nivose, konnte man ihn in der Küche finden, wo er damit beschäftigt war, sich selbst Kartoffeln zu kochen, wobei Itard ihn beobachtete. (Er mochte, seit man ihn eingefangen hatte, gekochte Kartoffeln besonders gern). Die Leute um ihn herum unterhielten sich hitzig, was ihn anfangs nicht zu interessieren schien, bis Itard plötzlich feststellte, dass ein Redner, der andauernd »Oh!« sagte, die Aufmerksamkeit des Jungen auf sich zog. Itard verfolgte das weiter, und siehe da, tatsächlich drehte der Junge jedes Mal, wenn dieses Wort fiel, schnell den Kopf herum.

Den einen Abend wiederholte Itard dieses Experiment bewusst, und das Ergebnis war das gleiche. Er probierte das dann auch mit den anderen Vokalen, aber auf die ging der junge Wilde nicht ein. Weil er den einen Vokal bevorzugte, gab Itard dem Jungen den Namen Viktor, denn wenn dieser Name erklang, würde er sich wegen des interessanten »o« angesprochen fühlen.

Wenn man einer Person einen Namen gibt, ist das ein Akt der Kommunikation, aber auch eine Besitznahme; da wird eine Person zum Namensgeber in Beziehung gesetzt. Wir sind ein »du« für unsere Eltern, ehe wir für uns selbst ein »ich« sind. Nun ist dieser Name brutal ironisch: In welcher Hinsicht kann der Junge einen Sieg erreicht haben? Dennoch *gibt* es hier so eine Art Sieg. Mit dem Namen wird Viktor für Itard jetzt erkennbar zu einer Person und ist nicht mehr nur ein Exemplar des Menschentypus des »jungen Wilden« oder »wilden Kindes«.

Viktor hatte einen Namen erhalten, würde er nun die Sprache erwerben können? Untersuchungen seiner Zunge und seiner Stimmbänder ergaben, dass keine körperlichen Behinderungen vorlagen, obwohl es eine Verletzung gab, die von der alten grausigen Messerwunde am Hals herzurühren schien. War es aber fair, von Viktor zu erwarten, dass er Worte redete? Ein Kleinkind spricht seine ersten Silben nicht vor dem achtzehnten Lebensmonat, und Viktor hatte darüber hinaus noch gegen die tief sitzenden Auswirkungen seiner langen Isolation in den Wäldern Frankreichs zu kämpfen. Sein Ausgangspunkt war um sehr vieles schlechter als das eines gewöhnlichen vernachlässigten Kindes, das inmitten anderer aufwächst.

Itard nutzte die Gelegenheit, dass zufällig der Laut, für den der Junge eine Vorliebe hatte, mit der Bezeichnung eines Bedarfsgegenstands zusammenfiel: *eau*, das Wasser. Itard sprach also das Wort *eau* immer aus, wenn er dem Jungen das Glas Wasser, das er verlangte, reichte, und versuchte zu erreichen, dass Viktor zwischen Laut und Sache eine Verbindung herstellt. Das Experiment schlug fehl: Viktor bat immer nur durch Gesten um Wasser oder indem er zischte, brachte dafür aber nicht den artikulierten Laut hervor.

Dann versuchte Itard es mit einem anderen Wort: *lait*, Milch. Er wiederholte das Experiment, und schließlich schien am vierten Tag der gewünschte Durchbruch erreicht. Erst zögernd nur, aber dann unaufhörlich wiederholte Viktor mit greller und piepsender Stimme das Wort: *lait, lait, lait.* Viktor hatte es hinbekommen, ein Wort der Menschen zu äußern! Aber Itard wusste sofort, dass das nur ein wackliger Triumph war. Er holte ein Glas, goss Milch darin ein und reichte es Viktor; und Viktor wiederholte *lait* und war dabei offensichtlich zufrieden. Aber Itard war entmutigt. Der Junge hatte den Laut nicht mit der Sache verknüpft, sondern hatte ihn nur aus Freude geäußert, sodass Itard sich dachte, es sei um nichts besser, ob der Junge nun diesen unbedeutenden Laut äußert oder ein unartikuliertes Schreien oder Stöhnen.

V Worte und die richtige Reihenfolge

Für Viktor endete der sprachliche Fortschritt nicht mit seinem falschen Gebrauch von *lait*. In ihm erwachten die Gefühle eines Teenagers: Da stellte Itard fest, dass es Viktor gelang, den Liquidlaut »l« auszusprechen, und führte das auf die pubertäre Zuneigung des Jungen zur zwölfjährigen Tochter von Madame Guérin, Julia, zurück, weil er zu dem Namen ein romantisches Verhältnis entwickelt hatte. Er konnte auch die Worte *Oh Dieu!* wiederholen, wahrscheinlich, weil er sie Madame Guérin so oft äußern hörte.

Itard trieb die Erziehung Viktors voran und versuchte, dessen intellektuelle Fähigkeiten zu entwickeln, indem er Hindernisse zwischen dem Jungen und dem von ihm verlangten Objekt errichtete. Itard ließ sich Spiele einfallen, um den Jungen zu unterrichten. Er malte Umrisse alltäglicher Gegenstände auf eine Tafel und ließ dann Viktor nacheinander die Gegenstände herbeischaffen, die jeweils zur Zeichnung passen sollten. Itard hatte mit dem Spiel aber kein Glück, denn Viktor brachte alle Objekte auf einmal und legte sie in einem Haufen vor ihm ab.

Itard versuchte das Hindernis, die Trägheit von Viktor, auszuräumen, indem er den Jungen an dem Punkt seiner Ordnungsliebe ansprach. Er hing verschiedene Haushaltsgegenstände an Haken auf, über denen er Zeichnungen der Gegenstände angebracht hatte. Das ließ er eine Zeit lang so, sodass sich Viktor daran gewöhnen konnte. Dann entfernte er die Gegenstände. Viktor beförderte sie nun alle wieder an die Haken zurück, in ordentlicher Reihenfolge. Unklar war dabei, ob Viktor die Gegenstände mit der Zeichnung in Verbindung gebracht hatte, oder ob das nur ein Kabinettstück seines Erinnerungsvermögens war. So stellte Itard also die Zeichnungen um und wiederholte den Test. Viktor hängte die Gegenstände in der anfänglichen Ordnung wieder zurück und ignorierte dabei einfach die Zeichnungen. Itard hatte hierbei aber Ausdauer und beanspruchte überdies den Verstand Viktors, indem er die Zahl der Gegenstände erweiterte usw., und so gelang es ihm schließlich, dass der Junge die richtige Verbindung zwischen Objekt und Zeichnung herstellen konnte. Itard strahlte bei dem Erfolg und ging dann zu einer weiteren Stufe über: Er schrieb unter die Zeichnung den entsprechenden Namen und hatte die Absicht, schließlich die Zeichnung durch den Namen zu ersetzen. Hiermit hatte Itard aber wiederum kein Glück. Viktor konnte die geschriebenen Worte einfach nicht in sich aufnehmen.

Itard fuhr fort mit der Erziehung. Er machte verschiedene Experimente mit Formen und Farben. Es gab Fortschritte, aber Viktor ermüdete und wurde wütend. Eine Distanzierung bahnte sich zwischen Lehrer und Schüler, zwischen Pseudo-Eltern und Ersatzkind an. Itard wusste, dass er Disziplin erzwingen musste. Viktor leistete Widerstand, wurde mürrisch und hatte manchmal

Zornesausbrüche. Allerdings war es jetzt anders als damals bei seiner Gefangennahme, indem er seinen Zorn nicht an Personen, sondern an Sachen ausließ: Er schmiss etwas hin, zerbrach oder zerriss etwas. Dadurch kam es jedes Mal zu einem schlimmen Ende: Viktor war zu aufgebracht und zu widerspenstig, sodass er nicht mehr lernen konnte. Itard musste aber die Dinge weiter vorantreiben. Er hatte entdeckt, dass sich der Junge vor großer Höhe fürchtete, und so nutzte er dessen Angst für die Erziehung: Er drohte dem Jungen und führte ihn dabei an ein hohes Fenster und versuchte so, seinen Willen zu erzwingen. Allerdings fing sich Itard an zu fragen – wie schon Virey vor ihm –, was er an Gutem für den Jungen dabei erreichte, wenn er so mit ihm umging.

Dieser Zwang funktionierte aber, und Viktor mäßigte sich. So konnte die Erziehung fortgesetzt werden. Man hatte schon große Schritte getan. Itard schnitt jetzt die Buchstaben des Alphabets aus und lehrte Viktor, in welcher Reihenfolge sie stehen müssen. Dann brachte er dem Jungen bei, wie man das Wort *lait* erkennt, und schließlich, wie man es als Wort schreibt, aber dennoch konnte der Junge die Verbindung zwischen dem geschriebenen Wort und dem Laut, den er meisterte, nicht herstellen. Nichtsdestoweniger geschah Folgendes: Als er den einen Morgen beim Spaziergang mit Madame Guérin beim Bürger Lemeri eintraf, hielt er ihm seinen Holzbecher hin, machte aber keine Gesten dabei, sondern holte die ausgeschnittenen Buchstaben aus der Tasche und schrieb auf den Tisch vor sich das einzelne Wort *lait*.

VI Grundunschuldig

Es ist noch nicht golden in der dichten, heißen Nacht,
die Spitzen dringen in seine Füße ein: Er sucht den Mond,
der bei Berührung seines kalten Lichts
die Wünsche in ihm freisetzen wird, die er gegen seinen Willen
aufgrund des langen Drängens am Nachmittag in sich angehäuft hat.
Langsam schiebt sich der harte Rand über den Hügel.

Thom Gunn, aus: *The Allegory of the Wolf Boy*

Itards Bericht über die Erziehung Viktors wurde unter der Schirmherrschaft der Regierung Napoleons in Paris im ersten Monat des neuen Jahres, Vendémiaire, im Jahre 10 der Republik (also zwischen dem 23. September und dem 22. Oktober 1801) veröffentlicht. Damit wurden Viktor und Itard international bekannt: Itard konnte jetzt eine eigne private medizinische Praxis eröffnen; Madame De Staël, die große Literatin, besuchte ihn; der russische Zar übersandte Itard einen Ring; das Werk wurde innerhalb von sechs Monaten ins Englische übersetzt (während des Friedens von Amiens, als zum ersten Mal seit vielen Jahren wieder Reisende von England nach Frankreich herüberkommen konnten).

In England war Coleridge von der Sache fasziniert. Er wunderte sich im Februar/März 1803, nur wenige Monate, nachdem die Übersetzung erschienen war, über einen Mann, der als Hypochonder »die Vorstellung hatte, er sei ein einsamer Wilder gewesen; & durch die Zivilisation vergiftet / – der Wilde von Aveyron«.[18] Sechs Jahre später, im Sommer 1809, dachte er immer noch über Viktors Geschichte nach und überlegte, ob sie nicht für Wordsworth geeignet sei, der einen Plan für das großartige Gedicht *The Recluse* hatte, aber unvollendet ließ, was sich wohl auch nicht vollenden ließ:

> Ein schöner Gegenstand, der sich in Williams großes Gedicht einbringen ließe, ist der wilde Junge von Aveyron, worüber Itard berichtet – insbesondere die freudige und blinde Verbindung dieses Wesens mit der Naturszenerie; und der offenkundige Einfluss von Bergen, Felsen, Wasserfällen, Strömen und Stürmen auf ihn – der Einfluss der Mondstrahlen, die auf dem Wasser zucken usw., auf seine ganze Verfassung – so wie er sich im Tal von Montmorency verhalten hat – sein starker Wunsch zu fliehen usw. Wie verdienstvoll ist doch dieser ganze Bericht über diese profunde psychologische Untersuchung / und der Vergleich mit den wilden Tieren in Gefangenschaft / Der Wilde ist klar ein *Mensch* / und sein Benehmen hat mehr mit Geistesgestörtheit zu tun als damit, dass er ein Vieh wäre.[19]

Aus diesen Worten können wir ablesen, wie einer der großen romantischen Geister Viktor in seine ihn leidenschaftlich beschäftigenden Belange aufnimmt.

Der Friede mit Großbritannien war schnell wieder zu Ende. Napoleon fuhr mit der Eroberung Europas fort. Und in Paris setzte Itard unbemerkt seine Arbeit mit Viktor in Ruhe fort. Sechs Jahre nach der ersten Veröffentlichung wurde ein zweiter Bericht herausgebracht, wiederum von der Regierung und unter der Schirmherrschaft des Innenministers Champigny. Dieser spätere Text ist in Wirklichkeit die Bewerbung um eine Subvention – die umfangreichste, die je geschrieben wurde – und eine unmittelbare Bitte um Regierungsgelder, damit Itard seine Erziehung Viktors fortsetzen konnte.

Viktor war in die Pubertät gekommen, die bei ihm nicht zum Liebesverhältnis führte, sondern sich in einem quälenden, unruhigen Sexualdrang äußerte. Itard tat sein Bestes, um die Gelüste seines Mandanten abzukühlen; er ließ ihn kalte Bäder nehmen, gab ihm beruhigende Nahrung und führte mit ihm hitzige Übungen durch; aber es half nichts. Manchmal wurde er traurig, dann ängstlich, dann reizte ihn irgendetwas zu einer Art wütendem Verlangen – er stöhnte, vergoss Tränen, schrie los, zerriss seine Kleidung und steigerte sich in eine solche Raserei, dass ihm Blut aus Nase und Ohren lief.

Aber Viktor wurde erwachsen: Das emotionale Zartgefühl, das man schon anfangs als vorhanden vermutet hatte, zeigte sich jetzt. Der Mann von Madame Guérin war gestorben. Viktor deckte wie gewöhnlich den Tisch, und Madame Guérin weinte, als sie das Besteck für ihren Mann dort erblickte, das er nie wieder benutzen würde. Viktor nahm das Messer und die Gabel langsam an sich und packte sie weg. Er hat an diesem Platz nie wieder Gedeck aufgelegt.

Die Arbeit ging weiter, aber nach Itards anfänglichen Erfolgen blieb die Erziehung Viktors wieder stecken: Er konnte keine anderen Worte als die anfänglich gelernten meistern: *lait* und *Oh Dieu!* und das, obwohl es Itard gelang, dass er andere, sinnvolle Worte aufschreiben konnte. Itard sollte aber noch einen weiteren triumphalen Moment erleben, und dieser trat ein, als er erfahren musste, dass er die Kontrolle über Viktor doch nicht besaß.

Viktor war wie schon der wilde Junge vor ihm von Natur aus ein Dieb. Damit Viktor von dieser Gier abließ, bestrafte Itard ihn ganz gezielt, indem er ihm jene Esswaren vorenthielt, die er gestohlen hatte. Das System funktionierte, denn er hörte auf zu stehlen. Doch Itard wollte herausfinden, ob der Junge etwas über Gerechtigkeit begriffen hatte oder ob er nur aus Furcht vor der Bestrafung so handelte, und führte ein Experiment durch. Den einen Tag belohnte er Viktor für seinen Erfolg im Lernen nicht, sondern reagierte launenhaft und heuchelte Unzufriedenheit und Wut. Ohne Ankündigung warf er die Papiere und die Spielsachen in die Luft und zerrte Viktor in den dunklen Raum, der bei seiner Ankunft in Paris als Gefängnis gedient hatte. Zum ersten Mal überhaupt widersetzte sich Viktor einer Bestrafung. Anstatt sich seinem Schicksal zu ergeben, stemmte er mit aller Macht seine Beine gegen die Seiten der in den dunklen Raum führenden Tür und kämpfte. Itard war insgeheim erfreut darüber, aber er versuchte ihn zu ergreifen und in den Raum zu werfen. Viktor wehrte sich wahnsinnig, bis er begriff, dass er gegen die Kraft des ausgewachsenen Mannes nicht ankam und das einzige tat, was ihm blieb: Er ergriff die Hand seines Lehrers und biss ihn kräftig.

Itard würde dem Jungen gegenüber nie zum Ausdruck bringen können, wie sehr ihn dieser Biss mit Befriedigung erfüllt hat. Dieser Augenblick zeigte ihm eindringlicher als je zuvor, dass Viktor menschliche Vernunft besaß, er hatte ein feuriges und mutiges Verlangen nach Gerechtigkeit. In dem Augenblick hatte er Itard gezeigt, dass er ein unstillbares menschliches Herz besitzt. Mit dieser instinktiven Handlung hatte der Junge feierlich dasselbe Ideal bestätigt, für das die Franzosen einige Jahre zuvor gekämpft hatten. Der Junge teilte ebenfalls diese wunderbare und edle Annahme, auf der sich alle Gerechtigkeit gründet. Aus dem wilden Jungen war ein moralischer Mensch geworden.

Dennoch wurde Itard von Zweifeln gequält. Hatte er etwas Falsches getan, den Jungen überhaupt erziehen zu wollen? Den einen Tag saß er mit dem Jungen im Zimmer und dachte über die blanken Alternativen nach. Entweder würde der Junge in einem Asyl landen, als hoffnungsloser Fall; oder der Junge würde nach enormer, unermüdlicher Arbeit von ihm einige Erziehung erhalten haben, wenn auch nicht ausreichend genug, um sicher mit dem Glück rechnen zu können. »Unglückliche Kreatur‹, stieß ich aus, als ob er mich verstehen könnte, und litt dabei richtige Herzensqualen. ›Denn meine Mühe ist vergebens und deine Anstrengungen sind fruchtlos. Kehre wieder in deine Wälder und zu deinem primitiven Leben zurück. Oder wenn du mit deinen neuen Bedürfnissen der Gesellschaft bedarfst, in der du ja doch keinen Platz hast, dann geh, büße für dein Unglück und stirb einmal an Elend und Langeweile in Bicêtre [das Asyl].‹«[20] In diesem Augenblick passierte etwas Merkwürdiges. Es schien, als ob Viktor jedes Wort verstanden habe (obwohl Itard wusste, er konnte es nicht), seine Brust hob sich, er schloss die Augen und fing an bitterlich zu weinen; die Tränen rannen ihm aus den geschlossenen Augen.

Itard war sich in dem Punkt sicher, dass er Viktor auf den Weg aus dem einsamen wilden ins zivilisierte Leben gebracht hatte, wie es auch die Aufklärung für richtig hielt. Er hatte dessen Bedürfnisbefriedigung aus Selbsterhaltungstrieb heraus in weniger krass selbstische Gefühle umlenken können, hatte dessen Herz auf Mitempfinden richten und in dessen menschlichem Herzen zivilisierte und generöse Gefühle hervorrufen können. Würde er sich dennoch je von dem Gefühl befreien können, dass er nicht auch im Falle von Viktor versagt hatte – dass bei ihm überhaupt alles nur aufs Versagen hinauslief?

Was alles hatte Itard in Wirklichkeit unabsichtlich zerstört? Vielleicht war die vereinsamte Seele des Jungen doch heiler, als Itard angenommen hatte. Der Junge war an dem Punkt zwischen zivilisierten Manieren und primitivem Leben stehen geblieben. Sogar jetzt noch, wo er wegen seines sozialen Gefühls oft weniger wilde Freuden empfand, brauchte es bloß Windstürme zu geben oder einen schönen Sommerabend mit seiner Stille, oder er brauchte bloß tiefe Wälder zu sehen, und schon brach er augenblicklich wieder in Entzücken aus.

Nachdem Itard den zweiten Bericht am 3. Mai 1806 vorgelegt hatte, erhielt er vom Innenministerium einen Brief, in dem ihm mitgeteilt wurde, dass er für die Pflege und die Erziehung Viktors einen jährlichen Zuschuss von 150 Francs erhielt.[21] Itard verbrachte jedoch immer weniger Zeit mit dem

ihm Anvertrauten. 1810 zog Viktor zusammen mit seiner geliebten Pflege-
kraft Madame Guérin in einen Anbau des Instituts in die Impasse des Feuil-
liantine 4. Dort verbrachte er sein Leben bis zu seinem Tode.

Itard starb unverheiratet am 5. Juli 1838 im Alter von 64 Jahren. Der Erfolg,
den er mit Viktor erzielte, verschaffte ihm in Europa die Anerkennung, die er
sich einst erwünscht hatte. Viktor war zehn Jahre zuvor, 1828, gestorben, im
Alter von ungefähr 40 Jahren.

Es fällt einem schwer, nicht auch Itard zu bedauern, wie man es ja im Falle
des wilden Jungen tut. Denn in Viktors Geschichte ist auch festgehalten, dass
es lebhafte und taktvolle Zärtlichkeit gegeben hat. Letztlich drehte es sich ja
darum, dass eine Liebessehnsucht vorhanden und Liebe nicht zu erlangen
war. Itard hat uns vielleicht unwissentlich nicht nur die Geschichte über die
Erziehung eines jungen Wilden hinterlassen, sondern auch die Geschichte seiner eigenen Unfähigkeit, jemals nahe oder vertraut mit ihm sein zu können.
In Itard finden wir eine wissenschaftliche Distanziertheit vor. Er beobachtet
überrascht und mit Bedauern, wie die Gefühle, die er Viktor gegenüber offensichtlich entwickelt, von dem Jungen kaum erwidert werden, wohingegen
Madame Guérin zu einer Art Rivalin in Liebesangelegenheiten wird, da der
Junge ihr mit ihren einfacheren Empfindungen sein Herz öffnet. Itard ergeht
es wie einem gestrengen Vater; er muss erleben, dass sich sein Sohn ihm entfremdet und sich der ruhigen, einfachen Mutter zuwendet. Es scheint Itards
Schicksal zu sein, dass er sich von denen entfernt, bei denen er versucht hatte,
ganz in ihre Nähe zu kommen. Bei Schüler und Lehrer, Vater und Sohn, Erwachsenem und Kind, Arzt und Patienten, Wissenschaftler und Untersuchtem
ist überall das Verhältnis schief und im Grunde ungleich. Itard hatte sich ganz
deutlich erhofft, dem jungen und ausgesetzten Kind Hilfe bieten zu können.
Etwas, das ihm selbst verloren gegangen war, muss in dem armen Viktor vorhanden gewesen sein, etwas, das er für sich wiedererlangen wollte, worum er
sich dann kümmern und was er dann besser machen würde. Allerdings waren
die Kräfte zwischen beiden ungleich, der Abstand zwischen ihren verschiedenen Welten nicht zu überbrücken, was für diesen Versuch schicksalsbestim-
mend war. Und am Ende ist es doch Viktor – so hat man ihn genannt –, der
uns nicht loslässt, so wie er Itard nicht losgelassen hat – er hat zurückgebissen;
sitzt verloren und ist undurchschaubar anders im Mondlicht, als er Klumpen
vertrockneter Blätter in den Teich wirft.

KAPITEL 5

Das Kind Europas

I Sein halbzerstörtes Leben

Bin ich zu früh geboren oder zu spät?
Was tue ich auf dieser Welt?
Oh, ihr alle, mein Schmerz ist tief:
Betet für den armen Kaspar!

Paul Verlaine, *Gaspard Hauser Chante*[1]

Kaspar Hausers Geschichte ist merkwürdig und andererseits
auch instruktiv. Sie zeigt uns, wie doch der Mythos
einer europäischen Berühmtheit auf einem Fundament zu
ruhen vermag, das aus Gemeinplätzen besteht und nicht
vielversprechend ist.

Duchess of [Herzogin von] Cleveland,
aus: *The True Story of Kaspar Hauser*

Diese Kinder sind Ausnahmen, denn ihre Geschichten haben überlebt. Bereits
ein flüchtiges Studium der Dokumente des modernen Europa zeigt, wie hier
eine schmerzlich große Zahl an Kindern ausgesetzt wurde. Es sind so viele
Leben ruiniert worden, aber viele Geschichten sind verloren gegangen. Diese
wenigen Fälle allerdings sind Talismane, knappe Bilder über die Zeit, in der sie
lebten. Warum wissen wir nur über ein Dutzend Kinder oder so, die eine
solch vergängliche Berühmtheit erlangt haben? Und warum haben von denen
nur ein halbes Dutzend tatsächlich einen dauerhaften Platz durch schriftliche
Aufzeichnungen erhalten?

Jeder dieser Fälle erinnert mich an jene verzerrten Porträts aus der Renais-
sancezeit, welche eine Vorliebe für Morbides hatte und sich daran begeisterte:
Wenn man sie aus der einen Richtung ansieht, erkennt man ein schönes Ge-

sicht auf der Höhe seines Ruhms; und sieht man es sich von der anderen Seite an, findet man nur den vernichtenden Sarkasmus eines grinsenden Schädels. Ähnlich können wir bei jedem dieser Kinder einerseits das Wunder und Geheimnis erblicken, das die aufmerksamsten Betrachter jener Zeit an ihnen beobachtet haben, während, wenn wir sie uns von der anderen Seite her ansehen, wir bloß ein Kind vor uns sehen, das nur insofern etwas Außergewöhnliches besitzt, indem es leidet.

In keinem anderen Fall ist diese doppelte Sicht so greifbar wie in bei Kaspar Hauser. Er wurde zur Zeit der Romantik in Deutschland entdeckt. Für die Leute der Zeit schien er die leibhaftige Erfüllung der fantastischen Berichte, die sie sich selbst erzählten, zu sein. Hauser muss wie eine Personifikation der fiebrigen Vorstellungen Kleists oder Büchners erschienen sein, oder wie jemand, der den Hoffmannschen Erzählungen entsprungen ist. Er stolperte wie eine Figur aus der Fabel ins moderne Leben des mittelalterlichen Nürnberg und kam dort zu Ruhm, woraufhin sich seine Geschichte über ganz Europa verbreitete.

Aber dass Hausers Einzigartigkeit so gut dort hineinpasst, lässt bei uns eine dunkle Vermutung hochkommen. Denn in Hausers Geschichte finden wir zum ersten Mal etwas, das uns verdächtig vorkommt und von dem wir angenommen hatten, es würde einem ganz selbstverständlich in den Kopf kommen, wenn man über diese wilden Kinder nachdenkt. War Hauser ein Lügner? Skeptiker werden diese frühen Fälle auf die falsche Fantasie der Leute, die die Kinder aufgefunden haben, zurückführen, während es tatsächlich so sein könnte, dass Hauser ein bewusster Schwindler war. Vielleicht ist Hauser der erste, der ansonsten unbedeutend und unbemerkt geblieben wäre, der sich aber, da er aktiv die Rolle des Kindes der Natur übernommen hatte, in die Spitzenkategorie des Außergewöhnlichen befördert hatte. Wenn wir uns in seine Geschichte hineinbegeben, finden wir uns zurückversetzt in den Umkreis einer alten Romanze. Und die Geschichte beginnt treffend genug mit der mysteriösen Ankunft in der ruhigen Umgebung einer deutschen Stadt.

Der Pfingstmontag am 26. Mai 1828 war in Nürnberg ein offizieller Feiertag, und so war es am Nachmittag in der Stadt ruhig, die Mehrzahl der spärlichen Bevölkerung hatte die Stadt verlassen und verbrachte außerhalb der Stadtmauern ihre Freizeit.[2] Es war kurz nach vier Uhr, da unterhielt sich Herr Weichmann, der am Unschlittplatz wohnte, an seiner Haustür mit seinem Schusterkollegen, Herrn Jakob Beck, und machte sich dann auf den Weg zum Neuen Tor. Da sah er, wie den Bärleinhüterhügel nicht weit entfernt von ihm ein volllippiger junger Mann von ungefähr 16 Jahren daherkam. Er war wie ein Stallknecht oder wie ein reisender Schneider in fremder Landvolkstracht gekleidet: graue Hosen, die ihm zu weit waren, ein Hemd, eine kurze graue

Jacke, ein schwarzes seidenes Taschentuch um den Hals gebunden und einen hellbraunen weiten Filzhut auf.

Da sich der Junge merkwürdig benahm, als sei er betrunken, ging Weichmann auf ihn zu, um zu sehen, ob mit dem Fremden alles in Ordnung sei. Der Junge murmelte die Worte *Neue Thor Straße*, und da Weichmann annahm, er würde dort jemanden treffen wollen, führte er ihn dorthin. Unterwegs zog Hauser einen Brief aus der Tasche und zeigte ihn Weichmann. Der Brief war adressiert an »Seine Ehrwürden, den Hauptmann des 4. Schwadrons des Schwolischen Regiments, Nürnberg.«[3] Da Weichmann nicht wusste, wo dieser Befehlshaber lebte, führte er den Fremden den kurzen Weg zum Wachhaus am Neuen Tor. Dort überreichte der Junge den Brief dem Wachhabenden an der Tür und sagte zu ihm: »*Ae sechtene möchte ich waehn, wie mei Votta waehn is*« (Ein solcher möchte ich sein, wie mein Vater ist.)[4] Der Junge sprach mit einem bäuerlichen Akzent.[5] Man konnte nur die zwei Sprüche aus ihm herausholen, die er immer wiederholte: »*Woas nit!*« (weiß nicht) und »*Reuta wähn, wie mei Votta wähn is*« (Reiter werden, wie es mein Vater war). Der Wachhabende sagte, der Hauptmann sei gerade zur Weihe der Kirche in Erlangen. Als er das dem fremden Jungen vortrug, stellte er fest, dass der müde aussah und wunderte sich, warum er beim Laufen schwankte. Der Junge schien wirklich angeschlagen und zeigte auf seine Füße, um zu sagen, sie schmerzten ihm. Plötzlich brach der Fremde verzweifelt zusammen und weinte. Obwohl man ihm etwas zu essen anbot, lehnte er ab und nahm nur Brot und Wasser zu sich. Die Leute in der Stadt hielten ihn für eine Art Wilden und führten ihn heraus zum Stall, wo er sich hinbreitete und sofort einschlief.[6]

Als der Hauptmann zurück war, stellte sich heraus, dass er nichts über den Jungen wusste und ihn auch nie vorher gesehen hatte. Sie befragten den Fremden weiter, von dem war aber nichts weiter zu erfahren, und so brachte man ihn zur Polizei, wo er ausgefragt wurde. Man nahm an, dass er ungefähr 16 Jahre alt war, obwohl er ziemlich klein war (nur 1,45 Meter groß), aber ihm fing ein Bart und ein Schnurrbärtchen an zu sprießen.[7] In seinen Taschen fanden sie ein religiöses Pamphlet – vielleicht zum Scherz da hineingesteckt – mit dem Titel: »Die Kunst, wie man die verlorene Zeit und die falsch verbrachten Jahre wiedergewinnt«. Anfangs drehte sich der Streit unter der Stadtbevölkerung um die Frage, ob es sich bei dem Fremden um einen Verrückten einen Idioten oder einen »Wilden« handelt. Die Spekulationen erledigten sich, als der Dienst habende Polizist dem Jungen Feder und Papier gab. Scheinbar hoch erfreut, schrieb der Junge klar den Namen »Kaspar Hauser«. Es gab aber keine weiteren Erhellungen, sondern der Junge wiederholte immer nur die anscheinend bedeutungslosen und abgedroschenen Phrasen. Er wiederholte auch ständig und flehend das Wort *Ross*. Schließlich brachte man den Jungen zum Vestner Turm, der als Gewahrsam für Heruntergekommene und Vagabunden diente. Dort stieg er die 92 Stufen hoch in seine Zelle, und man ließ ihn schlafen.

Was sich danach ereignete, geht am besten aus Hausers eigener Beschreibung über seine Ankunft in Nürnberg hervor, die er eine ganze Zeit später aufgeschrieben hat. Hier sitzt Hauser in seiner Zelle und wartet und wird von Hiltel, dem Gefängniswärter betreut. Er hört, wie die Kirchenglocken die Stunde schlagen:

Ich hörte das nähmliche, was ich zum erstenmal hörte, ich meinte aber doch, es ist etwas anders, weil ich es viel stärker hörte; es ist auch nicht das nähmliche gewesen, sondern (statt) daß die Uhr geschlagen hat, war es geläutet worden. Dieses hörte ich sehr lange; aber nach und nach hörte ich immer weniger, und wie meine Aufmerksamkeit weg war sagte ich jene Worte »dahi weis, wo Brief highört« womit ich sagen wollte: er möchte mir auch ein solches schönes Ding geben und möchte mich nicht immer so plagen … Ich fing wieder an zu weinen und sagte die gelernten Worte; damit wollte ich sagen: warum denn die Pferde so lang nicht kommen und lassen mir immer so wehe tun? Ich weinte sehr lange und der Mann kam nicht mehr. Ich sagte die Worte ich wollte sagen, warum ich denn jetzt nicht mehr gehen lernen muß. Ich hörte die Uhr schlagen, diese nahm mir immer die Hälfte Schmerzen weg und worüber mich der Gedanken tröstete, daß jetzt bald die Pferde kommen werden. Und während dieser Zeit, als ich horchte, kam ein Mann zu mir her und fragte mich um allerhand Sachen, ich gab ihm vielleicht keine Antwort, weil meine Aufmerksamkeit auf das gerichtet war, was ich hörte. Er faßte mich am Kinn an, hob mir den Kopf in die Höhe, wodurch ich einen schrecklichen Schmerzen in den Augen fühlte von der Tageshelle. Von dem Mann, von dem ich jetzt spreche, dieser war bei mir eingesperrt gewesen, wovon ich auch nichts wußte, daß ich eingesperrt bin. Er fing an zu sprechen, ich horchte sehr lange und hörte immer fort andere Worte, jetzt sagte ich meine gemerkten Worte »dahi weis wo Brief hi ghört« – »I möchte a söchana Reiter wern wie Vater is« womit ich sagen wollte, was denn dies gewesen sei, welches mir in den Augen so wehe getan hat, wie du mir den Kopf in dies Höhe gehoben hast. Aber er hat mich nicht verstanden, was ich gesagt habe, er hat wohl verstanden, was die Worte heißen, aber nicht was ich gewollt hatte. Er ließ meinen Kopf los, setzte sich neben mich her und fragte mich immer aus; unterdessen fing die Uhr zu schlagen an; ich hatte meine Aufmerksamkeit auf dieses bekommen was ich in dem Augenblick hörte und dem Mann mußte ich zu lange gehorcht haben; er nahm mich am Kinn, wandte mein Angesicht gegen ihn, und er würde mich gefragt haben, was ich so horche, ich verstand ihn aber nicht, was er gesagt hat; ich sagte zu ihm: »I möchte a söchane Reiter wern« u.s.w. womit ich sagen wollte er solle mir ein solche schönes Ding geben; aber er verstand mich nicht, was ich wollte, er sprach noch immer fort; ich fing an zu weinen und sagte:»Roß ham«, womit ich sagen wollte: er solle mich nicht immer mit dem Sprechen so plagen, es tut mir alles sehr wehe. Er stand auf, ging an seine Lagerstätte hin und ließ mich allein sitzen. Ich weinte sehr lange; ich fühlte große Schmerzen in den Augen, so daß ich nicht mehr weinen konnte. Ich saß sehr lange Zeit allein. Jetzt hörte ich ganz etwas anderes, worüber ich mit einer solchen Aufmerksamkeit horchte, die ich gar nicht sagen kann. Dasjenige, was ich hörte, war die Trompete in der Kaiserstallung, aber ich hörte es nicht lange, und als ich nichts mehr hörte, sagte ich »Roß ham« er solle mir auch so etwas schönes geben. Jetzt kam der Mann zu mir her und sagte etlichemal sehr langsam diese Worte vor, ich sagte es ihm nach; er sagte: »weißt du nicht was dies sei?« Ich sagte diese Worte zu ihm etlichemal, damit wollte ich sagen: er solle mir bald die Roße geben und möchte mich nicht immer so plagen. Der Mann langte nun den Wasserkrug hin, der unter meiner Pritschen stand und wollte trinken, aber ich langte darnach und sagte »Roß ham«. Der Mann gab mir gleich den Krug, ließ mich trinken; als ich das Wasser getrunken hatte, wurde mir so leicht, welches sich nicht be- schreiben läßt. Ich verlangte die Pferde von ihm und sagte »Roß ham« worauf er etlichemal sagte, ich weiß nicht, was du willst, ich sagte auch die Worte nach, ich konnte es aber doch nicht gleich so deutlich nachsprechen und sagte »I wäs net« und mit dem Roß ham wollte ich sagen er sollte mir auch meine Roße geben. Er verstand mich nicht, was ich gewollt hatte und stand auf, ging an seine Lagerstätte hin und ließ mich allein sitzen. ... Jetzt kommt der Gefängnißwärter Hiltel, brachte das Brot und Wasser, wel- ches ich gleich erkannte und sagte zu ihm »I möcht ah a söchana Reiter wern, wie Vater ist« damit sagte ich zu dem Brot: jetzt du nicht mehr fort- gehen, und mich nicht mehr so plagen lassen. Er legte das Brot neben mich hin; ich nahm es gleich in die Hand; das Wasser schüttet er in den Krug hinein, stellte ihn auf den Boden hin. Jetzt fing er mich auszufragen an. Er fragte mich mit so rascher Stimme, welche mir viele Schmerzen verur- sachte im Kopf, ich fing an zu weinen und sagte »I möchte ah a söchana Reiter wern, wie Vater is« »ham weisen« »I wäs net« »In groß Dorf, da is die Vater«. Diese Worte gebrauchte ich ohne Unterschied, um dieses zu verlan- gen, was ich gewollt hätte. Der Gefängnißwärter ging fort, weil er mich nicht verstanden hat, er verstand wohl die Worte, was es heißen, aber nicht was ich damit gesagt habe und ich verstand ihn auch nicht, was er zu mir gesagt hat.[8]

Hieraus können wir erkennen, was in Hausers Gehirn an Merkwürdigem vor sich gegangen ist, als er die ersten Stunden in der Zelle verbrachte. Wir hören hier zum ersten Mal seit Memmie, deren Worten uns mitgeteilt wurden, den originalen Tonfall eines wilden Kindes. Mehr noch, wir haben nie vorher Worte von ihnen aus erster Hand gehört. Diese hier klingen unwahrscheinlich seltsam: Hauser schreibt ein Deutsch, das merkwürdig fremdartig ist, durcheinander, eigentümlich und mit eigenartigen Ausdrücken. Es werden Wendungen wiederholt, wir können daraus seinen Geisteszustand erkennen: Er kämpft um verschiedene Formulierungen, um aus der langweiligen Gleichartigkeit herauszukommen. Die Dinge ereignen sich wie im Traum. Die Konsequenzen scheinen beliebig und ungewiss. Und es scheint, als sei die Grenze zwischen belebt und unbelebt hier nur eine Konvention, als sei man nur voreingenommen: Hausers Gespräch mit dem Brotlaib ist ein Meisterstück an Pathos. Er sitzt da in seiner kleinen Zelle und ist, weil man kein Verständnis für ihn aufbringt, auf sich zurückgeworfen: Er spricht, aber keiner versteht ihn, er hat Verlangen nach Dingen, aber keiner kommt. Ständig ist bei ihm nur der Wunsch vorhanden, etwas Schönes zu besitzen, und er wüscht sich etwas, was ihn angesichts seines schwächer werdenden Zustands stabilisieren könnte: Pferde, das Signalhorn des Stallburschen, den Glockenschlag der Uhr.

Hauser war in den folgenden Tagen, die er im Vestner Turm verbrachte, weiterhin verwirrt, aber er war friedlich. Einer der Wachsoldaten war von Hausers Sehnsucht nach Pferden beeindruckt und schenkte dem Jungen ein kleines Holzpferd – wahrscheinlich hatte er es aus einem der Spielzeugläden, für die Nürnberg damals berühmt war. Der Junge war so hingerissen vor Freude und andererseits so übermäßig traurig darüber, dass er es beim Zubettgehen weglegen musste, dass man ihm am nächsten Tag noch einige weitere Holzpferdchen schenkte. Von dem Augenblick an spielte Hauser unaufhörlich mit seinen Holzpferden, war ganz darin versunken und nahm nicht wahr, was um ihn herum passierte.

Der Brief, den Hauser bei sich trug, wurde untersucht, und man stellte schnell fest, dass es sich entweder um eine Fälschung oder um eine Abschrift handelte. Man fand heraus, dass es eigentlich zwei Briefe waren, der eine in einem imitierten bayerischen Dialekt und der andere in lateinischer Schrift, möglicherweise dieselbe Handschrift, aber verstellt. Der anonyme Autor des ersten Briefes teilte darin mit, dass Kaspar Hauser bei ihm seit Oktober 1812 gelebt habe und es ihm während dieser Zeit nie gestattet gewesen sei, das Haus zu verlassen. Der Briefschreiber bat darum, man möge sich um den Jungen kümmern und ihn Soldat werden lassen. Der zweite Brief schien von einem der Elternteile Hausers zu sein und nannte Datum und Umstände seiner Geburt. Die Leute, die Hauser befragten, baten ihn, seinen Namen aufzu-

1 Iwan Mischukow, fotografiert im Sommer 1998 von Boris Midhailov
für die Weltpresse.

2 »Little Jack«, ein Charakter aus den Kinderbüchern des Thomas Day von 1780.

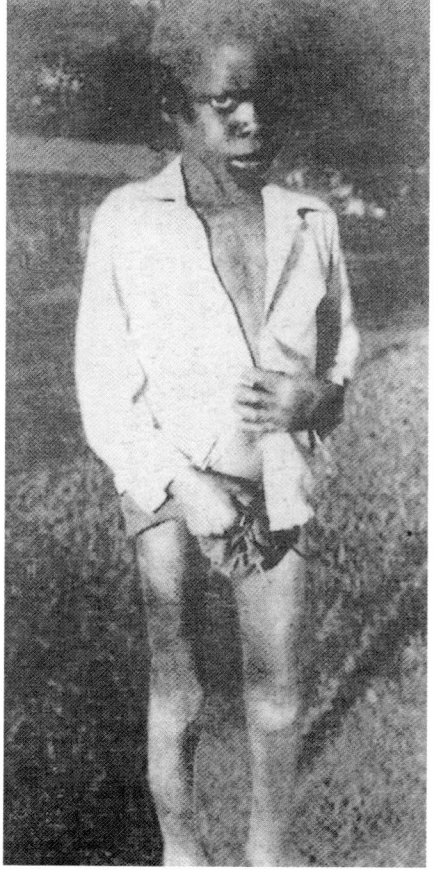

3 John Ssabunnya, ein Waisenkind aus Uganda, 1991.

4 Der wilde Peter als junger Mensch.

5 Peter als alter Mann in einem
   Bauernhaus in Hertfordshire.

6 John Arbuthnot, Schriftsteller und Peters Betreuer bei dessen erstem Erscheinen
   in London.

7 Ein Bild von der Gefangennahme
  Memmie Le Blancs.

8 Eine Karikatur von James Burnett,
  Lord Monboddo.

9 Viktor, der wilde Junge,
  den man in den Wäldern von
  Aveyron aufgespürt hat.

10 Jean Marc Gaspard Itard im
   mittleren Alter.

11 Kaspar Hauser, das Kind Europas.

12 Philip Henry, 4. Earl von Stanhope.

13 Kamala und Amala,
zwei indische Mädchen,
die von Wölfen
großgezogen wurden.

14 Kamala nach dem Tod
ihrer Schwester.

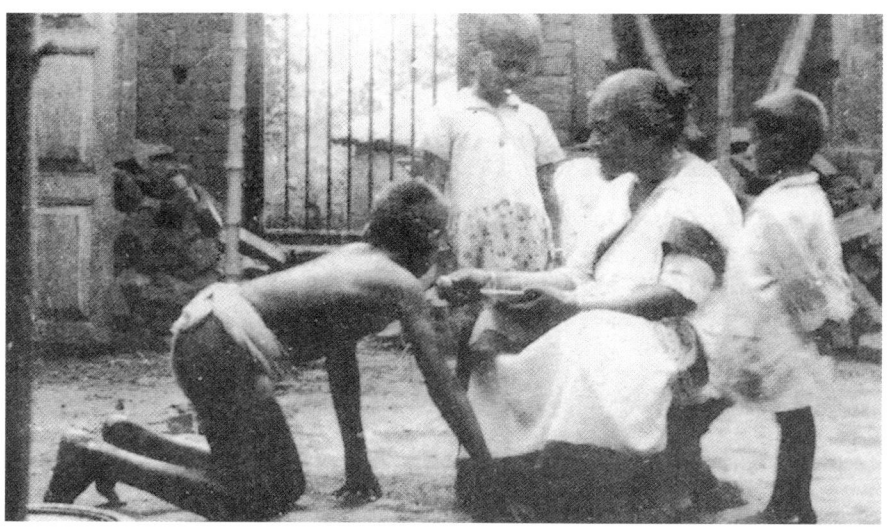

15 Das romantische Bild von Rudyard Kiplings Mowgli.

16 Genies Vater Clark mit Sohn John vor dem Haus, in dem er seine Tochter dreizehn
Jahre eingesperrt gehalten hatte.

17 Irene, Genies Mutter, stellt sich vor dem Gerichtsgebäude der Presse, nachdem die
Vorwürfe gegen sie fallengelassen wurden.

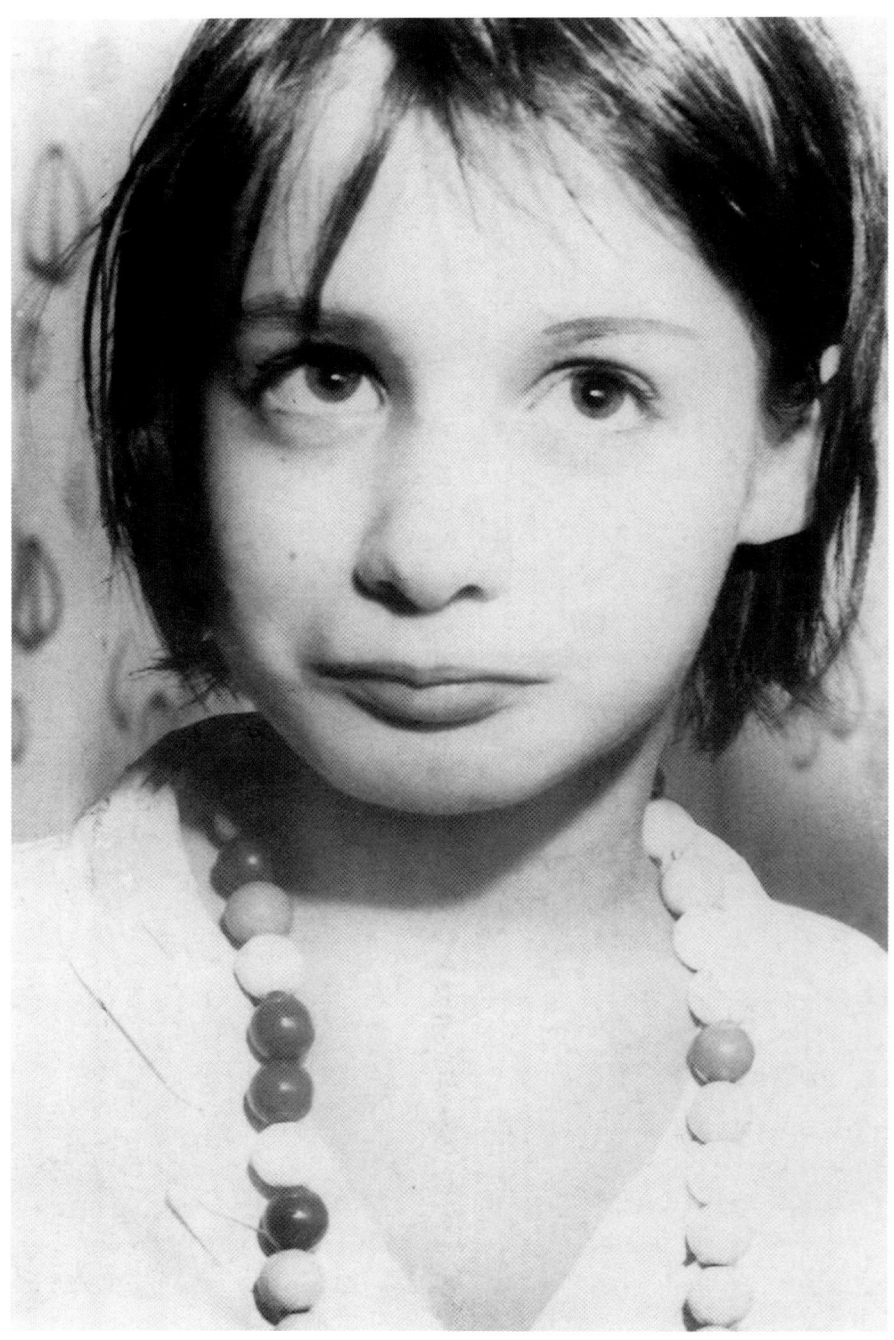

18 Das einzige Photo von Genie, das nach ihrer Entdeckung in der Presse erschien.

schreiben, was er tat, und später schrieb er darüber erklärend »und das war mein Name, und ich wusste nicht, was ich geschrieben hatte«. Die Untersuchungen schienen zu keinem Ergebnis zu kommen. Da man jetzt annahm, dass Hauser höchst wahrscheinlich ein ausgesetztes, vernachlässigtes Kind war, wurde er aus seiner Gefängniszelle entlassen und für die folgenden sechs Wochen in die Obhut des Gefängniswärters Hiltel gegeben. Er lebte im Turm mit dessen schielender Frau und der übrigen Familie zusammen. Der elf Jahre alte Sohn des Gefängniswärters, Julius Hiltel, begann damit, dem merkwürdigen Ankömmling Unterricht zu erteilen.[9]

Der Bürgermeister von Nürnberg, Herr Binder, übernahm die Untersuchung in Hausers Fall. Da er einfühlsam und freundlich nachfragte, konnte er langsam eine außergewöhnliche Geschichte zutage fördern, die er in einer offiziellen Proklamation, veröffentlicht am 7. Juli 1828, der Weltöffentlichkeit bekannt machte. Hauser hatte dreizehn Jahre lang in einem Loch gelebt, jedenfalls nannte er den niedrigen Raum oder die Höhle, in der er gefangen gehalten war, so. Er habe tagein, tagaus dort ganz für sich allein gesessen und habe nichts gehört; er habe niemanden getroffen und habe weder die Sonne noch den nächtlichen Sternenhimmel gesehen. Er trug ein Hemd und eine Hose und war immer barfuß. Täglich besuchte ihn ein Mann und gab ihm etwas zu essen und Wasser. Hauser hatte aber den Mann nie zu Gesicht bekommen, weil der in der Dunkelheit kam und sich rücklings näherte, und der Junge abgewendet bleiben musste. Seine einzigen Begleiter waren Holzpferdchen.[10]

Hauser selbst beschreibt, wie das Leben für ihn in diesem Loch ausgesehen hat:

Diese Geschichte von Kaspar Hauser will ich selber schreiben. Wie ich in den Gefängniß gelebt habe, und beschreibe wie es ausgesehen hat und alles was bey mir darin gewesen ist. Das Gefängniß, in dem ich bis zu meiner Befreiung leben mußte, war ohngefähr sechs bis sieben Schuh lang, vier breit und fünf hoch. An der Vorderseite waren zwei kleine Fenster mit Holz verschlichtet, welches ganz schwarz aussah. Auf dem Boden war Stroh gelegt, worauf ich zu sitzen und zu schlafen pflegte. Meine Füße waren von Knie an mit einer Decke bedeckt. Neben meiner Lager auf der linken Seite war im Erdboden ein Loch, worin ein Topf angebracht war; es war auch ein Deckel darüber, den ich wegschieben mußte und immer wieder darüber deckte. Die Kleider die ich in dem Gefängniß getragen habe, waren ein Hemd, kurze Hosen, in denen aber das Hinterteil fehlte, daß ich meine Notdurft verrichten konnte, weil ich die Hosen nicht ausziehen konnte. Den Hosenträger hatte ich auf den bloßen Leib, das Hemd war darüber. Meine Nahrungsmittel waren nichts anderes als Wasser und Brot, an Wasser hatte ich zuweilen Mangel, Brot war immer genug da. Ich hatte zwei hölzerne Pferde und einen Hund, mit denen ich mich immer unterhalten habe, ich hatte Bänder von roter und blauer Farbe, damit putzte ich die Pferde und den Hund, aber manchmal fielen sie herunter, weil ich sie nicht binden konnte. Wenn ich erwachte lag das Stück Brot neben mir und ein Krüglein Wasser, zuerst griff ich nach dem Wasser, um meinen Durst zu stillen, dann aß ich Brot, hierauf nahm ich die Pferde, und putzte sie eine Zeitlang, dann nahm ich den Hund, war ich mit diesem fertig so trank ich daß übrige Wasser aus, und nahm noch mal die zwei Pferde, tat wieder alle Bänder herunter und putzte sie von neuen und machte eine Zeit lang so fort. Dann aß ich Brot, ich wollte auch trinken, aber es war kein Wasser mehr darin, da nahm ich den Hund und wollte ihn putzen, wie die Pferde, aber ich konnte ihn nicht mehr fertig bringen weil mein Mund zu trocken wurde ...Wenn ich eine Zeitlang gewartet habe und es ist kein Wasser gekommen, dann legte ich mich rückwärts und schlief ein. Ich erwachte wieder, da ist mein erstes gewesen, nach dem Wasser zu langen und so oft ich erwachte war ein Wasser in dem Krüglein, und auch ein Brot da. Das Wasser trank ich beinahe immer aus, dann war mir aber immer sehr wohl, ich nahm die Pferde und machte es gerade wieder so wie ich es schon erzählte ...Wenn ich erwachte, wars einmal so hell als das anderemal; ich habe niemals solche Tageshelle gesehen als in der ich jetzt lebe. Als das erste Mal der Mann zu mir kam stellte er einen ganz niedrigen Stuhl vor mich hin, legte ein Stück Papier und einen Bleistift darauf dann nahm er meine Hand, gab mir den Bleistift in die Hand, drückt mir die Finger zusammen und schrieb mir etwas vor. Das tat er recht oft bis ich es nachmachen konnte. Dieses zeigte er mir sieben oder achtmal, es gefiel mir sehr wohl weil es schwarz und weiß aussah, er ließ meine Hand frei ließ mich allein schreiben, ich schrieb fort und machte es nach wie er mir es vorgezeigt hatte und wiederholte dies öfter.«[11]

»Weil mich nie etwas verletzt hat.« Der arme Hauser — er hat nicht einmal Zorn äußern oder seinen Schmerz darüber zum Ausdruck bringen können, dass man ihn misshandelt hat. Kein Wunder also, dass die Männer und Frauen des idealistischen Zeitalters, die sich für ihn einsetzten, ihn fast wie eine Christusfigur sahen — man konnte Zorn, Furcht und Schmerz tunlichst vergessen oder beiseite tun, wenn man sich vergegenwärtigte, dass er denen gegenüber, die ihn in den Abgrund zogen, solche Gefühle nicht entwickelt hatte, sondern, nach seinen Worten zu urteilen, begeistert und bereitwillig alles annahm. Hauser hatte dreizehn Jahre auf diese Weise gelebt.

Dann änderte sich einige Wochen, bevor Hauser in Nürnberg eintraf, in seinem Leben etwas. Der Mann, der ihn die vielen Jahr hindurch besuchte und unerkannt geblieben war, zeigte sich jetzt vor Hauser und widmete sich dem Jungen: Er brachte ihm das Schreiben bei, indem er ihm die Hand übers Papier führte, ermutigte ihn, redete ihm gut zu und spielte auch manchmal mit ihm, aber er schlug ihn auch gelegentlich. Dann kam der Mann eines Nachts und gab Hauser eine lange Hose zum Anziehen, Stiefel und eine Jacke. Er ergriff dann Hauser bei der Hand und führte ihn aus seinem Gefängnis heraus. Der Junge verließ dieses Loch zum ersten Mal. Da Hauser die merkwürdigen Gerüche in der Welt draußen die Sinne raubten, wurde er ohnmächtig, außerdem war er von der Fremdheit aller Dinge überwältigt. Der Mann konnte ihn wiederbeleben und versuchte, den Jungen zum Weiterlaufen zu bringen. Über die folgenden Stunden oder Tage hatte Hauser nur noch konfuse Vorstellungen: Er unternahm eine alptraumartige Reise, bei der er spazierte und Schmerzen hatte, weinte und wach blieb und dann einschlief und ihm dann neue Pferde versprochen wurden, und auch, dass er einmal wie sein Vater ein Reitersmann sein würde. Er sah ein Dorf bei Nacht; sah, wie Fremde ihm zu essen brachten, und erlebte ein unstillbares Verlangen danach, wieder im Loch zu sein. Und dann war er in Nürnberg, stand hier und wartete und hielt seinen Brief in der Hand, wie verloren, einsam und verlassen – und stolperte dem Schuhmacher, Herrn Beck, entgegen, der vor seiner Tür am Unschlittplatz gestanden und sich dort unterhalten hatte, und der so ungefähr die erste Person war, der Hauser bei seinem Weg in die Welt begegnen sollte.

Man konnte nichts über Hausers erste drei Lebensjahre herausfinden, der Zeit bevor er im Loch verschwand. Hauser selbst konnte über seine wundersame Geschichte wenig mehr erzählen. Er wusste nicht, wer er war und woher er kam. »Jemand anderes« hatte ihn nach Nürnberg gebracht, und dort musste er, mit den beiden Briefen versehen, zusehen, wie er für sich selbst sorgte. Erst jetzt erlebte er, dass es noch andere Leute außer ihm und seinem Anleiter gab. Warum hatte man ihn nach den vielen Jahren freigelassen? Was hatte der, der ihn gefangen gehalten hatte, erreichen wollen, als er ihn zum obersten Rittmeister schickte? Hauser konnte es nicht sagen. Es war, als ob er eben erst geboren sei und zum ersten Mal in die weite Welt komme, unschuldig und ausgewachsen.

Da Hauser unschuldig war, brauchte er Beschützer. Notgedrungen fand er sie. Tatsächlich konnte er in den wenigen Jahren seines Lebens, die er in der menschlichen Gesellschaft verbrachte, Unterstützung von drei Mentoren erhalten: Georg Friedrich Daumer, Anselm von Feuerbach und den Earl of Stanhope.

Der erste, der sich dem Schicksal des Jungen widmete, war der junge Professor Daumer (1800-1875). Er besuchte Kaspar 14 Tage nach dessen Ankunft in Nürnberg. Daumer war ein junger Lehrer und Amateurpsychologe, er hatte einen empfindsamen und gedankenvollen Gesichtsausdruck, breite Augenbrauen, sein Haar war gelockt und fiel auf beiden Seiten seines ausdrucksstarken Gesichts herunter. Er hatte sich mit Leidenschaft jenen Pseudowissenschaften zugewandt, die sich damals in Deutschland stark ausbreiteten: der Galvanotherapie, dem Mesmerismus, dem animalischen Magnetismus, dem Vegetarismus und der neuesten Sache, der Homöopathie. Seine Untersuchungen an Hauser sollten sich auf die vorläufigen Annahmen in diesen Wissenschaften gründen und bezogen sich auf Vorgänge in den mehr flüchtigen und dunklen Bereichen des menschlichen Bewusstseins. Daumer sicherte sich schnell den Platz, der Lehrer von Hauser zu sein, und ist aufgrund dieses vertrauten Verhältnisses Verfasser einer Serie von Schriften über Hauser geworden.

Daumer erscheint uns heute als jemand, der mit jugendlichem Elan an die Sache heranging, und der das eifrig strebend und mit naiver Höflichkeit tat. So wie es auch Itard ergangen war, als er auf Viktor stieß, erhielt auch Daumer mit Hausers Auftreten die einmalige Gelegenheit, sich einen Namen zu machen. Damit ist nicht gemeint, dass der junge Akademiker geldliche Absichten hatte. Sondern eher, dass Daumer jemanden wie Hauser brauchte. Seither scheint sein Leben in den Prozess zu münden, die Befähigung zu erlangen, auf solch ein bizarres Ereignis einzugehen. Er musste als 28-Jähriger damit rechnen, sich schon früh von seiner Arbeit am Gymnasium zu verabschieden, da seine Sehfähigkeit stark nachgelassen hatte, und suchte nach einer neuen Aufgabe im Leben.[12] Wie wir sehen werden, trieb ihn sein Empfinden für menschliche Bewusstseinszustände – das ohnehin mysteriös und merkwürdig war – zum Engagement für den rätselhaften Ankömmling. Daumer wollte, wie einer der feurigen Meister in Nathaniel Hawthornes unheimlichen Geschichten, die verborgenen Geheimnisse ergründen. Hauser muss ihm wie ein Geschenk erschienen sein, als eine Schlüsselfigur beim Eindringen ins dunkle Reich des Verstandes. Wenige Monate, nachdem beide sich das erste Mal begegnet waren, verließ Hauser den Vestner Turm und zog bei dem jungen Akademiker ein. Der 28-jährige, unverheiratete Daumer lebte mit seiner Mutter und seiner Schwester in einem Haus an der Pregnitz, in einer ruhigen und abgelegenen Gegend Nürnbergs. Dort unterrichtete er den Jungen und bemühte sich, ihn aus dem Nichtwissen eines Neugeboren herauszuholen. Das Gymnasium, an dem Daumer gearbeitet hatte, erlaubte ihm die Abwesenheit; er konnte sich Hauser jetzt ganz widmen.

Wenn wir uns Daumers Begeisterung für den Jungen so erklären, dass es sich für ihn hierbei um eine Gelegenheit handelte, die er jugendlich-romantisch nutzte, dann erstaunt um einiges mehr, dass Hauser eine solche beeindruckende Unterstützung von einem der größten deutschen Juristen hat erhalten können. In diesem Fall war nichts von Idealismus eines Erwachsenen zu finden. Paul Johann Anselm Ritter von Feuerbach (1775-1833) stand im Ruf, ein rationaler und nüchterner Mann zu sein, obwohl er wie Daumer sicherlich auch einige Leidenschaft für das Dunkle und Verborgene in der menschlichen Natur hatte. Er hatte in Deutschland einen anerkannten Status: Er hatte erfolgreich darum gekämpft, dass die Folter bei Verhören abgeschafft wurde, und er hatte den Rechtskodex für Bayern verfasst, ein Dokument, das ein Muster für die Rechtsprechung im 19. Jahrhundert in Deutschland wurde. Feuerbach besuchte Hauser am 11. Juli 1828. Nach dieser Zusammenkunft wurde Hausers Fall international bekannt: Feuerbachs Schrift über Hauser, die 1832 veröffentlicht wurde, erwies sich als das einzige Werk, das in dieser Angelegenheit großen Einfluss ausübte.

Feuerbach war 52 Jahre alt, als er Hauser begegnete, und kein praxisferner Träumer. Da er Jurist war und zehn Jahre lang Präsident des Bayerischen Appellationsgerichtshofs, war es unwahrscheinlich, dass er auf einen Schwindel hereinfallen würde. Man bekommt den Eindruck, dass er ein weltweiser und witziger, verständnisvoller Anwalt im mittleren Alter war, dessen Vorstellungen allerdings auch stark romantisch gefärbt waren. Auf Porträts sieht Feuerbach scharfsinnig und scharfsichtig aus, hat hohe Backenknochen, blickt fragend und den Betrachter herausfordernd an. Der alternde Anwalt war keiner, der eine Geschichte, bloß weil sie merkwürdig war, außer Acht lassen würde. Er wusste, dass es in Deutschland Gegenden gab, wo eine Geschichte wie die Hausers nichts Besonderes war: »So sah Dr. Horn noch vor wenigen Jahren in dem Krankenhaus zu Salzburg ein 22jähriges nicht häßliches Mädchen, die bis in ihr 16tes Jahr in einem Schweinestall unter den Schweinen auferzogen worden war und darin viele Jahre mit übereinandergeschlagenen Beinen gesessen hatte. Das eine Bein war ganz verbogen, sie grunzte wie ein Schwein und betrug sich ungebärdig in ihrem menschlichen Anzug.«[13] Außerdem konnte man Nürnberg für eine Stadt halten, die in alten Zeiten stehen geblieben war, eine Stadt mit Geistern, eine Hüterin des archaischen Deutschlands – es war eine Gegend, in der ebenfalls merkwürdige Dinge geschehen konnten.

Jene Feuerbach-Porträts enthüllen uns: Er war ein schlauer, ziemlich gewitzter Mann mit starken Zügen. Man fühlt sich unweigerlich an James Burnett erinnert, obwohl Feuerbach kaum etwas von den exzentrischen Schrullen seines schottischen Pendants hatte. Während Burnett seinen Leidenschaften nachging, zeigte Feuerbach charakteristischerweise darin Mäßigung. Da er schon früh, 1796, geheiratet hatte, war er gezwungen, seine jugendliche Begeisterung für die Philosophie und Geschichte beiseite zu lassen und stattdessen das Praxis bezogene und lukrative Jurastudium zu absolvieren. Dennoch ging es ihm so wie Burnett, dass er sich danach sehnte, wieder seinen philosophischen Neigungen, wie in seiner Jugend, nachzugehen. Und ganz ähnlich kamen bei ihm die philosophischen Neigungen in seinem Interesse für Bizarres und Ungewöhnliches zum Ausdruck. Bei Feuerbach fehlt die Einschränkung, die sich bei Burnett durch den schottischen Pragmatismus und durch die Aufklärung mit ihrer Sehnsucht nach Ordnung ergab; bei ihm kommen diese Neigungen in seinem offensichtlichen Streben nach literarischer Anerkennung zum Ausdruck wie gleichfalls in seiner Vorliebe für Eigentümliches in der Humanpsychologie. Seine *Merkwürdige Criminal-Rechtsfälle* mit Geschichten über mordende Ehefrauen und berauschte Mörder mit Äxten sind immer noch amüsant zu lesen. Wie schon gesagt, war er in seinen früheren Schriften pragmatischer und wandte sich gegen den Gebrauch der Folter bei der Aufklärung von Verbrechen, während es ihm in seinen späteren Werken darum ging zu bestreiten, dass unversöhnliche Bestrafung einen Wert hat. Man kann tatsächlich sagen, dass seine Schriften über Hauser Teil einer größeren, unterstützenden Argumentation gegen die Einkerkerung überhaupt sind. Feuerbach freundete sich schnell mit Hauser an und wurde – zwar inoffiziell, aber weithin anerkannt – zu seinem Mentor, Beschützer und Anwalt.

Wir werden später noch etwas über den dritten Gönner Hausers, den Earl of Stanhope, erfahren – der, wie manche sagen, sein Mörder gewesen ist.

II   Verbrechen am Seelenleben

Noch immer ist die Welt für mich ein Sturm,
Der mich von meinen Freunden scheucht.

William Shakespeare, aus: *Perikles*, IV,[2] *

Nachdem sich die Nachricht über die merkwürdige Ankunft Hausers in Nürnberg verbreitet hatte, wurde er in der gesamten westlichen Welt zur Quelle für Begeisterung; in jedem europäischen Land schrieben die Zeitungen und Magazine über ihn. Er wurde das »Kind Europas« genannt, was sich zum Teil auf die Verbreitung seines Ruhms gründete und zum anderen vielleicht daher rührte, dass ein Kind ohne Eltern nicht zum Sohn eines Einzelnen, sondern einer ganzen Kultur wird. Mit Hauser selbst geschieht etwas, das eine Ähnlichkeit mit diesen Vorgängen hat: Bei der Erklärung der Ursprünge Europas hatten Bilder und Erzählungen ein großes Gewicht, und das half jetzt dabei, Hausers brüchige Identität zu konstruieren.

Daumer erzog Hauser sorgfältig und machte ihn mit neuen Geschmäcker und Wahrnehmungen bekannt. Er brachte ihm Lesen, Schreiben und Zeichnen bei. Im August 1828 führte er ihm zum ersten Mal den Anblick der Sterne bei Nacht vor. Hauser verfiel dabei, wie immer, wenn man ihm etwas Neues zeigte, in eine staunende Träumerei. Als er aus dieser stillen Benommenheit wieder auftauchte, weinte er und beklagte, dass man ihm so lange eine solche Schönheit vorenthalten hatte.

Daumer und die anderen nahmen im Verlauf des ersten Monats, den Hauser in Nürnberg war, an ihm mehrere Experimente vor. Sie stellten fest, dass einige seiner Sinne scharf waren (seine Nachtsicht, sein Gehör und sein Geruchssinn), aber andererseits war seine Fähigkeit, die Welt wahrzunehmen, ernsthaft gestört. Wenn er sich eine Landschaft anschaute, konnte er den Hintergrund nicht vom Vordergrund unterscheiden; die Tiere hielt er für ebenso begabt wie die Menschen; und er hatte überhaupt keine Vorstellung über den Unterschied von belebt und unbelebt. So kam es, dass er besorgt war, wenn er ein Kruzifixus sah, und darum bat, den Leidenden von dort herunterzunehmen. Er besaß einzig ein großes Geschick im Pferdereiten, das er leicht und mit großem Erfolg meisterte, sodass die Instrukteure des Militärs überrascht waren.

Vom Aussehen her war er eine komische Mischung aus Kind und Erwachsenem:

Sein Gesicht, in welchem die weichen Züge eines Kindes mit den eckigen Formen des Mannes und einigen, leicht gezogenen Furchen vorzeitigen Alters, herzgewinnende Freundlichkeit mit bedächtlichem Ernst und einem leichten Anflug von Melancholie sich vermischen; seine Naivität, zutrauliche Offenheit und oft mehr als kindische Unerfahrenheit, verbunden mit einer gewissen Art von Altklugheit und vornehmer, doch ungezwungener Gravität im Reden und Benehmen; dann die Schwerfälligkeit seiner, zuweilen nach Worten suchenden, oft fremdklingenden, harten Sprache, bei der Steifheit seiner Haltung und der Ungelenkigkeit seiner Bewegungen, lassen ihn jedem beobachtungsfähigen Auge als ein Gemisch von Kind, Jüngling und Mann erscheinen, ohne daß man sobald mit sich einig werden könnte, welcher Altersstufe dieser einnehmende Mischling wirklich angehöre.[14]

In Hausers Gesicht und an seiner Haltung war die schreckliche Verwirrung zu erkennen, die seine zerrissene Geschichte verursacht hatte. Während andere Leute die Stationen ihres Lebens durchleben und daraus herauswachsen, waren bei Hauser alle zerbrochenen Teile der einzelnen Entwicklungsstufen gleichzeitig vorhanden und sichtbar.

In der Zwischenzeit machte die Erziehung Hausers nur langsame Fortschritte. Allerdings verbesserte er sich deutlich und konnte bald die Sprache meistern und lernte das gesprochene Kommunizieren wie auch das Lesen und Schreiben. In seinen ersten Wochen in Nürnberg war Hauser weder auf Gegenstände noch auf Leute neugierig, was vielleicht mit versteckter Angst zu tun hatte. Diese Apathie endete bald, und er entwickelte ein intensives und begeistertes Interesse an der Welt. Nachdem er 13 Jahre lang von Sensationen oder Neuigkeiten ausgeschlossen war, genoss er jetzt in kurzer Zeit die Unzahl an Freuden und neuen Erfahrungen, die er in der Welt machte. Nachdem man ihm so lange den Gebrauch seiner Sinne vorenthalten hatte, war Hauser jetzt von der Fülle benommen. Neben diesem Rausch an der Welt machte er aber auch die Erfahrung, dass manches starke Panik bei ihm auslöste oder Ekel hervorrief. Er empfand die Schönheit und Verschiedenartigkeit der Dinge äußerst intensiv, und trotzdem erschien ihm manchmal deren bloßes Vorhandensein als Bedrückung, die ihn belastete.

Neue Dinge überwältigten ihn und machten ihn benommen:

> Wann immer man ihm etwas sagte, das er nicht verstand, oder irgendetwas seine Aufmerksamkeit oder Neugier erregte, bekam er im Gesicht Zuckungen, seine Bewegungen wurden konvulsivisch und die ganze linke Seite seines Körpers (besonders der Arm und die Hand) waren betroffen. Gewöhnlich folgte auf diese konvulsivischen Bewegungen eine Art Taubheit: Er stand völlig still da, hielt seine Augen fixiert, schien scheinbar nichts zu sehen und zu hören, richtete seinen Geist auf sich selbst, bis er den Gedanken ergriff und meisterte.[15]

Dass er so verwirrt und betäubt auf Neues reagiert hat, lässt zweierlei vermuten: Entweder hat er sich auf diese Art gegen den psychischen Schock verteidigt, den er bei der Begegnung mit der äußeren Welt erlebte, oder er hat nur mit solchem chaotischen und narkotischen Benehmen darauf reagieren können. Hauser befand sich in einem verletzlichen Zustand, wenn Objekte Druck auf ihn ausübten, und er konnte schnell seine Balance verlieren und in Furcht und Zittern geraten. Von entscheidender Bedeutung ist, dass Hauser sowohl Begeisterung wie auch Schmerz zur – wenn auch zweifellos unbewusst – selbst gewählten Flucht in die Stille treiben konnten.

Solche Flucht mag darauf zurückzuführen sein, dass Hauser nicht wusste, wie man angemessen darauf reagiert. Wenn seine Geschichte wahr war, würde man sich auch wundern, wenn er bei solch einsamer Vergangenheit nicht so reagieren würde. Babys lernen, wie man auf äußere Reize reagiert, indem sie die Antworten, die den Eltern als geeignet erscheinen, imitieren. Da Hauser niemanden hatte, der ihm beim Betrachten und Verstehen der Welt hätte helfen können, hat ihn die überwältigende Wahrnehmung der vorhandenen Dinge gefangen genommen. Mit Robert Graves ausgedrückt, gab es für ihn das »kühle Netz der Sprache« nicht, mit Hilfe dessen er sich die Verletzung durch die Dinge hätte aus der Welt wünschen können.

Nachdem Daumer bekannt war, wie überaus empfindlich Hauser reagierte, machte er sich daran, der Welt zu beweisen, dass Hauser eine Art Schlafwandler war, beziehungsweise »Automatismus«, wie man es nannte, bei ihm vorlag. Er nahm an, dass Hauser sich durch die merkwürdigen Gewalttätigkeiten in seiner Vergangenheit vom normalen Bewusstsein losmachte und in eine somnambule Welt geriet, in der es flüchtige und Schwellenzustände gibt. Was Daumer an Hauser so aufregend fand, war, dass er ihm vor allem als wunderbares »Beispiel für einen ›Empfindsamen‹ erschien und als hehrer Beweis für die Kräfte des ›animalischen Magnetismus‹‹.[16] In Deutschland war man zu jener Zeit begeistert über solche Vorstellungen wie dem somnambulen oder hypnotischen Zustand und über den Mesmerismus – dem Glauben, dass zwischen Personen oder zwischen Menschen und Objekten wie beispielsweise Magneten, Metallen oder Sternen magnetische Kräfte herrschen.

Hauser zwang durch sein merkwürdiges Leben, das Feuerbach als »verschlafen« bezeichnet hatte, vielleicht dazu, dass man bei ihm auf Bedingungen kam, die sich aus somnambulen Zuständen ableiten ließen. Henri Ellenberger beschreibt in »Die Entdeckung des Unbewussten« (1970/73) die Symptome des Somnambulismus folgendermaßen:

> Kluge unterschied in seinem Lehrbuch über den animalischen Magnetismus sechs Stufen des magnetischen Zustands: (1.) Wachsein, mit einem Gefühl erhöhter Wärme, (2.) Halbschlaf, (3.) »Innere Dunkelheit«, d. h. Schlaf im eigentlichen Sinn und Unempfindlichkeit, (4.) »Innere Klarheit«, d. h. Bewußtsein innerhalb des eigenen Körpers, außersinnliche Wahrnehmung, Sehen durchs Epigastrium und so weiter, (5.) Selbstbeschauung, die Person ist in der Lage, das Innere ihres eigenen Körpers mit großer Genauigkeit wahrzunehmen, ebenso das Körperinnere von Menschen, mit denen sie in *Rapport* gebracht wird, (6.) »Allgemeine Klarheit«: die Schleier von Zeit und Raum werden beiseitegeschoben und der Magnetisierte nimmt Dinge wahr, die in der Vergangenheit, in der Zukunft oder in der Fene verborgen sind.[17]

Kluges Unterscheidungen gründen auf der Annahme, dass das äußere Selbst und die sichtbare Welt nur Schleier einer Vorstellung sind, die über eine andere, tiefere, unsichtbare Wirklichkeit gebreitet sind. Jedenfalls war das der Grundzug der Gedanken bei den meisten Mesmeristen – allerdings nicht bei Kluge, der ein rigoroser Materialist war. Dennoch stellte der Mesmerismus mit seiner Zuwendung zum Somnambulismus und Magnetismus nach Ellenbergers Worten eine »kühne Herausforderung für die experimentellen Metaphysiker dar«. Mit Metaphysisch war hier das rätselhafte innere Selbst gemeint, wo »das Bestialische im Menschen an sein Engelhaftes grenzt«.[18] Die Somnambulisten behaupteten, der Mensch neige dazu, in eine von zwei magnetischen Zuständen zu geraten: entweder erhebe er sich in einen gehobenen Zustand der Selbstbetrachtung oder er falle in einen Zustand übertriebener Selbstvernachlässigung (»innere Klarheit« oder »innere Dunkelheit«). Bei Hauser herrschten diese beiden gegensätzlichen Zustände gleichzeitig. Aufgrund seiner intensiven Empfindsamkeit der äußeren Welt gegenüber – die das Ergebnis »magnetischer« Eigenschaften war – erschuf er sich ein inneres Selbst, das er aber zugleich wieder zerstörte, indem er durch eine Überfülle an Erfahrungen in den Zustand des wachenden Schlafens zurückfiel.

Daumer war nicht der einzige von Hausers Beschützern, der von solchen dunklen geistigen Zuständen fasziniert war. Eigentümlicherweise beschreibt auch Feuerbach in »*Merkwürdige Criminal-Rechtsfälle*« die Krankengeschichte eines anderen, an »Automatismus« Leidenden. Der »Mordidiot« Johann Georg Sörgel hatte gestanden, einen Menschen durch Abschlagen der Hände und Füße getötet und anschließend dessen Blut getrunken zu haben. Allerdings wurde der Mord in Trance begangen und auch das Geständnis in Trance abgelegt. Als Sörgel aus dem »hypnotischen« Zustand erwachte, konnte er sich an diese grausame Tat überhaupt nicht mehr erinnern. Aus diesem Grund befand Feuerbach, der Richter in diesem Fall war, Sörgel für schuldig, aber geisteskrank und schickte ihn in eine Anstalt, in der er kurze Zeit darauf starb. Litt Hauser nicht auch unter diesem »Automatismus«, da er das Empfinden für seine Identität in dem Augenblick verlor, wo ihn Dinge in einen hypnotischen Zustand versetzten?

Es gab damals noch mehr sensitive Menschen in Deutschland. Bekannt in der gesamten deutschsprachigen Welt war die so genannte »Seherin von Prevorst« Friederike Hauffer. An ihr führte der recht bedeutende Arzt Justinus Kerner Experimente durch, die für Daumers eigene Untersuchungen an Hauser zum Vorbild wurden.[19] Wie Kerner das mit Friederike Hauffer getan hatte, verabreichte Daumer Hauser immer wieder eine Abfolge von Substanzen und maß dabei jedes Mal die Stärke und Hypersensibilität von dessen Reaktionen. Alles konnte bei dem Jungen einen Anfall auslösen, er bekam dann Krämpfe oder schüttelte sich konvulsivisch oder fiel plötzlich in Bewusstlosigkeit. Daumer war über die merkwürdige Auswahl von Ereignissen, bei denen Hauser empfindsam reagierte, erstaunt: Gewitterstürme, Vollmond, Weinbrand, laute und leise Geräusche, Presskäse, helles Tageslicht, Bier, Katzen, Spinnen, Schlangen, Blumen und Traubensaft. Man fand auch heraus, dass er Bärte, die Farbe Schwarz und Komödien nicht mochte.

Daumer nahm Hauser zum Besuch bei einer somnambulen Frau mit. Er beschreibt hier mit eigenen Worten, was sich bei dem Treffen ereignete:

Hauser wurde von der Nähe dieser Person auf's Widerwärtigste angegriffen, so wie hinwiederum sie von Hauser eine besonders widrige Wirkung verspürte. Ich bestimmte Hausern über die Empfindungen, die er hatte folgendes zu Papier zu geben.

»Als ich an das Zimmer kam und die Tür von der Kranken geöffnet wurde, welche ich nicht kannte, fühlte ich ein plötzliches Ziehen auf beiden Seiten der Brust, als wenn man mich in das Zimmer ziehen wollte, als ich hinein trat und an der Kranken vorüber ging, wehte mich eine sehr starke Luft an und als ich die Kranke im Rücken hatte, wehte es von hinten und den Zug, welchen ich vorher an der Brust fühlte, fühlte ich nun an den Schultern. Als ich auf das Fenster zuging, folgte mir die Kranke von hinten nach, indem ich Herrn v. Tucher fragen wollte, bekam ich ein Zittern im linken Fuß und es wurde mir unwohl, sie ging wieder zurück und das Zittern verlor sich, sie setzte sich auf das Kanapee und sagte: Wollen sich die Herren nicht setzen? ... Herr Prof. Hensler sagte ihr, daß ich der Mensch sei, der geschlagen wurde; indem bemerkte sie meine Narbe und deutete darauf hin, da ging mir die Luft stark an die Stirne und ich bekam Schmerzen daran; auch fing mir der linke Fuß stark an zu zittern. Die Kranke setzte sich auf das Kanapee und sagte, daß ihr übel sei und ich sagte auch, daß mir so unwohl sei, daß ich mich setzen müsse. Ich setzte mich in das andere Zimmer, nun fing auch der andere Fuß an zu zittern. Obgleich mir Herr v. Tucher die Knie hielt, so konnte ich sie doch nicht stille halten. Nun bekam ich starkes Herzklopfen und mir wurde im ganzen Körper heiß; das Herzklopfen ließ nach und ich bekam Zittern im rechten Arm, welches nach einigen Minuten aufhörte und mir wurde wieder etwas besser. Dieses Befinden blieb sich gleich bis den anderen Morgen, da bekam ich wieder Herzklopfen und Zittern in den Gliedern, doch nicht so heftig; nach einer halben Stunde verlor es sich wieder; Nachmittag um 3 Uhr kam es wieder etwas weniger stark und verlor sich noch früher, ich bekam eine weiche Öffnung und eine halbe Stunde darnach wieder eine, darauf wurde mir wieder ganz wohl.«[20]

Daumer ließ Hausers Geschichte zu einem Mythos über die Empfindsamkeit werden. Demnach habe Hauser wegen seiner mysteriösen Gefangenhaltung keine Ereignisse erlebt und sei dann, nachdem er in die Welt gekommen sei, plötzlich in die Sinnenwelt entlassen worden. Aber so wie man allgemein bei den Blinden annimmt, dass sie ihre übrigen Sinne schärfer entwickelt haben, so konnte auch Hauser feststellen, dass bei ihm der lange unterdrückte Gebrauch seiner Sinne zu einer Verfeinerung geführt hatte, die weit über den Begrenzungen durch Stumpfheit bei den gewöhnlichen Leuten lag. Er konnte die rätselhaften, von den Mesmeristen beobachteten Ströme wahrnehmen, die jeder Mensch um sich herum ausstrahlt, konnte schnell feststellen, wenn eine Spinne in den Raum gelangt war.

Hauser lebte also in einer Welt voller Sensationen, die ihn alle »verblüfften«, packten und herumschleuderten. Er empfand in jenen ersten Monaten, in denen er in die Welt gelangt war, rauschhaft eine Übelkeit, gemischt mit Faszination und Ekel. Hauser sah jetzt die Schönheit der Dinge – und diese Schönheit nahm er als Wunder und mit einem zutiefst verwirrenden Verlangen wahr. Für ihn war die körperhafte Welt ausreichend: Ihn befriedigten die Außenseiten der Dinge.

Daumer war eitel und bildete sich ein, er würde ebenfalls etwas von Hausers außergewöhnlicher Wahrnehmungsintensität besitzen. Er stellte sich als ein ebenfalls »Empfindsamer« dar, der die Auswirkungen, die Hauser empfand, indirekt gleichfalls erlebte. Lehrer und Schüler gehörten im Empfinden zu einer Elitegruppe, die sich von den gewöhnlichen Bürgern mit ihren bleiernen Wahrnehmungen unterschieden: »Die Somnambulen sagen ›Ich empfinde – ich nehme wahr‹, aber nie ›Ich verstehe – ich verfolge etwas – Ich entdecke etwas‹. Ihre Mitteilungen sind nicht wie erworbene Erkenntnisse, *a posteriori*, durchs Verstehen, sondern sind wie direkte Intuitionen.«[21] Nachdem Hauser seine Freiheit gefunden hatte, erhob er sich und machte sich auf, um auf den Reichtum, den die Welt ihm bot, zuzugehen. Er sollte aber bald herausfinden, dass dieser Reichtum nicht andauerte, die Verzückung über die Vision nicht anhielt – und dass die Welt, die vor ihm lag, weiterhin dunkel und bedrohlich blieb. Denn es sollte sich etwas ereignen, das Hausers erstaunliche Aufnahmebereitschaft sofort wieder abstumpfen ließ und ihn ein weiteres Mal in die Apathie stürzte, womit sich grauenvollerweise die Situation der Zeit seiner Einkerkerung wiederholte. Eine innere Kluft hatte sich bei ihm aufgetan, und er langte in die Welt hinaus, die ihn aber in allen Punkten mit ihrer Macht und Fremdheit überwältigen sollte.

Da Hauser neuerdings zu schreiben in der Lage war, fing er an, Aufzeichnungen über sich zu machen. In Nürnberg kreisten Gerüchte, dass der rätselhafte Junge dabei sei, seine Memoiren zu schreiben. Eine Zeitung berichtete über Hausers neueste literarische Ambitionen.[22] Die Sache entwickelte sich aber anders, wofür möglicherweise Hausers Furcht vor Enthüllungen verantwortlich gewesen ist. Er wurde am Sonnabend, den 17. Oktober 1829, krank und blieb an dem Tag im Bett und konnte keinen Unterricht erhalten. Professor Daumer ließ ihn zu Hause zurück und machte seinen üblichen Vormittagsspaziergang; Daumers Mutter und Schwester waren mit Reinemachen im Haus beschäftigt. Hauser, der sich krank fühlte, begab sich auf den Abort, der sich hinter einer Stellwand in einer Ecke des Hofes befand. Von dort hörte er Geräusche von jemandem, der ins Haus kam, schaute hinter der Wand hervor und erblickte einen Mann in Schwarz im Korridor. Er dachte sich, der Schornsteinfeger sei gekommen. Hauser hatte eine unbegründete Angst vor allem Schwarzen, die sich auch auf den Schornsteinfeger ausdehnte. So entschloss er sich, auf dem Abort zu warten, bis er gegangen sei.

Ein wenig später schaute er noch mal hinter der Wand hervor. Der schwarze Mann stand jetzt genau neben ihm, plötzlich verspürte er einen Schlag auf dem Kopf. Er wurde ohnmächtig und fiel zu Boden. Als er wieder zu sich kam, stellte er fest, dass sein ganzes Gesicht blutverschmiert war. Er versuchte, sich in sein Zimmer zurückzuschleppen, aber er fühlte sich wie betrunken, und da er fürchtete, der Angreifer könnte noch irgendwo im Gebäude lauern, versteckte er sich im Keller und verlor dort die Sinne.

Man hat nie etwas über die Identität oder den Hintergrund des unbekannten Angreifers herausfinden können. Er war unbemerkt ins Haus gelangt und hatte es, ohne gesehen oder gehört zu werden, wieder verlassen; es hat ihn auch keiner auf den geschäftigen Straßen der mittelalterlichen Stadt beobachtet.

Feuerbach spekulierte später, dass die Person beabsichtigt hatte, Hauser die Kehle aufzuschlitzen, und nur deshalb erfolglos war, weil der Junge auf dem Abort tiefer saß, was ihn gerettet hat. Er hat ihn daher mit dem Messer nur an der Stirn verwundet. (Diese Verletzung an der Stirn schmerzte Hauser beim Zusammentreffen mit der magnetischen Frau.) Die Verletzung war nur leicht, und Hauser hatte den körperlichen Schaden aus diesem versuchten Mord schnell wieder überstanden. Es gab aber noch andere Schäden, die weniger leicht zu erkennen waren. Hausers Benehmen änderte sich von diesem Augenblick an. Seine anfängliche Begeisterung über die vielen neuen Eindrücke ließ nach und verschwand ganz. Er verlor den Sinn, sich über Dinge zu wundern, und zeigte auch keine hektische Erregung mehr. Stattdessen wurde er viehisch stumpf und schöpfte überall Verdacht. Als Folge davon ging es mit seiner Erziehung, die einmal rapide vorankam, langsamer weiter. Daumer und seine Familie entdeckten, dass er von neuem der Täuschung unterliegen konnte.

Für Feuerbach war die Geschichte, dass man Hauser die Kindheit geraubt hatte, ein neuer Fall eines einzigartigen Verbrechens. Dieses neue Verbrechen an dem Jungen stellte nur eine Wiederholung dar und rückte die größere und heimtückische Gemeinheit in die Mitte. Die Zusammenbrüche, die Hauser erlebte, wie Daumer sie beschreibt, seine Trancezustände und Anfälle schienen eine Folge aus dem Schweigen und Totgestelltsein während der vielen verlorenen Jahre im Loch zu sein. War diese Neigung bei ihm nicht auf seine Jahre der Gefangenschaft zurückzuführen? Es handelte sich um Symptome, die Feuerbach mit »Verbrechen am Seelenleben des Menschen« bezeichnete. Indem man Hauser in dieses dunkle Loch gesperrt hatte, hatte man ihn von der gewöhnlichen Entwicklung zurückgehalten, hatte seine Seele getötet, allerdings das Opfer am Leben gelassen. Der Freudianer und Psychoanalytiker Leonard Shengold hat im Zusammenhang mit Hausers Geschichte in seinem Buch *Halo in the Sky* (1988) geäußert, was unter einem Verbrechen am Seelenleben zu verstehen sei: Da werde jemandem »die Freude am Leben zerstört und jemand anders mische sich in das Identitätsempfinden eines Menschen ein. Es sei hauptsächlich ein Verbrechen, das gegenüber Kindern verübt werde.«[23] Feuerbachs Überlegungen über Hauser laufen darauf hinaus, dass er leidenschaftslos, aber betont die Frage stellt, was solche abstoßenden und unauslöschlichen Verbrechen zu bedeuten haben.

Dieser Angriff auf Hausers Leben bedeutete eine Wiederholung des früheren »Verbrechens an seinem Seelenleben«. Er hatte seine wesentliche Furcht und Besorgnis in der Person des »schwarzen Mannes« verkörpert gefunden. Nach diesem Angriff von außen kehrte Hauser unvermeidlich – metaphorisch gesprochen – zu dem Status seines Lebens in der Höhle zurück: er war gleichgültig, verständnislos, ohne Neugierde, leer. Sein unschuldiges Wundern hatte er sich nicht bewahren können; er verfiel wieder in eine Art Leblosigkeit. Auf so etwas läuft das »Verbrechen am Seelenleben« hinaus. Hauser wird zu einem Komplizen bei der Ermordung seiner eigenen Seele.

Hauser besaß offensichtlich ein schwaches Identitätsempfinden, war in dieser Hinsicht verletzlich und zerbrechlich. Er brauchte eine Welt, die frei von Feindseligkeit oder Furcht war, weil ihm die Kraftquellen fehlten, die einem bei einer normalen Entwicklung zuwachsen, und womit man das Unvermeidliche in der Gegenwart umgehen kann. Leonard Shengold bemerkt: Auf jemanden, der sich nicht der Einbildung, er sei unverletzlich, hingibt – vorausgesetzt, er ist nicht in seiner Entwicklung unterbrochen worden wie Hauser –, kann das im besten Fall erneuernd und schöpferisch wirken, indem er seine eigenen Grenzen anerkennt. Hauser aber hatte nichts, worauf er zurückfallen konnte, und verfiel deshalb in den Zustand des Automatismus. Bei ihm blieb das Gefühl außen vor, weil ihm die Kraft fehlte, die gleichzeitig auftretenden Schmerzen in sich aufzunehmen. Feuerbach beobachtete bestürzt, wie Hausers unglaubliche Vitalität und sein Sinn, sich zu wundern, schwanden:

Die außerordentliche, fast übernatürliche Erhöhung seiner Sinne hat ebenfalls gegenwärtig ganz nachgelassen und ist beinahe auf das gewöhnliche Maß herabgestimmt. Er sieht zwar noch immer im Dunkeln, so daß es für ihn keine wahre Nacht, sondern nur Dämmerung gibt; doch ist er nicht mehr im Stande im Finstern, wie sonst, zu lesen oder in weiter Entfernung die kleinsten Gegenstände zu erkennen. Während er ehemals bei dunkler Nacht weit besser und schärfer sah, als bei Tag, ist es jetzt umgekehrt. Gleich andern Menschen verträgt und liebt er nun das Sonnenlicht, das nicht mehr, wie sonst, seine Augen verwundet. Von der Riesenhaftigkeit seines Gedächtnisses und andern staunenswürdigen Eigenschaften ist keine Spur mehr zu finden. Nichts Außerordentliches ist mehr an ihm, als das Außerordentliche seines Schicksals und seine unbeschreibliche Güte und Liebenswürdigkeit.[24]

So lebte also Hauser bis ans Ende das beispielhafte Leben eines romantisch Empfindsamen, der versagt hatte. Er schien wie Chatterton und Keats der Archetyp eines Waisen im Erwachsenenalter – zurückgewiesen, verlassen, aber intensiv und hingebungsvoll leidend. Er war wie Wordsworth und Coleridge eine Verkörperung der beklagenswerterweise verlorenen jungendlichen Visionen. Er sank vom schnellen Höhepunkt in der Kindheit zurück ins Licht des gewöhnlichen Tages. Hauser war besonders für Feuerbach das Beispiel für einen Menschen mit natürlicher und vom Herzen her kommender Empfindung. Der alte Richter war sich nur zu bewusst, wie wenig echt die Gefühle bei den meisten Leuten sind. Ein solcher Fall, über den Feuerbach in »Merkwürdige Criminal-Rechtsfälle« schreibt, war der der Maria Zwanziger, die eine mordende deutsche Madame Bovary war:

An einen Mann gebunden, welchen sie »fürchtete wie das Kind die Rute«, ungewohnt des beschränkten Stillebens, das gegen das heitere, geräuschvolle Treiben im Hause des Vormunds einen unangenehmen Abstand bildete; von ihrem Manne welcher entweder seinem Beruf oder dem Trunke nachging, größtenteils der Einsamkeit überlassen: suchte sie anfangs den Verdruß der Langeweile in Lesereien zu töten. »Mein erstes Buch, welches ich las, waren Werthers Leiden. Dies Buch machte gleich so großen Eindruck auf mich, daß ich immer weinen mußte. Hätte ich dann eine Pistole gehabt, so hätte ich mich auch erschossen. Hierauf las ich Pamela und Emilia Galotti.« Mit der romanhaften Schwärmerei ist, zumal in halbgebildeten oder von Natur zur Kälte hinneigenden Gemütern, sehr nahe die Empfindelei verwandt, welche durch das nicht Empfundene, bloß als empfunden Vorgestellte, den inneren Sinn gleichsam zwangsweise kitzelt, in welcher der Mensch bloße Grimassen von Empfindungen als wirkliche sich selbst und anderen aufzulügen sucht, und wodurch er, sobald ihm dieses habituell geworden, sich den Quell der gewissesten Wahrheit, nämlich das Gefühl, für immer vergiftet ...[25]

Maria hatte ein leeres Herz; aber Hausers Herz war einst von echten, spontanen Gefühlen bewegt. Marias Leben war durch die Literatur bestimmt; Sorgen gab es bei ihr nur indirekt, und ihre Freuden waren gefälscht. Hauser lebte eine Zeit lang so, dass er mit Erfahrungen, die er direkt und unvermittelt machte, klarkommen musste. Wenn aus natürlichen Gefühlen Wahrhaftigkeit hervorgeht, dann existierte Hauser in den Augen Feuerbachs absolut wahrhaftig: Sein unnatürliches Leben hatte ihn zu einem völlig natürlichen Menschen gemacht. Hauser war für Feuerbach kein wilder Mann. Er war kein »Wilder«, den man zivilisieren musste, sondern ein natürlicher Mann, von dem man lernen konnte. Geradezu umgekehrt zu dem, was Itard über Viktor behauptet hatte, waren Feuerbach und Daumer in Bezug auf Hauser der Meinung, dass dessen Überempfindlichkeit, dessen Geschmack und dessen Gefühle einen Hinweis darauf gaben, was es hieße, völlig und natürlich menschlich zu sein. Hauser hatte in einer ungestörten Welt gelebt. Jetzt trat in diese ungestörte Welt der letzte Gönner Hausers − und mit ihm sollte in Hausers Leben eine neue Epoche anbrechen.

III Das Kind Europas

Wär ich ein Possenkönig doch aus Schnee

William Shakespeare, aus: *König Richard II.*, IV, 1**

Nur fünf Tage nach dem Attentat auf Hauser traf Philip Henry, der vierte Earl of Stanhope, in Nürnberg ein. Da seine Kutsche einen Schaden hatte, musste er einige Tage in Nürnberg bleiben. Er quartierte sich im Hotel »Zum wilden Mann« ein, das damals offensichtlich eine billige und schäbige Unterkunft war und daher keine standesgemäße Unterbringung für einen englischen Peer. (Allerdings konnte man hier Postpferde bekommen.)[26] Es würde allerdings auch ins Bild passen, das wir später über ihn erhalten, wenn er das Hotel aus Ironie gewählt hätte, angeregt durch dessen Namen. Stanhope hörte zum ersten Mal von Hauser während seines Aufenthalts im Hotel und beschloss, die Gelegenheit wahrzunehmen und ihn zu besuchen.[27]

Es war nicht möglich, Zugang zu dem Jungen zu erhalten, und so verließ Stanhope enttäuscht die Stadt. Im Mai 1831 kehrte er geschäftlich nach Nürnberg zurück. Er meldete sich an für eine Zusammenkunft mit Hauser, und diesmal hatte sein Gesuch Erfolg. Sie trafen sich im Haus des Bürgermeisters. Stanhope war außerordentlich beeindruckt.

Lord Stanhope war der Neffe von William Pitt (über die erste Ehe seines Vaters) und der Halbbruder der exzentrischen Lady Hester Stanhope, die viel reiste und Orientalistin war. Stanhope hatte wie Hauser Schwierigkeiten mit seinen Eltern. Sein Vater war der dritte Earl, Charles Stanhope; er war Politiker, ein leidenschaftlicher Amateurwissenschaftler, unermüdlicher Erfinder,

Anhänger Rousseaus und ein Philanthrop und hatte die Französische Revolution unterstützt. Sechs Monate nachdem seine erste Frau gestorben war, hatte er wieder geheiratet. Seine zweite Frau, Louisa Grenville, war die Cousine der ersteren und eine flache, eitle Person, »steif und kühl und in ihrer Haltung eisig und konventionell«.[28] Charles war ein eiserner Mann, der sich auf seine Intelligenz etwas einbildete; man konnte nur schwer mit ihm auskommen, und er wurde stark umgetrieben. Er geriet mit seinen feurig verfochtenen politischen demokratischen Prinzipien oft in Konflikt, wenn sie praktisch angewendet werden sollten. Jedenfalls reichte das alles nicht so weit, dass er seiner Tochter die von ihr erwünschte Ehe mit dem Hausapotheker gestattet hätte. Sein Sohn Philip Henry wurde 1781 geboren und im Heim der Familie in Chevening Manor in Kent aufgewachsen. Er hatte aber in seiner Jugend einige Jahre in Deutschland verbracht und dort immerhin im frühen Alter von 19 Jahren ein beliebtes und frommes Werk mit dem Titel *Gebetbuch für Gläubige und Ungläubige, für Christen und Nichtchristen* herausgebracht. Dieser frühe Eintritt in die literarische Welt gelang ihm auch trotz seiner Erziehung, die potenziell nachteilige Wirkungen hatte. Sein Vater hatte wie viele Radikale im ausgehenden achtzehnten Jahrhundert eigene *Ansichten* über die Erziehung: Er bestand darauf, dass der junge Philip und sein Bruder als gewöhnliche Arbeiter aufwuchsen und schickte sie deshalb in die Lehre zu einem Schmied. Das Verhältnis zwischen Vater und Sohn verschlechterte sich, denn der ältere Earl lehnte es ab, seinen Sohn zu erziehen – was, wie Philip vermutete, geschah, weil er schwach und formbar bleiben sollte. Philip brach schließlich die Verbindung mit seinem Vater ab und floh aus England nach Deutschland, nahm einen anderen Namen an und immatrikulierte sich an der Universität Erlangen. Hier wurde er in Bezug auf Geschmacksfragen streng, in seiner äußeren Erscheinung geckenhaft, und er hatte eine schnelle Zunge.[29]

Das angespannte Verhältnis zwischen dem Alten, der unvermindert radikal war, und dem herumschweifenden Sohn entwickelte sich schließlich so, dass es zu einem skandalösen Gerichtsverfahren gegen den Vater kam. Der Grund war, dass der alte Mann die bittere Entscheidung getroffen hatte, alle seine Kinder zu enterben. Wie wir sehen werden, war es nicht das letzte Mal, dass Stanhope in einen Skandal verwickelt war. Nachdem der Vater 1816 gestorben war, kehrte Philip nach England zurück, um dort seinen Sitz im Oberhaus einzunehmen. Er hatte Catherine Lucy Smith, eine Tochter von Lord Carrington, geheiratet. Er hatte mit ihr zwei Kinder, zog es aber vor, seine Zeit fern von zu Hause zu verbringen und war viel davon auf Reisen in Deutschland, wo er als Beauftragter verschiedener christlicher Vereinigungen auftrat und Traktate, Gebet- und Gesangbücher verteilte.

Stanhope nimmt in der Geschichte Hausers eine rätselhafte Rolle ein. Wie es so oft bei den Jungen geschieht, die das Temperament ihres Vaters hassen, erben sie es. Wir lernen ihn aus seinen Schreiben als jemanden kennen, der sensibel, allerdings auch leicht reizbar ist, und der einen Sinn für Schönheit hat, jedoch wenig Sinn für Humor, und von Natur aus bescheiden ist – kurz nach seiner ersten Begegnung mit Hauser wurde er Antialkoholiker.[30] Auf Porträts erscheint er uns wie der typische britische Aristokrat, mit dem bekannten hochmütigen Blick und der unerbittlichen Herablassung. Er hat eine hohe Stirn, eine lange Nase und einen ziemlich kühlen, unbesorgten Blick. Insgesamt erscheint Stanhope aufs Erste gesehen neben den begeistert sich für Hauser interessierenden Feuerbach und Daumer wenig glaubwürdig. Aber Stanhope war ebenfalls sehr fasziniert von den Schwellen zum Bewusstsein: Etwa zehn Jahre nach seinem ersten Zusammentreffen mit Hauser gab er ein Buch über Somnambulismus, Halluzinationen und Träume heraus, und er befand sich unter den Anwesenden, als Jane O'Key, die Prophetin von St. Pancras, von dem berüchtigten Mesmeristen Dr. Elliotson magnetisiert wurde.[31] Vor allem besaß er wie sein Vater ein philosophisches Interesse an der Wissenschaft, betrieb das allerdings nicht wie dieser mit mechanischem und unmenschlichem Eifer. Sein Vater hatte bei einer bedeutenden Gelegenheit Freunde zu einer Gesellschaft in ein Holzhaus eingeladen, das er versucht hatte, feuersicher zu machen, denn er wollte die von ihm aufgestellte Hypothese testen, dass Verbrennung nicht stattfindet, wenn keine Luft vorhanden ist. Um festzustellen, ob er das erfolgreich erledigt hatte, legte er draußen ein Feuer, während drinnen die Gäste tranken und sich im oberen Stockwerk unterhielten. Die Flammen schlugen um das Gebäude herum bis zu 25 Meter hoch, aber die ängstlichen Gäste blieben gnädigerweise unverletzt.[32] Stanhope war wie sein Vater besessen, aber er besaß nicht dessen Energie, und vor seiner Begegnung mit Hauser sah es so aus, als würde er ein Enthusiast im Lehnsessel werden, ein Philosoph ohne Praxisbezug und Genussmensch.

Seine Beziehung zu dem jungen Mann entwickelte sich traurig. Was anfangs als ein vernarrtes Interesse erschien, sollte bald zur Gleichgültigkeit herabsinken und danach sogar in feindselige Ernüchterung umschlagen. Man sucht vergeblich nach etwas Beständigem in den Reaktionen oder bei den Motiven des englischen Aristokraten. Anfangs schien Stanhope fast schamvoll bezaubert von dem rätselhaften jungen Mann. Aber bald wurde aus dieser leidenschaftlichen eine langweilige Beziehung: Nach nur wenigen Monaten verließ Stanhope Hauser und kehrte nach England zurück – allerdings hatte er vorgegeben, er wolle für ihn dort ein Zuhause einrichten. Was Stanhope danach tat, bleibt unklar. Jedenfalls riefen seine folgenden Handlungen einen Skandal hervor, durch den der Name seiner Familie für den Rest des Jahrhunderts geschädigt wurde.

Einige Jahre nachdem Hauser gestorben war, veröffentlichte Stanhope einen eigenen Band über Hausers Leben. In diesem Buch stellt er den Fall so dar, dass Hauser ein Betrüger und Lügner war. Dass solch ein Buch von jemandem kam, der sich so famos für ihn eingesetzt hatte, war an sich erstaunlich. Einigen erschien Stanhopes geänderte Vorstellung über Hauser dennoch nicht überraschend, aber unheimlich. Leute, die im späten 19. Jahrhundert darüber geschrieben haben, hatten den Verdacht, bei Stanhope läge etwas Schlimmeres als nur Desillusion vor. Der deutsche Schriftsteller von Artin und die englische Biografin Elizabeth Evans – eine Freidenkerin, die sich auf Exotisches spezialisiert hatte – vermuteten beide, dass Stanhope tatsächlich der mörderische Agent von Hausers Feinden war und sich kalt vorgenommen hatte, den jungen Mann zu diffamieren und zu zerstören. Durch diese Behauptungen fühlte sich die Tochter Stanhopes, die Herzogin von Cleveland, veranlasst, in schriftlicher Form die Rolle ihres Vaters leidenschaftlich zu verteidigen, um dessen beschmutzten Namen wieder reinzuwaschen. Diese Anschuldigungen werden heute noch erhoben: Die jüngste Publikation über Hauser in Englisch – zugleich das beste Buch über ihn – ist Jeffrey Masons *The Wild Child*, worin die Anschuldigungen wiederholt werden und Stanhope als jemand beschrieben wird, der mit »Tücke, Schlauheit und Rücksichtslosigkeit gehandelt hat, die zum Ruin von Kaspar Hauser führen mussten«.[33] Wir werden die Frage von Stanhopes Schuld später noch eingehender besprechen.

Nach dem ersten Angriff auf Hauser wurde er aus Schutzgründen und weil sich auch die Gesundheit von Professor Daumer verschlechterte von dort weg und ins Haus des Herrn Bieberbach gebracht; dieser war Kaufmann und Stadtrat. Hauser hatte in der neuen Bleibe keinen Erfolg, denn er irritierte seine Gastfamilie, besonders Frau Bieberbach, die ihm Betrügerei und Rüpelhaftigkeit vorwarf. Hauser kam deshalb bald schon wieder von dort weg und ins Haus von Herrn von Tucher, den man als Betreuer für ihn bestellt hatte.

Hauser war jetzt 18 Jahre alt. Andrew Lang beschreibt Hauser, diesen Punkt betreffend, in seinem trockenen Tonfall folgendermaßen: »Er war sehr eingebildet, war sehr angenehm, so lange keiner an ihm etwas auszusetzen hatte, sehr träge und sehr sentimental.«[34] Dennoch muss Hauser charakterlich attraktiv genug gewesen sein, dass sich ein englischer Lord ihm mit Interesse zuwandte: Bei Tucher jedenfalls freundete sich Stanhope mit Hauser an. Tucher war ganz gegen diese Beziehung. Er fand, dass Stanhope übermäßig liebevoll zu dem Jungen war, sogar mit Leidenschaft, und er seinen jungen Schützling mit teuren Geschenken und Geld überhäufte, sodass er sich dachte, das verderbe nur den Charakter des Jungen.

Hauser sah das nicht so. Stanhope blieb auch noch länger als geplant, und der junge Mann verbrachte viel Zeit zusammen mit Stanhope in dessen Gasthaus. Beide liefen jeden Tag Arm in Arm durch Nürnberg. Wie wir uns erinnern, zog Stanhope es vor, nicht mit seiner Frau zusammenzuleben. Die Biografin Elizabeth Evans behauptet nun, Stanhope habe Hauser gegenüber »eine so übermäßige Zuneigung gezeigt, dass sich rechtschaffene Leute davon abgestoßen fühlten und den Verdacht hegten, seine Absichten seien nicht aufrichtig.«[35] In ihrem Buch über den Fall, das sie 1890 veröffentlicht hat, beschreibt Elizabeth Evans das Verhältnis der beiden Männer als »unnatürlich eng« und deutet auf eine homosexuelle Beziehung, die dem naiven Hauser durch einen zuvorkommenden, älteren Mann aufgezwungen wurde; sie zitiert dabei Tuchers Vermutungen über den Engländer als Beweis.[36]

Waren Stanhope und Hauser ein Liebespaar? Wenn wir das annehmen, wird manches, was sonst in der Geschichte unerklärlich bleiben würde, so klar wie ein Klischeebild. Die Gefühlsentwicklung bei dem alten Mann lässt sich gut begreifen, wenn man dahinter die Geschichte einer fehlgeschlagenen Liebesaffäre sieht. Es sei denn, natürlich, wir nehmen an, wie E. Evans es getan hat, dass Stanhope den Jungen nur hinters Licht geführt und versucht hat, ihn in seine Gewalt zu bekommen, um ihn zu zerstören.

Obwohl Daumer und Tucher dagegen waren, hat Stanhope Hauser weiterhin damit bedrängt, mit ihm nach England zu gehen. Tucher war verzweifelt und ausmanövriert. Wie es schien, konnte er nichts tun, um die Kontrolle über Hausers Neigungen zu erlangen. Tucher schrieb Stanhope am 11. November 1831, er möge entscheiden: entweder die Rolle als Betreuer Hausers zu übernehmen, oder aber die Verbindung mit dem Jungen für die nächsten zwei Jahre völlig abzubrechen. Wie die Dinge standen, war sein Argument, dass seine Position Hauser gegenüber durch die verschwenderische Großzügigkeit des Engländers massiv geschwächt worden sei. Stanhope lehnte das ab. Am Tag darauf schrieb Tucher an Feuerbach und bat ihn, ihn seiner Position als Betreuer Hausers zu entbinden. Und so wurde Hauser, nachdem er länger als ein Jahr bei Herrn Tucher verbracht hatte, offiziell der Aufsicht von Earl Stanhope unterstellt. Der König von Bayern persönlich schrieb an Stanhope und bedankte sich bei ihm für seine große Güte.

Im Monat darauf verließen Stanhope und Hauser Nürnberg und gingen nach Ansbach, in die charmante, kleine, schöne, aber dumpfe Heimatstadt Feuerbachs. Leutnant Hickel von der Königlichen Polizei wurde als Wachmann für Hauser bestellt, damit nicht wieder ein Angriff wie in Nürnberg auf ihn ausgeübt wurde. Da Daumer an entferntem Ort war, wurde die Erziehung Hausers von einem gewissen Herrn Meyer fortgesetzt; er war in Ansbach Schulmeister und Arzt. Es war Stanhope also gelungen, Hauser aus Daumers und Tuchers Aufsicht wegzubekommen. Obwohl Hauser jetzt in Ansbach in der Nähe Feuerbachs wohnte, waren seine hauptsächlichen Beschützer in Wirklichkeit Stanhope und die beiden Freunde Hickel, der Polizeioffizier, und Meyer, der Lehrer. Der Junge war tatsächlich von seinen früheren Freunden isoliert worden. Hausers Zukunft schien zu dieser Zeit allerdings viel versprechend. Es war anzunehmen, dass er jeden Augenblick nach England übersiedeln würde und dort ein neues Leben beginnen könnte:

> Wenn Kaspar das los ist, dass er nicht mehr andauernd über sein Schicksal zu brüten braucht, woran er in Nürnberg täglich erinnert sein wird und wozu er neigt, dann wird er ein neues Leben beginnen. Sobald sich die Segel breiten, um ihn nach England zu befördern, wird er alle melancholischen Betrachtungen hinter sich lassen. Die neue Luft, neuen Lebensformen, neuen Interessen am Leben werden Frische und Kraft in seine Jugend zurückbringen. Möglicherweise ist für ihn in England Ruhe angesagt und deshalb Glück mit größerer Gewissheit, als er hier – auch wenn er zum Fürstengeschlecht gehören würde – auf dem stürmischen Zeitenmeer hätte finden können, wenn ihn die Hand des Übels nicht zu einem solchen *incognito* gemacht hätte; wir werden deshalb kein Mitleid mit seinem Schicksal empfinden.[37]

Aber alle seine drei neuen Beschützer sollten sich bald gegen ihn wenden. Mit der Zeit beschuldigte jeder von ihnen Hauser: Er würde schwindeln, täuschen, sei verzweifelt darum bemüht, sich mit einer falschen Geschichte über seine Herkunft wichtig zu machen. Besonders Meyer scheint Hauser schließlich verachtet zu haben: Er behandelte den Jungen gewiss tyrannisch, wenn nicht sogar sadistisch. Da Hauser unerbittlich von seinem argwöhnischen und ihn ärgernden Gastgeber beobachtet wurde, nahm die Apathie, die sich bei ihm nach dem Mordversuch eingestellt hatte, weiter zu. Gefühlsmäßig war Hauser wieder dort, wo er gewesen war, als er im Loch lebte.[38]

Während Hauser von seinen damaligen Bewachern zunehmend verdächtigt wurde und sie ihn nicht leiden mochten, sahen ihn seine alten Beschützer weiterhin als Beispiel für Einfachheit und Arglosigkeit. Aber Hauser war kein Kind mehr. Er hatte im Hause Meyers bewiesen, dass er ein ganz normal empfindender Mann war, denn er hatte mit dem Dienstmädchen zu flirten begonnen. Alle, die lobend über Hauser geschrieben haben – seien es nun die Augenzeugen Daumer und Feuerbach oder die Schriftstellerin des späten 19. Jahrhunderts, Elizabeth Evans –, neigen dazu, die bei ihm aufkommende Sexualität herunterzuspielen, weil es ihnen eher darum ging zu zeigen, wie ein Unschuldiger seinen Weg unbefleckt in dieser korrupten Welt macht. Elizabeth Evans benutzte 1890 im Zusammenhang mit Hausers Unschuld Begriffe wie »Qualität eines Heiligen« oder »ein Charakter von übernatürlicher Perfektion« – eine Vollkommenheit, die durch den Kontakt mit Menschen von nur gewöhnlichen Qualitäten getrübt wird. Ihr Hauser ist sauber, ordentlich, gehorsam gegenüber Autoritäten, vornehm, ehrlich und versöhnlich. Nur einmal lässt sie ihn eine Verfluchung äußern, nämlich dem Mann gegenüber, der ihn die längste Zeit seines Lebens im Loch eingesperrt hatte. (Aus den Quellen geht allerdings klar hervor, dass sich Hauser tatsächlich nicht nur bei dieser einen Gelegenheit feindselig geäußert hat.)

So wie Elizabeth Evans – und übrigens auch Feuerbach – Hauser lobt, weil er ohne Zorn war, so auch deshalb, weil bei ihm kein sexuelles Verlangen vorhanden schien. Wenn Hauser als Repräsentant von »Unschuld« erscheinen sollte, dann musste klar verneint werden, dass er ein sexuelles Verlangen und leidenschaftliche Gefühle gehabt habe. Hauser wird bei diesem Bild eines Unschuldigen zu einem merkwürdigen Neutrum. Ihm werden aktive und leidenschaftliche Reaktionen abgesprochen, stattdessen erscheint er als ein passiv Wahrnehmender – ist jemand, der anderen kundtut, wie man die Welt in einer bestimmten Betrachtungsweise sieht. Diese Passivität ist ein wesentlicher Faktor bei der Beurteilung von Hausers Geschichte gewesen, denn sie nährt die Vorstellung von ihm als Leidenden. Selbst Feuerbachs ständiges Lob für Hausers Gehorsamkeit kann dem zeitgenössischen Leser als eine Billigung von Fügsamkeit erscheinen, was uns heute einfach als eine Verneinung des Lebens vorkommt.

Wir verstehen heute, warum Elizabeth Evans auf Hausers Keuschheit bestand, denn wir kennen ja Freuds Darstellung von der Sexualität bei Kindern, aber auch ohne Freud erscheint dem Leser die ständige Wiederholung dieses Aspekts merkwürdig. Es ist, als ob Frau Evans sich Hauser deshalb als Unschuldigen wünscht, weil sie ihn jenseits des Körpers haben (dem Körper eines erwachsenen Mannes) und ihn als jemanden darstellen möchte, der physisch wie auch geistig gefangen gesetzt war. Über das ursprünglich Gute in Hauser stellt sie die Gleichung auf, bei ihm gehe die »perfekte Unschuld der Seele« mit »schlafenden« sexuellen Instinkten einher. Als weiteres wird Hauser ein Interesse an Frauen nur in Bereichen zugebilligt, die nichts Sexuelles beinhalten, wie zum Beispiel das Kochen und Reinemachen. Seine Ansichten über Frauen waren völlig chauvinistisch: »Während er anfangs die Frauen von den Männern nur anhand ihrer Kleidung unterschied, schien er sie jetzt danach zu beurteilen, welche Kapazitäten jeder hat, um geistig etwas zu erreichen und nach der allgemeinen Nützlichkeit eines jeden, was sehr zum Vorteil der männlichen Rasse ausfiel [...] Seiner Vorstellung nach war eine Frau eine eitle, träge, nutzlose Kreatur, die in weiblicher Aufmachung herumlief.«[39] Von Tucher, Hausers früherer Betreuer, beschrieb Hauser so: Er ist, »wie wir uns jemanden aus dem Paradies vor dem Fall vorstellen; ein wertvoller, einzigartiger Mensch, eine Verkörperung, an die man sich immer erinnern wird, die wie ein himmlischer Lichtstrahl auf diese unreine, herabgewürdigte Welt von Sündern fällt«.[40] Durch diesen paradiesischen Zustand unterscheidet sich

Hauser von den anderen Kindern, die alle von den Bedingungen der Gesellschaft gekennzeichnet sind. Deshalb kann Elizabeth Evans auch in dem Fall, wo Hauser mit dem Dienstmädchen flirtet, wieder nur seine unbefleckte Unschuld erblicken: »Welche anderen Fehler ihm auch gerechterweise zur Last gelegt werden könnten, in sexuellen Dingen blieb er bis zuletzt unschuldig, war sich dieser Sache nicht bewusst und konnte deshalb nicht in Versuchung geraten.«[41]

Hausers neue Bewacher glaubten diesen leuchtenden Bildern von seiner engelhaften Jugend allerdings nicht. Sie misstrauten ihm zunehmend und mochten ihn immer weniger, sahen ihn als jemanden, der täuscht, wechselhaft und unaufrichtig ist. Aus dem Schreiben von 1890, das die Herzogin von Cleveland zur Verteidigung ihres Vaters verfasst hat, ist zu ersehen, was man von Hauser hinsichtlich seines unfesten Charakters gehalten hat:

In einem Bericht an die Polizeibehörden von 1834 zeichnet Meyer von Hauser das merkwürdige Bild, dass er die Kraft zum Heucheln besessen habe. Er konnte zu verschiedenen Zeiten so anders sein, dass keiner glauben konnte, es sei dieselbe Person. Und Feuerbach beschreibt treffend seine Natur als »chamäleonartig«. Denen, die täglich um ihn herum waren, zeigte er ein neutrales und gewöhnliches Gesicht, was sich aber sofort änderte, wenn in Gesellschaft war. Wenn man ihn manchmal allein in seinem Zimmer überraschte, sah sein Gesicht düster und verdrießlich aus und um Jahre gealtert; es änderte sich wie durch einen Zauber im selben Augenblick, wo er wahrnahm, dass er beobachtet wurde. Sein Gesicht passte sich der Gelegenheit an: Manchmal zeigte es große Einsicht wie von einem wachsamen Zuhörer, dann wieder strahlte es vor Leidenschaft und Sympathie, und wenn man ihn getadelt oder verärgert hatte, war aus seinen Zügen unmissverständlich übles und rachsüchtiges Temperament abzulesen.[42]

Dieser Proteus Hauser mag als geborener Heuchler erschienen sein, als jemand, der sich sogar frei fühlte, was die Kontinuität seiner Identität betraf. Bei ihm löschte der eine Geisteszustand den anderen aus; man hatte es bei ihm also nicht mit einer Abfolge von Stimmungen zu tun, sondern eher mit einer Abfolge verschiedener Gesichter.

Als das Misstrauen seiner Bewacher immer stärker wurde, wurde Hauser in seiner Position zunehmend belagert und schien ständig bedroht, dass man ihn als Heuchler, der er nun war oder nicht war, bloßstellen würde. Die Dinge wurden für Hauser nach Feuerbachs plötzlichem Tod – einige Tage nach Hausers Konfirmation – zunehmend schlimmer. Dieser Schlag traf ihn in den Pfingstferien des Jahres 1833, genau fünf Jahre nach seinem ersten Erscheinen in Nürnberg. Jetzt hatte Hauser also seinen weisesten Führer verloren. Der junge Mann war jetzt Leuten überlassen, die alle seine Behauptungen zunehmend anzweifelten. Als Unterstützung hatte er nur noch Daumer und Tucher, die aber weit entfernt, in Nürnberg, lebten.

Vor Feuerbachs Tod war Stanhope zu einer Reise durch Europa aufgebrochen und hatte Hauser in Ansbach zurückgelassen. Diese Reise wollte er vor seiner Rückkehr nach England, wohin er Hauser mitnehmen wollte, erledigt haben. Während Stanhope auf Reisen war, nahm Hauser eine Arbeit als Kopist in einem Anwaltsbüro an. Im Dezember 1833 bemerkten seine Wächter eine merkwürdige Veränderung im Benehmen des jungen Mannes. Er erschien ihnen zerstreut und gedankenverloren. Am 9. Dezember kam es zwischen Meyer und Hauser zu einer hitzigen Debatte. Der Streit endete damit, dass Meyer damit drohte, Stanhope bei dessen Rückkehr von der Reise alles über Hausers unzählige Täuschungen zu berichten. Hauser wurde mürrisch und verhielt sich reserviert und lehnte es in den folgenden Tagen ab, Meyer die Hand zu schütteln. Am 11. Dezember teilte Hauser der Frau Hickel mit, dass er mit einem Bekannten verabredet sei und sie sich die Bohrung der artesischen Quelle im unbewohnten Schloss anschauen wollten. Frau Hickel meinte, er solle nicht dorthin gehen, sondern stattdessen zu einem anderen Freund, der einen Ball gab. Hauser folgte ihrem Rat und ging zum Ball, wo er auch tanzte und sich großartig amüsierte.

Am 14. Dezember verließ Hauser das Büro am Nachmittag. Nach dem Abendessen begab er sich zu dem Geistlichen, Pastor Fuhrmann, dem er beim Anbringen der Weihnachtsdekoration helfen wollte. Als sie damit fertig waren, verließen beide Männer gemeinsam das Haus, aber Hauser entschuldigte sich und sagte, dass er noch eine Verabredung mit einer jungen Freundin habe. Anstatt sich aber zu seiner Freundin hin aufzumachen, ging Hauser direkt in die Gärten des unbewohnten Schlosses in Ansbach. Es hatte einige Tage zuvor zu schneien begonnen, und der Schnee lag wegen der starken Kälte noch. Hauser sagte später, dass er dorthin gegangen sei, um einen rätselhaften Fremden zu treffen, der ihm versprochen hatte, Auskunft über seine Geburt zu geben. Der Fremde wollte an der artesischen Quelle auf ihn warten. Als er dort ankam, war da aber niemand, und so wanderte Hauser, trotz der Kälte, zum Monument herüber, das an den Dichter Johann Peter Uz erinnert. Dort wartete ein Mann auf ihn, und beide gingen zusammen durch den Schnee zu einem ruhigen Ort unter den winterlich kahlen Bäumen. Der Mann tat so, als wolle er Hauser einen Brief übergeben, aber er stach ihn plötzlich fest in die Brust und rannte davon.

Hauser schaffte es, trotz seines starken Blutens, sich nach Hause zu begeben. Er fand dort Meyer vor, dem er aufgeregt erzählte, dass ihm ein Fremder im Park in die Brust gestochen habe. Vielleicht hatte Meyer das Ausmaß der

Verletzung nicht erkannt, jedenfalls zweifelte er Hausers Worte an und veranlasste ihn, mit ihm zusammen zurück in den Park zu gehen, um ihm zu zeigen, wo der Überfall stattgefunden habe. Noch bevor sie aber den Park erreichen konnten, brach Hauser zusammen und musste nach Hause zurückgebracht werden. Den Mörder hat man nie gefunden. Hauser starb drei Tage später. Er war während dieser Zeit zumeist hellwach und in der Lage, sich mit den Umherstehenden zu unterhalten. Als es aber mit seinem Leben zu Ende ging, wurde er zunehmend müde und erzählte zusammenhanglos. Sein Ende sah so aus:

Als Pastor Fuhrmann erkannte, dass Hausers letzter Augenblick gekommen war, neigte er sich über Kaspar und sagte zu ihm: »Vater, nicht mein Wille« und Kaspar setzte fort »sondern Dein Wille geschehe«. »Wer hat diese Worte gesprochen?«, fragte der Geistliche. »Der Heiland«, war die Antwort. »Wann?« »Als er starb.« Nach einer kurzen Pause murmelte Kaspar: »Ich bin müde, sehr müde, und ich habe noch einen langen Weg vor mir!« Dann drehte er sein Gesicht zur Wand und verschied.[43]

Am 28. Dezember veranstaltete Pastor Fuhrmann den Begräbnisgottesdienst. Eine große Menschenmenge folgte dem Leichnam zum Grab.

IV Die Familienromanze

Ich wartete bis nahezu fünfzig im Glauben an Wunder.
Wie bei der aus Blechbüchsen gefertigten Zeitanzeige,
die Bastler verfertigt haben. So lange darauf, dass sich die Luft
aufklart, die Zeit verwirrt wird und das Herz leicht wird.

Seamus Heaney, aus: *Fosterling*

Es sind zwei Geschichten in diesem verzerrten Porträt Hausers, er tritt mit zwei Gesichtern vor die Welt. In der einen ist er ein heldischer Schwindler, der sich seine Rittergeschichte selbst konstruiert hat, ist ein verarmtes Kind: was sich von der dunklen Armut bis hin zum besonderen Schicksal solcher außergewöhnlichen Menschen erstreckt. Dieser Hauser ist ein Lügner, entweder aus dem Impuls heraus oder ganz absichtlich. Seine Erscheinung ist ein Trugbild, sein Körper und sein Gesicht sind verwirrende und rätselhafte Zeichen. In der anderen Geschichte wird derselbe junge Mann allerdings zum verlorenen Prinzen einer wundersamen Geschichte. Sein Schicksal und seine Geschichte sind Beweis dafür, wie sehr ein Königssohn im Exil leiden muss, er ist das in den Gefängnisturm geworfene Kind.

Die Sympathisanten Hausers hatten beständig daran festgehalten, dass sein ungewöhnlicher Bericht über sein früheres Leben stimme. Sie waren darauf aus herauszufinden, warum solch eine unergründliche, unnötige Strafe einem Kind auferlegt wurde. Und was sie als Grund herausfanden war, dass Hauser schon, ehe man ihn ins dunkle Loch steckte, das seine Höhle und sein Heim werden sollte, jemand Besonderes und Außergewöhnliches war. Sie behaupteten, Hauser sei niemand Geringeres als ein Kind königlichen Bluts, wahrscheinlich der verloren gegangene Erbe auf den badischen Thron, und so zum unschuldigen Opfer von höfischen Intrigen und aristokratischen Ränkespielen geworden.

Nach dieser Lesart der Geschichte Hausers waren Stanhope und wahrscheinlich auch Meyer und Hickel in die Machenschaften der königlichen Familie eingeweiht, waren durch Geld angeheuert und sollten den lebenden Beweis in dieser Verschwörung beseitigen. War Stanhope tatsächlich dieser herzlose Schurke wie in alten Romanzen, der dem Jungen vorgeblich Liebe entgegenbrachte, ihn aber nach vertraglicher Vereinbarung umbringen sollte?

Stanhope hatte allerdings seine eigene Theorie über den wirklichen Kaspar Hauser. In einem Buch, das Stanhope drei Jahre nach dem Tod des jungen Mannes schrieb, behauptete er, dass der Junge nach Nürnberg als karrieresüchtiger Bauer gekommen war und sich vom Rittmeister barmherzige Zuwendung erhofft hatte, vielleicht sogar Unterstützung finden wollte, um eine militärische Karriere beginnen zu können.[44] Als sich aber die Ereignisse merkwürdig gestalteten, war Hauser bald bereit, die kursierende Auffassung zu übernehmen, die besagte, er sei ein spezielles und einzigartiges Naturkind. Bei dem Versuch, Sympathien zu erlangen, verfing er sich schnell in Schwindeleien und musste das über Jahre hinweg aufrechterhalten:

> Er verwickelte sich auch immer mehr in die Geschichte, die man über ihn mutmaßte; und je länger er diese Rolle spielte, desto schwieriger musste es für ihn sein, sich dort wieder herauszuziehen; bis er sich schließlich damit zufrieden gab und, wie Professor Daumer (in einem Artikel in der Universitätszeitung vom 6. letzten Monats) festgestellt hat, »Lügen und Täuschung für ihn zur zweiten Natur geworden waren«.[45]

Stanhope hatte sogar einen abweichenden Bericht über die Todesumstände Hausers. Nach seiner Version hatte Hauser sich nach einem Streit mit Meyer entschlossen, sich selbst zu verletzen, um die Sympathie und die Aufmerksamkeit der Herumstehenden zurückzuerlangen. Er spazierte allein in den Park und schob sich dort langsam das Messer durch seinen dick gepolsterten Mantel. Als das Messer bis zur Haut durchgedrungen war, habe er versehentlich zu stark zugestoßen. So drang das Messer sehr viel tiefer ins Fleisch, als beabsichtigt, ganze fünf Zentimeter. Er hatte sich die Todeswunde unabsichtlich selbst beigebracht.

Um diese Möglichkeit erhärten zu können, präsentiert Stanhope in seinem Buch alles in Art einer Gerichtsuntersuchung – in dieser Form ist es auch implizit eine Kritik an der Rolle Feuerbachs in Hausers Leben. Stanhope unterstellt dem ehrwürdigen Richter damit, dass er sich hier nicht unparteiisch verhalten, sondern zum Anwalt von Hauser gemacht habe. Anhand dieser Analogie übernimmt Stanhope für sich sowohl die Rolle des Staatsanwalts wie die des unparteiischen Beobachters. Stanhope trägt bei dem Versuch, Hausers Geschichte umzukippen, einige schlaue Punkte vor, die sich besonders auf einige absurde Experimente, die am Jungen durchgeführt wurden, beziehen. Andererseits führt ihn aber umgekehrt seine Argumentation selbst ins Absurde. Das Problem mit der These von der Täuschung ist einfach die, dass sie genauso fantastisch ist wie Hausers Geschichte selbst. Hatte Stanhope sich wirklich vorgestellt, dass ein kaum erzogener Bauernjunge über Jahre hinweg so intelligente Leute wie Feuerbach und Daumer hat täuschen können?

Für solch täuschendes Verhalten gab es allerdings Beispiele aus der Vergangenheit. Stanhope verwies auf den merkwürdigen Fall von Caraboo, wo es um eine »wilde« Person, das verarmte englische Mädchen namens Mary Baker, ging:

1817 oder 1818 tauchte an der Südwestküste Englands eine weibliche Betrügerin auf, die in einem nicht weit entfernten Ort geboren war und die zwei Jahre zuvor in der Verkleidung als Mann auf einem Landgut angestellt war und anschließend die Bekanntschaft von Zigeunern gemacht hatte. Sie erschien unter dem Namen *Caraboo* als gebürtige Inderin und verwendete eine unbekannte Sprache und Schrift. Sie schien bei ihrer Ankunft sehr matt zu sein. An ihren Händen konnte man sehen, dass sie keine schwere Arbeit kannte. Sie aß kein Fleisch, trank nur Wasser und hatte den größten Horror vor Wein und alkoholischen Getränken. Sie war äußerst nett gekleidet, hatte ein sehr bescheidenes Benehmen und machte mit ihrem Auftreten einen so vorteilhaften Eindruck, dass keiner bei ihr Betrügerei vermutete. Nachdem ein englischer Arzt, mit dem ich bekannt war, diesen Betrug aufgedeckt hatte, gab sie zu, dass sie diese Rolle ohne irgendeine Vorbereitung gespielt habe, vielmehr alles aus den verschiedenen Beobachtungen, die man in ihrer Gegenwart machte, gelernt habe, von denen man annahm, sie würde nichts davon verstehen.[46]

Könnte das, was Caraboo fertig gebracht hat, nicht auch Hauser getan haben? Es könnte ja sein, dass Caraboo und Hauser die Rolle des exotischen Fremden, des »Wilden« im eigenen Land, deshalb spielen konnten, weil sie ein Publikum hatten, das es bereitwillig aufnahm, wenn ihre Fantasien über das Primitive vor ihnen ausgespielt wurden. Der Betrüger wie auch der Betrogene trugen ihren Teil dazu bei, dass die Lüge von der Fremdheit geglaubt werden konnte: Jeder brauchte für sich die Verbindung mit jener schwer fassbaren Qualität einer außergewöhnlichen Sache. Bei den urbanen Beobachtern bestand die Möglichkeit, dass sie an Wunder glaubten. Und für Hauser und Caraboo war der Lohn, den sie für ihr exotisches Erscheinen erhielten, ganz unmittelbar. Aus Caraboos Autobiografie – die diese glücklose Mary Baker diktiert hatte – geht hervor, dass sie in ihrem Leben wahllos Leiden erlebte und äußerste Armut kannte. Für Mary Baker war die Verwandlung in Caraboo ein Theaterspiel, allerdings von der Art, dass es für sie das Überleben bedeutete, und sie wurde zur Kenntnis genommen und fand Rettung. In ihrem verzweifelten Zustand schien das der einzige rettende Ausweg zu sein.

Stanhopes Schuld oder Unschuld in Bezug auf Hauser lässt sich jetzt nicht mehr beweisen, obwohl es unter den Experten, die über Hausers Fall geschrieben haben, immer noch Leute gibt, die ihn beschuldigen, wie z. B. Mayer und Masson. Sie argumentieren überzeugt, dennoch passt keines der Bilder, die über Stanhope erstellt werden – als übel wollender melodramatischer Schurke oder als getäuschter, aufrechter englischer Lord – so ganz richtig. Ob Stanhopes Handlungen betrügerisch oder ehrlich waren, ist heute schwer zu begreifen. Vielleicht verhielt sich Stanhope gegenüber Hauser zur eigenen Rechtfertigung unbeständig (so wie er sich ja auch in seiner Ehe verhalten hatte). Er hatte das von seinem Vater geerbt, der ja den ihn Nahestehenden gegenüber sehr wechselhaft war, einmal extrem freundlich und dann unerbittlich hasserfüllt. Indem er dieses geschädigte Verhältnis und das schädigende Verhalten auf andere übertrug, war der Tag, als Earl Stanhope Hauser zum ersten Mal vorgestellt wurde, für den Jungen ein Unglückstag.

Unabhängig davon, welche Auswirkungen Stanhope auf Hauser wirklich hatte, gibt es eine Menge Schwachstellen in der Theorie von der Verschwörung gegen Hauser als einem unbedarften und bedrohten Prinzen. Leute aus der späteren Zeit, die weniger romantisch an die Sache herangingen, haben die Geschichte von Hauser als ausgesetztem Prinzen schnell als reine Fabel abgetan. So zum Beispiel der schottische Anthropologe und Folklorist Andrew Lang, der 1893 über Hauser schrieb und das als unglaubwürdig darstellte:

Die Herzogin von Cleveland hat ihr Buch *Kaspar Hauser* zur Verteidigung ihres Vaters, Lord Stanhope, geschrieben. Die Vorwürfe gegen Lord Stanhope, er habe beim Niedermetzeln Hausers Hilfe oder Vorschub geleistet, weil Kaspar der wahre Erbe des Hauses Baden war – sind kindisch und auch boshaft. Die Herzogin berücksichtigt nicht, dass wir Schwierigkeiten haben, wenn wir uns Kaspar als einen absoluten und völligen Betrüger vorstellen sollen. Hier ist allerdings nicht der Ort, wo wir Rätsel der Geschichte erörtern; diese »wahre Geschichte« wird uns als eine Fabel vorgetragen, die auf Tatsachen gründet; die Hypothese, dass Kaspar der Sohn und Erbe des Hauses Baden gewesen sei, scheint für den Herausgeber jedenfalls jeden Beweises zu entbehren.[47]

Als Lang zum ersten Mal über den Jungen schrieb, ging er mit Unglauben an die Sache und war gleichzeitig aber bereit, die Geschichte als »eine Rittergeschichte« wiederzugeben. Als er dann 1904 noch mal über den Fall Hauser schrieb, ging er geradezu angriffslustig gegen die romantischen Züge in der Geschichte vor. Lang fängt damit an, dass er zur Baden-Theorie Stellung nimmt: »Ich führe zuerst die Theorie der zweiten streitenden Partei an, die glaubte, dass Kaspar einer der Großen sei: Ich verwende dazu eine Sprache, die so romantisch ist, wie ich es überhaupt nur hinbekommen kann.«[48] Es zeigt sich, dass er tatsächlich über eine sehr romantische Sprache verfügt: »Dunkelheit in Karlsruhe! Wir haben die tiefe Mitte der Nacht erreicht: 15. Oktober 1812. Lauschen wir den Schlägen der zwölf Stunden, wie sie von der Schlossuhr nacheinander ertönen und stellen wir uns die vor, die bereits vorbeigegangen sind!«[49] Auf diese Art fährt er über einige Seiten hin fort. Natürlich ist das alles nur eine Persiflage, durch die die romantischen Elemente in Hausers Geschichte ausgemalt und lächerlich gemacht werden sollen. Besonderen Gefallen findet Lang an der »Weißen Dame von Baden«, einem Geist, der immer dann im Schloss zu Baden erschien, wenn einer der königlichen Familie im Sterben lag, und den man mit dem angeblich 1812 verschwundenen Kind, dem Erben auf den Thron, in Verbindung brachte.

Bezeichnend für Lang, wenn er über Hauser schreibt, ist, dass er sich dem Mythos entfremdet, aber auch hingebungsvoll zuwendet. Es ist durchaus möglich, dass bei denen, die sich im späten 19. Jahrhundert um die Entlarvung bemühten, hintergründig eine anti-deutsche Haltung vorhanden war. Dabei bildete dann die hochfliegende deutsche Romantik einen unguten Kontrast zu dem guten Verstand der Engländer (anders allerdings als bei Rupert Brook, der in seine Dichtungen deutsche Begriffe einbaut, z. B. »Das Betreten ist verboten«). Lang appelliert daran, die Rittergeschichten in diesem Fall durch Wahrscheinliches zu ersetzen:

So habe ich also kurz und, wie ich empfinde, eindrucksvoll die Geschichte von Kaspar Hauser, dem »Kind Europas«, skizziert, wie sie von verschiedenen ausländischen Verfassern wiedergegeben wurde, sowie 1892 von Miss

Elizabeth E. Evans. Was aber die »authentischen Aufzeichnungen« anbelangt, auf die die Parteigänger Kaspar Hausers ihre Version stützten, so sind diese anonym, ist deren Echtheit nicht bestätigt und sind sie durch die Ergebnisse einer Verleumdungsklage 1883 diskreditiert worden, sind also, kurz gesagt, wertlos und unverschämter Unfug.[50]

Lang geht sogar so weit, dass er Feuerbach direkt kritisiert:

1832, vier Jahre nach Hausers Erscheinen in der Öffentlichkeit, erschien ein Buch über ihn von Paul Johann von Feuerbach. Der Mann war gewaltig, war Professor, und obwohl er Gesetze reformiert hat und gelernter Jurist war, war er zum Zeitpunkt, als er schrieb, ein »nervöser Kranker«, und starb auch bald danach an Lähmung (oder an Gift, wie es die Anhänger Hausers behaupteten). Er näherte sich einem Lebensabschnitt, in dem von englischen Juristen Bücher darüber verfasst wurden, dass Bacon Shakespeare gewesen sei, und deren Argumente waren genau wie seine.[51]

Lang zog Feuerbachs Beweisführung wie auch die Folgerichtigkeit seiner Darstellung in Zweifel. Seine Worte über Frau Evans sind sogar noch härter. Erst macht er sie lächerlich und dann erklärt er, sie solle sich glücklich schätzen, dass in England (anders als in Deutschland) gegen Verleumder von bereits Verstorbenen keine Klage mehr geführt werden könne.

Es ist doch allerdings Stanhope, der uns Hausers Geschichte im Sinne einer Rittergeschichte betrachten lässt, wenn er Hausers Aufrichtigkeit und Feuerbachs Methoden angreift:

Bevor ich aber die offiziellen Dokumente betrachten möchte, muss ich etwas auf Feuerbachs Rittergeschichte eingehen. Er selbst fing in seiner letzten Lebensperiode damit an, gestützt auf seine Erfahrungen, die Richtigkeit von Hausers Erzählungen zu bezweifeln. Das habe ich von einem Zeugen erfahren, der in jeder Hinsicht glaubwürdig ist, und der mir sagte: ›Vielleicht hat Feuerbach in seinem hohen Alter eine Rittergeschichte geschrieben.‹ Er hat jedoch nicht zugelassen, dass die Angelegenheit weiter untersucht wird, und hat nichts getan, um die Irrtümer richtig zu stellen, die er selbst verbreitet hatte, und um Licht auf eine Geschichte fallen zu lassen, die durch seine Autorität großes Gewicht erhalten hatte.[52]

Stanhope hatte Feuerbach mit der Charakterisierung von dessen Text als Rittergeschichte offensichtlich beleidigen wollen, es handelte sich dabei aber auch um eine scharfsinnige Kritik. Stanhopes Werk selbst kann man als Anti-Rittergeschichte einstufen, da er hier an die »Fakten« appelliert und somit die originale Fabel herausgefordert wurde. Bei diesem Angriff Stanhopes auf den fabulösen Zug in Hausers Geschichte lässt sich aber auch erkennen, dass er Feuerbachs Text schlecht gelesen hat – mit anderen Worten als jemand, der bereits instinktiv ablehnend an die Umstände einer solchen Geschichte herangegangen ist. Was aber Stanhope von diesem Vorwurf entlastet, ist, dass er sowohl wie Feuerbach dasselbe Ziel hatten: Nämlich Aufklärung zu erlangen über Hausers Herkunft und über dessen Selbst. Stanhope greift Feuerbach an, weil dieser aus Hausers Leben eine romantische Geschichte zu machen versucht, und er verdammt das, weil nach seiner Meinung aus solchem Unterfangen eine sträfliche Verkehrung der Wahrheit hervorgeht: »Eine solche Verfälschung der Geschichte, wie in den oben erwähnten Punkten aufgezeigt, wäre zu erkennen gewesen, wenn Feuerbach ein romantischer Schriftsteller oder ein Dichter gewesen wäre. Für einen Richter ist es jedoch nicht zulässig und auch nicht zu verzeihen, wenn er mit seinen Füßen auf der Wahrheit, die ihm ein Heiliges sein sollte, herumtrampelt, um seine Theorie zu verteidigen.«[53] Stanhope erweist den Fakten in dem Punkt allerdings keinen Dienst, wo er nicht anerkennen kann, dass die Wirklichkeit manchmal den Charakter einer Fabel annimmt – etwas, was besonders in solcher Gesellschaft leicht vorkommen kann, die von Romanzen fasziniert ist. Wenn man im Leben Kunst imitiert, kann das sehr wohl die wirklichen Ereignisse bestimmen.

Nahezu sechzig Jahre später verwendet die Herzogin von Cleveland zur Entlastung des Earl of Stanhope vom Mordvorwurf an Hauser dieselben Argumente. Sie schreibt: »Und bei all dem kann es tatsächlich keinen Zweifel am Ergebnis geben. Nicht die hochgesponnene Rittergeschichte, sondern die nüchterne und einfache Wahrheit gelangt schließlich ans Tageslicht.«[54] Aus der Art, wie darüber argumentiert wird, wird klar, welche Rolle Hauser, der sich auf der Fehlergrenze zwischen romantischer und nüchterner Betrachtung befindet, einnimmt. Was bei der Darstellung über Hauser auf dem Spiel steht, ist jene Weltsicht, die das Wunderbare, das Merkwürdige und das Numinose einschließen kann. Kurz gesagt gibt es Hauser, weil er beweist, welchen Wert eine Rittergeschichte hat, beziehungsweise welcher Irrtum in einer solchen Sache liegt.

Warum aber sollten die ersten Beschützer Hausers sich mit ihrer Absicht, etwas über ihn zu erklären, auf die Linie der alten Romanze begeben haben? Hausers Geschichte, wie Feuerbach sie interpretiert, versetzt uns zurück zu jenen Erzählungen über die ausgesetzten Königskinder, mit denen unser Buch begann. Wir kehren hier zu den anfangs erwähnten Ursprüngen jener Geschichten im Ödipus- oder Romulus-Mythos zurück. In Hausers Fall stellt sich diese Verschwörungsgeschichte als – wie man es genannt hat – »Baden-These« dar.

Diese Geschichte lautet folgendermaßen: Hauser, so hieß es, sei in Wirklichkeit der rechtliche Erbe des Throns in Baden, welches in den 1820er und 1830er Jahren noch ein unabhängiges Königreich war. Die Vermutung war, er sei im herzoglichen Schloss in Karlsruhe geboren, das Kind von Stéphanie de Beauharnais (der Nichte von Napoleons Frau Joséphine) und Karl, dem zügellosen Großherzog von Baden. Rivalisierende Thronanwärter raubten Hauser kurz nach seiner Geburt und legten an seiner Stelle ein todkrankes Baby in die Wiege. (Alle Seiten stimmen darin überein, dass Stéphanie, der das Kind geraubt worden war, das gestorbene Kind nie zu sehen bekommen hat.) Hauser, der rechtmäßige Erbe, hat dann viele Jahre in völliger Isolation gelebt und ist, ohne irgendetwas über seine Rechte zu wissen, von – wie in solchen Geschichten üblich – einem bescheidenen Bauern aufgezogen worden. Das ging so mit ihm fort, bis man es für angebracht hielt, den Jungen los zu werden, und er wieder in die Welt entlassen wurde, wobei man annahm, er würde eine Karriere als Soldat machen. Unglücklicherweise kippte dieser Plan, denn anstatt in aller Stille ins militärische Leben einzutreten, wurde Hauser zu einer Berühmtheit und zog das Interesse in ganz Europa auf sich. Da sich die Ereignisse so entwickelten, fühlten sich die, die ihn anfangs geraubt hatten, gezwungen, Hauser zu töten, damit nicht durch ihn der Hinweis auf ihr Komplott geliefert und entdeckt würde.

Die Herzogin von Cleveland ist als Tochter Stanhopes vielleicht kein unparteiischer Zeuge, sie behauptet aber, dass Stéphanie von der Geschichte von Hausers Einkerkerung gewusst und diese geglaubt habe. Ihr gefiel Feuerbachs Buch über den Jungen, und sie hatte Stanhope gegenüber bemerkt, dass sie es ins Französische übersetzen wollte. »Sollte ihr aber je zu Kopfe gekommen sein, dass dieses phänomenale Wesen ihr eigenes Kind war, dann hat sie das prompt wieder als ›unmöglich‹ zurückgewiesen.«[55]

Das Komplott scheint etwas Fantastisches gehabt zu haben, aber es gab in den 1830er Jahren sowohl in den deutschen Staaten wie auch in England Anhänger dieser Theorie. In einem Artikel über die sozialen Zustände in Deutschland in *The London Dispatch* vom 8. April 1838 heißt es, dass es in Baden zu Unmutsäußerungen über die Thronbesteigung des neuen Herzogs gekommen ist:

> Der gegenwärtige Großherzog Leopold kam 1830 an die Macht. ... Kaspar Hauser, der in den folgenden Jahren in Ansbach in Bayern ermordet wurde, war zu der Zeit am Leben und wurde in ganz Deutschland als Sohn des Großherzogs Karl – der 1819 gestorben war – und dessen Frau Stéphanie Napoleon angesehen, und demnach als der legitime Erbe auf den Thron von Baden betrachtet ... Da der Großherzog Ludwig, der Baden von 1820 bis 1830 regierte, ein berüchtigt lasterhaftes Leben führte, nahm

man vernunftgemäß an, er sei zu allen Greueltaten fähig, womit der Bericht, dass er den legitimen Erben aus dem Weg schaffen ließ, um selbst das Erbe anzutreten, glaubwürdiger erschien.[56]

Über 50 Jahre danach erzählt Elizabeth Evans dieselbe Geschichte in der gleichen Weise, aber in Feuerbachs Version besitzt sie einen seltsameren Ausdruck. In dem Bericht des alten Richters liegt diese romantische Verschwörung wie bei einem Palimpsest vor, ist nämlich eine Geschichte, die unter der Oberfläche liegt. Deshalb führt Feuerbach den Bericht der Rittergeschichte hauptsächlich über indirekte Anspielungen in seine Geschichte ein. (Seine Annahmen über Hausers Geburt hat er direkt in einem Text, betitelt mit »Memoire über Kaspar Hauser«, niedergelegt. Er verfasste ihn 1832 als Brief an die Königin Karoline von Bayern; das Dokument wurde erst 1852 veröffentlicht.)[57] In Feuerbachs Erzählung gibt es drei solcher Hinweise, und in jedem Fall verweist Feuerbach auf Calderóns Romanze aus dem 17. Jahrhundert, *La Vida es Sueño* (Das Leben ein Traum). Nur im Epigramm zum Werk werden die Eröffnungszeilen von Calderóns Stück zitiert, bei den anderen beiden Stellen handelt es sich um im Text versteckte Bezüge.[58]

In Calderóns Stück wird Fürst Sigismund von Polen von seinem Vater in einen Turm eingesperrt und lebt dort in völliger Isolation, weil seinem Vater geweissagt wurde, dass sein Sohn eines Tages ein fürchterlicher, mordender Tyrann sein werde. Als der Fürst ins Erwachsenalter kommt, wird er für kurze Zeit entlassen und darf für einen Tag als König regieren. Es scheint jedoch so, dass sich die Prophezeiung bereits an diesem Tag erfüllt, denn Sigismund tötet in einem blinden Wutanfall einen Diener. Er wird in den Turm zurückgeführt, und als er aufwacht, erzählt man ihm, dass er die Vorfälle nur geträumt habe. Er erlebt Schuldempfinden wegen dieser Tat, obwohl er annimmt, es habe sich tatsächlich nur um einen Traum gehandelt. Er kommt zu dem Schluss, dass man sogar in Träumen moralisch verantwortlich handeln müsse. Als die Bewohner Polens davon hören, dass Sigismund im Turm eingesperrt ist, rebellieren sie und setzen ihn auf den Thron. Jetzt besitzt Sigismund die Macht über seinen Vater und seine Gefängniswärter. Er übt aber keine Rache gegen sie, weil er nämlich humanistisch gesonnen ist und immer noch fest daran glaubt, dass alles, was ihm zugestoßen war, ein Traum gewesen sei.

Feuerbach spielt zum ersten Mal auf Calderóns Stück in dem Zusammenhang an, dass Hauser sich im Nachteil befindet, weil er von der Welt isoliert lebt. Beim zweiten Mal erfolgt die Anspielung im Zusammenhang mit Feuerbachs privater Annahme über Hausers Herkunft. Er schreibt dort, dass er sich erhofft, es würden diejenigen, die Hausers Leben zerstört haben, zur Rechenschaft gezogen:

Allein dem Arme der bürgerlichen Gerechtigkeit sind nicht alle Formen, noch alle Höhen und Tiefen erreichbar, und bezüglich mancher Orte, hinter welchen sie den Riesen eines solchen Verbrechens zu suchen Gründe hat, müßte sie, um bis zu ihm vorzudringen, über Josua's Schlachthörner, oder wenigstens über Oberons Horn gebieten können, um die mit Flegeln bewehrten hochgewaltigen Kolossen, die vor goldnen Burgthoren Wache stehen und so hageldicht dreschen, daß zwischen Schlag und Schlag sich unzerknickt kein Lichtstrahl drängen mag, für einige Zeit in ohnmächtige Ruhe zu bannen.

Doch was verübt' die schwarze Mitternacht
Wird endlich, wenn es tagt, an's Sonnenlicht gebracht.[59]

Die letzten Zeilen sind aus Calderón zitiert. Ein solch umsichtiges Vorgehen war keinesfalls bloß eine literarische Spielerei im repressiven Metternichschen Europa: Und so ist also Feuerbachs Vermutung über Hausers Herkunft nur in einem Zitat verborgen, das selbst über Verborgenes handelt. Manche hielten diesen kunstvollen Versuch, etwas zu sagen und nicht zu sagen, für nicht hinreichend, um Feuerbach von den Folgen solcher Mutmaßungen freizuhalten. Es kamen Gerüchte auf, dass Feuerbach von Agenten des Herzogs, der sich des Throns ermächtigt hatte, vergiftet worden sei. Diese Gerüchte gelangten sogar bis nach London. In dem bereits zitierten Artikel aus *The London Dispatch* wird eine versteckte Andeutung über das Schicksal des alten Richters gemacht:

> Diese Auffassung [dass Hauser der rechtmäßige Erbe des Großherzogtums sei] gründete sich auf viele, gleichzeitig zusammentreffende Umstände und erhielt Rückendeckung durch die wachsam, aber dennoch durchsichtig vorgetragenen Andeutungen Feuerbachs, der ein angesehener Kriminalist und Präsident des Ansbacher Gerichtshofes war. Er war kurz darauf in Frankfurt an einer heftigen Kolik verstorben, die als Folgeerscheinung einer Einladung zu einem diplomatischen Empfang aufgetreten war.[60]

»Männer dürfen nicht spät noch herumspazieren.« So konnte also erst E. Evans in ihrem Text die vollen Implikationen von Hausers Romanze klar niederschreiben. Unglücklicherweise, denn, obwohl sie einen Bericht, der selbst ganz die Bedingungen einer Romanze erfüllt, schreibt, war zweifellos Feuerbach derjenige, der sich völlig der Bedeutung, die in der Romanze lag, bewusst war – und etwas Derartiges hatte er aus juristischen und politischen Gründen nicht schreiben können.

In Hausers Geschichte kehrt das thematische Muster, das wir in den früheren Fabeln vom ausgesetzten Kind beobachtet haben, auf verschiedene Weise wieder. Zunächst ist da die Frage, ob sich das ausgesetzte Kind mit Christus identifizieren lässt – die Sterbeszene Hausers, die wir oben aus E. Evans' Buch zitiert haben, drängt eine solche Identifikation auf. Dieses Bild von Hauser ist sentimental, aber es ist an sich auch – unausgesprochen – verbunden mit einer entscheidenden Annahme, nämlich, dass Hauser ohne Sünde sei. Hauser als leidenden Christus darzustellen – jemand, der unermesslich gut und Angriffen auf seine Tugend ausgesetzt ist –, ist deshalb von besonderem Interesse, weil sowohl Feuerbach wie auch E. Evans und Hauser selbst Feindschaft dem Christentum gegenüber zum Ausdruck bringen. E. Evans hat im selben Jahr, in dem ihre Schrift über Hauser herauskam, ein »freidenkerisches« Werk über die Irrtümer des Christentums veröffentlicht. Mag sein, dass sie bei ihrer feindseligen Haltung gegenüber dem Christentum jemanden wie Hauser brauchte, einen »natürlichen Menschen«, der das dem Menschen innewohnende Gute zur Schau stellt. Durch Hausers »unverdorbenes« Leben wird implizit bewiesen, dass das Gute zum Menschen wesentlich dazugehört: Auch Feuerbach dachte so und hielt Hauser für jemanden, der ein Beweis für das natürlich Gute im Menschen ist. Diese Gedanken bringen uns natürlich zurück zu Rousseaus Bild vom »Kind der Natur«. Eine solche Figur, die offensichtlich vollkommen gut ist, ruft Pathos hervor, indem sie geopfert wird und kann daher schnell die Funktion des traditionellen »Schmerzensmannes« übernehmen.

Ein anderer Gesichtspunkt könnte sein, dass durch die Verwendung der Rittergeschichte im Zusammenhang mit Hausers Geschichte über eine komplexe Form anti-monarchischer Meinungsverschiedenheiten Kenntnis gegeben werden soll. Es ist schwer, aus der Entfernung Hauser effektiv in die Politik seiner Zeit einzuordnen. Baden war, was sehr überrascht, einer der liberalsten Staaten. Allerdings ist in den liberaleren Regimes traditionellerweise Radikalismus anzutreffen. Englische Besucher hatten Ansbach, Feuerbachs Heimatstadt, in der Mitte der 1830er Jahre als eine höchst radikale deutsche Stadt erlebt, obwohl interessanterweise dieser Radikalismus darauf zurückging, dass die Bürger die königliche Familie in der Stadt hatten wohnen sehen wollen – das unbewohnte Schloss war das Symbol dafür.[61] In den deutschen Staaten gab es in den 1820er und 1830er Jahren tatsächlich bei den Bauern und der Mittelklasse Verdrossenheit. Die Bevölkerung war »durchaus bereit, das Göttliche Recht diskreditiert und die Souveräne zu einer dynastischen Gangsterbande reduziert zu sehen«.[62] Allerdings hatte man in den süddeutschen Staaten zu den Monarchen ein stärker väterliches Verhältnis. Man nahm die Könige familiär und hielt sie für zugänglich, und oft mochte und respektierte man sie.

Nichtsdestoweniger konnte der politische Radikalismus der Bürgerlichen jener Zeit in den märchenhaften Elementen von Hausers Legende still-schweigend zum Ausdruck kommen. Man hatte sich ja Mäßigung im Unmut gegen die Monarchie auferlegt, indem man zu bestimmten Monarchen, wie wir gesehen haben, eine tiefere persönliche Zuneigung fasste und sich mit ihnen identifizierte (obwohl nicht, wie es scheint, mit dem Großherzog Leo-pold von Baden). Deshalb ist möglich, dass die in den Kaspar-Texten enthal-tene radikale Agitation weder von republikanischen noch von Sympathisan-ten der modernen Demokratie herstammt, sondern aus dem Glauben an die Institution der Monarchie datiert. Das Empfinden ist, dass die Könige gut sein und angemessen regieren sollten, aber zugleich auch, dass die Monarchie angesichts des Zentralisierungsprozesses im Staat und der Modernisierung an Macht und Ansehen verliert. Die Kritik an der Monarchie, die ab 1830, 1840 laut wird, bezieht sich im Wesentlichen auf »das alberne Benehmen bzw. die Unzulänglichkeit bestimmter Herrscher«.[63] Das bedeutet nicht notwendig ei-nen Angriff auf die Monarchie, sondern kann eher den Wunsch beinhalten, dass die Institution stärker sein sollte. Bei aller »Albernheit« bleibt der König jemand, mit dem der Einzelne eine Affinität verspüren konnte – was bei den unpersönlichen und abstrakten Handlungen der bürokratischen Herrschaft nicht zu finden ist. Daher wird es zunehmend zwiespältiger, wenn man Haus-ers Legende als eine republikanische Sache lesen will. Radikales Potential geht immer zusammen mit reaktionärem Konservatismus. Und genau diese Art Sache würde man nun erwarten, in der Romanze vorzufinden. Eine Tatsache macht die Diskussion um Hausers Fabel allerdings komplizierter: Während seine Geschichte nämlich als Romanze anfängt, endet sie als Tragödie.

Kaspar Hauser gewinnt also an Ansehen durch seine Verknüpfung mit der königlichen Familie, existiert aber im Widerstreit zur Monarchie. Er wird zum Symbol sowohl des göttlichen Rechts, das Könige haben, wie auch zu dem der »Verdammten dieser Erde«. Das kommt in Werner Herzogs Film über Hauser zum Vorschein, wo der Schauspieler für die Rolle Hausers, Bruno S., selbst lange Zeit im Asyl und in Gefängnissen verbracht und als Penner gelebt hat. Auch wenn Hauser einfach nur ein karrieresüchtiger Bauer gewesen wäre (und Armut war zu jener Zeit in Deutschland ein weit verbreitetes soziales Problem), würde das immer noch zutreffen. In dieser Form hat er eine solche Position eingenommen, dass man ihn für Angriffe auf die Monarchie einset-zen kann, trotz der Tatsache, dass er nach der Baden-Theorie weiterhin der rechtmäßige Herrscher ist. Mit Hausers Legitimation kommt das Recht der Unterdrückten und Hingeopferten zum Herrschen zum Ausdruck.

War Hauser ein im Exil lebender König oder ein Lügner? Die Vorstellung von Hauser als Schwindler scheint am ehesten in die Richtung kultureller »Moderne« zu verweisen – besonders deshalb, weil Schwindel sich mit dem

Bild von Berühmtheit zu verbinden beginnt. Unabhängig von dieser Andeutung über Veränderungen im Kulturellen ist es wichtig, sich daran zu erinnern, dass Hausers Anhänger sich auf Berichtsformen stützen, die grundsätzlich und sogar herausfordernd altmodisch sind – andererseits ist das Verlangen nach Vergangenem selbst ein Zeichen der Moderne, besonders bei den Aspekten in ihr, die auf Volksgruppen-Nationalismus hinauslaufen. Die vorhandene Schwierigkeit, herauszufinden, ob Hauser ein Schwindler war oder nicht, macht aber kein solches Problem, wie man annimmt. Was durch die Thematisierung des Schwindels zu Tage tritt, ist, dass die Anhänger Hausers einen Bericht vorlegen müssten, der seine Geschichte authentisch erscheinen lässt.

Es hat seit Hausers Tod zwei solcher Versuche gegeben. Den ersten gab es nach seiner Obduktion – dieses Ereignis ist 1890 von Elizabeth Evans im Licht der neuesten Evolutionstheorien neu interpretiert worden. Die Ärzte fanden Folgendes heraus:

> Das Gehirn war nur leicht entwickelt, aber nicht krank. Es war wie das Hirn eines Marders oder eines menschlichen Foetus und befand sich in einem Zustand, der besagte, dass dessen Aktivität zu einem frühen Zeitpunkt gehemmt wurde ... Als er in die Gesellschaft zurückkehrte, war er ein Mann in den Jahren und hatte sich äußerlich entwickelt, aber sein Gehirn war im primitiven Wachstumszustand verblieben und konnte sich nach einer so langen Zeit der Inaktivität nicht vergrößern. Das war also der Grund für Kaspar Hausers merkwürdigen Charakter (seine Fehler und Unzulänglichkeiten wie auch seine ungewöhnlichen Tugenden). Er war albern, eingebildet und unaufrichtig, weil er nur wie ein Kind sein Verhalten beurteilen und lenken konnte. Er war freundlich, liebevoll und rein, weil in ihm nie stärkere Leidenschaften geweckt wurden. Seine Bekannten erwarteten von ihm mehr, als sie ein Recht hatten. Weder verstand er sich selbst, noch wurde er von den anderen verstanden. Er war ein entzweites Wesen und konnte seinen Platz in der Welt, aus der er so lange ausgeschlossen war, nicht finden.[64]

Elizabeth Evans verwendet den Jargon der Evolutionstheoretiker jener Zeit und versucht Hauser hinwegzuerklären. Er ist in der modernen Welt ein Primitiver, ein »Degenerierter«, der wegen seiner behinderten Entwicklung halb wild und halb tierisch ist, ein Kind im Hinblick auf seine Dummheit wie auch seine Unschuld. Die Evolutionstheorie Ende des 19. Jahrhunderts übernahm die Annahmen der Embryologie, nach denen der einzelne Foetus noch einmal die Stufen der menschlichen Entwicklung zu durchlaufen scheint, und wandte dieses Modell auf das Wachstum des einzelnen Kindes und Erwachsenen an, der, wie man damals annahm, die Entwicklungsstufen der Menschenrasse im eigenen Leben wiederholt. Diese Analogie hat Frau Evans zur Erklärung Hausers benutzt: Weil er keine Gelegenheit hatte, sich normal zu entwickeln, um die Stufen vom Wilden zur Zivilisation zu durchlaufen, war sein Hirn animalisch wie auch embryonal. Was Hauser deshalb den anderen gegenüber fremd sein lässt, hat nichts mit dem Zustand der Welt zu tun, sondern mit der Biologie: Die Auswirkungen auf Hausers Physiologie zwingen ihn dazu, ein entzweites Wesen zu sein. Er erlebt es, biologisch festgehalten zu sein, was dazu führt, ihn als ewiges Kind zu identifizieren und sogar als jemanden, der verdammt dazu ist, nie zu wachsen.

Es ist merkwürdig genug, aber wir haben heute zur Überprüfung der Wahrhaftigkeit von Hausers Geschichte unsere eigenen Evolutionsmodelle zugrunde gelegt. So sind also in den 1990er Jahren in Deutschland zur Bestimmung von Hausers Identität in gleicher Weise Untersuchungen am Körper vorgenommen worden, indem Wissenschaftler anhand von Blutflecken in der Unterwäsche Hausers DNA-Analysen durchgeführt haben, um zu sehen, ob genetische Gemeinsamkeiten mit der königlichen Familie in Baden vorlagen. Wenn man annimmt, dass diese Blutflecken von Hauser stammten, dann hat sich die entsprechende Vermutung nicht bestätigt: Hauser war nach allem möglicherweise doch kein königliches Findelkind.

Dennoch bleiben trotz der genetischen Ursprünge die Hauptfragen ungelöst. Das wesentliche Rätsel bleibt, ob Hauser wirklich in seinen ersten Lebensjahren weggesperrt, einsam in einem Loch gelebt hat. Da sich nun das Familienmärchen der königlichen Abstammung in nichts aufgelöst hat und als Fantasie entlarvt wurde, die es die ganze Zeit über war, könnte es sein, dass wir der Wahrheit über Hauser näher kommen. Er mag kein Kind der königlichen Familie gewesen sein, dennoch ist eines sehr wahrscheinlich, dass er nämlich, wie er behauptete, erstochen und demnach ermordet wurde. Ob es sein kann, dass nervös gewordene Autoritäten sich zur Ermordung Hausers entschlossen haben, einfach nur, um einen Leitstern der politisch Unzufriedenen zu beseitigen? Ob man Hauser deshalb erstochen hat, weil jedermann ihn für jemanden hielt: für den Fürsten im Exil, die seltene Verkörperung eines alten Mythos – nicht aber, weil er der war, der er war?

Dass Hausers Geschichte erstaunlicherweise kulturell fortbesteht, beweist, welch großer Bedarf an einer Figur wie Hauser weiterhin besteht. Wurde er ermordet? War er das Opfer von Gerüchten von Leuten, die das leichtgläubig unterstützt haben und solches verbreiteten? *War* er ein Schwindler? Vielleicht sollten uns die heutzutage lebenden Hauser klar machen, dass wir dessen Geschichte von der Gefangensetzung nicht zu schnell beiseite schieben: Es gibt auch heute Kinder, die von ihren Eltern ausgeschlossen und unberücksichtigt gelassen werden, die jahrelang in den Höhlen der Schlafzimmer in Wohnvororten oder in Anbauten auf verlassenen irischen Farmen eingesperrt sind. Was die Mythen über Hauser betrifft – er sei ein unendlich teilnahmsvolles und unendlich leidendes Wesen –, so haben sie, wie die Geschichte vom ausgesetzten Königskind, eine Funktion zu erfüllen. Nach allem ist es Daumer, der den Schlüssel zum Verständnis Hausers bereithält. Er war ein glühender Anhänger der neuesten Pseudowissenschaften, ein Mann, der verzweifelt nach einer Glauben schenkenden Sache suchte, die ihn unterstützten sollte. Hauser ist jemand, an den er glauben kann, er ist ein vager Punkt der Gewissheit in einer verwirrten, sinkenden Welt.

An die Unschuld zu glauben; in einem anderen eine magische, beseelte Sicht auf die Dinge in der Welt zu erblicken; der Welt verlorene Wunder wieder zukommen zu lassen; zu verspüren, dass Leiden und Verachtung zu einer durchaus perfekten und freudenreichen Wahrnehmung der Welt führen können – dies sind die kraftvollen Antriebe zum Glauben. Sein Unsinn passte zu ihrem Unsinn; sein Sein – ob er nun etwas vorgetäuscht oder doch aus natürlichem Gefühl gelebt hat – war genau, was sie zu finden wünschten. Alle diese wilden Kinder sind in Wirklichkeit Spiegel: Wir empfinden bei ihnen Freude, dass sie wie Schiffbrüchige ihren Weg nach Hause gefunden haben.

Wenn uns also beim Betrachten der Geschichte Hausers Zweifel plagen, dann befinden wir uns in guter Gesellschaft. Feuerbach bemerkt über die anfängliche Diskussion über Hauser einschließlich der ersten offiziellen Publikation über ihn, dass hier bei denen, die sich mit der merkwürdigen Erscheinung des Jungen konfrontiert sahen, ganz klar der Wunsch bestand, eine Geschichte daraus zu machen, in der sie die leeren Stellen mit ihren eigenen Mutmaßungen und Annahmen ausgefüllt haben.

Es gibt über Hauser keine abschließende Wahrheit. Man kann seine Geschichte nur auf verschiedene Weise erzählen. Da seine Vergangenheit unsichtbar bleibt und es keinen bezeugten Geschichtsverlauf gibt, heißt das, dass in seinem besonderen Fall die konventionelle Erzählung nicht in Frage kommt. Er kommt in Nürnberg an jenem leeren Pfingstmontag aus dem Nirgendwo. Es ist, als sei er wahrhaftig erst in diesem Augenblick in die Welt gekommen. Denn, wenn Hauser ein Schwindler gewesen wäre, warum hat ihn dann niemand erkannt? Sein Bild wurde in zahlreichen Publikationen in den verschiedenen Fürstentümern und Grafschaften Deutschlands veröffentlicht, so auch in Feuerbachs Buch – aber nicht ein einziger Kamerad aus der Kindheit oder Schulkamerad oder Bauernkind ist aufgetaucht, um den rätselhaften Jungen zuverlässig zu identifizieren.

Hausers Selbst ist im Dunkel seiner Kindheit verschwunden. Seine Geschichte handelt vom Zustand, dass er durchgeschlafen hat, und sich seines Schlafens nicht bewusst war. Das Verbrechen, das man an ihm verübte, hat verhindert, dass er sich als Mensch entwickeln konnte, was nötig gewesen wäre, um ein Empfinden für sein Selbst zu bekommen:

Indem er sein Kinderleben erst im Alter der physischen Reife beginnen konnte, bleibt er, sein ganzes Leben lang, mit dem Geiste hinter seinem Alter zurück, mit dem Alter seinem Geiste voraus. Geistiges und physisches Leben, welche, bei naturgemäßem Entwicklungsgange, miteinander gleichen Schritt halten, haben sich auf diese Weise in Kaspars Person gleichsam voneinander losgerissen und in naturwidrigen Gegensatz gestellt. Die verschlafene Kindheit konnte darum, weil sie verschlafen worden, nicht *über*-*lebt* werden; er muß sie *nach*leben, und sie wird ihm nunmehr zur Unzeit aber darum auch nicht als lächelnder Genius, sondern wie ein beängstigendes Gespenst bis in die späteren Jahre folgen.[65]

Hier porträtiert Feuerbach die Kindheit Hausers so, als sei sie in den dunklen und mörderischen Mann, der ihn bis zum Grab verfolgt hat, aufgenommen. Hausers Identität lässt sich jedoch auch in einer Erzählung wiederfinden, wo der Erwachsene mit seiner verlorenen Kindheit wieder in Kontakt gebracht wird. Es scheint, als habe Feuerbach instinktiv begriffen, dass die Romanze die Form war, mit der er dieses Ziel erreichen konnte.

Denn die Romanze ist das Genre, wo die Verlorengegangenen gefunden werden. Ein ausgesetztes Kind an entfernter Küste; einige wenige Kennzeichen und Briefe; eine lange Kindheit in fremder Familie; eine Reise; eine zufällige Begegnung; das Wiedererkennen des Verlorengegangenen, wofür jene vergessenen Reliquien den Beweis liefern – das sind die Elemente der alten Romanzen. Auf dieses Modell hin tendiert die gewünschte Baden-These. Was wäre, wenn Hauser wirklich ein königliches Kind wäre? Was wäre, wenn die alten Geschichten Recht hätten? Dann würde alles wie in den alten Geschichten enden – der Verlorengegangene wird gefunden, der Thron wird wiederhergestellt, Rechtmäßigkeit kehrt wieder ein, die Geheimnisse der Jahre werden verplaudert.

Für Hauser kam diese Erhabenheit, auf die Feuerbach hinweist und auf die er wartet, jedoch nie. Hausers Geschichte hört am Schluss auf, eine Romanze zu sein, und wird zu einer Tragödie. Die Rolle der ausgesetzten Kinder ist potentiell immer tragisch. Sie sind Personen ohne einen Ort in der Welt, ohne ein Wissen über sich und ihr Verhältnis zur Welt, in der sie leben. Hauser erlangt die Erkenntnis über seine Situation, jemand ohne Ort zu sein, anders zu sein, aber er erlebt nie, dass ihm etwas aufscheint, was ihm Heilung aus dieser Erkenntnis bringt. Seine Geschichte ist die Handlung einer Romanze, in der das rettende Moment des »Wiedererkennens« unablässig verschoben wird. Die Versöhnung von Vergangenheit und Gegenwart, welche ihn auf das soziale Feld einer Person mit einer Geschichte heben würde, ereignet sich einfach nie.

So bleibt also Hauser ewig ein Kind, das für immer aus dem Kindheitsstadium ausgestoßen ist, ein Selbst, das nicht in der Lage ist, sich gemäß den Bedingungen der eigenen Geschichte zusammenzubringen oder zu konsolidieren, und treibt somit während des zeitlichen Prozesses ziellos dahin – ein Prozess, der nie auf etwas hinauszulaufen scheint.

Das ist das Verbrechen an der Seele: Die kriminelle Handlung, die das Selbst ausrottet. Da Hauser der Identität beraubt ist, die man bei normaler Entwicklung besitzt, löst sich sein Selbst in Verwirrung auf. Nur kurz sind bei ihm die Spuren einer Persönlichkeit in dem Unsteten seines Leibes sichtbar – er war bedacht, verwundert und empfindsam – und in seinem Selbst, welches dieses manifestiert. Hauser bleibt also so rätselhaft wie er war, als er in Nürnberg einmarschierte. Jenes Nürnberg gibt es nicht mehr; es wurde von den Alliierten zerbombt; auch Karlsruhe, der vermeintliche Geburtsort Hausers, ist zerstört worden. Die Umstände von Hausers Existenz bleiben sowohl für ihn wie auch für die anderen verwirrt und unerkennbar.

Kaspar Hausers Grab auf dem Städtischen Friedhof in Ansbach hat am Kopf einen niedrigen Granitstein, auf dem geschrieben steht: Hic jacet Casparus Hauser Aenigma Sui Temporis Ignota Navitas Occulta Mors. MDCCCXXXIII. Im Schlosspark ist an der Stelle, wo er ermordet wurde, eine kleine Granitsäule errichtet mit den Worten: Hic Occultus Occulto Occisus est. XVI. Dec. MDCCCXXXIII.[66]

»Hier liegt Kaspar Hauser, zu seiner Zeit ein Rätsel – von unbekannter Geburt – mit rätselhaftem Tod«; »Hier wurde der Unbekannte von Unbekannten getötet.« Die Grabinschriften treffen zu.

KAPITEL 6

Die Wolfskinder

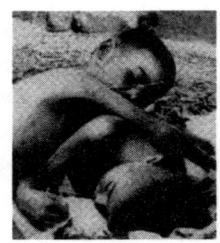

I Kamala und Amala

Koko ist auch kreativ ... Sie schrieb ICH SCHREIE DORT, als sie
das Bild eines Gorillas in einem Bad sah, anscheinend ein Mitleidsschrei,
denn sie selbst hasst es, gebadet zu werden. Und in einem Wutanfall
schrieb sie einmal PENNY TOILETTE DRECKIGER TEUFEL,
als sie über ihren Pfleger Penny verärgert war. Das beeindruckendste
Konversationsbeispiel ist vermutlich eine Entschuldigung, die sie
aufgezeichnet hatte, weil sie ihn drei Tage zuvor gebissen hatte.
Als Penny ihr die Bisswunden auf seinem Arm zeigte, schrieb sie
angeblich ENTSCHULDIGUNG BISS KRATZER. FALSCH
BEISSEN. »Warum beißen?«, schrieb Penny. WEIL VERRÜCKT,
antwortete Koko. »Warum verrückt?«, fragte Penny. WEISS NICHT,
antwortete Koko.

Jean Aitchison, *Der Mensch – das sprechende Wesen*

Kaspar Hauser hat mit seiner Geschichte die Grenze zwischen Kunst und
Leben verunklart, denn der junge Mann hat in voller Form wie in einer Romanze gelebt, die nicht einmal in den Schriften Hoffmanns oder Kleists fehl
am Platz gewesen wäre. Siebzig Jahre später wird man Zeuge der berühmtesten dichterischen Werke über den Mythos der wilden Kinder. In den letzten
Jahren des 19. Jahrhunderts hat Rudyard Kipling Mowgli ersonnen, das Wolfskind aus dem Dschungel des Kaiserreichs Indien. Und nur 20 Jahre später hat
Edgar Rice Burroughs diese Geschichte »aufgepeppt« und hat Tarzan, den
weißen König des afrikanischen Dschungels, geschaffen. Und dann passierte
etwas höchst Merkwürdiges, denn gerade, als man dachte, dieser ganze Mythos würde ins Reich der Dichtung verschwinden, wurden diese Geschichten
im selben Dschungel des Britischen Empire noch einmal lebendig, als man
zwei Wolfskinder, beides Mädchen, im indischen Dschungel auffand.

Pfarrer J. A. L. Singh hatte lange als Missionar bei den Stämmen der Ureinwohner um die Stadt Medinipur – ungefähr 130 Kilometer südöstlich von
Kalkutta – gearbeitet.[1] Er leitete dort mit seiner Frau ein Waisenhaus, in dem
sich heimatlose Kinder befanden, die sie in den umliegenden Dörfern aufgefunden hatten. Singh war ein Mann, der eine Berufung verspürte, ein Missionar, der sich davon angefeuert fühlte, Christus in den Dschungel zu bringen,
eine Gegend, die ein Eden sein könnte, aber stattdessen die Heimat von Göt-
zendienst und Unkenntnis war. Dort lebten verschiedene Stämme: die Santals,
Koras, Lodhas, Mhatos, Goalas, Urias, und die Kols.[2] Diese Stammesangehöri-
gen waren alle Heiden, lebten aber, wie der Missionar feststellen konnte, nach
einem ehrenwerten und anständigen moralischen Kodex. Sie standen nicht
außerhalb der Reichweite von Christus.

So machte sich also Singh auf und wollte ihnen begegnen. Zusammen mit
ungefähr dreißig Mann begab er sich auf die Expedition in den wilden
Dschungel – viele von ihnen wollten Tiere für sich zum Essen oder zum Verkaufen jagen. Sie waren dort allein in der Stille, mittags war es nur halbhell
wegen der rund herumstehenden Pflanzen und Bäume, nachts war es stark
düster; sie waren mit Gewehren bewaffnet; nachdem die Dunkelheit einge-
brochen war, rasteten sie im Kreis um ein Feuer herum, und um sie her zogen
die wilden Tiere aus Kiplings *Dschungelbuch*: die Bären, Wölfe, Panther, Tiger,
Schlangen. Es gab dort aber auch noch andere, merkwürdigere Kreaturen. Auf
einer dieser Reisen im späten September des Jahres 1920 übernachtete der
Missionar mit seiner Gruppe von Jägern im Kuhstall eines Dorfbewohners.
Während sie sich in dem Stall zur Ruhe legten, kam der Dorfbewohner zu
ihnen und erzählte ihnen furchterregt von einer Geisterperson, die sich im
Dschungel befinde. Er bat Pfarrer Singh darum, den Geist fortzutreiben, denn
er würde die Dorfbewohner und seine Frau belästigen. Pfarrer Singh war
neugierig und erklärte sich bereit, am nächsten Abend mit dem Dorfbewohner loszugehen und sich den Geist selbst anzusehen.

Täglich lagen sie nach Einbruch der Dunkelheit auf der Lauer, konnten
aber nichts entdecken. Das Interesse daran ließ nach, und nur, weil die Dorfbewohner ängstlich protestiert hatten, kam der Pfarrer ein oder zwei Wochen
später noch einmal in den Dschungel zurück. Singh kam mit fünf weiteren
Leuten angereist, darunter den Dschungelführer Janu Tudu. Sie machten sich
am Tag dorthin auf, wo der Geist gewöhnlich zu sehen war, und entdeckten
dort einen riesigen Ameisenhügel, der »so hoch wie ein zweistöckiges Haus
war«.[3] In den Ameisenhügel waren große Tunnel gegraben, die alle zu einer
Mulde am Boden des Hügels führten. Es führte ein Weg daran vorbei, der früher einmal von den örtlichen Dorfbewohnern stark benutzt wurde, jetzt aber
unbenutzt blieb. Sie fürchteten sich zu sehr vor dem Geist, der dort bei Einbruch der Dunkelheit auftauchte.

Pfarrer Singh und seine Leute warteten den ganzen Tag. Schließlich schlich sich, gerade als die Sonne unterging, ein Wolf aus einem im Hügel befindlichen Tunnel hervor. Es folgte ein weiterer, und noch einer und noch einer, und einige Jungtiere trotteten hinterher. Nachdem die Jungtiere draußen waren, kamen die Geister. Es waren zwei, beide erschreckend hässlich; ihre Köpfe sahen aus wie große, gestaltlose Kugeln, auf denen zwischen verfilztem Haar ein schmaler Gesichtsausschnitt zu erkennen war: ein menschliches Gesicht mit glänzenden, tierischen Augen.[4]

Sie rannten auf allen vieren, mit dem Kopf nach unten zum Boden gesenkt. Die Männer wollten sie erschießen, aber Pfarrer Singh hielt sie davon ab. Er erkannte, dass diese Geister in Wirklichkeit Kinder waren. Das Problem war, wie er sie aus der Wolfshöhle herausholen konnte. Er fasste den Entschluss, bei Tage mit seinen Leuten wieder herzukommen, und wollte dann, während die Wölfe wegen der Sonne und der Dschungelhitze schliefen, den Ameisenhügel aufgraben und die Kinder herausholen. Die örtlichen Dorfbewohner verweigerten dazu ihre Hilfe, weil sie in keiner Weise davon überzeugt waren, dass es sich bei den Dschungelphantomen bloß um Kinder handelte. Singh ging daraufhin einfach ins nächste Dorf, wo man noch nichts von den Geistern gehört hatte, und konnte dort Bewohner dazu überreden, ihm beim Graben zu helfen. Man begann mit dem Ausgraben an einem Sonntagmorgen im Oktober. Als sie beim Graben waren, flitzte plötzlich ein Wolf und dann ein weiterer aus einem der Tunnel und rannte Schutz suchend in den Dschungel. Ein dritter Wolf wollte allerdings nicht aus dem Hügel weichen und ging gegen die grabenden Leute in Stellung, schnappte wütend, heulte und gab den Eindringlingen keinen Zentimeter nach. Singh nahm an, es sei das Muttertier, das mit seinem Mutterinstinkt handelte. Er war über das Tier verwundert:

> Ich war einfach verblüfft, mir vorzustellen, dass das Tier ein so nobles Gefühl hatte, das man sogar selten bei Menschen finden kann – der höchsten Form der Schöpfung – eine liebevolle und ideale Mutter, die mit ihrer ganzen Liebe und Zuneigung dabei ist ... Wer immer diese merkwürdigen Wesen waren und was immer sie sein konnten, waren sie gewiss nicht ihre Jungen, sondern ursprünglich als Futter für ihre Jungen hergebracht worden. Dass die Wölfe sie am Leben ließen und sie auf diese Weise ernährt haben, ist göttlich.[5]

Während Singh aber noch verwundert dastand, handelten seine Helfer: Sie nahmen Pfeil und Bogen und erschossen die Wölfin.

Sie gruben weiter, bis schließlich der Hügel zusammenstürzte, wobei aber die mittlere Mulde unbeschädigt blieb. Hier fanden sie die beiden Jungtiere und die beiden Geister, die sich alle aus Furcht aneinander geklammert hatten. Schließlich gelang es ihnen, die beiden knurrenden Kinder von den Tieren abzulösen. Die Jungtiere erhielten die Dorfbewohner. Sie brachten sie auf den örtlichen Markt, wo sie gutes Geld dafür bekamen.

Die Kinder waren halbe Wilde, eher wie Tiere als wie Menschen, und zeigten den Leuten, die sie gefangen hielten, die Zähne. Im Augenblick konnte man für sie nichts weiter tun, als sie zu ernähren und sauber zu halten. Singh ließ also die Kinder bei den Dorfbewohnern zurück und setzte seine Missionarsreise fort. Er wollte bei seiner Rückkehr überlegen, was man am besten mit ihnen unternehmen könne. Singh hatte allerdings nicht einberechnet, wie furchtsam und abergläubisch die Einwohner waren. Obwohl die Kinder sicher hinter einer Barriere aufbewahrt waren, fühlten sich die Dorfbewohner durch diese fremden, unmenschlichen Geister getrieben. Als Singh fünf Tage später zurückkehrte, fand er das Dorf verlassen vor. Die beiden Kreaturen waren angebunden, beschmiert, halb verhungert und hatten überall wunde Stellen am Körper. Pfarrer Singh konnte mit Hilfe eines teegetränkten Taschentuchs hinbekommen, dass sich ihr Gesundheitszustand besserte, und dankte Gott, dass er sie nicht hatte sterben lassen. Schließlich war er so wenig umsichtig gewesen, sie zurückzulassen. Dann machte er sich zusammen mit seinem merkwürdigen Fund zurück zum Waisenhaus nach Medinipur auf. Etwas anderes konnte er nicht tun.

Sie waren Mädchen. Es hieß, dass die Stämme in der Dschungelgegend um Medinipur häufig unerwünschte Kinder, besonders Mädchen, aussetzten. Das ältere Kind war ungefähr acht Jahre und das jüngere nur ungefähr eineinhalb Jahre alt. Dem älteren gaben sie den Namen Kamala und dem jüngeren den Namen Amala.[6] Man wusch ihnen die Wunden und ernährte sie mit Milch. Die Mädchen gestatten die Pflegehilfe, blieben aber auf Abstand und gleichgültig; sie nahmen die Nahrung zu sich, knüpften aber keine Verbindung an, sondern blieben sich als Wilde treu.

Singh beobachtete sie. Inzwischen wird dem Leser dieses Buches bekannt sein, welche Eigenheiten er an den Mädchen beobachten konnte. Sie hielten sich abseits und hatten andern gegenüber Scheu, insbesondere hassten sie es, mit den anderen Kindern in Kontakt zu kommen. Aber sie freundeten sich mit einem anderen Kleinkind im Waisenhaus an, das noch kroch, so wie sie selbst. Doch eines Tages änderten sie plötzlich ohne Vorwarnung ihren Sinn und griffen es an, bissen und kratzten es. Von da an wollten die beiden Mädchen mit dem Kleinkind nichts mehr zu tun haben. Singh überlegte, was den Angriff verursacht haben könnte: »Wir nehmen an, sie haben irgendeinen Unterschied entdeckt, und als sie feststellten, dass sie ganz anders sind, haben sie es nicht mehr leiden mögen. Danach dann, nachdem ihnen völlig klar war, dass es nicht einer von ihnen ist, haben sie sich mit ihm gestritten. Das hat es so sehr verängstigt, dass es sich von ihnen zurückzog und sie nie wieder auf-suchte.«[7] Die Mädchen blieben unter sich, spielten allein miteinander, scheuten sich vor der menschlichen Gesellschaft und sehnten sich in den Dschungel zurück, aus dem man sie entführt hatte. Sie hatten sich während ihres Lebens im Dschungel körperlich merkwürdig verändert: Ihre Kinnbacken hatten eine andere Form, ihre Eckzähne waren länger, und ihre Augen hatten in der Dunkelheit einen merkwürdigen blauen Glanz wie bei Katzen oder Hunden.[8] Ihre Nachtsicht war außergewöhnlich scharf, ebenso war ihr Geruchssinn besonders ausgeprägt; auch konnten sie leiseste Geräusche aus einer erstaunlichen Entfernung wahrnehmen. Sie aßen, tranken und liefen wie Hunde, schlürften Wasser und Milch aus Schalen und liefen auf allen vieren. Sogar wenn sie schliefen, waren sie wie »kleine Schweine oder junge Hunde«, lagen dicht beisammen, um sich Wärme und Wohlgefühl zu geben.[9] Sie liebten die Dunkelheit und spazierten gerne nach Einbruch der Nacht in der Anlage des Waisenhauses herum. Nach Sonnenaufgang jammerten sie und wollten hereingelassen werden, um sich vor der Sonne zu schützen. Sie waren Nachttiere geworden, denen die Dunkelheit nichts ausmachte.

Sie besaßen keinen Sinn für Humor, waren nicht traurig oder neugierig und knüpften keine Verbindung zu anderen. Sie lachten nie, und nur einmal kamen Kamala die Tränen – das war am 21. September 1921, als ihre kleine Schwester Amala starb. Beide Mädchen waren wochenlang krank gewesen, da die Ruhr sie befallen hatte. Nachdem sie sechs Tage lang darunter gelitten hatten, fanden sich in ihren Ausscheidungen dicke rote Würmer, die ungefähr 15 Zentimeter lang und zum Teil lebendig waren. »Amala schied 18 solcher Würmer aus, bei Kamala waren es sogar 116.«[10] Die Kinder wurden immer schwächer, verloren oft das Bewusstsein, manchmal sogar für Tage hintereinander. Kamala fing an sich zu erholen, aber bei der »Schwester« sank die Temperatur wieder ab, sie fiel zurück, kam aber wieder hoch, und fiel dann wieder zurück. Sie verstarb am frühen Morgen. Sechs Tage lang saß Kamala allein in einer Ecke des Raumes, sagte nie etwas und bewegte sich nicht.

Kamala war lange Zeit in Trauer. Sie fühlte sich beraubt. Einige Wochen nach dem Tod des anderen Mädchens beroch Kamala alle Dinge von Amala – ihre Kleidung, ihren Teller, ihr Bett – und streunte durch den Garten, »als ob sie etwas sucht, was sie aber nicht finden kann«.[11] Sie war ruhig und blieb noch mehr auf Abstand als vorher, blieb ängstlich allem menschlichen Kontakt fern. Die Missionare fragten sich, ob sie wegen ihrer Einsamkeit nicht ebenfalls sterben werde. Aber Singhs Frau gelang es, das kleine Mädchen wieder ins Leben zurückzuholen, zuerst dadurch, dass sie sie wiederholte Male massierte. Sie rieb den Körper des Mädchens und sprach dabei liebevoll mit ihm und konnte das Wilde in ihm unterdrücken. Das Mädchen kehrte aus seiner undurchdringlichen Abwesenheit zurück, wurde langsam wieder lebendiger und suchte Frau Singh auf. Wenn Frau Singh außer Haus war, wurde Kamala traurig und lustlos. Bei ihrer Rückkehr war sie dann allerdings höchst erfreut und erlaubte, dass die mütterliche Frau sie küsste und streichelte. Pfarrer Singh beachtete sie meist wenig.

Singh und seine Frau taten alles, damit Kamala wiederhergestellt wurde. Sie brachten ihr, so gut sie nur konnten, bei, sich zu bewegen, zu essen und wie jedes andere Kind zu spielen. Bei allem benahm sich Kamala, obwohl sie ein voll entwickeltes Kind war, wie ein anderthalbjähriges Baby. Sie lernte nur langsam, machte aber dennoch Fortschritte. Sie fing an, sich wie jeder Mensch vor der Dunkelheit zu fürchten, blickte bei nächtlichen Spaziergängen verstohlen um sich und blieb in der Nähe ihrer Pflegeeltern. Wenn die Singhs anwesend waren, ging sie zum Wasserlassen auf die Toilette, war sie aber allein, dann entleerte sie sich wo immer es ihr passte, wie sie es damals, als man sie aus den Wäldern holte, getan hatte. Vor allem aber fing sie an, Worte zu verstehen, auch wenn sie selbst schwieg, und manchmal gab sie durch Gesten kund, dass sie verstanden hatte, was gemeint war. Und dann fing sie an, ein oder zwei Worte zu äußern: »Hoo« für »Ja« und »Bha« für »Bhat«, was auf Bengali »Reis« bedeutet, sowie »Bhal«, »in Ordnung«.[12] Weitere Worte folgten. Kamala war dabei, die Sprache aufzunehmen.

Kamala verbrachte acht Jahre in dem Waisenhaus, wurde dort versorgt und hatte langsam ein paar menschliche Benimmregeln gelernt. Es war ihr aber, wie den meisten Wolfskindern in Indien, nicht beschieden, lange zu leben. 1928 brach aus rätselhaften Gründen ihre Gesundheit zusammen. Eine Einladung in die USA musste abgesagt werden, weil Kamala zum Reisen zu schwach war. Und dann wurde sie am 26. September 1929 sehr krank. Die Ärzte konnte nichts zu ihrer Rettung tun. Sie starb in den frühen Morgenstunden im November desselben Jahres.

Singh war von Anfang an darauf aus gewesen, die Presse von den Kindern fernzuhalten. Stattdessen hatte er sich dazu entschlossen, für sich und die Nachwelt in einem Tagebuch festzuhalten, wie er die beiden Mädchen behandelt und erzogen hatte. Sie sollten in der Zurückgezogenheit des Waisenhauses verbleiben, bis sie sich wohl genug fühlten und sozialisiert genug waren, um sich allein durchzubringen. Seine Frau musste ihm schwören, dass sie niemandem etwas über die besondere Geschichte der Mädchen erzählte. Den anderen im Waisenhaus sagte man, es handele sich bei den Mädchen um vernachlässigte Kinder. Publizität würde sie nur zugrunde richten. Sie brauchten Zeit für sich und mussten privat sein. Mehr noch, falls sie irgendwann einmal heiraten sollten, wäre es schwerlich gut für sie, wenn ihre unglaubliche Kindheitsgeschichte weit und breit bekannt wäre. Außerdem befürchtete Singh das Eindringen der Außenwelt in sein Waisenhaus, was die Ordnung der Einrichtung durcheinander gebracht und ihm nur Zeit geraubt hätte.

Die Außenwelt ließ sich allerdings nicht so leicht ausschalten. Obwohl er und seine Frau beim Tode Amandas die Geschichte der beiden Mädchen im Waisenhaus nicht erwähnt hatten, hatte Singh sie dem örtlichen Arzt anvertrauen müssen, um deren Behandlung zu erleichtern. Der Arzt schwatzte; die Worte gelangten nach draußen, und schon kamen Besucher. Einige Fremde waren verkleidete Journalisten, und innerhalb eines halben Monats wusste ganz Indien über die beiden Wolfsmädchen Bescheid.

Als die Nachricht anfangs im Westen eintraf, wurde ganz klar daran gezweifelt. Kamala und Amala waren aber keineswegs die einzigen Wolfskinder, die man in Indien entdeckt hatte und über die berichtet wurde. Bewohner des Britischen Empire notierten im 19. Jahrhundert eine Anzahl solcher Gerüchte und Berichte von wilden Mädchen und Jungen.

Bekannt genug ist, dass Rudyard Kipling diese Geschichten beeinflusst haben, als er seine Geschichte von Mowgli zum ersten Mal erzählte. Das war ungefähr dreißig Jahre vorher; es war der dichterische Vorläufer zu Kamala und Amala. Rudyard Kipling hatte am 24. November 1892 einen Brief an die Herausgeberin des Kindermagazins *St. Nicholas Magazine*, Mary Mapes Dodge geschrieben. Er hatte Frau Dodge bereits als 14-jähriger Schüler ein Gedicht eingereicht. Jetzt teilte er ihr Einzelheiten zu seiner Mowgli-Geschichte mit – dem vielleicht berühmtesten wilden Kind in der Dichtung –, und er tat das mit einer Urheberhaltung: »Außerdem gibt es noch (so Gott will) eine Wolfsgeschichte, ›Mowglis Brüder‹. *Er* war ein Wolfsjunge (es gibt sie in Indien), aber da man ihn früh einfing, wurde er ein zivilisierter Mensch.«[13] Kipling war sich nur allzu bewusst, dass es in Indien Geschichten über Kinder, die von Wölfen aufgezogen wurden, gab. Und sein Brief an Mary Mapes Dodge zeigt tatsächlich, dass er diese Geschichten für spezifisch indische hielt.[14] Kipling wird bereits Wolfskindern im Buch seines Vaters, *Beast and Man in India* (1890) begegnet sein. John Lockwood Kipling schreibt dort: »Indien ist wahrscheinlich die Wiege für Erzählungen über Wolfskinder, die hier allgemein geglaubt werden und Unterstützung durch nebulöse Zeugnisse erhalten, darunter der berühmte Fall eines Wolfsjungen in Lucknow, der von einem europäischen Beobachter bezeugt wurde.«[15] Indische Wolfskinder werden noch mehrfach erwähnt – so u. a. von Robert Sterndale, der in seiner *Natural History of the Mammalia of India and Ceylon*, 1884, schreibt:

Es werden Geschichten berichtet, dass Wölfe junge Kleinkinder, die ausgesetzt wurden, verschonen und säugen. Wenn sich das ordentlich bestätigen ließe, würde es die Geschichte über Romulus und Remus in den Bereich der Glaubwürdigkeit rücken. Ich habe die Einzelheiten über den Fall des »Wolfsjungen« von Lucknow jetzt nicht zur Hand, es war aber, wie ich meine, ein Fall, für den sich ein glaubwürdiger Zeuge verbürgt hat. Es ging da um einen Jungen, den man in einer Wolfshöhle gefunden hatte. Er konnte nicht sprechen, kroch auf den Händen und Knien herum, aß rohes Fleisch und hatte sich sehr wild benommen, als man ihn einfing. Ich glaube, er starb bald nach seiner Gefangennahme. Die Geschichte vom Säugen ist nicht unwahrscheinlich, denn es sind von den Wildtieren Fälle wohlbekannt, wo sie, wenn man ihnen die Jungen geraubt hat, andere junge Tiere aufgezogen haben, sogar solche, die sie gewöhnlich jagen.[16]

Der wichtigste Einzelbericht aus dem 19. Jahrhundert über indische wilde Kinder ist W. H. Sleemans Broschüre »An Account of Wolves Nurturing Children in their Dens«. [Bericht über Wölfe, die Kinder in ihren Höhlen groß-ziehen][17] Sleeman war englischer Soldat und wurde berühmt durch die Ermittlungen im Zusammenhang mit den Taten der Thuggees – ein mörderischer religiöser indischer Kult, wo man glaubte, man würde der Göttin Kali einen Ehrenerweis erbringen, wenn man ein Opfer strangulierte. In seiner Broschüre über Wolfskinder berichtet Sleeman über einen Vorfall vom Februar 1847, wo man einen Jungen, der in einer Wolfshöhle lebte, in Sultanpur entdeckt hatte. Das Kind benahm sich wie ein Wolf, es konnte nicht sprechen, nur brummen und knurren.

Er verstand nur wenig von dem, was man ihm sagte, und schien überhaupt keine Notiz von den Vorgängen um ihn herum zu nehmen. Er versuchte sich nicht an jemanden zu binden und kümmerte sich auch um niemanden. Er hat nie mit anderen Kindern gespielt ... Wenn er nicht hungrig war, dann hatte er gewöhnlich einen ausgestoßenen oder herumstreunenden Hund bei sich, den er streichelte und dem er gewöhnlich auch erlaubte, von seinem Teller zu fressen. Kurz bevor er starb, erschoss Hauptmann Nicholetts den Hund, weil er vom Essen des Jungen das meiste fraß und der Junge wohl deshalb immer dünner wurde. Den Jungen kümmerte der Tod des Hundes überhaupt nicht ... Er hatte zwei Jahre lang bei den Bediensteten von Hauptmann Nicholetts gelebt, aber man hatte ihn nie sprechen hören. Nur ein paar Minuten vor seinem Tod erhob er seine Hand an seinen Kopf und sagte »es schmerzt«, und verlangte nach Wasser. Er trank es und starb.[18]

Nicht bei allen Fällen, über die Sleeman schreibt, herrscht eine solche Atmosphäre von Stumpfheit und Bedrückung. Das folgende Ereignis kommt dem wehmütig magischen Ton, der im *Dschungelbuch* anzutreffen ist, am nächsten. Janu war ein Arzt, der einem gerade aufgefundenen Wolfsjungen geholfen hat:

Die eine Nacht, als der Junge unter einem Baum unweit von Janoo schlief, beobachtete Janoo, wie sich zwei Wölfe verstohlen dem Jungen näherten und an ihm rochen. Sie berührten ihn, und er erwachte davon. Aber anstatt verängstigt zu sein, legte er seine Hand auf ihren Kopf und sie begannen, miteinander zu spielen. Sie tollten um ihn herum und er warf Stroh und Blätter nach ihnen. Janoo versuchte sie wegzujagen, was ihm aber nicht gelang und ihn deshalb sehr erschreckte ... In der folgenden Nacht kamen drei Wölfe, und der Junge spielte mit ihnen allen. Einige Nächte später waren es vier Wölfe, aber bei dieser Zahl blieb es. Sie kamen vier oder fünf Mal, und Janoo hatte vor ihnen auch keine Angst mehr. Er nimmt an, dass die ersten beiden die Wolfskinder waren, mit denen zusammen man ihn gefunden hatte, und dass sie ihn nicht angegriffen hatten, weil sie ihn am Geruch wiedererkannten. Sie hatten sein Gesicht beleckt, als er sie mit seiner Hand streichelte.[19]

Hier führt uns der gewissenhafte englische Soldat Sleeman vor, dass eine Aussetzung auch segensreich sein kann; sie erscheint bei ihm als eine andere Art, in der man jemanden antreffen kann: Das Kind lebt in der Welt der Tiere und ist bei denen zu Hause. Mit dieser Darstellung schließt er eine Lücke, denn hier wird etwas Verlorengegangenes wiederhergestellt.[20]

Der bedeutendste aller viktorianischen Anthropologen, Edward Burnet Tylor, hat sich über Sleeman und seine Wolfsjungen in einem kurzen Essay mit dem Titel »Wild Men and Beast Children« geäußert, der im ersten Band von *The Anthropological Review* 1863[21] abgedruckt wurde. Tylor rezensiert solche Berichte grundsätzlich skeptisch: »Der ganze Beweis läuft bei dieser Angelegenheit auf Folgendes hinaus: Erstens, dass in anderen Gegenden der Welt Kinder in einem verrohten Zustand aufzufinden sind, was auf fehlende Erziehung oder angeborene Idiotie oder beides zurückzuführen ist. Und zweitens, dass die Leute oft glauben, solche Kinder hätten unter wilden Tieren gelebt, weil man sich mit Hilfe dieser Annahme deren tierartige Natur erklärt.«[22] Es gibt aber noch andere Zeugen, die Sleemans Geschichten bestätigen. Zu nennen ist Valentin Balls *Jungle Life in India* von 1880. Ein bizarrer, stoischer Geschichtenband mit viktorianischen Jagderinnerungen, in dem zum Beispiel der Autor völlig unbetroffen Andeutungen über kannibalische Erfahrungen im Dschungel macht, die er während einer eigenwilligen Jugendzeit erlebte. Ball beschreibt den Wolfsjungen von Sekandra, den er persönlich sah und den er für ein »perfektes Tier« hielt. Er geht auch die von Sleeman erwähnten Fälle durch und bemerkt dazu dezidiert, dass diese Art Vorfälle nur Jungen zustießen. Ein anderer Fall, der im März 1893 in den *North Indian Notes and Queries* gemeldet wurde, widerlegt ihn allerdings.

Ein für den *Statesman* schreibender Korrespondent berichtet: Wir wissen von einem wilden Jungen namens Peter, den man 1725 im Wald von Hertswold [Herford?] aufgefunden hat, und über ein wildes Mädchen, Mddle. Lablanc, die man 1731 nahe Chalons fand. Nun ist hier aber ein lebendes wildes Mädchen nach Kalkutta gekommen, das von einem Bären großgezogen wurde. Sie ist wirklich ein einfaches Exemplar des *genus homo*. Kulis aus den Teegärten hatten sie gefunden; sie saß bei einem großen Bären in der Nähe einer Höhle im Wald von Jalpaigori. Als sie das merkwürdige Phänomen erblickten, rannten sie zu ihrem Sahib, der, nachdem er den Bericht gehört hatte, mit einem Gewehr dorthin ging, den Bären verscheuchte und das Mädchen zum örtlichen Polizeipräsidenten brachte. Der ließ sie ins Jalpaigori-Hospital bringen; sie war damals ungefähr zwei oder drei Jahre alt. Anfangs lief diese arme Kreatur auf allen vieren und biss und kratzte, wurde aber langsam zahm. Man konnte ihr das Laufen auf den Füßen beibringen und Kleidung zu tragen, aber sie konnte kein einziges Wort artikulieren. Nachdem der dortige Amtsarzt drei Jahre lang vergeblich versucht hatte, ihr das Sprechen beizubringen, hat er sie wieder entlassen. Sie lebte dann von der Barmherzigkeit der Kinder und Frauen ihres Ortes, bis sich schließlich der brahmanische Missionar Babu Pran Krishna Datta ihrer erbarmte und sie mit der Erlaubnis des Amtsarztes mit nach Kalkutta nahm, wo er sie in die gastliche Obhut der Dassaram übergab – das ist eine wohltätige Institution, die sich allgemein den leidenden und hilflosen Menschen widmet. Sie befindet sich in der Mohenda Nath Goswami Lane, in Simla, Kalkutta.[23]

Aus all diesen Berichten geht klar hervor, dass zur Zeit, als die Nachrichten über Kamala und Amala im skeptischen Westen eintrafen, in Indien solche wilden Kinder schon als zur reichen Tradition gehörig erscheinen konnten.
Und trotz oder vielleicht gerade wegen dieser früheren Geschichten ist Singhs Bericht über Kamala und Amala von wenigen geglaubt worden. Die Geschichte war zu fantastisch, und viele haben die Vorstellung von Kindern, die von Wölfen aufgezogen werden, einfach verachtenswert gefunden. Obendrein waren zumindest in Großbritannien viele nicht geneigt zu akzeptieren, was Eingeborene darüber bezeugt haben. – Hier können wir auch an den beiläufigen Kommentar von John Lockwood Kipling denken, wo er darauf hinweist, dass es zumindest für ein indisches Wolfskind darüber hinaus noch einen europäischen Zeugen gegeben hat. Auch der Anthropologe und Philologe Max Müller hat sich zweifelnd über die Zeugnisse von Eingeborenen geäußert.[24] Und in den 1890er Jahren und danach bestand in gewisser Hinsicht immer noch eine Voreingenommenheit gegenüber den Beweisen von Eingeborenen.[25] Ferner trugen Verdächtigungen, die in den 1920er Jahren in be-

stimmten Kreisen im Zusammenhang mit der Befreiungsbewegung in Indien geäußert wurden, dazu bei, dass weiterhin das alte Misstrauen gegenüber der Aufrichtigkeit der Eingeborenen bestehen konnte. Wie die Leser von E. M. Forsters 1924 veröffentlichtem Roman *Reise nach Indien* wissen werden, hat England seine Herrschaft über Indien im Wesentlichen damit gerechtfertigt, dass die Inder zu primitiv und abergläubisch seien und daher die Sache nicht in die eigene Hand nehmen konnten. So merkwürdige Geschichten wie die über die Wolfskinder dienten als Bestätigung für diese bewusst wenig schmeichelhafte Sicht von den Indern. Außerdem war nicht zu leugnen, dass diese Geschichte fantastisch war. Wissenschaftler untersuchten einige Aspekte von Singhs Bericht äußerst kritisch. Konnten sich Kinderaugen wirklich so verändern, dass sie nachts wie die von Hunden leuchteten? Haben sich deren Kinnbacken und Zähne unter den vermeintlichen Bedingungen des wilden Lebens wirklich abgewandelt? Das alles erschien unwahrscheinlich weit hergeholt.

Singh fand aber Unterstützung. Sir John Hewett, der Autor einer dieser behäbig-konservativen Jagderinnerungen, stellte sich mit seinem beträchtlichen Gewicht hinter diese Geschichte. Es gab noch andere, einflussreichere Personen, die bereit waren, die Wahrheit dieser Geschichte zu verbürgen, darunter westliche Psychologen und Soziologen wie beispielsweise Arnold Gesell, ein Experte auf dem Gebiet der Kindesentwicklung, und Robert Zingg, ein Akademiker und Anthropologe. Dass diese Geschichte möglicherweise stimmte, besaß für diese Personen etwas extrem Verführerisches. Wenn sie tatsächlich stimmte, dann war das der erste dokumentierte Fall eines wilden Kindes seit dem Bericht Itards über dessen Erziehung Viktors. Hier gab es ein unschätzbares Potenzial, wenn man mit Kenntnissen über diese Dinge weiterkommen wollte.

Die verschiedenen westlichen Wissenschaftler, die sich von diesem Fall angesprochen fühlten, brachten alle ihre eigene Interpretationsweise ein. Da war Professor Ruggles Gates, Vorsitzender der Abteilung für menschliche Vererbung (Human Heredety Bureau) in der Gower Street, London, die als Institution das Erbe der Evolutionstheorien Francis Galtons und der Eugenik von Karl Pearson pflegte; für ihn war das der Beweis, dass es in der Kindheit eine »Embryologie des Verstands« gibt.[26] Mit anderen Worten lieferten die Kinder den Beweis für den noch immer modernen Glauben an den Vorgang der Rekapitulation.

Singhs Geschichte hieß für Professor Francis N. Maxfield von der Ohio State University, dass die Kinder »wild« geboren werden und während der Kindheit »domestiziert« (oder, wenn man so will, »zivilisiert«) werden. Mit dieser Theorie kehrte man zur Auffassung von Johann Friedrich Blumenbach aus dem beginnenden 19. Jahrhundert zurück, wonach der Mensch das einzige Tier ist, das sich selbst domestiziert. Deshalb sind für Blumenbach die wilden Kinder ein unbedeutendes Phänomen: Da der Mensch im Wesentlichen ein domestiziertes Tier ist, sagt uns ein wildes, einsames Individuum nicht mehr über die menschliche Natur, als uns eine wilde, einsame Biene über die Gewohnheiten der Bienen mitteilen könnte.

Für Professor Kingsley Davis vom Pennsylvania State College waren die Wolfskinder im Wesentlichen Menschen, was seit ihrer Befreiung aus den irreführenden Einflüssen der örtlichen Kultur klar zu erkennen war. An ihnen war festzustellen, dass, »was wir *homo sapiens* nennen, eine Spezies ist, bei der die Charakteristika und das Benehmen durch den Besitz von Kultur standardisiert werden. Ohne Kultur könnte man über das Benehmen dieser Säuger nichts voraussagen, und sie wären dann immer von den Besonderheiten der jeweiligen Umgebung abhängig.«[27] Noch entscheidender ist, dass diese Kinder die aristotelische Annahme vom Menschen als »soziales Tier« zunichte gemacht haben.

Für Bischof H. Pakenham-Walsh – Singhs unmittelbare Quelle für religiöse Fragen – war noch eine andere Wirklichkeit auszumachen. Er war Kamala bei einem christlichen Studententreffen 1926 begegnet und war von ihrem flüchtig süßen Lächeln gefangen genommen und auch von der kalten Leere, die sich kurz danach bei ihr zeigte. Sie erschien ihm sehr merkwürdig, war nicht sozialisiert, eigentümlich leer, und dennoch konnte er nur in ihr einen Grund für den Trost finden. Denn dieses Mädchen hatte zwar weder menschliche Grazie geerbt und wusste auch nichts von dem Schönen menschlicher Verbindungen, aber sie hatte auch nichts von menschlicher Schuld oder Schamerfüllendem gelernt:

> Wenn man das als natürlich ansieht, dass Zähne und Nägel gegen Belästigung eingesetzt werden, dann gab es bei ihnen keine Bosheit, es gab auch keine Furcht wie zum Beispiel vor Donner oder Blitz oder vor großen Tieren oder der Dunkelheit usw. Und es gab auch, soweit ich das bestätigen kann, keine Spur von Stolz oder Neid. Mir schien, als hätten sie die menschlichen Laster so wenig geerbt wie die menschlichen Tugenden, und diese Tatsache scheint mir für die Überlegung, was wir mit »Erbsünde« meinen, ein gewaltiges Gewicht zu haben.[28]

Singh schloss sich der Interpretation seines Bischofs an. Hier also erleben wir die unsichtbaren Schlachtlinien zwischen der Wissenschaft und der Frömmigkeit stärker als sonst irgendwo in diesem Buch. Auch wenn Singh alle Informationen, die Wissenschaftler zu erhalten verlangen, aufgezeichnet hat, waren seine Motive dennoch von denen dieser Leute verschieden. Er erblickte im Schicksal dieser Mädchen, so ähnlich wie die Schriftsteller der mittelalterlichen Romanzen, einen seltsamen Beweis für Gottes wunderbare Vorsehung.

Mehr noch: Da in Kamala langsam die menschliche Natur erwachte, war ihr Rückgewinn von der Grenzlinie zum Tierischen ein sicheres Zeichen dafür, dass niemand außerhalb der Reichweite von Christi Gnaden lag. Diese Waldgeister waren zum Leben erwacht. Diese Tiere hatten gezeigt, dass sie eine unschuldige menschliche Seele besitzen. Der Dschungel hatte schließlich doch bewiesen, dass er Eden ist.

II Weiße Wilde und Orte ohne Verantwortung

»Dieser Mann hier hat überlebt, und er ist ein Anachronismus, er ist nämlich von vor der Eisenzeit und vor der Steinzeit. Sehen Sie, er ist vom Anfang der Geschichte des Menschen – Adam im Garten, und nun brauchen wir nur noch eine Eva! Nein! Er ist älter als dieses Kindermärchen, genauso wie der *rukh* älter ist als die Götter. Gisborne, ich bin jetzt ein Heide, ein für allemal.«

Rudyard Kipling, aus: *Im Rukh**

Wie aus Kiplings bereits erwähntem Brief an Mary Mapes Dodge hervorging, sind für ihn die Wolfskinder gleichbedeutend mit Indien. »*Wir* haben sie« hier: Fühlte sich Kipling von diesen Geschichten so angezogen, weil es spezifisch indische waren, oder weil sie Nahrung für die verborgenen Quellen, aus denen Mowgli und seine Brüder hervorkamen, lieferten? Was bedeutete der Wolfsjunge Mowgli für Kipling wirklich?

Kipling war in Indien geboren, verließ Bombay aber im Alter von vier Jahren, was üblich war, weil die englischen Eltern fürchteten, das schädlich schwüle indische Klima wirke sich auf die Kinder aus. Die Gefahr von Krankheit bestand offensichtlich, dennoch gab es noch eine andere, tiefer liegende Abwehr, insbesondere die, dass das Kind in Indien degenerieren würde.[29] So wurde für Kipling England zum Exil, während er Indien als verlorene Heimat empfand. Mit Mowgli konnte er den Wunsch, ganz in dieses Land zu gehören, zum Ausdruck bringen. Aber solche Vorstellung war wegen seiner Stellung als weißer Imperialist in Indien unklar und erzwungen.

Mowgli ist von seinem Auftreten an – in Kiplings Kurzgeschichte für Erwachsene *(Im Rukh)* – von der Idee von Besitz und Eigentum geprägt. (»Rukh« ist volkssprachlich und bedeutet »Wald«.) In der Geschichte erleben wir Mowgli als jungen Erwachsenen, der sein Leben als wildes Kind freiwillig hinter sich lässt und eine Stellung im Dienst des Empire annimmt. (Erstaunlicherweise ist das nicht so weit hergeholt, wie es scheint: Ein Wolfsjunge, den man ungefähr 30 Jahre zuvor entdeckt hatte, war im Polizeidienst gelandet.)[30] Die Frage, die während der ganzen ersten Geschichte über Mowgli schwebt, ist: Wem gehört der Wald? – Mowgli, der ihn jung und hübsch wie ein heidnischer Gott frei und glücklich durchstreift, oder Gisborne, dem ordentlichen, korrekten britischen Bürokraten?

Die Antwort ist in der Geschichte klar: Mowgli fügt sich Gisborne. Obwohl der Wolfsjunge der Gott des Waldes ist, der ihn nach Wunsch durchwandert, ihn völlig besitzt, erkennt er den gewöhnlich-ungewöhnlichen Engländer als seinen Herrn an. Kipling scheint zweifellos die Absicht zu haben, dass wir diese Unterwürfigkeit gegenüber dem Empire als eine Art Befreiung betrachten: »>Es ist der Wald des Sahib‹, sagte Mowgli und blickte schnell auf.«[31] Mowgli hatte davor niemandem gedient, sondern war sein eigener Herr. Jetzt, wo er in Dienste eintritt, nimmt er eine Stellung in der Gesellschaft ein. Er ist nicht mehr für sich allein, er ist nicht mehr der Waldgott.

Mowgli nimmt also die notwendige Last an Pflichten auf sich, was ein für Kiplings Werk kennzeichnender Zug ist. Für Kipling ist Pflicht ein psychologisches Phänomen; damit gelingt es, den Alptraum der Welt abzuwehren. Das stoische Dienen bewahrt einen vor dem Leiden. Die Charaktere in Kiplings Geschichten für Erwachsene üben sich in Zurückhaltung und erdulden stoisch; sie unterdrücken damit ihre übermäßigen Vorstellungen und vermeiden allzu heftiges Leiden. Sie halten in einer Welt aus, in der man durch zu tiefes Nachdenken nur wahnsinnig und verzweifelt würde, und erfüllen ihre Pflicht vor dem Hintergrund andauernden Schreckens.

Wenn man *Das Dschungelbuch* als Kind zum ersten Mal gelesen hat, vielleicht sogar in den Disneyschen Trickzeichnungen, und sich dann als Erwachsener darüber hermacht, entdeckt man schockiert die im Untergrund schwelende bedrückende Atmosphäre und die Gewalt. Hier befindet sich die Natur in einem Kriegszustand: Die Menschen tyrannisieren die Tiere. Die Tiere tyrannisieren sich untereinander. Weil sich Mowgli ein Leben in Frieden erhofft, würde er gerne aus dieser ständigen tyrannisierenden Ordnung aussteigen. Mit Kafkas Worten zu sprechen, würde er sich lieber zu den Tieren legen als sich mit den Menschen erheben.

Solche Flucht ist jedoch ein Traum. So wie die Tiere ihrer Natur gemäß leben, muss solches auch Mowgli. Im *Dschungelbuch* verlässt Mowgli den Dschungel, löst sich aus dem wildem Leben und der kindischen Verantwortungslosigkeit und wird nach und nach reif, womit er seinen Platz in der menschlichen Welt einnehmen kann. Uns ist also, auch während Mowgli noch im Dschungel spielt, bewusst, dass seine Zeit dort nur begrenzt ist; das unabänderliche Ende wird hinausgeschoben, und das ist: »>Der Mensch geht schließlich zum Menschen.«<[32]

Die in Mowgli erwachende Sexualität veranlasst ihn, sich zu seiner wahren Natur zu bekennen. Vor dieser Verantwortung kann er nicht ausweichen, er muss sein vereinzeltes Leben beenden und sich eine Kameradin suchen. Als Mowgli den Dschungel zum ersten Mal verlässt, schwört er seiner alten wilden Natur ab und nimmt seinen abgelegten menschlichen Namen wieder an, Nathu, Sohn des Messua. Indem Mowgli den Namen, den ihm seine Eltern gaben, wieder annimmt, erhebt er Anspruch auf seine Stellung in der menschlichen Gesellschaft. Merkwürdig ist allerdings, dass Mowgli bei seiner Rückkehr ins gesellschaftliche Leben nicht die Frau sucht, sondern zur Mutter zurückgeht. Die letzte Illustration im Buch stammt von Kiplings Vater, John Lockwood Kipling, und zeigt allerdings deutlich, dass Mowgli heiratet. Auf der Zeichnung sieht man einen Inder im mittleren Alter, mit Turban, der mit einer gleichaltrigen Frau in einem Zimmer sitzt, die ein Kind auf dem Schoß hat. Der Mann blickt gedankenverloren durch eine offene Tür in den im Hintergrund liegenden Dschungel. Er trägt einen Schnurrbart und hat unverkennbar Kiplings Züge. Will Kiplings Vater damit spöttelnd darauf hinweisen, dass sich sein Sohn mit *Das Dschungelbuch* einen Wunschtraum erfüllt hat? Immerhin hatte Kipling die Mowgli-Geschichten kurz nach seiner hastigen Heirat mit Carrie Balestier geschrieben. Kurz zuvor war ihr Bruder, Wolcott Balestier, der ein enger Freund von Kipling war, gestorben. Oder sollen wir annehmen, dass sich sein Sohn in diesen Geschichten nach der Zeit sehnt, als er sich noch als freie Persönlichkeit fühlte, wo er noch nicht in die Festigkeit und Verantwortlichkeit der Ehe gelangt war?

Die Bedeutung von Mowgli liegt für Kipling aber woanders. Auch wenn bestätigt wird, dass Reife und Pflicht unabdingbar sind, leben sich im *Dschungelbuch* dennoch Freiheit und Spiel aus. Mowglis Leben im Dschungel ist fast paradiesisch: Er muss nicht ums Überleben kämpfen; er will von den Tieren nichts und die Tiere wollen von ihm nichts. Wir erleben ihn nie bei Todeskämpfen oder beim Erjagen von Nahrung. Entweder spielt Mowgli immer, oder es gelingt ihm durch Verschmitztheit oder Trick, auf geniale Weise einen Feind zu überwältigen.

Im Dschungel besitzt Mowgli eine doppelte Identität: Er ist sowohl Mensch als auch Tier, wie das bei allen Wolfskindern zu sein scheint. Er kann eine Zeitlang dieser oder aber jener sein. »Ich bin Mowgli der Frosch gewesen‹, sagte er zu sich. ›Jetzt sage ich, dass ich Mowgli der Wolf bin. Jetzt muss ich noch Mowgli der Affe werden, bevor ich Mowgli der Bock werde. Und zum Schluss werde ich Mowgli der Mensch sein.‹«[33] Am Ende allerdings sagt der Wolfsvater Akela seinem Pflegekind: »›Mowgli wird Mowgli antreiben. Gehe zurück zu deinen Leuten. Gehe zu den Menschen.‹«[34] Mowglis mehrfaches Leben endet damit. Er wird einfach ein Mensch. Allerdings schwebt dabei immer im Hintergrund, dass es mehrere Auswahlmöglichkeiten gibt und mehreres wahrscheinlich ist. Auch das Alleinsein Mowglis in seiner Kindheit stellt für ihn eine Gelegenheit dar und ist Freiheit. Er ist niemandem gegenüber verantwortlich.

Mowgli hält sich also im Dschungel auf seine Vertreibung etwas zugute: In allen seinen Liedern triumphiert er unverfroren über seine Feinde und feiert seine Identität. Die Geschichte »Im Rukh«, die Kipling zuerst verfasste und die treffend ans Ende passt, ist deshalb in seinen Augen eine »Geschichte für Erwachsene«. In dieser Geschichte und für den erwachsenen Leser auch in den anderen des *Dschungelbuchs*, liegt die Betonung auf der Verantwortung, darauf, dass es für uns unabdingbar ist, als menschliche Wesen zu leben. Der kindliche Leser muss erst noch warten, bis er Verantwortung tragen kann. Für den erwachsenen Leser ist Mowgli die Verkörperung eines Wunsches, der sich nicht erfüllen lässt. Allerdings ist der Leser wie Kipling selbst angesichts des Nostalgischen und des Sentimentalen innerlich stark geteilt. Wie jeder von uns weiß auch Kipling, dass wir nicht einfach Tiere sein und nicht verschiedene Naturen aus freien Stücken ausprobieren können. Sondern da Mowgli in einem, wie Chesterton es bezeichnete, Ort ohne Verantwortung lebt, kann er im Dschungel eine Zeit lang mal als Kind und mal als Wilder sein. Im *Dschungelbuch* ist diese Unbestimmtheit möglich, denn es wird auf ihr baldiges Ende verwiesen. Wir erleben eine Zeit lang die wilden Möglichkeiten des Spielens, der ordentliche und pflichtbewusste Kipling eröffnet sich und uns nur kurzzeitig eine Fluchtmöglichkeit: Das hier ist eine Kindheit als Wilder, wo man sich dem Traum vom freien Raum hingeben kann, wo man eine Zeitlang jemand anders sein kann.

Diese Trennung zwischen Pflicht und Spiel bleibt auch während der überraschenden Wende im Leben des wilden Kindes bestehen. Nun gab es noch andere Möglichkeiten, wie man Mowgli als Symbol fürs Aufwachsen sehen konnte. Als Tierkind, als Wolfsjunge verkörperte er einen evolutionären Ursprung und verloren gegangene Kindheit. Und in dieser symbolischen Weise wurde er, zusammen mit Kiplings anderem ausgesetzten Kind Kim, zum Ausgangspunkt einer höchst merkwürdigen Entwicklung des Motivs vom wilden Kind: dass er nämlich in die Ikonografie der von Baden-Powell gegründeten Pfadfinderbewegung aufgenommen wurde.

Warum konnte Mowgli für den idealen Pfadfinder als das geeignete Symbol erscheinen? Um diese Frage zu beantworten, müssen wir einen eigentümlichen Umweg machen. Seit dem 18. Jahrhundert hatten Beobachter angenommen, dass die wilden Kinder einen Naturzustand verkörpern – also einen Zeitabschnitt vor dem Einsetzen von Gesellschaft und Politik. Man nahm an, die wilden Kinder wären wie jene, die in einem vor-politischen Reich lebten, das entweder unvorstellbare Zeiten zuvor bestand (Europa vor mehr als drei Millionen Jahren), oder außerhalb von Raum *und* Zeit standen (wie die Wilden in der Neuen Welt Amerikas oder in der Südsee). Die wilden Kinder wurden also mit einem verloren gegangenen Zustand gleichgesetzt, der als Symbol für eine Wesenheit der menschlichen Natur galt. Bei ihnen herrschte das Schweigen und nicht das gesprochene Wort vor, man lebte abgeschieden anstatt in Gesellschaft und in einem selbst herrschte Leidenschaft anstatt Vernunft. Gemäß Rousseau symbolisierten die Kinder der Natur deshalb eine verloren gegangene Echtheit, ein Selbst, das nach den Vorstellungen vor dem Einfluss von Sozialem und Geschichtlichem vorhanden war. Sie hatten sich die Kraft und die Klarheit des Ursprungs bewahrt, dem sich der zivilisierte Beobachter entfremdet hatte.

Solche Vorstellungen treten in veränderter Form im Werk Sigmund Freuds auf. Freud glaubte, dass das innere, wesentliche Selbst wie beim Kind und wie beim »Wilden« ist – sogar mehr noch: Das gewöhnliche Kind ist selbst eine Art Wilder; in seinen geistigen Zügen ist es den primitiven Ursprüngen der Menschheit ähnlich. Mit dieser Auffassung weitet Freud die Erfahrung von Wildheit in der Kindheit – worüber in diesem Buch berichtet wird – so aus, dass sie zur Erfahrung eines jeden wird. Gleichfalls wird bei ihm der Zustand des Wilden-Kind-Seins internalisiert (sich [unbewusst] zu Eigen gemacht): Er wird zur psychologischen Geschichte eines jeden.

Genau dieser Prozess lässt sich bei Baden-Powell beobachten. Für ihn wiederholt jeder in seiner Kindheit die allgemein in der primitiven Menschheit vorhanden gewesene kindliche Wildheit. Was zunächst rätselhaft erscheint, ist, weshalb Baden-Powell Kim, Mowgli und *Das Dschungelbuch* für seine Pfadfinder und Wölflinge heranzieht, bis man erkennt, dass er, wie Freud, der Annahme war, dass ein Junge, der beim Wolfspack um Akela mitspielt, eine ihn wesentlich betreffende wahre Sache spielt. Die Wölflinge spielen nicht bloß das Spiel, Wolfskinder zu sein, sondern *sind* im psychologischen Sinn wilde Kinder. In dem von Erwachsenen gesteuerten Ritual offenbaren die Wölflinge ihre vermutete »Wildheit«, ihren momentanen Status auf der Evolutionsskala. Was für Baden-Powell *Das Dschungelbuch* darüber hinaus noch als geeignet erscheinen ließ, war die wesentliche Disziplin in Kiplings spielerischer Welt, wo man sich im Spiel sogar dem Gesetz, der Autorität und der Hierarchie unterwarf. Durch das Spiel ließ sich ein guter potenzieller Soldat des Empire heranziehen. Allerdings konnte, wenigstens im Spiel, jeder zu einem wilden Kind werden.

So ist also Mowgli die Quintessenz eines dichterischen wilden Kindes. Fragt man allerdings jemanden, wann ihn zum ersten Mal Geschichten vom wilden Kind begegnet sind, dann hört man außer Mowgli oder Romulus und Remus am häufigsten eigentlich Tarzan. Dieser Wilde hat sonnabendmorgens die Fernsehsendungen beherrscht, ein weißer Mann als Herr des afrikanischen Dschungels, ein wilder Engländer, den Hollywood amerikanisch herausbrachte. Tarzan ist auf den Spielplätzen meiner Kindheit herumgespukt: Wir waren dürre Kindergestalten in Erholungsparks und taten, als würden wir von Baum zu Baum springen und an Lianen hängend schwingen, haben uns auf unsere schmale Brust geklopft und primitive, hohe Jodeltöne ausgestoßen und damit das volle Brüllen von Johnny Weissmüller nachgemacht. Als Kind hatte es mir der Zauber dieser athletischen Figur angetan, wie er durch den schwarzweißen Dschungel jagte, Wilde abwehrte und die gierigen, überzivilisierten Eindringlinge mit ihren Tropenhelmen auf dem Kopf bekämpfte. Ich liebte die seltsam zottige Vegetation, die oben an den Bäumen hing. Ich sehnte mich nach den Klüften, den Wasserfällen und den drohenden, schönen Seen. Mich störten sogar nicht einmal die in jedem Film wiederholten Unterwasserkämpfe Tarzans mit einem gewaltigen Krokodil oder die wiederholten Kämpfe mit einem Löwen als Herausforderer. Sogar für die Kleinfamilie, die ein Abbild meiner eigenen Familie war, konnte ich mich gelegentlich begeistern, obwohl mich der »Boy« etwas langweilte und mich die wohnlichen Einrichtungen im Dschungel unbeeindruckt ließen. Ich liebte Komfort, hatte aber ein etwas zwiespältiges Gefühl, wenn Frauen bemutternd auftraten. Was ich aber wirklich liebte, war, dass die Behaglichkeit dieser Familie mit einer gefährlicheren Sache in Verbindung stand, nach der ich mich so sehr sehnte. Tarzan bedeutete Abenteuer, und so konnte ich, wie Tausende andere auch, in meinem sicheren Kinderzimmer von Schätzen träumen und von gewaltiger körperlicher Anstrengung und von wildem Edelmut draußen in der Wildheit, wo einzig meine eigene Güte die Regeln setzte.

Für Kipling gab es über Edgar Rice Burroughs keinen Zweifel. Dieser amerikanische Schreiber für Schundmagazine rein kommerziellen Genres und von Marsromanen hatte seine Inspirationen woandersher. In seiner Autobiographie *Etwas von mir für meine bekannten und unbekannten Freunde* schreibt er in scharfer Form darüber:

Und, wenn dir das möglich ist, gehe streng mit Nachahmungen um. Mein Dschungelbuch hat einen Zoo voll davon erlebt. Aber der Genius aller dieser Genien war jemand, der die Serie *Tarzan, Sohn der Affen* schrieb. Ich habe es gelesen, bedaure aber, daß ich den Film nie gesehen habe, der höchst erfolgreich ist. Er hatte das Motiv des *Dschungelbuchs* »aufgepeppt«, und ich glaube, sich daran sehr erfreut. Es wurde berichtet, daß er gesagt haben soll, er wolle herausfinden, wie schlecht er Bücher schreiben und dennoch bei der Sache gut wegkommen kann, was eine legitime Absicht ist.[35]

Verständlicherweise war Burroughs über dieses beherzte »Lob« nicht begeistert. Da ihm immer wieder der Vorwurf des Plagiats gemacht wurde, war er ohnehin merklich zurückhaltend mit Auskünften über spezielle Quellen zu

Tarzan, Sohn der Affen (1914). Der Vergleich mit dem *Dschungelbuch* schmerzte ihn, aber er gab nicht eindeutig zu, ob er anderen direkt verpflichtet war. So z. B. in seinem Brief vom 31. März 1937 an Professor Altrocchi, in dem er die Ursprünge der Geschichte von *Tarzan* zu erklären versucht:

> Ich glaube, der Ursprung dafür lag in meinem Interesse an der Mythologie und an der Geschichte von Romulus und Remus. Ich erinnere mich auch, dass ich viele Jahre zuvor die Geschichte von einem Seemann, der an der afrikanischen Küste gestrandet war, gelesen hatte. Er war von großen Affen aufgenommen worden und lebte vertraut mit ihnen zusammen, denn als er gerettet wurde, kam eine Affenfrau zur Brandung gelaufen und warf ihm ein Baby hinterher.
>
> Und dann habe ich natürlich Kipling gelesen, sodass mich wahrscheinlich eine Kombination dieser drei auf die Vorstellung von Tarzan gebracht hat. Die Grundidee ist natürlich viel älter als Mowgli oder die Geschichte vom Seemann und liegt wahrscheinlich sogar vor Romulus und Remus, sodass daran nichts Neues oder Bemerkenswertes ist.[36]

Burroughs gesteht hier ein, dass er Kipling etwas schuldet, aber er verniedlicht das. Sogar der Zeitpunkt, zu dem er das äußert, lässt aufhorchen: Denn Kipling war kurz zuvor gestorben, und damit hatte für Burroughs wahrscheinlich das Rivalitätsdenken aufgehört.

Wenn für Mowgli letztlich von Bedeutung ist, dass bei ihm – in beunruhigender Unbestimmtheit – das Verlangen besteht, einerseits dazuzugehören, andererseits zu fliehen, dann ist klar, was für Tarzans Geschichte letztlich bedeutend ist, nämlich jemand von weißer Haut zu sein; nichts anderes ist von solchem Belang. Burroughs streicht im Mythos vom wilden Kind den Aspekt der rassischen Bedeutung heraus, auf den man spätestens seit Überlegungen über die Herkunft der armen Memmie Le Blanc gekommen war. In den Geschichten von Burroughs werden die Grenzen zwischen den Rassen ausgekundschaftet, und zwar in einer Weise wie zwischen den Menschen und den Menschenaffen. Aber dies nicht, um sie zu unterlaufen oder zu überschreiten, sondern eher um durchzuspielen, wo die Demarkationslinien liegen, die er als definierte und bleibende begreift.

Jeder kennt die Geschichten von Tarzan, aber kaum jemand hat Burroughs' originalen Roman gelesen. Deshalb soll hier im Interesse des Lesers Burroughs' eigene Zusammenfassung seiner Geschichte folgen:

> Die Geschichte, an der ich jetzt sitze, ist über den Sproß eines noblen englischen Hauses – aus heutiger Zeit –, der im tropischen Afrika geboren wurde, wo seine Eltern starben, als er ein Jahr alt war. Das Kleinkind wurde

von einer riesigen Affenfrau aufgefunden und aufgezogen und wuchs in einer Gruppe wilder Menschenaffen auf.

Es ist höchst interessant zu lesen, wie sich dieser Affen-Mensch trotz aller Behinderungen geistig entwickelt, wie er Englisch zu lesen lernt, ohne daß er die Sprache sprechen gelernt hat, wie er sich aufgrund seiner innewohnenden Vernunft weit über die wilden Dschungelfreunde und -feinde hinausentwickelt, wie er ein weißes Mädchen trifft, wie er schließlich in die Zivilisation gelangt und zu seiner eigenen Form. Man wird das interessant finden, besonders weil ich mich mit dem Aufbau an der Art Erzählungen für »Idiotenleser« orientiert habe.[37]

Burroughs' Bescheidenheit ist nicht ungerechtfertigt. Über die Geschichte wird noch enthusiastischer in der September-Ausgabe von *All Story* berichtet, wo folgendermaßen Werbung für *Tarzan* in der folgenden Monatsausgabe gemacht wird:

Wenn Sie sich mal vor Augen führen, dass ein Lektor tagein, tagaus viele tausend Geschichten zu lesen hat, dann wird es Sie verwundern, wenn wir Ihnen sagen, dass wir dieses Seemannsgarn in einer Sitzung absolviert und uns dabei an unsere Kinderzeit erinnert haben. Es ist die aufregendste Geschichte, die wir seit Jahren zu sehen bekommen haben, und so irgendwie originell. Ein englisches Baby wird aufgrund unglücklicher Umstände von einer Kolonie riesiger Menschenaffen geraubt. Es wächst bei ihnen auf. Da es ein Tier mit Verstand ist, entwickelt es sich anders und schließlich drängen sich bei ihm die Kräfte der Zivilisation hervor. Hurra! Aber diese Dinge passieren![38]

Burroughs offenbart in der Darstellung seines eigenen Werks, in der er auch über Menschenaffen und den Gegensatz zwischen Vererbung und Umgebung redet, ganz deutlich den Einfluss von Evolutions- und Rassentheorien. Burroughs war interessiert an diesen Dingen, war aber Amateur: Im Januar 1859 hatte Darwin sein Buch *Die Abstammung des Menschen* herausgegeben. Er hatte aufs Deckblatt einen kriechenden Affen gemalt und rechts daneben geschrieben »Großvater«. *Tarzan, Sohn der Affen*, war offensichtlich von Anfang an eine post-darwinistische Geschichte vom »Kampf um die Existenz«. Aber der natürliche Weiße ist bei Burroughs kein tierischer Brutaler: Er besitzt Vernunft, die als höheres Erbe von seinem englischen aristokratischen Ursprung stammt.

Burroughs wusste, dass seine Geschichte im Wesentlichen beruhigende Dichtung war und spekulierte, wie es einem wilden Kind wirklich ergehen würde: »Je mehr ich darüber nachdachte, desto klarer wurde mir, dass ein solches als Erwachsener eine sehr wenig wünschenswerte Person wäre, die ich nicht in der Nähe meines Hauses haben wollte. Er hätte möglicherweise Körpergeruch, schlechten Mundgeruch, den Fuß eines Athleten und höchst abscheuliche Neigungen. Daher habe ich mich entschlossen, nicht ehrlich zu sein, sondern den Leuten einen Charakter vorzuführen, den sie bewundern.«[39] So ist also Tarzan der typische natürliche Mann der amerikanischen Dichtung – der Pionier, der Mann der Männer, der geschickte Fährtenleser, der tapfere Waldsiedler, der zuvorkommende weiße Wilde. Er hat außergewöhnlich scharfe Sinne, die sich auf alles Leben im Wald richten. Da Tarzan aber ein Weißer und ein Aristokrat ist, liegt er mit seiner Entwicklung auf einer höheren Ebene als der gewöhnliche natürliche Mensch. Er ist jemand vom vordersten, am weitesten entwickelten Punkt der Zivilisation, der im evolutionären Ursprung des afrikanischen Dschungels geschliffen wurde. Den ganzen Roman hindurch stellt Burroughs Tarzans Dschungelleben ironisch dem seines zivilisierten Bruders Clayton gegenüber. Dieser aristokratische, nach englischer Sitte erzogene Lord erscheint neben dem edlen Wilden, der im Dschungel herrscht, als dekadent. An der einen Stelle stößt Tarzan einen Schrei aus, als er Sabor, die Löwin, getötet hat, während zur gleichen Zeit »in London der nämliche Lord Greystoke vor Leuten *seines* Standes im House of Lords eine Rede hielt, aber niemand beim Geräusch seiner zarten Stimme erzitterte.«[40] Schließlich besitzt Tarzan aufgrund seiner wilden Kindheit entwicklungsmäßig einen Vorteil gegenüber dem feinen Lord aus der Privatschule, denn die glatthäutige amerikanische Schönheit Jane Porter zieht Tarzan als Lebensgefährten seinem vornehmen Bruder vor.

So ergeht es Tarzan hier wie Mowgli, dass er seine wahre Natur im Zusammenhang mit dem Geschlecht erkennt. Dieser Austausch »Ich Tarzan, du Jane«, der in die moderne Folklore Eingang gefunden hat, ist schließlich der Schlüssel der Geschichte. In der Buchversion schreibt Burroughs über deren Romanze ein halb pornografisches Kapitel, »The Call of the Primitive«. Darin verhindert Tarzan, dass der Affe Terkoz Jane raubt. Als sie dasitzt und beobachtet, wie der »Ur-Affe mit dem Ur-Menschen um den Besitz einer Frau – um Sie – kämpft«, »da ist der Schleier jahrhundertealter Zivilisation und Kultur aus der verschwommenen Sicht des Mädchens aus Baltimore verschwunden … Sie war jetzt eine Ur-Frau, die sich mit ausgestreckten Armen ihrem Ur-Mann, der für sie gekämpft und sie gewonnen hatte, entgegenstürzte.«[41] Tarzan verhält sich »genau wie es der Ur-Vater getan hätte« und nimmt sie in seine männlichen Arme und küsst sie.[42] Dass dieser »Ur-Vater« nicht irgendein evolutionärer Vorläufer ist, wird später klar: »Nie zuvor hatte ein solcher Mann die Erde durchschritten, seit Gott die ersten Menschen nach seinem Ebenbild erschaffen hatte.«[43] Das Mädchen aus Baltimore und der englische Lord sind (mit Kamala und Mowgli) zurückgekehrt nach Eden, einem Ort, der ursprünglich rein und frei vom Makel der Zivilisation war. Jane verliebt sich natürlich in diesen wie Adam scheinenden Mann. Und tatsächlich ist sie auch von Tarzan, als sie ihn als Zivilisierten sieht, leicht enttäuscht. Es verwundert also nicht, dass sie sich zum Verbleib im Dschungel entscheiden für »immer und ewig«, wie es so schön in der Dichtung heißt.

Bei Burroughs bedeutet das wilde Kind auch eine Ablehnung der europäischen Zivilisation durch die Amerikaner: Jane flieht vor der Gesellschaft und bevorzugt den Dschungel; Tarzan will nicht Lord Greystoke werden und verleugnet sein europäisches Erbe zugunsten Afrikas, er umarmt das neue und das amerikanische Mädchen. Sie wollen im Dschungel neu zusammen anfangen, wo sie von den Zwängen der Zivilisation befreit sind. Tarzan und Jane bleiben für immer im Dschungel, in einer zeitlosen Welt. Sie wenden sich von der Welt ab, indem sie an deren Beginn zurückkehren. So kommt es also dazu, dass ungefähr zwanzig Jahre nach der offiziellen Beendigung dieser wirklich amerikanischen Pioniergeschichte Burroughs weiteres Neuland betritt: Amerikas erster Laureatus der Schundliteratur eröffnet dem amerikanischen Drama neue Landschaften; anstelle von Tarzan im Dschungel Afrikas und anstelle seines anderen Helden Carter geht es nun bei Burroughs in den Barsoom Chronicles auf den Planeten Mars.

Tarzan erlangt seine Identität als Herr des Dschungels, indem er auf eine Szene in seiner wilden Kindheit zurückblickt. Wie bei Huck Finn zu finden, ist dies eine durch und durch amerikanische Geste. Er lehnt den Namen Greystoke ab und behält stattdessen seinen wilden, seinen »wirklichen« Namen: »Tar-zan« bedeutet in der von Burroughs erfundenen Ur-Sprache »weiße Haut«. Auf diese Weise kommt mit seinem Namen nicht nur seine Individualität, sondern auch seine rassische Identität zum Ausdruck.

Indem er das tut, löst Tarzan sich aus der Zivilisation, die in allen Tarzanbüchern als latent »wild« angesehen wird. Darin spiegeln sich Ängste über den Untergang des Westens, über den Verfall der europäischen Zivilisation. Burroughs' Antwort auf diese »Dekadenz« liegt auf der Linie, wie sie von anderen Schriftstellern und Künstlern der Jahre um 1910 vertreten wurde. Viele glaubten, dass ein »Regenerieren« und eine Erneuerung nur möglich wäre, wenn wir die Städte verlassen und zur Natur und zum Abenteuer zurückfinden würden. So waren zum Beispiel Robert Brookes Tahiti-Gedichte, Jack Londons Geschichten und *South Wind* von Norman Douglas (1917) alle ungefähr der zeitgenössische Ausdruck dieses künstlerischen Trends, der wenigstens bis zu Rousseau zurückgeht. Tarzan ist eine weitere Verkörperung des Primitiven, indem er an den Ursprung zurückgeht, zu einem Zustand vor der Geschichte – damals schien die Geschichte der Menschen unvermeidbar dem Niedergang entgegenzugehen. Burroughs veröffentlichte seinen ursprünglichen Tarzan-Roman in einem Amerika, das auf ein sich verwüstendes Europa blickte, der Krieg hier wurde immer blutiger und sinnloser. Im Gegensatz zu den Verwüstungen der Moderne befand sich Tarzans Dschungel außerhalb des historischen Prozesses, obwohl es dort Plünderungen durch die europäischen Imperialisten gegeben hatte. Er ist der Ursprung der Evolution und ein Ort der ständigen Erneuerung. Ausgehend vom realen, historischen Afrika stellt sich Burroughs ein Amerika im Dschungel vor, und das wilde Kind als Symbol der amerikanischen Zukunft.

So stehen also Kamala und Amala mit ihrem Schicksal in einem leicht enttäuschenden Gegensatz zu den Wunscherfüllungen, die die imperialistische Dichtung zu leisten vermag. Deren Geschichte hat kaum etwas in der populär-mythischen Form entstehen lassen wie bei Mowgli oder Tarzan. Und dennoch haben alle drei Geschichten einen ähnlichen Zusammenhang: Sie gehören alle in eine schrumpfende Welt, in der die dunklen Gebiete des Empire immer noch einen Raum für Wundererzählungen abgaben. Für Singh und Kipling war natürlich der Dschungel in Wirklichkeit nicht so etwas. Ausgetretene Dorfpfade liefen an der Wolfshöhle, in der sich die Mädchen aufhielten, vorbei. Und der einzige Ort, der in Kiplings Autobiografie wirklich exotisch erscheint, ist Sussex. Dennoch hatte natürlich der Dschungel die Mädchen einst in dunkler Rätselhaftigkeit verborgen gehalten, wie Geister. Und da das Geheimnis um Kamala und Amala noch einige Jahre nach deren Entdeckung gewahrt werden konnte, war es möglich, dass sie ihre Kindheit weiterhin in familiärer Umgebung verbringen konnten. Der folgende Fall, den die Welt mit Aufmerksamkeit registrierte, sollte sich unter gänzlich anderen Umständen ereignen: Im Herzen des reichsten Landes der Welt und mit der großartigsten Publizität, die durch die Aufmerksamkeit der internationalen Medien zu erreichen war.

KAPITEL 7

Wo ist morgen, Mrs. L?

I Ein kleiner Geist

Dieses Gefühl war etwas ganz Besonderes: eine bedrückende, schreckliche Befangenheit, als würde ich mit dem kleinen Geist von jemandem, den ich gerade getötet hatte, beisammen sitzen.

Vladimir Nabokov, *Lolita*

Anfangs hatte sie allerdings kaum geantwortet. Gewöhnlich verhielt sie sich, wie Kent bemerkte, »trist auf Abstand«. Wenn sie nicht ganz bewusst mit einer Sache beschäftigt war, dann durchstreifte sie ihre neue Umgebung, lief mit gebeugten Ellbogen merkwürdig wie ein Häschen, spuckte in ihre Sachen oder in den Saum eines Vorhangs und nahm viel stärker den Raum als die Leute darin wahr ... Einige Beobachter bezeichneten sie als »geisterartig«.

Russ Rymer, *Das Wolfsmädchen*

Sie hatte nicht erwartet, dass sie hüsch war. Sie hatte sich auf Fremdartigkeit vorbereitet; und mit aller Sicherheit war das Mädchen fremdartig. Es stimmte, die Zähne des Mädchens waren gelblich und gemahnten sogar leicht an Hauer. Ja, man konnte das Merkwürdige, das man erwartet hatte, an dem zu langen Kleid und ihren hackenden Bewegungen erkennen. Sogar wenn sie ruhig war, konnte man erkennen, dass etwas nicht stimmte. Aber wie hatte sie über die Schönheit etwas mutmaßen können? – die leichte Stülpnase, weich ihr Ausdruck und ihr Fleisch, die Sanftheit, mit der sie die Dinge anschaute und die sanfte, blasse Haut, die rötlich angelaufen war. Am bezauberndsten waren jedoch ihre Augen – grau und verträumt in die Ferne blickend, voller Schmerz und Leid wegen der Geschichte des Mädchens, so schien es Susan Curtiss. Sie war sogar schön.[1]

Susan Curtiss war keine Krankenschwester. Sie hasste Krankenhäuser und hatte sich vor dem ersten Zusammentreffen mit dem Mädchen im Kinderkrankenhaus gefürchtet. So hatte sie sich zunächst zurückgehalten und aus der Ferne beobachtet.

Das Mädchen war so klein. Als man sie an jenem Tag im November 1970 im Familienhilfezentrum gefunden hatte, dachte man, sie sei acht Jahre alt. Sie hatte ausgesehen, als habe man sie verrohen lassen, und wie leicht benommen. Sie war dünn und kurz, wog nicht mehr als 28 Kilo und war nur ungefähr 1,37 Meter groß. Tatsächlich war sie dreizehn, ein verzauberter Teenager, eingebettet in einem Kinderkörper.

Sie kam aus einem niedrigen, sandfarbenen Haus in der Golden West Avenue, Temple City, am Stadtrand von Los Angeles' Vorort Arcadia. Tempel City ist in Los Angeles so etwas wie der Londoner Randbezirk Surbiton. Das Haus sah aus wie alle in dieser Straße – mit einem Stück Rasen und den Vorortbäumen –, aber sie war dort eingesperrt gewesen, Tag für Tag, Jahr für Jahr, nahezu zwölf Jahre lang, in einen kleinen Raum gebannt, an einen Stuhl mit Töpfchen gebunden, mit einem Laufgeschirr umbunden, um sie auf dem Sitz festzuhalten, konnte nur die Hände und Füße bewegen, war nackend. Sie wurde jeden Tag in dieser Art und Weise zurückgelassen, sodass sich durch das Töpfchen ein schwieliger Ring an ihrem Gesäß abzeichnete. Wenn sich ihre Eltern an sie erinnerten (was nicht immer der Fall war), dann wurde sie nachts in einen Schlafsack gesteckt, den ihr Vater entworfen hatte. Und auch hier wurde sie gefesselt, damit sie ihre Arme nicht bewegen konnte, und wurde dann in ein Kinderbett gelegt, das von Drahtmaschen umgeben war. Die ganze übrige Familie schlief im Wohnzimmer, der Sohn auf einer Pritsche, die Mutter auf dem Boden und der Vater in einem Sessel, mit einem Gewehr auf seinem Schoß.[2]

Das Zimmer des Mädchens lag neben dem Badezimmer und neben dem Schlafzimmer der verstorbenen Großmutter. Keiner durfte das Zimmer der verstorbenen Frau betreten; dort sammelte sich der Staub. Das Zimmer des Mädchens befand sich an der Rückseite des kleinen Hauses. Dorthin gelangt kein Geräusch von der Straße.[3] Wenn sie dort den Tag über festgebunden saß, hörte sie außer den gelegentlichen Flüchen ihres Vaters keine weiteren Stimmen, ja, überhaupt nichts außer dem Wassergeräusch, wenn auf der Toilette gespült oder Badewasser eingelassen wurde. Nur manchmal konnte sie ein Nachbarkind beim Üben am Klavier hören, das dann Tonleitern oder einfache Melodien spielte.

Wenn sie schrie, wurde sie geschlagen oder wurden ihr Schläge angedroht. Ihr Vater hatte extra zu diesem Zweck ein Stück Holz in ihrem Raum aufbewahrt. Er sprach nie mit ihr, sondern grunzte oder machte Schnarchgeräusche oder bellte wie ein Hund. Manchmal bellte er an der Tür, um sie zu ängstigen.

Er brachte ihrem Bruder bei, dasselbe zu tun. Ihr Vater stand ab und an im Dunkeln, bellte und knurrte und kratzte an der Tür mit seinen Nägeln, die er sich extra lang hatte wachsen lassen.

Ihre Mutter war dabei, zu erblinden. Sie hatte Angst vor ihrem Mann und gehorchte seinen Bestimmungen in Bezug auf ihre Tochter. Je mehr ihr Sehvermögen nachließ, was sich über die Jahre hin fortsetzte, desto weniger Zeit verbrachte sie mit ihrer Tochter.

Es gab in dem kahlen Raum weniges, das sich das Mädchen betrachten konnte. Manchmal erhielt sie das Fernsehmagazin, das der Vater vorher durchgeblättert und aus dem er alle vermeintlich erotischen Bilder herausgerissen hatte: Mann und Frau im Badeanzug an einer sonnenbeschienenen Küste; ein Mädchen, das verträumt im Nachthemd am Kamin eines Vororthauses sitzt. Ansonsten durfte sie manchmal mit Plastik-Regenjacken spielen, die eine gelb, die andere durchsichtig, oder mit Gegenständen wie einer leeren Käseschachtel oder einer leeren Garnrolle von der Mutter, die ehemals Näherin war. Sie wurde schnell gefüttert, damit der Kontakt nicht zu ausgedehnt war: Sie erhielt Babynahrung, Corn-flakes, manchmal ein weich gekochtes Ei. Das Essen wurde ihr in den Mund geschoben, und wenn sie würgte, wurde ihr der Brei ins Gesicht gerieben.

Ihr Vater »Clark« war in mehreren Pflegeheimen im Nordwesten der USA groß geworden. Ihre Mutter »Irene« kam aus Oklahoma und war dort während der Zeit, als jahrelang Staubstürme herrschten, aufgewachsen. Clark war bei ihrer Heirat um zwanzig Jahre älter als Irene.

Clark hatte eine starke Bindung an seine Mutter, obwohl sie ihn durch andere hatte erziehen lassen. Sie war, wie man manchmal sagt, ein »Charakter«. Sie hatte einmal ein Bordell besessen und war echt wild, sie besaß noch ein bisschen von dem unbezähmbaren amerikanischen Pioniergeist.

Clark und Irene waren nicht glücklich miteinander. Er war grausam, autoritär und schlug sie manchmal. Irene sagte, dass »ihr Leben in dem Moment, wo sie geheiratet hatte, aufgehört hatte«.[4] Clark wollte keine Kinder. Er hasste Kinder, hasste die Geräusche, den Geruch, die Belästigung. Aber nach fünf Jahren Ehe wurde Irene schließlich schwanger. Sie gebar ein kleines Mädchen. Clark verbannte ihre erste Tochter in die Garage, und dort starb sie im Alter von zweieinhalb Monaten an Lungenentzündung und Unterkühlung. Etwas später wurde ihnen ein Junge geboren, der aber bereits nach zwei Tagen starb. Als dann ein weiterer Sohn geboren wurde, bei dem es ebenfalls so schien, als würde er sich nicht entwickeln – da er bereits früh Verhaltensprobleme aufwies –, nahm Irene den Jungen bei sich auf. Dann lebte der Junge mit der Großmutter zusammen und entwickelte sich gut, und nachdem die meisten Probleme bei ihm beseitigt waren, wurde er zu den Eltern zurückgeschickt.[5]

Ihr letztes Kind wurde am 5. April 1957 geboren. Es war wieder ein Mädchen. Ihre Kindheit war schwierig und gestört, mit Entwicklungsproblemen. Dennoch schien es, als würde sie überleben können. Sie hatten sie Susan genannt.

Mit vierzehn Monaten litt das Mädchen an einem Fieber, woraufhin ein Arzt (fälschlicherweise) erklärte, sie würde wahrscheinlich in ihrer Entwicklung zurückbleiben. Da Clark wegen der Aufmerksamkeit, die die Mutter dem Mädchen zuwandte, eifersüchtig wurde, nutzte er diese Diagnose als Entschuldigung für die Misshandlungen, die folgen sollten. Er hatte beschlossen, das Mädchen vor den Übeln der Welt zu bewahren. Wenn sie in ihrer Entwicklung gehemmt wäre, dann würde sie noch größere Pflege benötigen, sogar noch wachsamere Augen.

Clark hasste die Welt. In ihr herrschten Erniedrigung, Furcht und Ungerechtigkeit. Seine geliebte Mutter war vor kurzem erst durch einen betrunkenen Teenager mit dem Auto überfahren und getötet worden. Das Auto hatte die Frau die Straße entlang geschleift. Nachdem der Junge weggefahren war, war der Körper der Frau so schwer verletzt, dass man sie nicht einmal mehr identifizieren konnte. Und als der Junge ohne Bestrafung davonkam, geriet Clark in Wut und war aufgebracht. Er zog mit seiner Familie in das Haus seiner verstorbenen Mutter und zog dort einen Schlussstrich unter seinen Kontakt mit der Welt. Er trug eine Pistole mit sich herum gegen Eindringlinge. Manchmal ließ er die Beleuchtung im Haus die Nacht über an, um sehen zu können, ob sich jemand dem Haus näherte. Sogar sein Sohn musste Signale geben, wenn er ins Haus wollte. Die Familie sollte isoliert und geschützt werden. Und Susan, seine kleine Tochter, sollte von allen am meisten beschützt sein.

So fing das mit der Misshandlung an – Misshandlung unter der Maske von Besorgtheit aufgrund von Rachsucht, eine Beschützung aus Strafempfinden. Manchmal fragte Irene, ob ein Arzt die Tochter besuchen dürfe. Clark schloss einen Pakt mit ihr. Da er sicher annahm, dass das Mädchen ohnehin sterben würde, gab er seiner Frau das Versprechen, einen Arzt zur Untersuchung zuzulassen, sofern das Mädchen ihren zwölften Geburtstag überleben sollte. Die Jahre gingen ins Land. Der Geburtstag kam und war vorbei. Clark hielt sein Versprechen nicht. Es passierte nichts.

Irene war fast völlig erblindet. Sie war hilflos, aber es war ihr nicht erlaubt, ihre Mutter oder ihren Vater herbeizurufen. 1970 hatte Irene dann endgültig genug. Nach fürchterlichen Streitereien floh sie mit ihrer Tochter und zog zu ihrer Mutter, die in einem Haus im Monterey Park wohnte. Zur gleichen Zeit verließ ihr Sohn John das Haus und zog zu Freunden.

Im November desselben Jahres machte sich Irene, die jetzt eine dicke, schwarze Brille trug, mit ihrer Tochter Susan zu einem örtlichen Wohlfahrtverband auf; sie suchte dort eine Abteilung, die sich um Hilfen für Blinde kümmerte. Bei ihrem schlechten Sehvermögen geriet sie stattdessen in die

Familienhilfe-Abteilung. Einem Helfer fiel das Mädchen mit seinem merkwürdigen Benehmen auf. Man nahm Mutter und Tochter beiseite und befragte sie. Sie gaben Antworten, die unglaublich erschienen. Daraufhin wurde
das Mädchen dort behalten und in Pflege genommen, und gegen den Vater
und die Mutter wurde Anzeige wegen »vorsätzlicher Misshandlung« erstattet.

Diese Nachricht gelangte am 17. November 1970 in die Zeitungen von
Los Angeles. So wie die Stimmungslage damals war, musste das als ein weiterer Fall von Krieg zwischen den Generationen erscheinen. Die Zeitungen
waren in diesen Wochen voll von ähnlichen Meldungen: die Professoren der
Berkely-Universität klagten über den Zusammenbruch der Gemeinschaft an
der Universität; Vincent Bugliosi und die Staatsanwaltschaft hatten gerade das
Plädoyer gegen Charles Manson in den Mordprozessen Tate - La Bianca abgeschlossen; William Calley stand gerade wegen des Massakers in My Lai vor
dem Militärgericht; an der Reseda High School mussten langhaarige Studenten eine Einwilligung ihrer Eltern für die Haartracht vorlegen; es kursierten
Gerüchte, dass in den Äpfeln für die Halloweenfeiern Rasierklingen versteckt
seien; ein junges Mädchen war auf der Autobahn verschwunden; Dr. Thomas
Minz hielt an der kalifornischen Universität eine Vorlesung über das Bedürfnis der Erwachsenen nach Liebe. In Los Angeles herrschte eine Stimmung, die
einer ansteckenden Krankheit gleichkam. Hier konnte Susans Schicksal nicht
so sehr als etwas unvorstellbar Grausames erscheinen, sondern einfach nur als
symptomatisch.

Es kamen Reporter ins Haus und sprachen mit Clark und dessen Sohn. Da
er nicht schreien wollte, erzählte er ihnen, dass keiner außerhalb der Familie
verstehen würde, was sich ereignet hatte. Auf einem Foto sehen die beiden
wie zwei unverbindliche, gewöhnliche Männer aus. John ist ein typischer
amerikanischer Teenager, er hat einen Scheitel und den typischen Haarschnitt
der Beach-Boys der Mitte der sechziger Jahre, trägt dunkles Hemd und Jeans.
Nur seine Positur ist merkwürdig. Er blickt bedrohlich und verdächtig, im
Gesicht sieht er gealtert aus. Clark sieht wie ein alter Trottel aus, der gerade
vom Angeln zurück ist; seine Haltung ist entspannt, er blickt schelmisch-uner-
gründlich durch große Brillengläser und hat einen kleinen Sonnenhut auf,
der witzig bis zu den Augenbrauen gezogen ist. Es gibt kein Anzeichen von
Bedrohung oder Fremdartigkeit – wirklich nichts zu entdecken, außer dem
auffallenden Altersunterschied zwischen dem siebzigjährigen Mann und dem
Sohn im Teenageralter. Die Novembersonne bescheint die hinter ihnen liegende Treppe zum Vorbau und man blickt auf die Tür, hinter der Susan dreizehn Jahre lang festgebunden gesessen hat.

Clark kam einer Verurteilung zuvor. Neugierige Nachbarn machten Fahr-
ten zum Haus, verlangsamten dort ihre Fahrt und zeigten auf die Stelle, wo
das kleine Mädchen gefangen gehalten war. Clark machte das zornig und ver-

wirrt. Um den Vater ein wenig zu trösten und ihn vor Eindringlingen zu bewahren, zog John zusammen mit einem seiner Freunde zurück ins Haus des Vaters. Am Freitag, den 20. November, war der Verhandlungstermin. John holte mit Freunden das Auto aus der Einfahrt, um den Vater ins Gericht zu fahren. Clark hatte ihnen gesagt, er würde gleich fertig sein und zu ihnen herauskommen. Als er aber allein im Haus war, legte er eine Decke auf den Zimmerboden und deckte eine Zellophanfolie darüber. Dann schrieb er zwei Nachrichten auf, eine für seinen Sohn und eine für die Polizei, nahm seinen .38-Kaliber-Revolver und schoss sich eine Kugel rechts in den Kopf. Er hatte sich mit dem Revolver, den er jede Nacht auf dem Sessel bei sich hatte, um sich und seine Familie vor der Außenwelt zu schützen, erschossen. Die Nachricht, die er hinterlassen hatte, ist eine letzte Geste resignierenden Trotzes; hier hieß es ein weiteres Mal: »Die Welt wird es nie verstehen«.

Am anderen Ende der Stadt war Irene im Gerichtssaal des Alhambra Municipal Court dabei, bei der Anklageerhebung ihre Unschuld zu erklären. Nach der Anhörung erzählte man ihr, dass ihr Mann tot sei. Sie sagte nichts darauf. Als sie einige Tage später vor dem Gericht erschien, wurden die Vorwürfe gegen sie fallen gelassen. Es war klar, dass sie in gleicher Weise wie ihre Tochter ein Opfer gewesen war.

Das Mädchen wurde ins Kinderkrankenhaus von Los Angeles gebracht und von einem Team unter der Leitung von Dr. Howard Hansen betreut. Er war der Leiter der Psychiatrie, ein humaner und verbindlicher Mann. Ein anderer Psychologe, David Rigler, begann mit der Ausarbeitung einer Untersuchungsstrategie. Der Experte in Angelegenheiten von Kindesmissbrauch, James Kent, wurde Susans Therapeut. Der Gastpsychologe und Experte auf dem Gebiet Isolation, Jay Shurley, kam nach Los Angeles geflogen, um das Mädchen zu untersuchen. Im Krankenhaus gab man dem Mädchen einen neuen Namen, aus Susan wurde Genie. Sie war wie ein Mädchen, das in einer Flasche gelebt hatte, wie jemand, der durch ein raues Urteil in Mauern gefangen gehalten war. Die Linguistin Susan Curtiss, die über Genies Sprache etwas herausfinden sollte, bemerkte: »Den Namen hat man ihr zum Schutz ihres Privatlebens gegeben; man hat ihn gewählt, weil darin wenigstens teilweise zum Ausdruck kommt, dass sie nach der Kindheit in die menschliche Gesellschaft eingekehrt ist; vorher hat sie nicht als ein völlig menschliches Wesen gelebt.«[6]

Der Zustand des Mädchens konnte einem fast am Glauben verzweifeln lassen. Sie war jemand, der unter Misshandlungen in einer Weise litt, wie man es im Krankenhaus zuvor nicht erlebt hatte. Sie war unterernährt, winzig gewachsen und nicht »stubenrein«. Ihr dunkles, kurzes Haar wuchs nur dünn auf ihrem Kopf. Ihre Essgewohnheiten waren ekelhaft. Sie sabberte und spuckte ständig. Sie blickte einen nur kurz an und schaute dann wieder weg. Sie beroch die Gegenstände und führte sie sich dabei dicht an ihr blasses Gesicht. Sie lief gebeugt und war gebrechlich, mit nach innen gestellten Füßen, ihr Körper war von der Hüfte an gebeugt, sie hatte gekrümmte Schultern und hielt ihre Hände vor sich her wie ein Hase oder wie eine Zombie-Trickfigur, die ins Leben zurückgekehrt war. Sie konnte nur merkwürdige Laute aus der Kehle her äußern, Sprache war bei ihr nicht vorhanden. Jay Shurley erinnerte sich daran, dass ihm das Mädchen damals, als er sie zum ersten Mal sah, als ein scheues, kleines, blindes Kind erschienen war, das sich mit den Fingerspitzen durch die Welt tastet. Ebenso hielt Susan Curtiss das Mädchen für »unsozialisiert, primitiv, kaum menschlich«.[7] Unbewusst wiederholten Genies Betreuer die Begriffe, die auch die Erzieher von »wilden Kindern« vorher schon verwendet hatten. Sie war gleichsam in die Grube gefallen und war jemand, der anders ist als menschlich. Sie war wie ein Geist, ein Kobold, ein Wechselbalg. Sie war ein schönes Opfer – schön, weil sie gelitten hatte. Sie war das Urbild des verdammten Jugendlichen, war das gestörte Kind, bei dem jeder, der sich um sie kümmerte, entdecken konnte, was bei ihm selbst ebenfalls verloren gegangen, eingezwängt und beschädigt war.

Aber Genie war nicht nur das niedliche, aus seelenvollen Augen blickende Kind. Sie konnte auch stören und schockieren. Sie spuckte ständig und wischte die Spucke und den Schleim am eigenen Leib ab. Da ihre Kleidung voller Spucke war – glänzend am Körper und in den Haaren –, stank sie. Ihre Essgewohnheiten waren schockierend. Genie war immer schnell gefüttert worden, während sie am Stuhl festgebunden war, und hatte deshalb nie richtig kauen gelernt. So behielt sie das Essen in ihrem Mund und wartete darauf, dass der Speichel das Essen zerteilte. Oft hat sie dann den unzerkauten Matsch auf ihren Teller oder den Tisch gespuckt und mit ihren Fingern darin herumgewühlt. Manchmal hat sie das auch großzügig, aber ungewollt, jemandem anderen auf den Teller gespuckt.

Wie Peter der wilde Junge vor ihr, musste sie erst noch einen Sinn für Eigentum entwickeln. Sie ergriff eigensinnig Gegenstände von anderen Leuten, zog sich deren Sachen an und drang in deren Sphäre ein. Dabei ging sie auf die Leute zu, sehr dicht an sie heran, nahm mit ihnen Augenkontakt auf und zeigte auf Gegenstände und verlangte dabei, dass man ihr die überließ. Gelegentlich ging sie plötzlich auf völlig fremde Leute zu und benahm sich charmant und zugleich peinlich, indem sie sich bei ihnen mit den Armen einhakte und bereit war, mit ihnen loszuschlendern.

Die schwierigste Sache war, dass sie unaufhörlich masturbierte. Viele Gegenstände, auf die sie begierig war oder die sie stahl, verwendete sie zum Masturbieren. Sie versuchte des Öfteren ältere Männer beim Masturbieren einzubeziehen. War das vielleicht ein Beweis dafür, dass sie noch eine andere, sogar schlimmere Form des Missbrauchs erlebt hatte?

Jedenfalls war das Wichtigste, dass Genie die Sprache nicht erlernt hatte. Sie war ein Kind, das man im Schweigen begraben hatte – sie hat schweigend beobachtet, schwieg, wenn sie erschreckt war, schwieg, wenn sie weinte. Sie schwieg sogar, wenn sie Wutanfälle hatte und wie wahnsinnig um sich drosch, kratzte, schlug, sich in sich verkrallte und ihr Gesicht und ihre Haare mit Schleim beschmierte.[8]

Dieses Schweigen, dieses Fehlen der Sprache kam den Ärzten, Wissenschaftlern, Psychologen und Linguisten, die Genie untersuchten, als eine einmalige Gelegenheit vor. Sie konnten von ihr etwas lernen. Aber was konnten sie lernen? Es tauchten im Zusammenhang damit unmittelbar Fragen auf, die aber nie beantwortet wurden. War Genie entwicklungsgehemmt? Beim Überprüfen ihrer Schlafkurven entdeckte man eine ungewöhnlich große Zahl an so genannten »Schlafspindeln«, was man als Anzeichen für Entwicklungshemmung vermutete. Wie sollte man diese Anzeichen aber verstehen: Als Reaktion auf eine lang andauernde Misshandlung oder als verankerten Schaden? Darin war sich keiner sicher. Wichtiger war noch, ob der Schaden rückgängig zu machen war. Konnte man Genie das Sprechen beibringen?

Die Wissenschaftler setzten ihre Untersuchungen an Genie fort; da ereignete sich aber etwas Unerwartetes, das ihre Arbeit beeinflussen sollte. Den einen Nachmittag um halb fünf machten sich die Ärzte des Kinderkrankenhauses auf den Weg zum nicht weit entfernten Kino. Es gab dort die spezielle Vorführung eines Films, der eben erst in Amerika eingetroffen war und der beim Filmfestival in San Francisco die Landespremiere erlebt hatte – übrigens genau zu der Zeit, als Genies Fall als Schlagzeile in die Zeitungen kam. Bei dem Film handelte es sich um François Truffauts *Wolfsjunge*, der über Itards Verhältnis zu Viktor handelte.

Truffauts Film behandelt die Geschichte eines wilden Kindes filmisch mit am besten. Wie ich schon im ersten Kapitel ausgeführt hatte, war für mich die Übertragung dieses Films im britischen Fernsehen Ende der 1980er Jahre der entscheidende Augenblick gewesen, der mich inspiriert hat, woraufhin ich mich für dieses Thema zu interessieren begann. Der Film beginnt mit lichtdurchfluteten Waldszenen und geht dann rein klassisch in den Stil der Symmetrie über: ruhige Interieurs, weiß gestrichene Zimmer. Der Kameramann Nestor Almendros lässt die Kamera auf erhellenden und aufklärenden Symbolen ruhen: ein Raum, der von einer Lampe lichtdurchflutet ist; ein Erwachsener, der seine Hand schützend vor eine schwach brennende Kerze hält. Truffaut selbst spielt den Itard, eine der von ihm am besten gespielten Rollen: kühl, aber engagiert ernst; ein Mann, der völlig von seinem Beobachtungsobjekt gefangen genommen ist. Sowohl die Regiearbeit wie der Junge machen den Schauspieler auf der Leinwand aus. Die Beziehung zwischen ihm und dem Jungen, der von dem Zigeunerjungen Jean-Pierre Cargol gespielt wurde, brachte noch mal dieses Verhältnis zwischen dem erwachsenem Mentor und dem delinquenten Kind zur Darstellung; das Straßenkind Truffaut hatte es schon einmal mit dem Filmkritiker André Bazin vorgeführt – ein Verhältnis, das bei *Sie küssten und sie schlugen ihn* (1959) im Hintergrund vorlag.

Jedermann ist von der Großartigkeit des Films beeindruckt. Als die Betreuer Genies die Filmvorführung sahen, die sie kurz nach Genies Entdeckung organisiert hatten, fühlten sie sich ganz einfach wie umgehauen. Sie saßen zum Schluss verblüfft und schweigend da. Das ganze Drama, dem sie mit dem Mädchen ausgesetzt waren, war hier vor ihren Augen abgerollt. Alles war schon zuvor, nahezu zweihundert Jahre vorher, passiert, und die Richtung, die das mit ihnen in ihrem Fall nehmen würde, schien schon in der Vergangenheit abgesteckt zu sein und vorzuliegen. Der Film half den Forschern, bei ihren Untersuchungen an Genie auf moralische Zurückhaltung zu achten.[9] Negativer wirkte das irreführende optimistische Ende in Truffauts Film (wo es so scheint, als würde Viktor eine vollwertige Position in der menschlichen Gesellschaft einnehmen), da das bei den Wissenschaftlern subtil eine Hoffnung auf Erfolg als Ergebnis ihrer Arbeit erzeugt haben mag. Der Film ist von dem Team sehr ernst genommen worden, was man daraus ersehen kann, dass er bei einer speziellen Wissenschaftlerkonferenz, die 1971 im Zusammenhang mit Genies Fall organisiert worden war, vor den Gastlinguisten und Psychologen noch einmal aufgeführt wurde. Auf der Konferenz sollte festgestellt werden, was man in Genies Fall am besten ins Zentrum der Erforschung rücken sollte.

Durch den Film ist Genie in einen Zusammenhang gebracht worden. Wie sich ergab, war sie genau wie Viktor ein wildes Kind. Allerdings waren einige, die Genies Fall bearbeiteten, mit diesem Material durchaus vertraut. Zum Beispiel erwähnte Jay Shurley, dass er sich schon seit den 40er Jahren für Geschichten über wild aufwachsende Kinder interessierte. Als er Genie im November 1970 zum ersten Mal begegnete, war er bereits ausgiebig über die zu diesem Gegenstand erschienene Literatur informiert.

Aber mehr noch: Vielleicht würde jetzt durch Viktors Geschichte für das Team um Genie herauskommen, dass es aus dieser Sache selbst eine Geschichte machte, wobei allerdings die Rolle des heroischen Erziehers noch unbesetzt war. Vielleicht ging es bei ihnen jetzt mit diesen subtilen, aber in vieler Hinsicht verständlichen Konflikten los, wo jeder versuchte, Genies Retter zu sein.

Genie konnte ein oder zwei Worte verstehen und verwendete einige eigene Redewendungen wie *lasses* und *nichtmehr,* aber im Grunde war sie ohne Sprache.[10] Man traf also die Entscheidung, Genies sprachliches Vorankommen ganz speziell mitzuverfolgen. Die junge Susan Curtiss, die einen ersten Abschluss an der kalifornischen Universität gemacht und sich auf Spracherwerb in der Kindheit spezialisiert hatte, nahm die Arbeit mit ihr auf. Ihr Bericht über die Arbeit mit Genie sollte ihre Dissertation werden. Als Linguistin wollte sie diese entscheidende neue Frage lösen: Gibt es eine kritische Phase für den Spracherwerb? Dahinter stand noch eine andere, viel strittigere Frage: War Sprache ein im menschlichen Geist liegendes Vermögen oder wird sie durch Lernen erworben?

Die Vorstellung von der »kritischen Phase« war nur wenige Jahre zuvor in Eric Lennebergs *Biological Foundations of Language* (1967) erwähnt worden. Lennebergs Argument war, dass der Sprachursprung in der menschlichen Biologie lag und als natürliches Produkt zum Menschsein dazugehörte. Er fand dafür klare Beweise vor: spezielle anatomische Ausbildungen oder, in anderen Worten, eine physiologische Ausstattung, die nur fürs Sprechen zu nutzen war. Ferner die Tatsache, dass Sprache in der Praxis nicht anderen Wesen auf solche Art »gelehrt« werden kann, sodass also ein Tier, das menschliche Sprache verwendet, es nicht in einer Weise tut, die der Komplexität der menschlichen Sprache entspricht; des Weiteren, dass Schwierigkeiten bestehen, die Sprache zu unterdrücken, sogar wenn man das grob missbräuchlich probiert oder sie vernachlässigt; und dass es in allen Sprachen »Universalien« gibt, also Eigenschaften, die alle natürlichen Sprachen besitzen; vor allem aber, dass es plötzlich und als festgelegte Erscheinung zur Entwicklung von Sprache kommt, die bei allen Kindern zu ungefähr derselben Zeit und in einer unveränderlich gleichen Ordnung erfolgt.[11] (Von diesen Annahmen haben sich aber seither viele als fragwürdig erwiesen.) Unsere Fähigkeit, Sprache zu erlernen, setzt um den achtzehnten Monat oder als Zweijähriger ein und endet nach Lenneberg ungefähr mit dem dreizehnten Lebensjahr. Wenn ein Mensch, aus welchen Gründen immer, während dieses Zeitraums das Sprechen nicht erlernt, wird er Sprache nie erlernen. Genie war also ganz klar der Testfall für diese Theorie. Wenn man ihr jetzt noch Sprache beibringen könnte, dann wäre damit die Hypothese der kritischen Periode widerlegt.

Genie konnte auch als Testfall für Theorien von Noam Chomsky herangezogen werden. Chomsky verteidigte eindrucksvoll die von ihm aufgestellte Theorie, dass die Grammatik zum biologischen Besitz der menschlichen Wesen gehört. Chomskys Argument war, dass wir ausgerüstet mit der Fähigkeit zu sprechen auf die Welt kommen. Hinter den Unterschieden, die in den verschiedenen Sprachen vorhanden sind, liegt in der menschlichen Sprache noch eine Tiefenstruktur: Man besitzt die Fähigkeit zu wissen, wann jemand buchstäblich Unsinn spricht; man kann neue, bisher nicht gehörte Sätze konstruieren; man kann im Rahmen der Grammatik mit Worten spielen. Genie konnte für Chomskys Theorien zum entscheidenden Testfall werden. Wenn sich nämlich herausstellte, dass sie in keiner Weise hirngeschädigt war und die Sprache dennoch nicht erlernen konnte, würde das besagen, dass in der vermeintlich vorhandenen Neigung zur Sprache eine Zerrüttung stattfinden konnte. Man würde es also nicht hinbekommen, jemandem die Sprache beizubringen, aber man konnte es mit Sicherheit hinbekommen, in jemandem die Sprache zu unterdrücken.

Wie wollten Susan Curtiss und die Psycholinguisten feststellen, ob Genie authentisch die Sprache erlernt hätte? Es gibt charakteristische Merkmale der menschlichen Sprache, wobei es sich bei einigen um Gegebenheiten handelt, wie z. B. die Zufälligkeit der linguistischen Zeichen (es gibt keinen Grund, weshalb es »Katze« heißen muss, um damit die Katze zu bezeichnen), dann die kulturelle Überlieferung (die Tatsache, dass Sprache innerhalb einer Kultur von Generation zu Generation weitergegeben wird, sich dabei verändert, aber im Grunde dieselbe bleibt). Andere sprachliche Aspekte scheinen stärker mit der psychologischen Entwicklung des Einzelnen zusammenzuhängen. Dazu gehören: die »Abseitsstellung« (die Fähigkeit, über Vorgänge, die nicht mehr stattfinden oder über Abwesende zu reden); das regelgemäße Vorgehen (die Fähigkeit, die sprachbestimmenden grammatischen Regeln zu erkennen und zu verwenden); sich spontan und neuartig zu äußern (die Gabe, neue Sätze zu bilden und neue Wendungen zum Ausdrücken von Sachverhalten zu prägen). Anders als bei den Tieren können die Menschen mit ihrer Sprache oberflächliche Konversation betreiben, können persiflieren und schwätzen – die Sprache der Menschen ist nicht an Notwendiges gebunden, sie wird nicht nur verwendet, wenn instrumentelle Notwendigkeit vorliegt. Mehr noch, ein Ziel der Sprache liegt darin, sich selbst zum Ausdruck zu bringen – eine Person erklärt und verkörpert sich anderen gegenüber mittels Worten. Dann gibt es noch weitere soziale Elemente, wie z. B., dass man bei der Konversation abwechselnd miteinander redet und mal der eine spricht und danach dann zuhört.

Für die Sprache ist deshalb nicht nur die intellektuelle Begabung vonnöten, sondern auch der Sinn des einzelnen für seinen Ort in der Welt und seine Bezogenheit auf andere. Wie Itard am Beispiel Viktors herausgefunden hat, muss man sich bei der Verwendung von Sprache einer anderen Person gewahr sein. Rede kommt bei einem Kleinkind automatisch zustande; vielleicht wird sie durch einen biologischen Vorgang, wie z. B. das Wachstum des Gehirns, ausgelöst. Wenn bei diesem automatischen Beginnen aber Spracherwerb herauskommen soll, bedarf es tatsächlich einer Umgebung, die über sprachlichen Reichtum verfügt.[12] Wenn nicht genügend Worte erklingen oder in Gebrauch sind, dann kann sich die Sprache nicht entwickeln. Diese unsere Veranlagung als sprachbegabte Kreaturen bedarf der »Nahrung« in Form menschlichen Kontakts, oder in anderen Worten, um Sprache entwickeln zu können, braucht es insgesamt nur des menschlichen Verstands, funktionsfähiger Sprachorgane und einer reichen sprachlichen Umgebung. In Genies Kindheit hatte es in keiner Weise etwas von diesem Reichtum gegeben, und ihre spontanen Versuche, ihre Gefühle zu artikulieren, hatten dazu geführt, dass sie geschlagen oder bedroht wurde, und mithin in Schweigen verfiel. Wenn sie die Sprache erlernen sollte, dann musste sie zunächst einmal Zutrauen zu anderen und zu sich selbst gewinnen.

So machte sich also das Team aus Wissenschaftlern, Therapeuten und Linguisten am Kinderkrankenhaus von Los Angeles an die Arbeit mit Genie. Sie wollten einerseits Genies Geheimnisse ergründen und sie andererseits aus dem Gefängnis befreien, in dem sie sich, zumindest vorstellungsmäßig, immer noch befand. Da war, wie schon erwähnt, James Kent, der freundliche, angestellte Psychologe mit schütterem Haar; ferner Jean Butler, eine ambitionierte Sonderpädagogin; David Rigler, der Chef der Psychologen; Howard Hansen, der Leiter der psychiatrischen Abteilung; Jay Shurley, der Experte für gesellschaftliche Isolation, und Susan Curtiss, die bezaubernde dunkelhaarige graduierte Linguistikstudentin. Unter deren Obhut konnte sich Genie zunächst rapide verbessern – ihre Wahrnehmungsfähigkeit nahm im ersten Jahr ihres neuen Lebens merklich zu.

In seinem hervorragenden Buch über Genie gibt Russ Rymer zu, dass Genie zu Experimenten geradezu anregte – sie wurde fast das Opfer einer anderen Art von Missbrauch. Die Forscher waren entzückt über sie und klammerten sich an sie, weil sie ein wunderbarer Testfall für ihre Theorien war. Rymer zitiert Jay Shurley (einen Mitarbeiter des Genie-Teams) in folgendem Sinne, dass an die »wilden Kinder« – über die in er in seinem Buch berichtet – immer solche Fragen gerichtet werden, mit denen sich die Gesellschaft, in die sie hineingelangen, beschäftigt. So ist also Hauser in einem Deutschland aufgetaucht, das für jemanden wie ihn aufnahmebereit war, voller pseudo-wissenschaftlicher Theorien über das Selbst und mit romantischen Vorstellungen über längst vergangene Fürsten. Und Viktor trat in einem Land auf, das von Rousseaus Vorstellungen über den natürlichen Menschen berauscht war. Und Genie trat also in einer wissenschaftlichen Welt auf, die von Chomskys Ideen über die Sprache als ein Besitztum des *Homo grammaticus*, des grammatischen Menschen, begeistert war.

Das ist allerdings nur ein Teil der Wahrheit. Ganz augenscheinlich war das Team um Genie auch eine Gruppe von Individuen, die sehr unterschiedliche Ansichten darüber hatten, was aus Genies Geschichte abzulesen war. Jay Shurley sah sie als jemanden, der unter irgendeiner Art Hirnschaden litt. Hingegen führte David Rigler ihre Probleme im Großen und Ganzen auf ihre Zurückgesetztheit und ihre Misshandlung zurück. Zudem kümmerte sich das ganze Team wirklich um sie – sie schien irgendwie solche Empfindungshaltung zu provozieren. Angesichts der Vorwürfe von angeblicher Ausnutzung oder von Inkompetenz ist zu bedenken, dass wahrhaft heroische Versuche, sich um das Mädchen zu bemühen, dahinter standen und man so sehr dem Glauben hingegeben war, sie sei für die wissenschaftliche Forschung von vitalem Interesse. Auch wenn mit dem Ergründen und Wissenwollen eine Sichtverstellung auf die Erziehungsabsichten erfolgt war, sollten wir nicht die Schwierigkeiten in diesem Fall und auch nicht die Intensität der Auswirkungen vergessen. In einer Fernsehdokumentation über Genie von Linda Garman äußert der Psychologe des Kinderkrankenhauses James Kent: »Sie besaß persönliche Qualitäten, die Rettungsfantasien hervorgerufen haben, und das bei einer Gruppe von Leuten, die an Kinderfürsorge interessiert waren und sich auf frühe Kindheit spezialisiert hatten, und die ohnehin von Rettungsfantasien angetrieben wurden. Sie langte aus und erfasste viele von uns.«[13] Auch Jay Shurley sprach von der Kraft, mit der Genie Leute gefangen nehmen konnte. »Sie ergreift einen und man kann sich nicht ablösen.« Vielleicht lag das daran, dass sie hübsch war, oder dass ihr ganzes Leiden stumm in ihren Augen abzulesen war, oder an ihrer zerbrechlichen Verfassung. Sie schien die Leute schweigend um etwas zu bitten. Manchmal ging sie dicht an die Leute heran und guckte ihnen einfach tief in die Augen, verwundert, neugierig auf etwas, zudringlich. Sogar Fremde fühlten sich durch sie berührt und antworteten auf ihre stillen Bedürfnisse. Genie liebte Plastik. Da man spürte, wonach sie sich sehnte, reichten ihr die Leute die kleinen Gegenstände, ohne ein Wort zu sagen, rüber. Das eine Mal ging ein Junge mit seinem Vater an ihr vorbei, die beide gerade aus einem Laden gekommen waren, wo sie ein glänzendes Feuerwehrauto aus Plastik gekauft hatten. Sie spazierten ein Stück weit, und dann kam der Junge zurück, ging auf Genie zu und überreichte ihr ohne ein Wort zu sagen das Feuerwehrauto. Sie hatte allerdings überhaupt kein Zeichen gegeben, dass sie das Spielzeug haben wollte, hatte überhaupt nichts geäußert.

Genie lebte die ersten Monate, nachdem man sie entdeckt hatte, im Krankenhaus. Man nahm an, sie wäre vielleicht besser in einer Familie untergebracht, wo man sich mit der Fürsorge auf sie konzentrieren konnte und wo diese konstant wäre. Es blieben aber Zweifel, wer als beste Person in Frage käme. Die Wende trat ein, als Genie bei ihrem Aufenthalt bei Jean Butler, ihrer Sonderpädagogin, ganz offensichtlich an Masern erkrankte. Das Team konnte nicht dulden, dass Genie zwangsläufig auf eine Isolierstation geschickt würde, um eine Epidemie unter den Kindern im Krankenhaus zu vermeiden. Um das zu vermeiden, entschloss man sich im Sommer 1971 dazu, dass Genie bei Frau Butler bleiben sollte.

Jean Butler war mit den Leuten des Teams nicht einer Meinung – so u. a. nicht mit dem Therapeuten und mit der Linguistin Susan Curtiss, die mit dem jungen Mädchen arbeitete. Jean Butler erschien deren Forschung an Genie als ein reines Eindringen, als würde das auf Kosten einer wirklichen Fürsorge betrieben. Aber die Abneigung bestand auf beiden Seiten: Einige Wissenschaftler waren über Jean Butlers begierige Absicht, Genies Retter sein zu wollen, verwundert: Sie wolle sich den Ruhm verschaffen, Genie ins volle Leben zurückgeführt zu haben. Natürlich liebte Jean Butler Genie, aber das Mädchen wurde seitdem zum Preisobjekt in einem Kampf, der darum ging, von ihr Besitz zu ergreifen.

Eine Zeit lang verbat Jean Butler Susan Curtiss und James Kent den Zutritt in ihr Haus. Dann stellte sie den Antrag, als Pflegemutter Genies anerkannt zu werden. Jean Butler konnte aber die Kontrolle über Genie nicht erlangen: Am 13. August 1971 entschieden Sozialarbeiter über diesen Fall und lehnten ihren Antrag ab; Genie wurde zurück ins Kinderkrankenhaus gebracht. Sie sollte dort allerdings nicht lange bleiben. Einige Wochen später wurde sie der Pflege ihres Therapeuten David Rigler, der auch Leiter der wissenschaftlichen Experimente war, übergeben. So zog also Genie ordnungsgemäß zur Familie Rigler, zu der noch Frau Marilyn, Kinder und Hund gehörten.

Da es jetzt keine Einmischung durch Jean Butler mehr gab, konnte Susan Curtiss täglich mit Genie arbeiten. Das Vokabular des Mädchens verbesserte sich sehr schnell:

Anfangs waren es nur die blankesten Rudimente an Vokabular, aber dann begann sie – zunächst langsam, aber ab Mai viel schneller – die Namen für die Dinge um sich herum zu lernen. Wenn sie ein Wort wissen wollte, ergriff sie die Hand eines in ihrer Nähe Stehenden und legte sie auf das interessante Objekt, so gut sie konnte. Sie war geradezu begierig, die Worte von allem, was ihr in den Sinn kam, zu lernen, und manchmal zeigte sie einfach nur allgemein nach draußen und war frustriert und wütend, wenn man nicht sofort das Objekt, das sie in Augenschein genommen hatte, erkannte. Die Anzahl an Worten, die sie wiedererkannte, nahm in messbarer Größe zu und belief sich im Juni 1971 auf einige Hundert.[14]

Genie war bestrebt, die Welt mit Namen zu belegen. Sie erlernte die Sprache auf andere Art als die Kleinkinder. Sie verfügte über ein großes Vokabular und verwendete Worte, die gewöhnliche Kinder noch Jahre später nicht gebrauchen würden. Aber direkt zu reden, war schwer für sie. Bevor sie zu sprechen begann, spannte sie ihren Körper an und atmete tief ein. Der Stimmton lag wie bei Memmie Le Blanc hoch, es war ein hauchiges Quieken, eine Stimme wie von einer Tauben. Interessant war, dass Genie fragmentarisch über ihre Vergangenheit zu erzählen begann, über Ereignisse aus der Zeit, als sie noch nicht über Sprache verfügte. – Sie widerlegte damit übrigens Condillacs Theorie über die »wilden Kinder«, wonach die sich zwangsläufig nicht an die Zeit, als sie nicht sprechen konnten, erinnern können, da fürs Erinnern Sprache vorliegen muss. – Sie erinnerte sich an ihren Vater. Und sie erinnerte sich an die Misshandlungen: »Vater schlug Arm. Großes Holz. Genie weint ...

Nicht gespuckt. Vater. Schlug Gesicht – spuckt ...Vater schlägt großer Stock. Vater ist wütend. Vater schlägt Genie großer Stock. Vater nimmt Stück Holz schlägt. Weint. Vater macht ich weine. Vater ist tot.«[15]

Mit Hilfe der Riglers fing Genie an, ihre Gefühle aus jenen schrecklichen Jahren in sich wachzurufen. Sie versetzten sie durch Rollenspiele zurück in ihre Vergangenheit. Nach einer solchen Sitzung, die auf Videotape festgehalten wurde, geht Genie in die Küche, wo Marilyn Rigler auf sie wartet. Sie versucht zu sprechen. »Wo ist Vater?« Ihre Stimme ist dick, hoch, kaum erkennbar. »Du willst deinen Vater sehen?«, fragt Marilyn Rigler mit geduldiger und verhaltener Stimme. Genie blickt betroffen und besorgt. »Vater lebt nicht mehr«, erklärt Marilyn Rigler geduldig. Genie schaut noch immer besorgt und Leid tragend. »Lebt nicht mehr«, sagt sie und schüttelt ungläubig und spöttisch den Kopf und begibt sich rücklings aus dem Raum.

Die nächsten Jahre hindurch wurde mit den linguistischen Experimenten fortgefahren. Aber das Ergebnis war schließlich doch enttäuschend. Denn Genie besaß zwar ein riesiges Vokabular, konnte aber grammatische Strukturen nicht anwenden. Sie hatte die Worte, aber sie produzierte keinen korrekten englischen Satz. Dieses Scheitern schien Lennebergs These über die kritische Phase für den Spracherwerb zu bestätigen. In einer Hinsicht aber gelang es Genie dennoch, wirklich durch Worte zu kommunizieren, wenn man nämlich mit Kommunikation nur das Sich-verständlich-machen meint, denn ihre sprachlichen Errungenschaften waren womöglich für eine richtiggehende Konversation nicht hinreichend. Jedenfalls war bewiesen, dass Genie in irgendeiner Weise Schaden an der linken Gehirnhälfte erlitten hatte, jedoch war die rechte funktionsfähig. So errang sie bei Tests, wo es um Aktivitäten ging, die von der rechten Gehirnhälfte gesteuert wurden – z. B. die Wahrnehmung bekannter Gesichter –, hohe Werte, während die Ergebnisse bei Funktionen der linken Gehirnhälfte schlecht waren. Das hieß also, dass ihr Streben nach Beherrschung der Sprache durch mehr als nur die Grausamkeiten in ihrer Kindheit belastet war. Nichtsdestoweniger meisterte sie wesentliche sprachliche Aspekte: Sie konnte neue Sätze bilden, konnte mit Worten spielen, zuhören, konnte in einer Konversation abwechseln, konnte spontan losreden und konnte sich auf Leute oder Ereignisse beziehen, die vergangen waren.

Genie lernte, ihre Gefühle durch Worte und Gesten kundzutun. Sie lernte das Schreien, lernte, für jemanden zu schwärmen, Freude zu zeigen und zu teilen. Anfangs schien es so, als würde es sie nicht kümmern, wenn jemand am Ende eines Besuchs sie verließ, obwohl sie ihn beim Kommen überschwänglich begrüßt hatte. Sie schien sich von dem Belastenden der Trennung durch Unterdrücken ihrer Schmerzgefühle zu befreien. Da sie einmal völlig allein gelassen war, konnte sie mit den hingebungsvollen Empfindungen bei der Trennung nicht anders umgehen, als sie narkotisch zu behandeln. Aber diese befremdende Hülle, die sie immer noch umgab, schwand dahin; sie gestattete, dass man sie lieb hatte.

In mancher Hinsicht war das einzige, was sie besaß, ihre Fremdartigkeit, die von ihrem speziellen Leiden herrührte. Durch ihr äußerst starkes Leiden in der Vergangenheit war sie vom Rand, wo sie sich als Weggesperrte befand, ins Zentrum der allgemeinen Aufmerksamkeit gerückt. War das aber Aufmerksamkeit in der richtigen Art? Die Betonung hatte auf Pädagogischem gelegen, nicht auf Gefühl. Jay Shurley, einer der in diesem Fall beteiligten Psychiater, war allerdings zu der Erkenntnis gekommen, dass Lernen und Wachsen durch Liebe möglich werden. Die Sache, um die es ging, war, Genie dazu zu befähigen, Verbindungen zu anderen herstellen zu können. Liebe würde ihr helfen, das Sprechen zu erlernen. Kurz nachdem man Genie aus ihrer Familienumgebung befreit hatte, hatte sie der Gastprofessor in Psychiatrie, David A. Freedman, beim Zusammensein mit zwei Kindern beobachtet. Die beiden Kinder existierten für sie gar nicht; sie war in Wirklichkeit überhaupt nicht »mit« ihnen zusammen.[16] Sie war immer noch in Vereinzelung und Isolation ausgesperrt und wartete auf eine Mutter, damit eine Zuordnung beginnen konnte.

Hatten die Wissenschaftler, die Therapeuten und Linguisten diese Tatsache voll begriffen? Wenn Genie besonders kontaktbedürftig war, ging sie zu den Köchen des Krankenhauses. Sie rannte den einen Tag, als es in Kalifornien ein Erdbeben gab, zu ihnen und suchte zum ersten Mal in ihrem Leben Trost. »›Genie reagiert demnach gut auf Ihre innerlich unterstützenden Initiativen, nicht wahr?‹, fragte ein Wissenschaftler einen der Köche. ›Ich gebe ihr nur Liebe‹, antwortete der Koch.«[17]

Die Wissenschaftler liebten Genie aber ebenfalls. Im Hintergrund standen ja die Rettungsfantasien. Und es gab auch noch mehr, hatten doch die Therapeuten und Linguisten mit Genie etwas Einzigartiges vor sich. Besonders konnten James Kent und Susan Curtiss ein echtes Verhältnis zu dem verstörten Mädchen aufbauen. In ihrem Buch über Genie schrieb Susan Curtiss: »Vieles von dem, was ich im ersten Teil niedergeschrieben habe, folgt nicht dem normalen Kanon wissenschaftlicher Darstellungen. Es handelt sich in gewisser Hinsicht um einen Bericht über die Interaktion zwischen diesem merkwürdigen Mädchen und mir.«[18]

Es gab also ein vom Herzen her empfundenes Bewusstsein über Genies Charakter, dennoch bestand auch die Neigung, sie als Typus zu sehen. Während sich Genie in und durch andere zu finden trachtete, suchten die Wissenschaftler etwas über sie durch Zugehörigkeit zur Gruppe der – wie ich und andere es nannten – »wild aufgewachsenen Kindern« zu ergründen. Der Film von Truffaut über Itards Fall, den sich die mit Genie arbeitenden Wissenschaftler angesehen hatten, gab ihnen ein historisches Modell, bei dem Genie das letzte Beispiel in der Kette war. Susan Curtiss hatte ihr Buch über ihre Arbeit mit dem Mädchen betitelt: »Genie: Eine psycholinguistische Studie über ein ›wildes Kind‹ in der Gegenwart«. Die Anführungszeichen änderten wenig an der Tatsache, dass man Genie doch als »wildes Kind« empfand – obwohl eigentümlich unklar bleibt, was an der Einkerkerung in einem Schlafzimmer in Los Angeles so besonders »wild« ist.

Auch ich bringe Genie mit den wilden Kindern in Zusammenhang. Schließlich ist ihre Geschichte der des Kaspar Hauser sehr ähnlich, und die fehlende Sprache stellt sie in eine Reihe mit Peter, Viktor und den indischen Wolfskindern. Aber passt sie wirklich hierher? Sind Wildheit und Unzivilisiertheit die geeigneten Kategorien, um Genie zu verstehen? Man hatte für Genie eine Schablone gefunden: das misshandelte und isolierte Kind. Aber machte das mit Genie arbeitende Team Fortschritte in einer Richtung, wie Itard sie mit seinen spontanen pionierhaften Bemühungen vollbrachte? Konnte es sie mit all den Mitteln der amerikanischen Wissenschaft und Psychotherapie, über die es verfügte, retten?

Genie lebte mit der Rigler-Familie vier Jahre lang zusammen. Sie hatte gelernt, mit ihrem unsozialen Verhalten umzugehen – Genie hatte am ersten Tag in der Familie in dem Papierkorb der Tochter ihr großes Geschäft erledigt – und mit ihren schrecklichen, gegen sich selbst gerichteten Wutanfällen. Die Riglers versuchten, Genie, so gut sie nur konnten, zu helfen. Sie begegneten ihr mit Liebe und sehr viel Sympathie und gaben ihr ihre Fürsorge. Sie waren aber nach den vier Jahren erschöpft. Die staatliche Behörde für geistig Behinderte, National Institute for Mental Health, gab ab Herbst 1974 keine weiteren finanziellen Hilfen für die Forschungen an Genie. Ohne die konnten die Riglers ihre häusliche Fürsorge nicht fortsetzen. So endete 1975 deren Pflegeelternschaft.

Zu Genies achtzehntem Geburtstag wurde die Aufsicht über sie wieder ihrer Mutter übertragen. Genie kehrte 1975 zu Irene zurück. Irene konnte sich aber mit dem Mädchen nicht weiter befassen. So war die Pflege also erfolglos. In den kommenden Jahren wurde sie von einer Familie zur anderen in die Pflege gegeben. Das sollte schließlich damit enden, dass sie bei unsympathischen und sogar Missbrauch treibenden Familien landete. Es begann eine schreckliche Zeit in ihrem Leben, wo sie von Pontius zu Pilatus geschoben wurde. Währenddem wetteiferten Parteien, um die Kontrolle über Genie zu erlangen. Die Umstände dieser Streitereien sind verwirrend und hören sich entmutigend an. Ich habe mich dazu entschlossen, nichts davon hier wiederzugeben. Es soll hinreichen zu wissen, welche Motive bei den Verwicklungen zwischen den Opponenten eine Rolle spielten: Besitztum, Zuneigung, Verzweiflung und Abneigung. Anschuldigungen wurden gemacht und es wurden Klagen und Gegenklagen erhoben. Irene unternahm gerichtliche Schritte und klagte die Wissenschaftler wegen deren Behandlung Genies an: »Extremes, unvernünftiges und abscheulich intensives Testen, Experimentieren und Beobachten«.[19] Ein Richter entschied 1984 zu Irenes Gunsten, aber in solcher Form, dass Genie mit ihren alten Helfern weiterhin Verbindung aufnehmen konnte. Tatsächlich hatte aber durch dieses Gerangel die Erziehung Genies ein Ende gefunden. Gute Leute hatten sich schäbig benommen; Fehler waren gemacht worden.

Es gibt keinen Zweifel darüber, dass dieses Tauziehen – als sei Genie eine Figur, die zwischen sich bekriegenden, geschiedenen Parteien hin- und hergereicht wird – eine nachteilige Wirkung auf Genie hatte. Mit der Sprache hatte sie einmal Fortschritte gemacht, aber jetzt blieb sie auf dieser Ebene stehen – obwohl sie mit jedem Jahr, das sie aus ihrer Eingesperrtheit heraus war, ihren geistigen Zustand verbessert hatte. Es gab also den klaren Beweis, dass sie nicht entwicklungsgehemmt war.[20] Vieles von dem, was Susan Curtiss staunenswerterweise mit ihr erarbeitet hatte, ging allerdings durch Tumulte in ihrer Umgebung wieder verloren. Sie wurde einmal von einer Pflegefamilie fürchterlich geschlagen, weil sie sich erbrochen hatte. Das wirkte regredierend, sie litt an Verstopfung, und was schlimmer war, sie wurde schweigsam. Dieses Mädchen, das dreizehn Jahre in Schweigen verbracht hatte, die zu ängstlich gewesen war zu sprechen, gelangte wieder in diese Leere zurück. Sie ist noch am Leben und wird wohl ihr Leben, so wie jetzt, auch in Zukunft in privaten Pflegeheimen für Erwachsene verbringen.

Die wenigen Äußerungen von ihr, die Susan Curtiss für ihre Dissertation aufgezeichnet hat, geben uns nicht nur linguistische Informationen. Daraus ist auch ihr Leid zu erkennen: »Ich möchte leben zurück Marilyn Haus«, sagte sie im November 1975 und meinte damit Marilyn Rigler und deren Familie. Und wehmütig sagte sie im August 1977 spontan: »Denke nach über Mama, liebt Genie.«

Das Problem, dem von Anfang an ausgewichen wurde, war, dass sich die Notwendigkeit von Forschung an Genie und das Bedürfnis nach Behandlung und Fürsorge gegenüberstanden. Aber aus den Umständen ist dennoch vollkommen klar, dass die Wissenschaftler, die mit Genie gearbeitet, sie erforscht und ihre Eigenheiten untersucht haben, bei allem, was sie taten, im Wesentlichen teilnahmsvoll mit ihr umgegangen sind. Die Tests an ihr sind in spielerischem Geist durchgeführt worden und sogar mit Zartheit. Dass es ihnen nicht gelungen ist, sie vor weiterem Leiden zu bewahren, muss uns nicht überraschen. Schließlich war dies das Schicksal vieler der in diesem Buch besprochenen wilden Kinder.

Arme Genie – errettet aus einem alptraumartigen Leben, ins Licht gebracht, wo es Liebe, Familienleben und intensive fürsorgliche Aufmerksamkeit gab, um dann, wie es Memmie, Viktor und Hauser vor ihr ergangen war, ein weiteres Mal in eine Art Vergessenheit geschickt zu werden. In den über dreihundert Jahren, in denen man sich mit Kindern dieser Art beschäftigt hat, hatte sich nichts wirklich geändert.

Was sollen wir also aus Genies Geschichte machen? Russ Rymer schreibt in seinem Buch über Genies Fall bezüglich ihrer Schwierigkeit mit den persönlichen Fürwörtern: »Sie fehlten zumeist völlig in ihrem Lexikon. »Ich« mochte sie am meisten. »Dich« und »mich« waren austauschbar. Hier war anhand der Grammatik Genies Egozentrik zu erkennen – es gab bei ihr keine Grenze zwischen ihrer Person und ihrer Welt. Sie konnte nie begreifen, wer sie und wer der andere war. »›Mamma liebt dich‹, sagte sie, und zeigte dabei auf sich selbst.«[21]

Wie Hauser konnte auch Genie nie anderen gegenüber zornig sein, sondern sie richtete ihren massiven Zorn gegen sich selbst. Ihre beliebten Redewendungen »hörauf« und »nichtmehr« verwendete sie nicht in Bezug auf andere und konnte auch andere nicht zu sich herrufen. Ihre ganze Individualität war wie bei einem Opfer eingeschlossen. Sie konnte es nicht empfinden oder sogar wahrnehmen, dass sie andere wirksam beeinflussen konnte, und war in Anspruch genommen von der Empfindung der eigenen Machtlosigkeit.

Obwohl sie mit ihren Worten manchmal den Sinn für ihr Selbst wachrufen konnte, schien es im Allgemeinen doch so zu sein, dass der Grund für ihre Unfähigkeit zu kommunizieren in ihrem schlechten Gebrauch der Sprache begründet lag. Sie konnte ohne Worte zu gebrauchen jeden erreichen, konnte ihn überzeugen, ihn an sich binden, wegen ihrer Unschuld und ihrer Gebrechlichkeit. Sie konnte stumm um Liebe bitten, was nicht in der geeigneten Weise erwidert werden konnte, konnte um die Aufnahme einer Beziehung bitten, die schließlich nicht hergestellt werden konnte.

Die eine Sache, die Susan Curtiss an Genie herausfand, ist, dass Sprachfähigkeit getrennt von der Erkenntnis vor sich geht und sogar unabhängig von sozialer Interaktion ist. Genies Werte bei den Sprachtests lagen weit unten, und doch hatte sie eine überdurchschnittlich hohe Erkenntnisfähigkeit. Diese Diskrepanz mag mit dem Schaden der linken Hirnhälfte zu tun gehabt haben. In einem anderen Fall, bei dem geschädigten Kind Marta, hatten die Linguisten festgestellt, dass man, auch wenn man andere nicht wahrnehmen kann, über Sprache verfügen kann. Marta konnte die kompliziertesten Sätze abspulen, die so entwickelt waren, wie man es nur bei wenigen Kindern ihres Alters finden kann. Es gab aber kein Anzeichen dafür, dass sie begriff, was sie sprach oder auch, welche Bedeutung Sprache in der Welt hat. Sie beherrschte die Struktur der Sprache hervorragend, besaß aber keinen Sinn für die Bedeutung der Worte. Marta hatte die Sprache, hatte aber keine Gegenwart. Genie hatte Gegenwart, verfügte aber kaum über Sprache.

Genie war eine Person, die tief fühlen und erleben konnte, aber sie verfügte nicht über die Worte, um das flüssig zum Ausdruck zu bringen. Ihren

Geisteszustand vermittelte sie anhand von kurzen, aber ausdrucksvollen Redewendungen nach draußen. Wir müssen über die Gegenwärtigkeit Genies, Viktors oder Memmies, die man unleugbar verspürt, wenn man nur etwas von ihnen erfährt, nicht weiter besorgt sein: Deren Selbst ist vorhanden, egal, ob sie nun mit Worten dort heranlangen oder nicht.

Genies Lehrerin und Auskundschafterin Susan Curtiss hatte bei all ihrer intensiven linguistischen Erziehung nur das eine Ziel: Sie wollte, dass Genie sie überholt; sie wollte Genie so erziehen, dass sie sich ablöst; ihr Wunsch war, »nicht mehr in der Lage zu sein, mit Genie mitzuhalten, sondern dass sie das letzte Wort hatte«.[22] Dieses gleiche Ziel hatte ja Itard, aber auch wenn man bei beiden Geschichten im Grunde Verlust empfindet, spüren wir, dass beide Kinder tatsächlich das letzte Wort behalten haben. Denn obwohl beide, Viktor und Genie, wieder verschwunden sind – unsichtbar geworden sind –, haben beide eine unauslöschbare Spur von sich hinterlassen, und damit haben sie den Beweis erbracht, dass, auch wenn der Mensch erfolglos ist, das doch nur in geringem Maße sinnlos ist: Da sitzt ein Junge im Mondlicht verzückt in Betrachtung versunken; und da ist ein neugieriges Mädchen wie eine Prinzessin aus einem langen Schlaf erwacht und in eine aufgehellte Welt gelangt.

II Das Adieu-Kind

Nach jenen Schritten Schweigen;
Nachtwachen, Einsamkeit, Fasten,
Tränen eines Ungetauften,
Verblüfft verliebt in das Licht.
Aber jetzt sprichst du wenigstens

durch schwache Mimik
über etwas unendlich Leidvolles,
womit du staunend wortlos beweist,
dass du mondweite Entfernungen
außerhalb von Liebe gereist bist.

Seamus Heaney, »The Bye-Child« aus: *Wintering Out*

Das Buch fing mit den beiden »wilden Kindern« aus der heutigen Zeit John und Iwan an. Danach haben wir dann solche Schicksale seit Romulus und Remus bis hin zum Los Angeles der 1970er Jahre verfolgt. Wenn manchmal durch die Hinwendung zur Vergangenheit unsere wilden Jungen und Mädchen als entfernte Gestalten erschienen sind, dann müssen wir diesen Eindruck schnell wieder beiseite räumen. Das zwanzigste Jahrhundert hat nicht nur ebenfalls solche Geschichten hervorgebracht, sondern lieferte überdies den Beweis, dass man noch immer merkwürdig davon fasziniert ist.

Es gibt heutzutage Geschichten über die Yeti im Himalaya-Gebirge, und in den amerikanischen Volkslegenden ist von Bigfoot die Rede. In beiden Fällen handelt es sich um merkwürdige menschenähnliche Wesen – nach der Vorstellung Darwins aus der Zwischenstufe zwischen Mensch und Tier. Und dann gibt es auch Lebewesen, die an jene wilden Menschen, die einst durch die mittelalterlichen Wälder streiften, erinnern. Einige dieser wilden Menschen sind natürlich nicht »wilde Menschen«, sind aber Beobachtern von heute als analoge Beispiele zu den in unserem Buch erwähnten Fällen erschienen. Da gibt es zum Beispiel Ishi, einen amerikanischen Ureinwohner, der letzte der Yahi, der 1911 plötzlich im mittleren Alter in seinem heimatlichen Kalifornien aus der Wildnis auftauchte. In der Presse wurde seine Geschichte aufgebauscht, man nannte ihn »Steinzeitmensch« und »Der wilde Mensch«, sogar »der wenigstzivilisierte Mensch auf Erden«. Ishis Schicksal war ähnlich merkwürdig wie das bei all den anderen von uns erwähnten Fällen: Man brachte ihn ins Museum für Anthropologie in San Francisco, wo er sein Leben verbringen sollte; er war ein lebendes Ausstellungsstück der primitiven Menschen. Dieses letzte Exemplar eines Wilden starb dort 1916, ironischerweise just zu jenem Zeitpunkt, als die technische Wilderei der Zukunft an der Somme entfesselt wurde.

Die Kinder, über die in diesem Buch geredet wurde, haben wenigstens in halber Form durch Bekanntheit ein Leben in der Nachwelt fortsetzen können. Peter und Memmie sind mehr oder weniger vergessen, aber Kamala und Amala hat Charles MacLean in einem umfangreichen Buch behandelt. Viktor ist in zwei hervorragenden Büchern behandelt worden: in Harlan Lanes *Das wilde Kind von Aveyron. Der Fall des Wolfsjungen*, und in Roger Shattucks *Tabu*. Ferner gibt es über ihn einen größeren Essay von Lucien Malson. Außerdem kommt er in Bruno Bettelheims Bahn brechender, wenn auch irgendwie irriger Darstellung über Autismus vor: *Die Geburt des Selbst. Erfolgreiche Therapie autistischer Kinder*. Und er war Gegenstand von Truffauts wunderbarem Film.

Allerdings scheint Kaspar Hauser derjenige zu sein, der beim modernen Publikum am ehesten Widerhall gefunden hat. Über seinen Fall hat es mehrere Filme gegeben, darunter der von Werner Herzog, der von Hauser das erstaunliche Porträt eines leidenden Narren gezeichnet hat. Hauser hat sogar schon ein unheimliches Nachleben: Die Anhänger Rudolf Steiners sehen offensichtlich den Tod dieses jungen Mannes als das Ereignis, das den Aufstieg Hitlers möglich gemacht hat. Nach deren Philosophie haben Kämpfe

zwischen Gut und Böse, zwischen Teufeln und Engeln zu Hausers Tod geführt, womit einer dieser Fälle von »Hätte-sein-können« in der Geschichte
verhindert wurde; Hauser hätte dann anscheinend ein friedlicheres und stärker mitfühlendes Deutschland angeführt, ein reformiertes Deutschland, in
dem Ferdinand Lassalle und Bismarck gemeinsame Sache gemacht hätten.[23]

Zum Fall Hauser verbreitet man sich weiterhin gelehrtenhaft fleißig. In
Deutschland gibt es das inspirierende Werk von Johannes Meyer, und auch das
Buch von Jeffrey Masson über Hausers Geschichte, *Wild Child*, ist durchweg
hervorragend. Und aus Massons Buch ist höchst deutlich zu erkennen, weshalb Hauser noch in unserer Zeit als Bild Bestand hat. Masson sieht in Hauser
das Bild des misshandelten Kindes, und man bekommt in seinem Buch die
Vorstellung vermittelt, dass Missbrauch in der Kindheit die Wurzel allen
Unglücks ist. Damit blüht weiterhin die Version von Hauser als Archetyp des
Opfers: der Reine und Unschuldige ist von den Üblen und Hinterhältigen
missbraucht worden. Der absolut reine Hauser, der Sohn, gegen den absolut
dämonisierten Stanhope, den falschen Vater.

In den letzten Jahrzehnten sind viele reale Fälle bekannt geworden – von
Antilopenkindern, Wolfsmädchen, Affenjungen. Dennoch sind wahrscheinlich
einige der ergreifendsten Fälle aus diesem Mythos im Kino vorgeführt worden. Der iranische Film *Apfel* (1998) von Samirah Makhmalbaf erforscht dieses Thema auf einfühlsame Weise. Er basiert auf der wahren Geschichte von
elfjährigen Zwillingskindern, die in Teheran seit ihrer Geburt in ihr Haus eingesperrt blieben. Michael Apted hat in seinem Film *Nell* (1994) dieses Thema
für Hollywood aufgegriffen. Jodie Foster spielt hier eine Frau, die in der amerikanischen Wildnis aufgewachsen ist, die eine eigene Sprache für sich entwickelt hat, und die dann von Liam Neeson erzogen wird, damit sie in die Welt
zurückkehren kann. Dann gibt es natürlich noch die schönen Disney-Trick-
filme, und komödiantische Versionen dieser Geschichte in *Georg – Der aus dem
Dschungel kam* (1996), sowie *Krach um Bobo* (1986). Ferner die zahllosen Tar-
zanfilme und die schöne Parabel in David Lynchs *Der Elefantenmann* (1980).

Wie im Film hat sich auch in der Literatur das Thema vom wilden Kind
verbreitet. Bruce Chatwin begegnete 1978 in Indien einem Wolfskind, namens Shamdev. Thom Gunn schrieb in seinem 1957 erschienenen Band *The
Sense of Movement* über einen pubertierenden wilden Jungen. Paton Walsh erhielt den Booker Price für seinen Roman *Das Wissen der Engel*; er handelt
über ein wild lebendes Kind zur Zeit des Mittelalters. Und Paul Auster medi-
tiert in seiner *Die New York-Trilogie* über Peter den wilden Jungen und über
Hausers Fall.[24] Nach meiner Auffassung wird allerdings das Motiv des wilden
Kindes am machtvollsten durch Seamus Heaney beschworen, nämlich in seinem Gedicht »Bye-Child« aus der Sammlung *Wintering Out* von 1972.

In dem Gedicht wird eine Situation geschildert, wo ein Junge in einem

Hühnerstall eingeschlossen ist. Er blickt aufwärts und erkennt im Rückfenster des Hauses, aus dem er ausgesperrt wurde, ein Eidotter als Licht. Es gibt hier wirkliches Leid – sowohl für den Jungen, aber auch für die Frau, die so sehr von den gesellschaftlichen Konventionen in Anspruch genommen ist und daraufhin dessen Leiden da draußen in der Dunkelheit verursacht. In dem Gedicht wird nicht direkt auf den realen Fall, der sich 1950 in Nordirland ereignete, angespielt, wo es hieß, eine Mutter habe ihr Kind in einen Hühnerstall gesperrt. Wie ich schon im ersten Kapitel sagte, war diese Geschichte für mich einer der Einstiegspunkte beim Wunsch, hierüber zu schreiben. Ich hatte von der Geschichte über den Jungen im Hühnerstall zum ersten Mal etwas gehört, als ich mich in einem schönen, chaotischen, irischen Haus, einige Kilometer vom Benone Strand entfernt, befand. Sie wurde mir berichtet von der Familie eines Sozialarbeiters, der diesen Fall bearbeitet hatte. – Heaney bemerkte übrigens dazu, es sei »das landesweite Gespräch Anfang der 1950er Jahre« gewesen. – Mich berührte diese merkwürdige Geschichte. Schon lange bevor ich auf Heaneys Gedicht stieß, waren mir Gedanken über einen in die Winterkälte verstoßenen Jungen gekommen, der umgeben war vom Geruch von Tieren und von Hühnern, die mechanisch, aber leicht durcheinander gluckten. Das Bild dringt in die Tiefe, und für Heaney hallt da noch etwas jenseits der komplexen und zweifelhaften Wirklichkeit der Sache wider. Er begründet sein Interesse an der Geschichte folgendermaßen: »Wie ich vermute, hat mich an dem Jungen besonders interessiert, dass er ständig in meinem Hirn wie ein Traum anwesend war. Er ist/war wie ein Wesen aus der Mythologie; er stand auf einer Ebene mit jenen, die man auf Bergen ausgesetzt oder in Kähnen weggestoßen hatte.«[25]

Es ist sehr passend, dass wir wieder bei den Mythen zurück sind, mit denen das Buch begonnen hat.

Und die Mythen setzen sich fort. Gerade in diesem Sommer, als ich das Buch fertig stellte, sind zwei neue Geschichten aufgetaucht, die genau den Legenden und Geschichten entsprechen, die wir betrachtet haben. Im Frühsommer tauchte in Chile ein Junge auf, der anscheinend durch wilde Hunde großgezogen wurde. Und im Juli 2001 wurde von der Presse ein weiterer, noch viel erschreckenderer Fall ganz in meiner Nähe in London entdeckt.

Keiner wusste, woher der Junge gekommen war; keiner kannte seinen Namen. Man sah ihn zuerst am 8. März. Er war ein Teenager und wanderte benommen und verloren auf den südlichen Straßen Londons in Nähe der Tower Bridge. Ein Passant wurde auf ihn aufmerksam und benachrichtigte die Polizei. Als er aufgegriffen wurde, waren an ihm keine Zeichen körperlicher Misshandlung zu erkennen. Dennoch war irgendetwas außergewöhnlich und nicht in Ordnung mit ihm. Als man ihm Fragen stellte, bekam man darauf keine Antwort. Er konnte nicht sagen, wie alt er war, auch nicht, wie er hieß, oder wie und wo er auf die Straße gekommen war. Immerhin konnte er in gebrochenem Englisch, das er, wie er sagte, durchs Fernsehen erlernt hatte, erzählen, dass er in den vergangenen acht Jahren in einem Nord-Londoner Haus eingesperrt gewesen war, von den Erwachsenen, die ihn dort zurückhielten, geschlagen wurde, dass ihm nicht erlaubt war, in die Schule zu gehen, und er auch nicht allein das Haus verlassen durfte.

Kann man sich vorstellen, wie verwirrt der Junge war, der in diesem Frühling auf den Straßen von Bermondsey spazierend von dem Verkehr und dem sich gewaltig ausdehnenden London umgeben war? Könnten wir mit einem solchen befremdeten Sinn wie dieser zeitgenössische Kaspar Hauser leben, der die Welt nur durch Fernsehbilder oder durch den Blick aus dem Fenster einer Londoner Wohnung kennen gelernt hat? Für einen Augenblick hat uns seine Geschichte betroffen gemacht. Vielleicht, weil er für uns das Empfinden von Entfremdung verkörpert, das wir verborgen halten, und weil wir hier sehen, was unsere Befürchtungen bezüglich einer Kindergeneration sind, für die die Welt in jedem Fall potenziell ein unheimlicher Ort ist. Die Ängste, die wir in seinem Fall hatten, bezogen sich aber nicht auf die Straßen oder die Umgebung der Stadt, sondern auf das Zuhause, in dem er eingekerkert war. Wir kommen also hier auf ein Refugium zurück, das zu einem Gefängnis geworden war, ein dunkel geschützter Raum, der beunruhigend missbräuchlich benutzt wurde. Die Zufluchtsstätte stellte sich als Kerker heraus.

Ein oder zwei Tage lang befand sich die Geschichte des Jungen auf den Vorderseiten der Zeitungen des Landes und wurde in den Fernsehnachrichten erwähnt. Und dann kam plötzlich die Enthüllung, dass die Geschichte des Jungen vollständig ausgedacht war. Wie Caraboo vor ihm und wie man von Hauser angenommen hatte, hatte der Junge gelogen, um sich interessanter zu machen; er wollte seine gewöhnlichen Leiden in einen mythologischen Zustand erheben. Im selben Augenblick, da man ihn als Lügner entlarvt hatte, wurde er uninteressant. Aufträge für Beiträge, in denen über seine Geschichte berichtet werden sollte, wurden gestrichen. Die Fotografien wanderten zurück in die Mappen. Er war nichts als ein Schwindler.

Es ist schwer zu sagen, was an dieser Geschichte mehr beeindruckt: Dass der Junge den Mythos für sich selbst erfunden hat – als hätte er wirklich die ganzen alten Geschichten über Hauser oder über Genie gelesen –, oder dass die Autoritäten und die Medien ihm so bereitwillig geglaubt haben. Man darf, egal für welchen der beiden Fälle, die Bedeutung nicht außer Acht lassen. Ganz deutlich liegt der Grund dafür, weshalb wir uns für diese Geschichten interessieren, in uns selbst verborgen.

Während ich an dem Buch schrieb, bin ich oft auf Partys oder bei einem Umtrunk von Leuten gefragt worden, zu welchen Schlüssen ich gekommen sei: Was, würde ich meinen, sollte das alles bedeuten? Das eine Mal hieß es sogar »Was macht eigentlich den Haken bei der Sache?« Und jedes Mal war ich wegen meiner Verlegenheit verwirrt und habe mich geschämt, dass man bei mir Unwissenheit ausgemacht hatte. Denn, je mehr ich über diese Geschichten und diese Kinder nachdachte, desto weniger gelang es mir, kernige und schnelle Schlussfolgerungen zu ziehen, die ich einem Fragenden wie ein Trostgeschenk hätte überreichen können. Dennoch ist es so, dass ich nach den zehn Jahren, die ich mit diesen Geschichten zugebracht habe, mich nicht ohne ein Abschiedswort von ihnen trennen kann. So folgt also jetzt meine ungeschickte Verbeugung – keine Zusammenfassung, auch kein Schlusswort, sondern ein schweifender Blick zurück und eine Trennung.

Zunächst einmal mag bei den Lesern eine unbeantwortete Frage im Hintergrund schweben. Handelt es sich um wahre Geschichten? Natürlich haben alle hier erwähnten Kinder wirklich existiert, und die im Buch beschriebenen Ereignisse sind dokumentiert. Doch was ist mit den Teilen ihrer Geschichte, die verborgen geblieben sind? Ist Peter, der wilde Junge wirklich von einer Bärin gesäugt worden? Haben Wölfe Kamala und Amala aufgezogen? Konnte Viktor tatsächlich jahrelang allein in den Wäldern Frankreichs gelebt haben? War Kaspar wahrhaftig in einem kleinen Loch eingesperrt?

Wenn man mich fragt, neige ich im Falle Viktors und Hausers dazu, die Frage mit »ja« zu beantworten. Ich glaube auch, dass das Beweismaterial über Kamala und Amala manchmal überzeugend ist – besonders das, welches Charles Maclean in seinem Buch über die Zwillinge vorgelegt hat. Es mag Fälle geben, wo es Aufzucht zwischen den verschiedenen Spezies gegeben hat, und gewiss ist, dass Kleinkinder mit Milch aller Säugetiere gedeihen können. Dennoch ist es bei den meisten der in diesem Buch beschriebenen Fälle unmöglich zu wissen, ob die Geschichten richtig sind. Die Beweise sind zu dünn und zum größten Teil verloren. Aber natürlich macht das nicht das Geringste aus. Denn was an diesen Geschichten viel stärker interessiert, ist, was man über diese Kinder geglaubt hat. Über sie wurden Spekulationen angestellt, ganze Staaten haben Fantasien anhand von ihnen entwickelt und bei den Geschichten, die um sie herum erzählt wurden, geht unser Blick auf unsere Träume.

Obwohl also keins der hier erwähnten Kinder ein Fall von Niete war, ist dennoch das erste, was den Leser beeindruckt, wie jede Generation über sie fantasiert hat. Sie wirkten wie eine Leinwand, auf die die eigenen Voreingenommenheiten projiziert wurden. Schweigen ist der große Garant fürs Rätselhafte, aber es gestattet auch die Projektion einer Vielzahl von Bedürfnissen und tausendfältiges Fantasieren. Manchmal werden diese Fantasien von der ganzen Kultur geteilt. In Fällen wie bei Viktor, Kaspar Hauser oder Genie kommt durch deren Berühmtheit kurzzeitig ein Segen über diese Kinder. Sie leuchten einen Moment lang, erlangen eine unvergleichliche Aufmerksamkeit. Andere Male wiederum bringt man für diese Kinder nur kurz Neugierde auf – wie es bei Peter oder Memmie der Fall war –, und dann entgleiten sie unserem Blick und sind wie eine verpasste Gelegenheit. Sie mussten also über sich ergehen lassen, dass eine Kultur sie in ihrer Neugierde genutzt hat, oder ihnen bevorstand, dass sie ein zweites Mal der Nichtachtung preisgegeben wären.

Wenn also jede Generation für sich einen Grund findet, weshalb sie sich für diese Kinder interessiert, dann scheint man dieses Buch am besten dadurch abzuschließen, dass man sich fragt, was diese Geschichten für unsere Generation zu bedeuten haben. Als wir zu Romulus und Remus und den mittelalterlichen Romanzen über das ausgesetzte Kind zurückgingen, konnten wir feststellen, dass diese Kinder Mysterium, Wunder und Ehrerbietigkeit bedeuteten. Würden wir mit unserem modernen Skeptizismus uns gestatten, ebensolche Erfahrungen mit ihnen zu machen? Was sind bei uns die Fantasien, die Träume?

Es gibt bei uns eine Verzweiflung, die tiefer sitzt als der Skeptizismus. Obwohl in unserer Kultur solche Mythen wie die über Tarzan und Mowgli weiterhin gegenwärtig sind – sogar in einer solch wohltuenden Form wie in dem Film *George – Der aus dem Dschungel kam* –, scheinen wir das Gefühl fürs Wunderbare verloren zu haben. Stattdessen sind die wilden Kinder für uns Opfer unvorstellbar grausamer Misshandlungen oder im andern Fall ein evolutionäres Rätsel – nun aber nicht wie im Falle Tarzans, denn sie haben ja ihren Ort in der Rassenhierarchie inne, sondern sie sind wie ein Symbol, das unsere evolutionäre Entthronung beleuchtet, sind Beispiele dafür, wie prekär, mysteriös und vielleicht sogar unbedeutend der Unterschied, Mensch zu sein, ist.

Und dennoch bleiben einige alte Wunderlichkeiten. In der Vergangenheit sind die wilden Kinder aus den leeren Wäldern in die Arena der Öffentlichkeit gelangt, an den Hof oder in die Stadt. Die heutigen Kinder kommen von sonst woher, aber unter dem weiterhin bestehenden Einfluss von Freud und sogar von Rousseau erkennen wir dieses »sonst woher« als einen verlorenen Ort innerhalb unseres Selbst. Von besonderer Bedeutung ist, dass wir das wilde Kind als in Harmonie mit der Natur befindlich wahrnehmen. Uns kann es so scheinen, als würde das wilde Kind in einem reineren, »grüneren« Verhältnis zur Welt leben, welche die Zivilisierteren verschmutzt, erstickt und der sie Narben zugefügt haben.

Sich aber das verlorene Selbst zu vergegenwärtigen, das man im wilden Kind entdeckt, ist alles andere als einfach. Aus dem Verhältnis Itards zu Viktor können wir deutlich erkennen, dass etwas Gemischtes vorlag: ein Gefühl der Verachtung und ein neidvolles Empfinden gegenüber dem Wilden. Da sie unsere verlorenen Möglichkeiten symbolisieren, könnten sie kurzzeitig symbolisieren, sie seien etwas Besseres als man selbst. Und so sehnen wir uns danach, fantasiemäßig die Erfahrung des Kindes zu besitzen. Wir stoßen bei diesem Auslangen aus Sympathie aber auch auf Widerstand. Aus dem Wunsch wird Verachtung, indem man das Rohe, Brutale und Bestialische am wilden Kind erkennt, und so errichten wir zum weiteren Male Grenzsperren dagegen und erkennen unsere Verwandtschaft mit ihm nicht an. In der extremsten Form landen wir beim Verleugnen unserer Identität mit dem wilden Kind und gelangen dabei vor die augenscheinlich abstrakte Frage der Definition vom Menschsein. So entdecken also die Zivilisierten solche Kinder als Symbol für ihren Wunsch, den menschlichen Bedingungen zu entfliehen, indem sie zu ihren Ursprüngen in der Kindheit und bei den Primitiven zurückkehren, aber sie fürchten sich vor diesen Ursprüngen und weisen sie zurück, denn deren Vorhandensein droht scheinbar die zerbrechliche Einheit ihres Selbst aufzulösen.

Die wild lebenden Kinder existieren also auf der Bruchlinie zwischen Abscheu und Verlangen. Sie verkörpern unseren Wunsch nach Flucht, Freiheit und Wunder, aber sie provozieren auch Abscheu, die man gegenüber einem bloß und völlig nur Körperhaften empfindet – die Abscheu vor dem, das kein Selbst besitzt, keine Liebe, keine Reue kennt. Das Verlangen ist das Suchen nach Flucht und will damit etwas anderes besitzen; die Abscheu wiederum ist da, weil sie sich diesen Besitz als eine Rückkehr zu den höchst trägen, groben und unabänderlich materiellen Aspekten des Selbst vorstellt.

Was uns bei den wilden Kindern aber am meisten berührt, ist, dass sie die ursprüngliche Abgeschiedenheit verkörpern. Die wilden Mädchen und wilden Jungen sind Gottes einsame Kinder. Einsamkeit scheint die für unsere Kultur entscheidende Erfahrung zu sein. Da wir so profan an »Beziehungen«, an Ehe, Sexkontakte, Drogen, Kontaktanzeigen glauben, bezeugen wir, welch panische Angst wir haben, einfach nur alleine zu sein. Die Leute verspotten das, was sie am meisten befürchten, wie an der neuerlichen Verwendung des Begriffes »traurig« als verächtlichen Begriff für Missbrauch zu erkennen ist. Und einfach nur, um zu zeigen, dass Angst auch erwünscht ist, sei auf die Faszination der Massen an leidenden Stars verwiesen (Marilyn Monroe, James Dean, Prinzessin Diana). Sie feiern Feste, sind durch das Schicksal in aller Form reichhaltig geschmückt, erlangen Aufmerksamkeit und Erfolg, und sind dennoch innerlich trostlos, hoffnungslos verlassen.

Die wilden Kinder überleben die in einem viel gewaltigeren Maßstab vorhandenen Ängste und Fantasien. Sie verkörpern das Leid der Zurückgewiesenen und scheinen trotz ihrer Einsamkeit frei davon zu sein. Ihr Selbst ist das Produkt der Isolation, welche sie gar nicht weiter zu verspüren scheinen. Daher erscheint uns Viktor heute als der triumphierende Held, der seine Aussetzung besiegt und daraus eine ersehnte Abgeschiedenheit gemacht hat. In seiner Geschichte herrscht die Einsamkeit vor, obwohl uns heutzutage Itards

Isolation stärker berühren mag. Bei Itard trifft eine Einsamkeit auf die andere. Das ist bei all den Geschichten hier das Muster. Denn es sind alles Geschichten von unerwiderter Liebe. Die Liebe scheint Anerkennung von dem Geliebten zu verlangen, einerseits um im Geliebten das gegenseitige menschliche Fühlen zu erwecken, und andererseits mehr noch, um Kontakt mit jemandem zu erlangen, der sich immer zur anderen Seite gedreht hat, der in die »leere Zitadelle« – wie der Psychoanalytiker Bruno Bettelheim (»Die Geburt des Selbst«) es genannt hat – eingesperrt war.

Ist die Zitadelle leer? Die meisten unserer Beobachter (Wissenschaftler) hatten dieselbe Frage gestellt: Was macht jemanden zum Menschen? Ihre Antworten waren zu verschieden, weshalb sich eine Zusammenfassung hier nicht eignet. Aber indem ich dieses Buch geschrieben habe, ist mir das eine klar geworden: Irgendein Element, das zur menschlichen Natur hinzugehört, ist in der Sprache nicht enthalten. Es scheint, als gäbe es wirklich etwas Wesentliches, das uns zu Menschen macht – wenn auch jeder praktische Versuch, das benennen zu wollen, scheitern wird. Wir wissen, wann jemand menschlich ist, auch wenn unklar ist, was genau einen Menschen von einem Affen beziehungsweise einem wilden Kind unterscheidet.

Manchmal ist mir beim Schreiben dieses Buches ein bange machender Gedanke gekommen: Was ist, wenn die Frage, die man sich angesichts dieser Kinder immer wieder stellt, nicht mehr zutrifft? Was ist, wenn das Menschliche obsolet geworden ist? Die »menschlichen Bedingungen«, die einmal unser Leben bestimmt haben, scheinen in zunehmendem Maße nicht weiter fortzubestehen. Wir können uns klonen, können unsere Körper in Cyberspace-Welten hineinverwandeln, können uns aus den unabänderlichen Konsequenzen unserer Geburt befreien. Die »Tatsachen« von Geburt, Identität, Geschlecht, Altern und sogar Sterblichkeit scheinen formbar oder lassen sich sogar vermeiden. Das einzige Element von den uralten menschlichen Bedingungen, das nicht vorbeigeht, ist das Empfinden für die eigene Vergänglichkeit.

Die Frage nach dem, was uns zu menschlichen Wesen macht, könnte man als gelöst ansehen; die Antwort läge nicht in der Sprache, oder in der Gestalt oder der Kultur, sondern in den winzigen Schnüren auf der DNA; der winzige Unterschied im genetischen Material ist, was uns von unseren Urvorfahren trennt. Die Lösung ist so einfach, und doch befriedigt sie nicht.

Die Beobachter und Erzieher unserer wilden Kinder teilten alle die Auffassung, dass die menschliche Natur nicht etwas Gegebenes ist, sondern erworben werden muss. Einige von ihnen entdeckten, dass die wilden Kinder durch egal welchen geheimen Prozess bereits das Menschliche erworben hatten, aber dass sie noch die dazugehörigen feineren Elemente wie Weisheit, Verzückung (Wonne), Neugier, Mitleid, Freundlichkeit und Liebe zu erlernen hatten. Russ Rymer bemerkt in seinem Buch über Genie, dass die Wissenschaftler, die das verletzte Mädchen untersucht haben, mit der Frage an sie herangetreten sind: »Wie wird dieses Wesen menschlich«, und herausfinden mussten, dass umgekehrt sie implizit dieselbe Frage in Bezug auf sie gestellt hat.

Nun fällt mir auf, während ich hier mein Buch beende, dass alle hier enthaltenen Geschichten Parabeln der Fürsorge sind. Die »wilden Kinder« waren nicht nur der Gegenstand persönlicher oder kultureller Fantasien, sondern waren auch sie selbst. Bei jeder Geschichte sind wir Zeuge, dass Leute sich wünschen, die Verantwortung für einen anderen Menschen zu übernehmen; wollen ihm dauernde Liebe, Unterstützung und Zuflucht anbieten; wollen für eines der am wenigsten lohnenden Individuen der Elternersatz, ein Mentor, ein Freund sein. So oft ist man mit diesem Wunsch gescheitert. Immer wieder haben sich Ehrgeiz, intellektuelle Neugier oder die Sehnsucht nach künstlerischem Handeln darin eingenistet und das scheinbar klare Verhältnis durcheinander gebracht. Oft können gerade die »einfachen Leute« am besten Fürsorge leisten: die, die nicht das Bedürfnis haben, über Bedeutungen bei anderen zu spekulieren, sich keinen Namen machen und auch kein Buch schreiben wollen: die Bauernfamilie, die Peter den wilden Jungen betreut hat und nicht Arbuthnot; Madame Guérin und nicht Itard. Dennoch denke ich, wenn ich an Burnett und La Condamine denke, oder an Itard, den Pfarrer Singh oder das Team um Genie – egal wie kompromittierend ihre Motive waren, wie wenig Erfolg sie mit ihrer Liebe hatten – jetzt nicht an die Fehler, die sie letztlich begangen haben, sondern an ihren stillen Edelmut, als sie diesen Versuch unternommen haben.

Die Geschichten in diesem Buch mögen uns bedrücken. Immerhin sind in ihnen in der nacktesten Form die schlimmsten Aspekte der menschlichen Natur vorzufinden: Grausamkeit, Barbarei, sadistische Gewalttätigkeit. Einem kleinen Kind wird in den Hals gestochen, es wird ausgesetzt und muss durch die Wälder Frankreichs laufen. Ein junges Mädchen wird an einen Stuhl festgebunden und ihm wird noch Jahr für Jahr Gewalt angedroht. Das Ergebnis ist insgesamt, wie ich hoffe, aber nicht bedrückend. Einige der wilden Kinder haben in eine Natur flüchten können, die ihnen gegenüber unerwartet gnadenvoll und freundlich war. Einige von ihnen verkörpern leidenschaftliche Aufmerksamkeit. Und bei anderen von ihnen ist – trotz des abscheulichen Leidens, das am Anfang stand – das Ende so gewesen, dass sie in ihrem Leben noch etwas anderes entdeckt haben – nicht notwendigerweise etwas Transzendentes, aber nichtsdestoweniger etwas Gutmütiges, wenn auch gepaart mit Albernheit; Mitleid, wenn auch noch inkompetent; Gedankenvolles, wenn auch querköpfig: mit anderen Worten, etwas Menschliches.

Danksagungen

Ich bin dem Team bei Faber and Faber zu Dank verpflichtet: Julian Losse, der ein inspirierender und auch geduldiger Herausgeber war, und natürlich deshalb, weil er mir zum zweiten Mal eine Gelegenheit gegeben hat. Ferner Angus Cargill, Kate Ward und Ron Costley; Professor Philip Horne, der mich bei der Stange gehalten und mir geholfen hat; Professor Karl Miller für seine Unterstützung und die Unterrichtung in ein oder zwei Dingen und außerdem, dass ich von seiner Gelehrsamkeit und Kritik profitieren konnte; und den Professoren Roy Porter und Tony Tanner, die ich sehr vermisse und die mir gesagt haben, wie gut es war; Julia Jäckel für ihre unabdingbare Geduld mit den deutschen Texten; Hillary Cook und John Collingwood; Adrian Garvey; Annie Cooper; Dr. Cheryce Kramer für ihre unschätzbare Hilfe, da sie an meine Sache glaubte; Dr. Chris Hamilton für seine Ermutigungen und für seinen Ernst bei der Sache; Dr. Lorna Gibb für ihre Kenntnisse in der Linguistik und Burt Bacharach; Dr. Emma Widdis, die als Amateur eine hervorragende Detektivin war; Sarah Dane, die genau die richtigen Sachen gesagt hat; Olivia Goodwin, die mir beim Schreiben geholfen hat und natürlich dieses gewisse Quentchen an Entgegenkommen, Unterstützung und Weisheit beigesteuert hat; Jane und Phil Cole, die mir ein Dach über dem Kopf verschafft haben; und meiner Mutter und meinem Vater, ohne deren Liebe und überwältigende Großzügigkeit dieses Buch nie zu Ende gekommen wäre.

Auch andere Leute haben dieses Buch gelesen, noch ehe es ein Buch war, und hervorragende Ratschläge erteilt: Dr. Stephen James; Dr. Christine Göttler; die unvergleichliche Lee Sands; Catherine McLoughlin; Miranda Davies; Debbie Humphrey; Dr. Anne Button; und Sarah Lusznat, die mich wie immer vor einem schrecklichen Fehler bewahrt hat.

Mein Dank geht auch an Linda Garmon und Jay Shurley, die mir faszinierende Dinge über Genie erzählt und mir enorm bei der Bildersuche geholfen haben; Seamus Heaney; Simon Elliott von der Abteilung für Spezielle Sammlungen an der UCLA; Colonel Richard Brook und die Kuratoren beim Chevening Estate.

Des Weiteren danke ich Helen Hayward und John Armstrong für ihre Großzügigkeit. Außerdem danke ich Chris Popa, Thalia Thompson und Vivienne Hammond, weil sie mich nie danach gefragt haben, ob ich schon fertig sei, und Richard Allen und Jason Whiston, weil sie es nie unterlassen haben, mir diese Frage zu stellen.

Danke an Debbie Brown, weil sie mich nach Irland mitgenommen hat und mir für die ganze Sache einen Hinweis gegeben hat.

Ich möchte auch den folgenden Institutionen für ihre finanzielle Unterstützung danken, die sie mir während dieser ungebührlich langen Zeit, die ich für die Fertigstellung des Buches brauchte, gewährt haben: The British Academy; dem Department of Englisch am University College, London; dem Irwin Fund der University of London; der Harvard University; der Charles Lamb Society; der Fabian Society. Dieses Buch wäre nicht ohne diese fünf Leute, die mich mit meiner Arbeit nicht haben aufhören lassen, fertig geworden: Professor John Sutherland, David Trotter, Michael Wood und Caroline Dakers und mein inoffizieller Agent Roger Sabin.

Ferner möchte ich vier Leute, denen ich nie begegnet bin, erwähnen, deren Büchern über denselben Gegenstand ich aber viel verdanke; sie waren für mich Musterbeispiele für Nachforschung und Darstellung: Harlan Lane, Autor von *Das wilde Kind von Aveyron* (auch für einige wertvolle Hinweise zur Abbildungssuche); Jeffrey Masson, Autor von *Wild Child: The Unsolved Mystery of Kaspar Hauser*; Charles MacLean, Autor von *The Wolf Children;* und Russ Rymer, Autor von *Genie, A Scientific Tragedy.*

Ich bin allen Leuten dankbar, die sich für dieses Buch begeistert haben. Danken möchte ich noch David Bryer für seine Informationen über Hauser. Mein spezieller Dank geht an die großartige Anna Pallai, Kate Burton, Tara Hiatt und an die unermüdliche Camilla Smallwood bei Faber.

Schließlich möchte ich meinen Lehrern danken: John Smithies; David Akers; Professor Henry Woudhuysen; Professor Stanley Cavell; und Brother Edwin.

Verzeichnis der Abbildungen

Anmerkungen

Anm. d. Ü.: Die Übertragungen von Gedichten und Textstellen sind, wenn nicht anders angegeben, vom Übersetzer dieses Buches.

Seite 3

* Übers. Chr. M. Wieland, in: Shakespeare 2003

Kapitel 1: Das Kind der Natur

* Übers. E. Eyth (Plutarchs ausgewählte Biographien, Berlin 1855ff.)
1 Samuel Taylor Coleridge hat in seinen *Notebooks* bedauert, dass das Verhältnis zwischen Jesus und der Jungfrau Maria mit dem zwischen Mars und der Mutter von Romulus und Remus in Verbindung gebracht wurde. (Notiz 2670 in Coleridge, 1962, Bd. 2)
2 Jacques Poucet weist in *Les Origines de Rome* (Brüssel, Faculté Universitaire Saint Louis, 1985) mit einem Ton der Entrüstung auf die archetypische Bedeutung, die sich im Bericht über die Gründung findet, hin: »Ces motifs semble surgir d'une espèce de fonds communs de l'humanité. Serions-nous en présence de ›l'inconscient collectif‹ jungien? C'est possible.« (182)
3 Beard, 1996: 3.
4 Acca Laurentia, die Frau des Faustulus, ist möglicherweise erst später in die Geschichte hineingenommen worden, was sich bis zu Ennius zurückverfolgen lässt (Bremmer/ Horsfall, 1987: 32)
5 Ovid, 1929: 79 und 81
6 Dickson, 1929: 35-37
7 Mills, 1973
8 Valentine and Orson, 1937: 38
9 Auch hier gab es für diese Wesen klassische Vorbilder. Lykaon, der Gründer der Stadt Lykosoura, lebte neun Jahre lang wie ein Wolf in der Wildnis außerhalb der Stadtmauern. Aber auch die Bibel hatte ihren wilden Mann: Nebukadnezar lebte im Wahnsinn draußen in der Wildnis wie ein Tier vom Feld. Seit dem Ende des Mittelalters blühten Erzählungen über wilde Menschen, man konnte sie jetzt schon bei Historienspielen, Maskeraden und höfischen Spielen finden. In einem »mystère d'enfants sauvages« sprang ein wilder Mann von einem Felsen vor Gaston de Foix hin und tanzte. Zu den

Feierlichkeiten am Dreikönigsabend 1515 tollten sie in Greenwich herum. Wilde Menschen unterhielten Anne Boleyn angenehm bei einer Aufführung anlässlich ihrer Krönung. Solche Wesen waren tatsächlich während Hunderten von Jahren modern: Sie nahmen sogar Mitte des 18. Jahrhunderts an der Prozession des Oberbürgermeisters von London teil.

In Shakespeares späten Stücken finden sich viele charakteristische Einzelheiten wie in unseren Geschichten der ausgesetzten Kinder – und man hat sogar, mit Caliban, dem halbmenschlichen wilden Inselbewohner aus *Der Sturm*, seine eigene Version des wilden Menschen. Er hat gewiss Ovids Fasti gekannt, denn das war eine seiner Quellen für *Raub der Lukrezia*, und er hat höchstwahrscheinlich auch die Biografie von Romulus gekannt, die in Norths Übersetzung von Plutarchs *Biografien* erschienen war. In diesen späten Stücken können wir auch alle Elemente aus der Geschichte von Romulus und Remus wiederfinden: Das Aussetzen von Kindern; in *Das Wintermärchen* ist die »große, schöpferische Natur« aufgerufen, gnädig als Ernährerin einzuspringen; das königliche Kind kann nicht verborgen gehalten werden, auch wenn es sich als ausgesetztes Kind unter rüden, unkultivierten Zuständen befindet – denn es heißt von Perdita in *Das Wintermärchen*, dass »alle ihre Handlungen königlich waren«; das verloren gegangene Kind gelangt zurück in seine Familie; und das verlorene Kind kann wegen seiner Reinheit eine korrupte ältere Generation erlösen.

Kapitel 2: Körper ohne Seele

1 Digby, 1644: 247
2 Ebd.: 247-248
3 Connor, 1698: 1, 342
4 Ebd.: 343
5 Ebd.: 343
6 Ebd.: 346-347
7 Ebd.: 349
8 Ebd.: 350
9 Defoe, 1726: 22
10 Taylor, 1933, 271
11 Tickell, 1931: 115-117
12 Swift, 1963: Bd. 3, 128
13 Enquiry How the Wild Youth, 1726: 4
14 New Guide to London, 1726: 4-5
15 Enquiry How the Wild Youth, 1726: 3
16 Van der Kiste, 1997: 82
17 Enquiry How the Wild Youth, 1726: 3
18 Ebd.
19 Ebd.: 4
20 Democritus, 1723: 9-10
21 Urban, Sylvanus, 1785: 236
22 Ashton, 1882: Bd. 1, 278
23 Mettrie, de la, 1750: 93
24 Dampier, 1699: Bd. 1, 278
25 Plinius Secundus, 1601: 96

26 Augustinus, 1610: 581
27 Linnaeus, 1792: 32
28 Ebd.: 44–45
29 Ebd.: 44
30 Dieses Buch ist den jüngsten Streichungen in den Zuschreibungen zu Defoes Werken nicht zum Opfer gefallen, die von P. N. Furbank und W. R. Owens durchgeführt wurden; allerdings haben sie das Buch nur als »wahrscheinlich« von Defoe stammend eingestuft. Siehe bei Furbank und Owens, 1998: 221–222
31 Lee, 1869: Bd. 1, 413
32 Ebd.: 414
33 Wright, 1894: 341
34 Ebd.
35 Lee, 1869: Bd. 1, 414
36 Defoe, 1726: 61
37 Maximilian Novak behauptet, dass Defoe damit einen früheren Text über wilde Kinder entkräftet: Abu Bakr Ibn Al-Tufails mittelalterlicher Text The Improvement of Reason, exhibited in the Life of Hai Ebn Yokdan, der kurz zuvor in einer Übersetzung von Simon Ockley erchienen war (London, 1708). In diesem Buch gelangt Hai Ebn Yokdan zum Wissen von Gott rein durch Übungen, die er allein aus der eigenen Vernunft durchführt.
38 Defoe, 1726: 33–34
39 Ebd.: 39
40 Ebd.: 38–39
41 Ebd.: 66
42 Ebd.: 69–71
43 Ebd.: 70
44 Ebd.: 121
45 Aitken, 1892: 114
46 Urban, Sylvanus, 1752: 522
47 Burnett, 1779–1799: Bd. 3, 59–68; 368–378

Kapitel 3: Lord Monboddo und das wilde Mädchen

 1 Wildes Mädchen, 1768: 4
 2 Wildes Mädchen, 1760: 82
 3 Wildes Mädchen, 1768, X
 4 A. D.'s Einleitung zu La Condamine, *Journal of a Tour to Italy,* 1753: 18–20
 5 La Condamine, 1747: 26
 6 Wildes Mädchen, 1760: 59–60
 7 Ebd.: 27
 * Übers. Jutta Schlösser, in: James Boswell 1985
 8 Boswell, 1785: 83
 9 Letters on the French Nation, 1749: 23; 38
10 Wildes Mädchen, 1760: 68–69
11 Ebd.: 61
12 Ebd.: 92
13 Ebd.: 129

14 Wildes Mädchen, 1768: 54-55
15 Ebd.: 55
16 Ebd.: v-vii
17 Ebd.: x-xi
18 Wildes Mädchen, 1760: 139-147
19 Wildes Mädchen, 1768: xi-xii
20 Wildes Mädchen, 1760: 66
21 Burnett, 1773: 176
22 Linnaeus, 1792: Bd. 1, 17
23 Ebd.: 56
24 Ebd.: 9
25 Purchas, 1905-1906: Bd. 6, 398
26 Buffon, 1791: Bd. 1, 325
27 Burnett, 1779-1799: Bd. 3, 219
28 Boswell, 1785: 83
29 Wildes Mädchen, 1768: xvi-xviii
30 Burnett, 1779-1799: Bd. 3, 219
31 White, 1799: 33-34
32 Burns, 1985: 76. Bei den Gedichten über Eliza Burnett handelt es sich um »Adress to Edinburgh« und »A Fragment, which was meant for the Beginning of an Elegy on the late Miss Burnett of Monboddo«. Sie finden sich beide in James Kinsleys Ausgabe *The Poems and Songs of Robert Burns,* hg. in drei Bänden von der Oxford University Press, 1968: 1, 308-310 und 3, 569-570.
33 Cloyd, 1972: 134
34 Knight, 1900: 19

Kapitel 4: Grundunschuldig

1 Bonaterre, zitiert in: Lane, 1977: 45
2 Ebd.: 36-37
3 Itard, 1802: 22
4 Lane, 1977: 37
5 Virey, zitiert in: Lane, 1977: 48
6 Mercier, 1800: Bd. 1, 259. Merciers Buch ist ein ungewöhnlicher Bericht über die Französische Revolution, geschrieben von jemandem, der vor der Wirklichkeit so ähnlich wie Roland Barthes gestanden haben muss.
7 Für Condillac entspringen alle unsere geistigen Vorstellungen den Sinnesempfindungen. In dem Durcheinander des nachrevolutionären Paris wurde die von Condillac betonte Ideologie von einem anderen Philosophen, Destutt-Tracy, noch weiterentwickelt. Er machte daraus eine Studie über die Identitätsbildung, welche mittels Ideen, die sich aus der Sinnesempfindung herleiten, stattfindet. Es kann gut sein, dass Itard 1795 Tracys Vorlesungen über Ideologie am Institut National des Sciences et Arts besucht hat. Aber jedenfalls hatte Itard Condillac bereits gelesen und aus erster Hand in sich aufgenommen, denn der »Psychologismus« des Philosophen war ein Kernstück der medizinischen Praxis in Frankreich.
8 Condillac, 1756: 171
9 Ebd.: 175

10 Itard, 1802: 32
11 Ebd.: 33
12 Ebd.: 38-39. Dieser Passus ist eine Paraphrase der Worte Itards.
13 Ebd.: 40-42
14 Condillac, 1756: 132
15 Itard, 1802: 75
16 Ebd.: 83
17 Ebd.: 107
18 Coleridge, 1957: Notiz 1348
19 Coleridge, 1973: Notiz 3538
20 Itard, 1932: 73
21 Mir ist nicht klar, ob es sich um zusätzliche 150 Francs zu den üblichen 500 Francs Pensionsgeldern handelte, die die Regierung für jedes Kind am Institut bezahlte.

Kapitel 5: Das Kind Europas

 1 Verlaine, 1954: 183
 2 Der Zeitpunkt, an dem Hauser zum ersten Mal auftauchte, ist umstritten. Je nach Quelle ist es einmal der 5., 26. oder 28. Mai. In dem Buch der Herzogin von Cleveland *The True Story of Kaspar Hauser from Official Documents* gibt es einen Anhang mit Beweisstücken von Weichmann und anderen. Alle Zeugen geben an, dass sich das am Pfingstmontag ereignet hat – ein interessanter Fehler (falls es ein solcher wäre) angesichts der späteren Identifikation Hausers mit Christus. Ich habe mich der Auffassung Feuerbachs angeschlossen und den 26. als das wahrscheinlichste Datum gewählt.
    Nürnbergs hatte nach Schätzungen damals ungefähr 20 000 Einwohner (Spencer, 1836: 317), oder 40 000 (Süddeutschland, 1837: 54) oder wahrscheinlich eher zwischen 31 000 und 32 000, die in etwa 3 300 Häusern wohnten (Domeier, 1830: 93). Alle diese Quellen stimmen in dem Punkt überein, dass die Bevölkerung von einem Höhepunkt im 16. Jahrhundert mit ungefähr 70 000 bis 80 000 Einwohnern abgesunken war.
 3 Der jüngste Krieg und die unnatürliche Teilung des Reiches brachten es mit sich, dass es [Nürnberg] in die Hände des alten Feindes, des katholischen Bayern, gelangte. Jetzt waren die Straßen anstelle von Handelswaren mit Soldatentruppen angefüllt und Kriegsmusik erschallte, wo vorher Fröhlichkeit und Freude herrschten. (Spencer, 1836: 318)
 4 Feuerbach, 1832: 14
 5 Cleveland, 1893: 2
 6 Feuerbach, 1832: 15
 7 Money, 1992: 20
 8 zitiert in Feuerbach, 1834: 140-144 (Daumer, 1832a: 52-56)
 9 Money, 1992: 20
10 Binders Entdeckungen erschienen in Form einer öffentlichen Verkündung. Es war die erste Veröffentlichung über Hauser Geschichte. In dem Bericht hieß es:
    Er weiß nicht, wer er ist, und auch nicht, wo sein Zuhause ist. Er ist erst in Nürnberg auf die Welt gekommen. Erst hier erfuhr er, dass es außer ihm und »dem Mann, bei dem er immer gewesen ist«, noch andere Menschen, andere Kreaturen gibt. So weit er sich zurückerinnern kann, hatte er immer in einem Loch gelebt (ein kleinere, niedrige Wohnung, die er manchmal als Käfig bezeichnet), und dort habe er

immer barfuß auf dem Boden gesessen, nur mit einem Hemd und ein paar Hosen bekleidet. In dieser Wohnung hatte er nie ein Geräusch gehört, egal ob das von Menschen, Tieren oder von sonst wo hergerührt hätte. Er hatte nie den Himmel gesehen, und es gab auch nie Helligkeit (Tageslicht) wie in Nürnberg. Er hat nie den Unterschied zwischen Tag und Nacht erlebt und noch viel weniger jemals die schönen Lichter am Himmel erblickt. (Hauser, o. J., 241)

11 Hauser zitiert bei Daumer, 1832: 41-44
12 Masson, 1996: 9
13 Feuerbach, 1832: 36
 * Übers. Ludwig Tieck, in: Shakespeare 1987
14 Ebd.: 164-165
15 Evans 1892a: 35
16 Lang, 1904
17 Ellenberger, 1994: 78
18 von Gmelin, zitiert in Animal Magnetism, 1839: 19
19 Bance, 1975: 204. Für weitere Informationen über Justinus Kerner und Friederike Hauffer siehe Henri Ellenberger, *The Discovery of the Unconscious* (London, 1994: 78-81) und Justinus Kerner, *Die Seherin von Prevorst* (Stuttgart und Tübingen, 1829).
20 Daumer, 1832b: 30-32
21 Kerner, 1845: 136
22 Es gibt hier, wie auch sonst in der Chronologie, eine Verwirrung: Die gesamte Geschichte über Hauser lässt sich aus den zahlreichen widersprüchlichen Angaben über ihn nur schwer rekonstruieren. Hauser beginnt seine Memoiren mit dem Frühherbst 1829 und führt sie bis zum Angriff auf ihn im Oktober desselben Jahres. Wir wissen aber, dass er schon seit September 1828, als er noch bei Daumer lebte, autobiografische Aufzeichnungen machte (Masson, 1996: 10). Hatte Hauser mit einer neuen Autobiografie begonnen? Oder besteht nur Unklarheit bezüglich der Abfolge der Ereignisse, wohinter die Absicht stünde, zu zeigen, dass der Angriff mit einer Sache in Verbindung stand, die durch diese Geschichte enthüllt werden sollte?
23 Shengold, 1988: 79
24 Feuerbach, 1832: 177-178
25 Feuerbach, 1846: 166
** Übers. A. W. v. Schlegel, in: Shakespeare 1987
26 Domeier, 1830: 95. Die besseren Hotels in Nürnberg waren zu jener Zeit »Der Baierische Hof« und »Das Rothe Ross« (Süddeutschland, 1837: 54; Dibdin, 1821: xvii-xviii).
27 Es kann aber auch sein, dass Stanhope schon lange vorher über Hauser Bescheid wusste. Aus den Archivrecherchen Johannes Mayers geht klar hervor, dass Stanhope noch vor seiner Ankunft in Nürnberg an Hauser interessiert war und dieses Interesse im Zusammenhang mit Gesprächen mit der königlichen Familie in Baden stand.
28 Cleveland, 1897: 1
29 Ebd.: 30; Haslip, 1934: 39
30 Binns, 1845: 451
31 Animal Magnetism, 1839: 49
32 Cleveland, 1897: 3
33 Masson, 1996: 215
34 Lang, 1904: 134
35 Evans, 1892: 148-149
36 Evans, 1892: 77

37 Lübeck, zitiert bei Feuerbach 1834: 172-173
38 Masson, 1996: 19-21
39 Evans, 1892: 49-50
40 Ebd: 45
41 Evans, 1892: 96
42 Cleveland, 1893: 41
43 Evans, 1892: 112
44 Stanhopes Buch war nicht das erste, in dem Hauser herabgewürdigt wurde. Johann Friedrich Karl Merker hatte 1830 ein Werk herausgegeben, in dem er Hauser als Lügner hinstellte (Kendall, 1992: 214-215).
45 Stanhope, 1836: 39
46 Ebd.: 19-20
47 Lang, 1893, xiii
48 Lang, 1904, 118-119
49 Ebd.: 119
50 Ebd.: 120-121
51 Ebd. 121
52 Stanhope, 1836: 49-50
53 Ebd.: 58
54 Cleveland, 1893: 86
55 Ebd.: 45
56 John Green, 1840: 35
57 Kendall, 1992: 218
58 Das Epigramm in Feuerbachs Buch lautet (in neuerer Übersetzung):
    (Sigismund:)
    »Himmel, laß mich Kund erlangen,
    da du so verfährst mit mir,
    welch Verbrechen ich an dir
    schon durch die Geburt begangen!
    Doch, ich habe mich vergangen,
    ich erkenn es, weil ich ward.«
    Aus: Calderón, Das Leben ein Traum, (Übers. Joh. D. Gries, Leipzig, Reclam, 1964)
59 Feuerbach, 1832: 88
60 John Green, 1840: 35
61 Spencer, 1836: 326
62 Bance, 1975: 200-201
63 Sagarra, 1980: 22
64 Evans, 1892: 113-114
65 Feuerbach, 1832: 41-42
66 Lang, 1893: 121

Kapitel 6: Die Wolfskinder

 1 Paraphrase aus Singh, 1942: xxv
 2 Paraphrase aus Singh, 1942: xxix
 3 Ebd.: 4
 4 Ebd.: 5

5 Ebd.: 6
6 Ebd.: 11
7 Ebd.: 14
8 Ebd.: 19
9 Ebd.: 31
10 Ebd.: 53
11 Ebd.: 60
12 Ebd.: 100
13 Kipling, 1990, 1: 7-8 und 2: 71
14 Kipling zitiert in seinen Erinnerungen. *Etwas von mir für meine bekannten und unbekannten Freunde* seine drei Quellen: eine Geschichte über freimaurerische Lions; H. Rider Haggards Nada the Lily (London, 1892) [Nada die Lilie] und seine eigene Geschichte über die indischen Wälder »Im Rukh« aus *Vielerlei Schliche* (London, 1892). Roger Lancelyn Green hat die Geschichte über freimaurerische Lions als »King Lion«, eine Kindergeschichte, die wahrscheinlich James Greenwood geschrieben hat, identifiziert (Kipling, 1977: 174). In einem Brief an Edward Everett Hale vom 16. Januar 1895 erwähnt Kipling Jatakamala und die (möglicherweise nicht aufgezeichneten) Erzählungen eingeborener Jäger (Kipling, 1990, 2: 168). Ein Kritiker des Dschungelbuchs im Punch (›Baron de Book Worm‹, 1894) vermutet als mögliche Quellen *Uncle Remus* und Äsops *Fabeln*. Über die Gemeinsamkeit, dass es sich um Tiergeschichten handelt, hinaus erscheint dies aber unwahrscheinlich.

Obwohl Kipling Wert darauf legte, dass die Geschichten indischen Ursprungs sind, ist durchaus möglich, dass er bei der Niederschrift Quellen, die ihm näher zur Hand waren, benutzt hat. Er schrieb sein *Dschungelbuch* zwischen 1892 und 1894 in Naulahkah, seinem Haus im US-Bundesstaat Vermont. Zu jener Zeit waren in der Tat Geschichten über »wilde Menschen« im Umlauf: Mysteriöse Wilde und haarige Gestalten geisterten durch die Wälder im Nordosten der USA. Eine wurde 1892 aus Connecticut berichtet, eine 1893 aus dem Staat New York, 1895 dort zwei weitere, eine weitere 1895 in Colebrook, Connecticut. Es mag sich tatsächlich um ein zufälliges Zusammentreffen handeln, aber interessant ist doch, dass sich der erste Fall, der am 11. November 1892 bekannt wurde, kaum 150 Kilometer von Kiplings Wohnort nahe Bartleboro ereignete und Kipling in derselben Woche mit der Niederschrift seiner Mowgli-Geschichten begann.
15 John Lockwood Kipling, 1891: 313-314
16 Sterndale, 1884: 233. Kipling wird sicherlich noch andere Werke Sterndales bei der Erforschung der Naturgeschichte für seine Dschungelbücher herangezogen haben, höchstwahrscheinlich *Denizens of the Jungle* (Kalkutta, 1886). R. A. Sterndales Buch scheint sowohl für John Lockwood Kipling wie auch für die Dschungelbücher die Quelle gewesen zu sein. Darin findet sich ein Hinweis auf den Lucknow-Fall, und es werden auch einige Fakten erwähnt, die bei Kipling in »Im Rukh« vorkommen: Da heißt es, dass die meisten Wolfskinder jung sterben.
17 Sleemans Schrift aus der Mitte des 19. Jahrhunderts wurde in *The Zoologist*, Bd. 12 nachgedruckt (London, 1888: 87-98). Sie ist bis in die 1920er Jahre von denen, die über wilde Kinder geschrieben haben, herangezogen worden.
18 Sleeman, 1888: 90
19 Ebd.: 95-96
20 Es besteht die Wahrscheinlichkeit, dass Kipling diese Worte gelesen hat. Wenn er sie nicht beim Naturalisten Sterndale gefunden hat, dann wahrscheinlich in Slemans

Schrift. Seine Bemerkung in der ersten Mowgli-Geschichte, dass Wolfskinder in der Regel früh sterben, war dort zu finden und nahm da einen breiten Raum ein. Es kann tatsächlich sein, dass dieses Moment der fremdartigen Schönheit in Kiplings Mowgli-Geschichten den Ausgangspunkt für die Kenntnis von Wundern bildet.

21 Tylor, 1863: 21-32
22 Ebd.: 29
23 Wolfskinder, 1893: 215-216
24 Zitiert in Ball, 1880: 463
25 Beweise durch Eingeborene enthalten jedoch zumeist immer ein Verdachtsmoment ... es ist nur zu wahr, dass der gewöhnliche indische Eingeborene immer auf der Hut ist, dem Sahib etwas Außergewöhnliches zu melden, aber keinesfalls im Einzelnen angibt, wo und wann – so lange, wie er seine Belohnung sicher dafür erhalten kann. (Stockwell, 1898: 124)
26 Singh, 1942, xv
 * Übers. Gisbert Haefs, in: Rudyard Kipling 1996b
27 Ebd.: xxii
28 Ebd.: xxvii
29 Edward A. Birch beschreibt in *The Management and Medical Treatment of Children in India*, dass sich Kinder aus dem Westen im Alter von über fünf Jahren im indischen Klima nicht weiterentwickeln können:

> In der Medizin besteht ganz allgemein die Auffassung, dass das europäische Kind im Alter von einem Jahr durch das indische Klima in seiner Gesundheit nicht beeinträchtigt wird. Es herrscht weiterhin die Meinung, dass bei geeigneten Vorsichtsmaßnahmen Kinder bis zum Alter von 5 oder 6 Jahren ebenso zufrieden stellend im indischen Flachland wie in Europa aufgezogen werden können. Aber alle sind der Meinung, dass nach diesem Alter eine körperliche und moralische Degeneration auftritt. Beim Kind »zeigt sich der erforderlich werdende Klimawechsel darin, dass seine Kräfte ausgezehrt und überspannt werden« (Martin). Das Klima wirkt nach der unmittelbaren Kindheitsperiode derart tiefgreifend ein, dass ein Verbleiben darin das ganze Leben hindurch notwendig wäre. Dr. K. Mackinnon bemerkt, dass, auch wenn es keine erkennbare Krankheit gibt, es dennoch mit der Ernährung und der Atmung ungünstig vorangeht, die Haut blass wird, die Muskeln an Substanz und Farbe verlieren, die Kinder den fröhlichen Spieltrieb vermissen lassen, Körper und Geist träge sind. Wir beobachten täglich, »dass die Europäer für dieses Klima nicht geschaffen sind und das Klima nicht für sie«, wenn sie versuchen, ihre Kinder in den indischen Ebenen nach einem bestimmten Alter großzuziehen. (Birch, 1886: 13-14)

So kam also teilweise von medizinischer Seite eine Rechtfertigung für die gesellschaftlich geübte Praxis, die Kinder der Ober- und Mittelschicht ab einem bestimmten Alter zur Erziehung nach England zurückzuschicken. Auf diese Vorstellung, dass die in den Kolonien verbliebenen Kinder degenerieren und krank werden, trifft man z. B. in Frances Hodgson Burnetts *Der geheime Garten* (2000) in Gestalt der bleichen, kränklichen Mary Lennox.

30 Stockwell, 1898: 120
31 Kipling, 1893: 204
32 Kipling, 1895: 64
33 Ebd.: 191
34 Kipling, 1895: 204
35 Kipling, 1977: 162

36 Lupoff, 1965: 195
37 Porges, 1975: 123-124
38 Ebd.: 136
39 Ebd.: 135-136
40 Burroughs, 1914: 139
41 Ebd.: 257
42 Ebd.: 258
43 Ebd.: 276

Kapitel 7: Wo ist morgen, Mrs. L?

 1 Formuliert nach Curtiss, 1977: 19. Der folgende Abschnitt ist sehr stark den Darstel-
    lungen dieses Falls in den Büchern von Susan Curtiss und Russ Rymer verpflichtet.
    Die Angaben in diesem Kapitel stammen auch aus Pressemeldungen in der *Los Angeles
    Times,* dem Dokumentarfilm über Genie von Linda Garmon und aus Gesprächen mit
    Linda Garmon und Jay Shurley.
 2 Rymer, 1994: 18
 3 Angemerkt werden muss, dass die Mutter des Mädchen (»Irene«) mehrere der hier an-
    geführten Fakten bestreitet. Siehe Rymer, 1994: 191-192
 4 Curtiss, 1977: 3
 5 Ebd.: 3-4
 6 Ebd.: xiii
 7 Ebd.: 9
 8 Ebd.: 10
 9 Rymer, 1994: 60 und aus Informationen der BBC Fernseh-Dokumentationssendung
    Horizon vom 2. 5. 1994 auf BBC2.
10 Curtiss, 1977: 13
11 Lenneberg, 1966: 65-69
12 Aitchison, 1989, 68
13 »Genie«, aus der *Horizon*-Sendung auf BBC2 vom 2. 5. 1994
14 Curtiss, 1977: 15
15 Ebd.: 35
16 Rymer, 1994: 62
17 Ebd.: 58
18 Curtiss, 1977: xii
19 Rymer, 1994: 62
20 Ebd.: 129
21 Ebd.: 126
22 Curtiss, 1977: 42
23 Siehe Karl König, 1995; Pietzner, 1983: 8 und Adam Bittlestons Einführung zu Hauser,
    1993
24 Chatwin, 1989: 233-240
25 Unveröffentlichter Brief an den Autor von Seamus Heaney, vom 14. 5. 1999.

Bibliografie

Abu Bakr ibn Al-Tufail (1708), The Improvement of Human Reason, exhibited in the life of Hai Ebn Yokdhan, Übers. Simon Ockley, London: Edmund Powell and I. Morphew.

Aitchison, Jean (1982), Der Mensch – das sprechende Wesen. Eine Einführung in die Psycholinguistik. Tübingen: Gunter Narr.

– (1989), The Articulate Mammal. An Introduction to Psycholinguistics, 3. Aufl., London: Unwin Hyman.

Aitken, George A. (1892), ›Life of Dr. Arbuthnot‹, in: The Life and Works of John Arbuthnot, Oxford: Clarendon Press. 1-188.

Allen, Don (1974), Francois Truffaut, London: Secker & Warburg.

Animal Magnetism (1839), Animal Magnetism Delineated by its Professors: A Review of its History in Germany France and England. London: John Churchill.

Annual Register, The (siehe: Peter der wilde Junge).

Apollodorus (1961/62), The Library, Übers. und Hg. James George Frazer, 2 Bde., London: Wm. Heinemann.

Arbuthnot, John (1741), Miscellanies, Dublin: Edward and John Exshaw.

– (1751), The Miscellaneous Works of the late Dr Arbuthnot, 2. Aufl., 2 Bde., Glasgow: James Carlile.

– (1892), ›Works of Dr. Arbuthnot. Doubtful Works Attributed to Dr. Arbuthnot‹, in: The Life and Works of Dr. Arbuthnot, Hg. George Aitken, Oxford: Clarendon Press, 191-516

Arendt, Hannah (1960), Vita Activa oder Vom tätigen Leben, Stuttgart: Kohlhammer.

– (2001), Elemente und Ursprünge totaler Herrschaft, 8. Aufl., München: Piper.

– (2000), Über die Revolution, München: Piper.

Aries, Philippe (1978), Geschichte der Kindheit, München: dtv.

Artin, Alexander von (1892), Kaspar Hauser: Des Räthsel's Lösung, Zürich: Caesar Schmidt.

Ashton, John (1882), Social Life in the Reign of Queen Anne, Bd. I, London: Chatto & Windus.

Augustinus (1610), Of the City of God, Übers. John Healy, London: G. Eld

– (1996), Der Gottesstaat, Übers. W. Thimme, 3. Aufl., Einsiedeln: Johannes Verlag.

Auster, Paul (2004), Die New York-Trilogie, 22. Aufl., Reinbek: Rowohlt.

Backscheider, Paula (1989), Daniel Defoe. His Life, Baltimore: John Hopkins University Press.

Bage, Robert (1951), Hermsprong or Man As He Is Not, London: Turnstile Press.

Ball, Valentin (1880), Jungle Life in India, London: Thos. de la Rue & Co.

Bance, A. F. (1974-1975), ›The Kaspar Hauser Legend and its Literary Survival‹, in: German

Life and Letters, Hg. Leonard Foster, P. F. Ganz, J. C. Middleton, J. M. Ritchie u. J. J. White, Bd. 28, Oxford: Basil Blackwell, 199-210.

Barbier, Antoine Alexandre (1806-1808), Dictionnaire des ouvrages anonymes et Pseudonymes, 4 Bde., Paris: Imprimerie Bibliographique.

Battell, Andrew (1905), ›The Strange Adventures of Andrew Battell of Leigh in Essex, sent by the Portugals prisoner to Angola, who lived there, and in the adjoining Regions, neere eighteen years‹, 1625, in Hakluytus Posthumus, or Purchas his Pilgrimes, Bd. 6, Glasgow: James MacLehose and Sons, 367-406.

Beard, Mary (1996), ›Who Wanted Remus Dead?‹, Times Literary Supplement, Nr. 4854, 3-4.

Beattie, Lester M. (1935), John Arbuthnot: Mathematician and Satirist, Cambridge, Ma.: Harvard University Press.

Bernheimer, Robert (1970), Wild Men in the Middle Ages, New York: Octagon Books.

Bettelheim, Bruno (1994), Die Geburt des Selbst. The Empty Fortress. Erfolgreiche Therapie autistischer Kinder, 7. Aufl., Frankfurt/M.: S. Fischer.

Binns, Edward (1845), The Anatomy of Sleep, London: James Churchill.

Birch, Edward A. (1886), The Management and Medical Treatment of Children in India, Calcutta: Thacker, Spink & Co.

Black, Jeremy (1992), The British Abroad. The Grand Tour in the Eighteenth Century, New York: St Martin's Press.

Blumenbach, Johann Friedrich (1865), The Anthropological Treatises of Johann Friedrich Blumenbach, Übers. Thomas Bendyshe, London: Longman, Roberts & Green.

Bonaterre, Pierre-Joseph (1977), ›Historical Notice on the Sauvage de l'Aveyron‹, 1800, in: Harlan Lane, (1977), 33-48.

Bord, Janet und Colin (1982), The Bigfoot Chronicle, London: Granada.

Boswell, James (1767), Essence of the Douglas Cause, London.

– (1785), The Journal of a Tour to the Hebrides, London

– (1955), Boswell on the Grand Tour, New Haven: Yale University Press.

– (1985), Das Leben Samuel Johnsons und Das Tagebuch einer Reise zu den Hebriden, München: Beck.

Boswell, John (1989), The Kindness of Strangers. The Abandonment of Children in Western Europe from late Antiquity to the Renaissance, 1988, London: Allen Lane.

Bremmer, J. N. u. N. M. Horsfall (1987), Roman Myth and Mythography, London: University of London Institute of Classical Studies, Bulletin Supplement 52.

Brooke, Chris (1999), ›Boy Who Was Raised By Monkeys‹, Daily Mail, 23. September 1999.

Brown, Iain Gordon (1986), ›A Character of Lord Monboddo‹, in: Notes and Queries, Hg. L. G. Black, D. Hewitt, E. G. Stanley, Bd. 231/Bd. 33, Nr. 4, Oxford: Oxford University Press, 523-524.

Buffon, Comte de (Georges-Louis Leclerc) (1791a), Natural History, General and Particular, 1753, Übers. William Smellie, 3. Aufl., 9 Bde., London: A. Strahan and T. Cadell.

– (1791b), The System of Natural History, 2 Bde., Perth: R. Morison and Son.

Burnett, Frances Hodgson (2000), Der geheime Garten, Übers. F. Stephan-Kühn, Würzburg: Arena.

Burnett, James (1768), ›Preface‹, in: An Account of a Savage Girl Caught Wild in the Woods of Champagne, Edinburgh: A. Kincaid and J. Bell, iii-xviii.

– (1773), Of the Origin and Progress of Language, Bd. I, Edinburgh: A. Kincaid and W. Creech. London: T. Cadell.

– (1779-1799), Antient Metaphysics: or, the Science of Universals, 6 Bde., Bd. 1: 1779, Bd. 2: 1782, Bd. 3: 1784, Bd. 4: 1795, Bd. 5: 1797, Bd. 6: 1799, Bde. 1-3, Edinburgh: J. Balfour, London: T. Cadell; Bd. 4, Edinburgh: Bell & Bradfute, London: T. Cadell; Bde. 5-6, Edinburgh: Bell & Bradfute, London: W. Davies.

Burnett, James, et al. (1789), Curious Thoughts on the History of Man (darunter Werke von Lord Kames, Dr Dunbar u. Montesquieu), London: G. Kearsley.

›Burnett, James‹ (1886), Dictionary of National Biography, Bd. 7, Hg. Leslie Stephen, London: Smith, Elder & Co., 412-414.

Burns, Robert (1768), The Poems and Songs of Robert Burns, 3 Bde., Oxford: Oxford University Press.

– (1985), The Letters of Robert Burns, Hg. J. De Lancey Ferguson, 2. Aufl., 2 Bde., Oxford: Clarendon Press.

Burroughs, Edgar Rice (1914), Tarzan of the Apes, New York: A. L. Burt Company.

– (1925), The Cave Girl, Chicago: A. C. McClurg & Co.

– (1999), Tarzan. Tarzan bei den Affen. Tarzans Rückkehr, München: dtv.

Burton, John Hill (1846), Life and Correspondence of David Hume, Edinburgh: William Tait.

Calderon de la Barca, Pedro (1984), Das Leben ein Traum, Übers. J. D. Gries, Leipzig: Reclam.

Camerarius, Phillipus (1609), Operae Horarum Subcisivarum, sive Meditationes Historicae, Frankfurt: Petri Kopffij.

Candland, Douglas Keith (1993), Feral Children and Clever Animals: Reflections on Human Nature, New York und Oxford: Oxford University Press.

Caraboo (1817), Caraboo, Caraboo. The Singular Adventures of Mary Baker, Alias Princess of Javasu, London: A. Topping.

Carr, William (1991), A History of Germany, 1815-1990, 4. Aufl., London, New York: Edward Arnold.

Carrington, Charles (1970), Rudyard Kipling: His Life and Work, 1955, Harmondsworth: Penguin Books.

Case of Archibald Douglas, The (1769), The Case of Archibald Douglas, Edinburgh.

Cato (1986), Les Origines, Paris: Société D'Edition ›Les Belles Lettres‹.

Chapple, Eliot Dismore u. Carleton Stevens Coon (1947), Principles of Anthropology, London: Jonathan Cape.

Chatwin, Bruce (1989), What Am I Doing Here? Harmondsworth: Penguin Books.

Cheselden, Wllliam (1726), The Anatomy of the Human Body, 3. Aufl., London: W. Bowyer.

Chesterton, G. K. (2004), Ketzer, Frankfurt/M.: Insel.

Cleveland, Catherine Lucy Wilhelmina, Duchess of (1893), The True Story of Kaspar Hauser from Official Documents, London: Macmillan and Co.

– (1897), The Life and Letters of Lady Hester Stanhope, London: William Clowes and Sons.

Cloyd, E. L. (1972), James Burnett, Lord Monboddo, Oxford: Clarendon Press.

Cole, William (1951), A Journal of My Journey to Paris in the Year 1765, London: Constable & Co.

Coleridge, Samuel Taylor (1828), ›Zapolya‹, in: The Poetical Works of S. T. Coleridge, Bd. 2, London: William Pickering, 237-370.

– (1956), Collected Letters of Samuel Taylor Coleridge, Hg. Earl Leslie Griggs, Bd. 4, Oxford: Clarendon Press.

- (1957), The Notebooks of Samuel Taylor Coleridge 1794-1804, Bd. 1, Hg. Kathleen Coburn, London: Routledge & Kegan Paul.
- (1962), The Notebooks of Samuel Taylor Coleridge. 1804-1808, Bd. 2, Hg. Kathleen Coburn, London: Routledge & Kegan Paul.
- (1971), Collected Letters of Samuel Taylor Coleridge, Hg. Earl Leslie Griggs, Bd. 6, Oxford: Clarendon Press.
- (1973), The Notebooks of Samuel Taylor Coleridge. 1804-1819, Bd. 3, Hg. Kathleen Coburn, London: Routledge & Kegan Paul.
Condillac, Etienne Bonnot De (1746), Essai Sur L'Origine des Connaissances Humaines, 2. Bd., Amsterdam: Pierre Mortier.
- (1755), Traité des Animaux, Amsterdam: De Bure und Jombert.
- (1756), An Essay on the Origin of Human Knowledge Being a Supplement to Mr Locke's Essay on the Human Understanding, Übers. Thomas Nugent, London: J. Nourse.
Connor, Bernard (1697), Evangelium medici, seu Medicinae mystica: de suspensis naturae legibus, sive de miraculis, London: Richard Wellington.
- (1698), The History of Poland in Several Letters to Persons of Quality, 2 Bde., London: Dan. Brown and A. Roper.
Considerations (1767), Considerations on the Douglas Cause, London: J. Wilkie.
Constantine, David (1994), Caspar Hauser, Newcastle: Bloodaxe Books.
Cope, Edward Drinker (1896), The Primary Factors of Organic Evolution, Chicago: Open Court Publishing.
Cornell, T. J. (1995), The Beginnings of Rome, London, New York: Routledge.
Crisp, C. G. (1972), François Truffaut, London: November Books.
Curiosités De Paris (1771), Curiosités De Paris, Hg. George Louis Le Rouge, Paris.
Curtiss, Susan (1977), Genie: A Psycholinguistic Study of a Modern-Day Wild Child, New York: Academic Press.

Dampier, William (1699), A New Voyage Around the World, Bd. 1, London: James Knapton.
Darnton, Robert (1968), Mesmerism and the End of the Enlightenment in France, Cambridge, Ma.: Harvard University Press.
- (1985), The Great Cat Massacre and other episodes in French Cultural History, 1984, London: Allen Lane.
Daumer, G. F. (o. J.), ‚Mitteilungen über Kaspar Hauser‹, in: Kaspar Hauser, Augenzeugenberichte und Selbstzeugnisse, Bd. 1, hg. v. H. Pies, Stuttgart: Robert Lutz.
- (1832) Mittheilungen über Kaspar Hauser, 1. Aufl., Nürnberg: Heinrich Haubernstrider.
Davie, Donald (1963), The Language of Science and the Language of Literature, 1700-1740, London, New York: Sheed and Ward.
Day, Thomas (1788), ›The History of Little Jack‹, in: The Children's Miscellany, London: John Stockdale, 1-58.
Defoe, Daniel (1719), The Dumb Philosopher; or Great Britain's Wonder, London: Thomas Bickerton
- (1724), The Fortunate Mistress, London: T. Warner.
- (1726), Mere Nature Delineated: or, a Body Without a Soul, London: T. Warner.
- (2002), Glück und Unglück der berühmten Moll Flanders, Frankfurt/M.: Insel.
- (2003), Robinson Crusoe, Übers. H. Novak, Frankfurt/M.: Insel.
Democritus (1723), Democritus, The Laughing Philosopher's Trip Into England, 3. Aufl., London: Sam Briscoe.
Derrida, Jacques (1993), Die Archäologie des Frivolen, Berlin: Akademie Verlag.

Descartes, René (1924), Philosophische Schriften. Philosophische Abhandlungen, Hg.. R. Hirsch, Übers. W. Leist, Berlin: H. H. Tillgner Verlag.

Destutt de Tracy siehe: Tracy, Destutt

Devil to Pay, The (1727), The Devil to Pay at St. James's: or, A Full and True Account of a Most Horrible and Bloody Battle Between Madam Faustina and Madam Cuzzoni, London: A. Moore.

Dibdin, Thomas Frognall (1821), A Bibliographical, Antiquarian and Picturesque Tour in France and Germany, Bd. III London: Shakespeare Press.

Dickinson, H. T. (1970), Bolingbroke, London: Constable & Company.

Dickson, Arthur (1929), Valentine and Orson: A Study in Late Medieval Romance, New York: Columbia University Press.

Digby, Kenelm (1644), Two Treatises: In One of Which, the Nature of Bodies; in the Other, the Nature of Man's Soule, is Looked into: in way of Discovery of the Immortality of Reasonable Soules, Paris: Gilles Blaizot.

Domeier, Edward Augustus (1830), A Descriptive Road-Book of Germany, London: Samuel Leigh.

Douglas, Archibald (1768), The Speeches and Judgement of the Right Honourable The Lords of Council and Session in Scotland, Upon the Important Cause, his Grace George-James Duke of Hamilton and others, Pursuers Against Archibald Douglas, Defender, Edinburgh.

Douglas, Norman (1966), Südwind, Wien: Zsolnay.

Dudley, Edward u. Maximilian Novak, Hg. (1972), The Wild Man Within. An Image in Western Thought from the Renaissance to Romanticism, Pittsburgh: University of Pittsburgh Press.

Ellenberger, Henry (1985), Die Entdeckung des Unbewußten. Geschichte und Entwicklung der dynamischen Psychiatrie, Zürich: Diogenes.

– (1994), The Discovery of the Unconscious, London: Fontana Press.

Ellis, G. Harold (1912), ›Fetichism in Children‹, in: Aspects of Child Life and Education, Hg. G. S. Hall, Boston: Ginn and Company, 287-299.

Ellis, Havelock (1895), Verbrecher und Verbrechen, dt. Ausg. v. Dr. H. Kurella, Leipzig: G. H. Wigand's Verlag.

Enquiry How the Wild Youth, An (1726), An Enquiry How the Wild Youth, Lately taken in the Woods near Hanover, (and now brought over to England) could be there left, and by what Creature he could be suckled, nursed, and brought up, London: H. Parker.

Equiano, Olaudah (1990), Merkwürdige Lebensgeschichte des Sklaven Olaudah Equiano, von ihm selbst veröff. 1789, erz. v. Paul Edwards, Frankfurt/M.: Insel.

Etat ou Tableau de la Ville de Paris (1760), Etat ou Tableau de la Ville de Paris, Paris.

Evans, Elizabeth Edson (1875), The Abuse of Maternity, Philadelphia: J. B. Lippincott & Co.

_ (1892a), The Story of Kaspar Hauser from Authentic Records, London: Swan Sonnenschein & Co.

– (1892b), A History of Religions, New York: Truth Seeker Co.

– (1893), The Story of Louis XVII of France, London: Sonnenschein & Co.

– (l895a), Confession, London: Swan Sonnenschein & Co.

– (l895b), Transplanted Manners, London: Swan Sonnenschein & Co.

– (1897), Ferdinand Lassalle and Helene von Dönniges, London: Swan Sonnenschein & Co.

Faustina (1726), Faustina: or the Roman Songstress, A Satyr, on the Luxury and Effeminacy of the Age, London: J. Roberts.

Feuerbach, Anselm Ritter von (1832), Kaspar Hauser. Beispiel eines Verbrechens am See-lenleben des Menschen, Ansbach: J. M. Dollfuss.

– (1834), Caspar Hauser. An Account of an Individual Kept in a Dungeon … , von G. F. Daumer u. Schmidt von Lübeck., 2. Aufl., London: Simpkin and Marshall.

– (1839), Merkwürdige Criminal-Rechtsfälle, vorgetr. u. hg. v. Dr. P. J. A. Ritter von Feuer-bach, 3. Aufl., Gießen: Ferber.

– (1842), Narratives of Remarkable Criminal Trials, Übers. Lady D. Gordon, London: John Murray.

– (1995), ›Memoire über Kaspar Hauser. Wer möchte wohl Kaspar Hauser sein?‹ (an Köni-gin Karoline v. Bayern [Prinzessin v. Baden]) in: G. F. Daumer, A. v. Feuerbach, Kaspar Hauser, Frankfurt/M.: Eichborn.

Fletcher, John (1976), ›The Faithful Shepherdess‹, Hg. Cyrus Hoy, The Dramatic Works in the Beaumont and Fletcher Canon, Gesamthg. Freedson Bowers, Cambridge: Cam-bridge University Press, 483-612.

Flynn, Carol Houlihan (1990), The Body in Swift and Defoe, Cambridge: Cambridge Uni-versity Press.

Fox, William Sherwood (1916), The Mythology of All Races, Bd. I, Boston: Marshall Jones Company.

Frazer, Sir James George (1928), Der goldene Zweig. Das Geheimnis von Glauben und Sitten der Völker, (abgek. in dt.Spr.) Übers. H. v. Bauer; Leipzig: Hirschfeld.

Freud, Sigmund (1992), Analyse der Phobie eines fünfjährigen Knaben. Falldarstellung: Der kleine Hans, Frankfurt/M.: S. Fischer.

– (2002) Totem und Tabu. Einige Übereinstimmungen im Seelenleben der Wilden und Neurotiker, Frankfurt/M.: S. Fischer.

– (1972), »Die kulturelle Sexualmoral und die moderne Nervosität« in: Gesammelte Werke, Bd. VII, 5. Aufl. Frankfurt/M.: S. Fischer.

– (1982) Zwei Falldarstellungen. Bemerkungen über einen Fall von Zwangsneurose ›Der Rattenmann‹. Psychoanalytische Bemerkungen über einen autobiographisch beschrie-benen Fall von Paranoia, ›Der Fall Schreiber‹. Frankfurt/M.: S. Fischer (TB).

– (1924) Aus der Geschichte einer infantilen Neurose (›Der Wolfsmann-Fall‹), Leipzig u. a.: Internationaler Psychoanalytischer Verlag.

Furbank, P. N. u. W. R. Owens (1988), The Canonisation of Daniel Defoe, New Haven, London: Yale University Press.

– (1994), Defoe De-Attributions: A Critique of J. R. Moore's Checklist, London, Rio Grande: Hambledon Press.

– (1998), A Critical Biography of Daniel Defoe, London: Pickering & Chatto.

Gall, Franz Joseph u. Johann Caspar Spurzheim (1810), Anatomie et Physiologie du Système Nerveux en Général, et du Cerveau en Particulier, Bd. 2, Paris: F. Schoell.

Gay, John (1716), Trivia, London: Bernod Lintott.

›Genie‹ (gesendet 02/05/1994), Horizon: ›Genie‹, BBC 2, Verf. u. Redakt. Linda Garmon.

Gesell, Arnold (1940), Wolf Child and Human Child, New York, London: Harper & Brot-hers Publishers.

Gibbon, Edward (1796), Miscellaneous Works of Edward Gibbon. Esquire, London: A. Stra-han and T. Cadell.

Gilroy, Paul (1993), The Black Atlantic, London, New York: Verso.

Glendinning, Victoria (1998), Jonathan Swift, London: Hutchinson.

Goldsmid, Edmund (1886), Un-natural History, of Myths of Ancient Science, 4 Bde., Edinburgh: Collectanea Adamantea.

Gore-Browne, Robert (1953), Chancellor Thurlow. The Life and Times of an XVIIIth Century Lawyer, London: Hamish Hamilton.

Great Britain's Vade Mecum (1720), Great Britain's Vade Mecum, London.

Green, John (1840), Kaspar Hauser, or the Power of External Circumstances, Manchester: A. Heywood.

Green, Roger Lancelyn, Hg. (1971), Rudyard Kipling: the Critical Heritage. London: Routledge and Kegan Paul.

Greg, Walter (1906), Pastoral Poetry and Pastoral Drama, London: A. H. Bullen.

Greig, J. Y. T. (1985), The Letters of David Hume, New York, London: Garland Publishing.

Grunwell, Pamela (1987), Clinical Phonology, 2. Aufl., London: Chapman & Hall.

Guillet, Cephas (1900), ›Recapitulation and Education‹, in: The Pedagogical Seminary, Hg. G. S. Hall, Bd. 7, Worcester, Massachusetts: Louis N. Wilson, 397-445.

Gunn, Thom (1994), Collected Poems, New York: Farrar, Straus & Giroux.

Gutch, James Matthew (1817), Caraboo: a narrative of a singular imposition. London: Baldwin, Cradock and Joy.

Gutzkow, Carl Ferdinand (1870), Die Söhne Pestalozzi's. Berlin: Otto Zante.

Hagen, Victor W. von (1959), Südamerika ruft – Entdeckungsreisen großer Naturforscher, Berlin: Ullstein.

Hamerow, Theodore (1958), Restoration Revolution Reaction Economics and Politics in Germany, 1815-1871, Princeton, N.J.: Princeton University Press.

Haslip, Joan (1934), Lady Hester Stanhope, London: Cobden-Sanderson.

Hatton, Ragnhild (1978), George I: Elector and King, London: Thames and Hudson.

Hauser, Kaspar (o. J.), Kaspar Hauser, Augenzeugenberichte und Selbstzeugnisse, Hg. Hermann Pies, 2 Bde., Stuttgart: Robert Lutz.

– (1993) Kaspar Hauser Speaks for Himself, Einl. A. Bittleston, Hg. A. D. Gibson, Übers. W. B. Forward, Botton Village: Camphill Press.

Headlam, Cecil (1899), The Story of Nuremberg, London: J. M. Dent & Co.

Heaney, Seamus (1998), Opened Ground. Poems 1966-1996, London: Faber and Faber.

Hecquet, Madame (siehe: Wildes Mädchen).

Herbert-Brown, Geraldine (1994), Ovid and the Fasti: An Historical Study, Oxford: Clarendon Press.

Herder, J. G. (1988), Ideen zur Philosophie der Geschichte der Menschheit, Hg. v. M. Bollacher, Werke, Bd. 6, Frankfurt/M.: Deutscher Klassiker Verlag.

Hewett, Sir John (1938), Jungle Trails In Northern India, London: Methuen and Company.

Hine, Ellen McNiven (1979), A Critical Study of Condillac's Traité des Systèmes, Den Haag, Boston, London: Martinus Nijhoff.

Honig, Edwin (1972), Calderón and the Seizures of Honor, Cambridge, Ma.: Harvard University Press.

Husband, Timothy (1980), The Wild Man: Medieval Myth and Symbolism, New York: Metropolitan Museum of Art.

Huxley, Thomas Henry (1963), Zeugnisse für die Stellung des Menschen in der Natur, Übers. G. Heberer, Stuttgart: Gustav Fischer Verlag.

Itard, Jean Marc Gaspard (1801), De l'Education d'un Homme Sauvage, ou des Premiers Dévelopements Physiques et Moraux du Jeune Sauvage de l'Aveyron, Paris: Gouyon.
– (1802), An Historical Account of the Discovery and Education of a Savage Man, of the First Developments, Physical and Moral, of the Young Savage Caught in the Woods near Aveyron, in the Year 1798, Übers. Nogent, London: Richard Phillips.
– (1932), The Wild Boy of Aveyron (Rapports et Memoires sur le Sauvage de l'Aveyron), Übers. George und Muriel Humphrey, New York: Century Co.
It Cannot Rain but it Pours (1726), It Cannot Rain but it Pours: or, London Strow'd with Rarities, London: J. Roberts.

James, M. R., Hg. (1928), The Bestiary, London: Roxburghe Club.
Jeffereys, D. (1743), A Journal from London to Rome, by way of Paris, London: W. Owen and T. James.
Jones, Peter, Hg. (1988), Philosophy and Science in the Scottish Enlightenment, Edinburgh: John Donald Publishers Ltd., 145-168.
›The Jungle Books‹ (1894), Kritiken im Athenaeum Journal, Nr. 3477, London: John C. Francis, 766.
– (1894), Kritik im Punch, Bd. 106, London: Punch Office, 286.

Kames, Lord. Henry Home (1778), Sketches of the History of Man, 2. Aufl., Bd. 1, Edinburgh: W. Creech.
Karlin, Daniel (1987), ›Introduction‹, The Jungle Books, Harmondsworth: Penguin Books, 7-29.
Kellog, W. N. u. L. A. Kellog (1933), The Ape and the Child, New York, London: Whittlesey House.
Kendall, Joshua (1992), ›Kaspar Hauser in Literature‹, in: John Money 1992: 213-263.
Kerner, Justinus (1829), Die Seherin von Prevorst, Stuttgart, Tübingen: J. G. Cottasche Buchhandlung.
– (1845), The Seeress of Prevorst, Übers. Mrs Crowe, London: J. C: Moore.
Keir, James (1791), An Account of the Life and Writings of Thomas Day Esq., London.
Kipling, John Lockwood (1891), Beast and Man in India, London: Macmillan and Co.
Kipling, Rudyard (o. J.), Puck. Geschichte aus den alten Tagen, Berlin: Vita.
– (o. J.), Das Licht erlosch, Übers. W. C. H. Osborne, Berlin: Knaur.
– (1891), Plain Tales from the Hills, 1888, 3. Aufl., London: Macmillan and Co.
– (1893), Many Inventions, London: Macmillan & Co.
– (1895), The Second Jungle Book, London: Macmillan & Co.
– (1904), Traffics and Discoveries, London: Macmillan and Co.
– (1938), Etwas von mir für meine bekannten und unbekannten Freunde. Zürich: Scientia.
– (1977), Something of Myself, 1937, Hg. Robert Hampson, Harmondsworth: Penguin Books.
– (1987a), The Day's Work, 1898, Hg. Constantine Phipps, Harmondsworth: Penguin Books.
– (1987b), Life's Handicap, Hg. P. N. Furbank, Harmondsworth: Penguin Books.
– (1987c), Rewards and Fairies, Hg. Roger Lewis, Harmondsworth: Penguin Books.
– (1988), Wee Willie Winkie, 1895, Hg. Hugh Haughton, Harmondsworth: Penguin Books.
– (1989), Nur so Märchen, Berlin: Buchverlag Der Morgen.
– (1990a), The Letters of Rudyard Kipling, 1865-1936, Hg. Thomas Pinney, Bde. 1, 2, Basingstoke: Macmillan.

– (1990b) Die Vielfalt der Geschöpfe, Zürich: Haffmanns Verlag.
– (1991), Staaks und Genossen. Pennälerstreiche, Freiburg: Herder.
– (1993), Das Dschungelbuch, Übers. E. Engelmann, Leipzig: Reclam.
– (1996a), Das neue Dschungelbuch, Übers. D. Mikusch, Frankfurt/M.: Suhrkamp.
– (1996b), Vielerlei Schliche, Übers. Gisbert Haefs, München: Goldmann.
– (1999), Kim, München: dtv.
Scientia.
Kipling, Rudyard u. C. R. L. Fletcher (1911), A School History of England, Oxford: Clarendon Press.
Kirkby, John (1745), The Capacity and Extent of the Human Understanding, (Automathes), London: R. Manby and H. Shute Cox.
Knight, William (1900), Lord Monboddo and Some of his Contemporaries, London: John Murray.
Koenig, Henrici Conradi (1730), De Hominum Inter Feras Educatorum Statu Naturali Solitario, Hannover: Holwein.
König, Karl (1995), A Christmas Story, darunter: ,The Story of Kaspar Hauser‹, 1961, Botton Village: Camphill Press.
Kramnick, Isaac (1968), Bolingbroke and his Circle: the Politics of Nostalgia in the age of Walpole, Cambridge, Ma.: Harvard University Press.
Kroeber, Theodora (1967), Der Mann, der aus der Steinzeit kam – Die Biographie des letzten wilden Indianers in Nordamerika, München: Bechtle Verlag.

La Condamine, Charles Marie de (1745), Relation abrégée d'un voyage fait dans l'intérieur de l'Amérique Méridionale, Paris: Pissot.
– (1947), A Succinct Abridgement of a Voyage Made Within the Inland Parts of South America, London: E. Withers
– (1751), Journal du Voyage Fait Ordre du Roi a l'Équator, Paris: L'Imprimerie Royale.
– (1753), Journal of a Tour to Italy, London: T. Lewis.
– (1755) (siehe: Wildes Mädchen).
– (1755), A Discourse on Inoculation, Read Before the Royal Academy of Sciences at Paris, the 24th of April, 1754, London: P. Vaillant.
Lane, Harlan (1977), The Wild Boy of Aveyron, London: George Allen & Unwin.
– (1985), Das wilde Kind von Aveyron. Der Fall des Wolfsjungen, Berlin: Ullstein (Materialien).
– (1988), Mit der Seele hören. Geschichte der Taubheit, München: Hanser.
Lang, Andrew (1893), The True Story Book, London: Longman, Green and Co.
– (1904), Historical Mysteries, London: Smith, Elder & Co.
Lee, William (1869), Daniel Defoe: His Life, and Recently Discovered Writings: Extending from 1716 to 1729, 3 Bde., London: John Camden Hotten
Lenneberg, Eric, Hg. (1966), New Directions in the Study of Language, Cambridge, Mass.: MIT Press.
– (1972), Neue Perspektiven in der Erforschung der Sprache, Frankfurt/M.: Suhrkamp.
Les Rues et Les Environs De Paris (1745), Les Rues et Les Environs De Paris, Paris.
Le Sueur, Achille Ambroise Anatole (1909), ›La Condamine – D'Après ses Papiers Inédits‹, in: Memoires de L'Académie des Sciences, des Lettres et des Arts D'Amiens, Bd. 56, Amiens: Yvert & Tellier, 1-80.
Letters on the French Nation (1749), Letters on the French Nation, London.
Linnaeus, Carolus (Carl von Linné), (1758), Systema naturae per regna tria naturae, secun-

dum classes, ordines, genera, species, cum characteribus, differentiis, synonymis, locis. Tomus I. Editio Decima, Reformata. Stockholm: Laurentii Salvii, Nachdr. 1894, Deutsche Zoologische Gesselschaft u. 1939,. 1956, British Museum (Natural History).

– (1792), The Animal Kingdom or Zoological System of the Celebrated Sir Charles Linnaeus, 1735 usw., Übers. R. Kerr, London: J. Murray.

Liou-Gille, Bernadette (1980), Cultes ›Héroiques‹ Romains, Paris: Société D'Edition ›Les Belles Lettres‹.

Livius, Titus (o. J.), Ab Urbe Condita. Römische Geschichte, Bd. 1, Leipzig: Reclam.

Loomis, C. Grant (1948), White Magic. An Introduction to the Folklore of Christian Legend, Cambridge, Ma.: Mediaeval Academy of America.

Los Angeles Times (1970), Artikel über »Genie" vom 17. bis 24. November.

Lupoff, Richard A. (1965), Edgar Rice Burroughs: Master of Adventure, New York: Canaveral Press.

Lyly, John (1902), ›The Speeches and Honorable Entertainment given to the Queenes Maiestie in Progresse, at Cowdrey in Sussex, by the right Honorable the Lord Montacute (1591)‹, The Complete Works of John Lyly, Hg. R. Warwick Bond, Bd. 1, Oxford: Clarendon Press, 421-430.

– (1902), ›Speeches Delivered to Her Maiestie This Last Progresse, at the Right Honorable the Lady Rvussels, at Bissam, the Right Honorable the Lorde Chandos, at Sudley, at the Right Honorable the Lord Norris, at Ricorte‹, The Complete Works of John Lyly, Hg. R. Warwick Bond, Bd. 1, Oxford: Clarendon Press, 471-490.

Mackensie, Paul (1981-1982), ›Kaspar Hauser in England: The First Hundred Years‹, in: German Life and Letters, Bd. 35, Oxford: Basil Blackwell, 118-137.

– (1993), ›Kaspar's Wooden Horse: A Metaphor of Childhood?‹ Modern Language Review, Bd. 88, London: Modern Humanities Research Association, 905-911.

Maclean, Charles (1977), The Wolf Children, London: Allen Lane.

Malson, Lucien (1972), Wolf Children, 1964, Übers. Edmund Fawcett, Peter Ayrton u. Joan White, London: NLB.

Mandelstam, Osip (1991), The Collected Critical Prose and Letters, Übers. Jane Gary Harris u. Constance Link, Hg. Jane Gary Harris, London: Collins Harvill.

Manifesto of Lord Peter, The (1726), The Manifesto of Lord Peter, London: J. Roberts.

Masson, Jeffrey Moussaieff (1996), The Wild Child: The Unsolved Mystery of Kaspar Hauser, New York: Simon & Schuster.

Mayer, Johannes (1988), Philip Henry Lord Stanhope: Der Gegenspieler Kaspar Hausers, Stuttgart: Urachhaus.

Mayer, Johannes u. Peter Tradowsky (1984), Hauser: Das Kind von Europa, Stuttgart: Urachhaus.

McKay, Margaret (1990), ›Peacock, Monboddo, and the Swedish Connection‹, in: Notes and Queries, Hg. L. G. Black, D. Hewitt u. E. G. Stanley, Bd. 235/Bd. 37, Nr. 4,.422-424

›Member of the Craft, A‹ (1874), The Text Book of Freemasonary, London: Reeves and Turner.

Memorial (1766), Memorial for Archibald Douglas, Edinburgh.

Mercier, M. (1800), New Picture of Paris, 2 Bde., London: H. D. Symonds.

Merleau-Ponty, Maurice (1973), Consciousness and the Acquisition of Language, Übers. Hugh Silverman, Evanston: Northwestern University Press.

– (1975), Les Relations Avec Autrui Chez L'Enfant, 1951, Paris: Centre de Documentation Universitaire.

Mettrie, Julien Jan, Offray de la (1750), Man A Machine, 1748, 2. Aufl., London: G. Smith.

Mills, Maldwyn, Hg. (1973), Six Middle English Romances, London, Melbourne, Toronto: Dent.

Money, John (1992), The Kaspar Hauser Syndrome of ›Psychosocial Dwarfism‹, Buffalo: Prometheus Books.

Montaigne, Michel de (1992), Essays. Auswahl u. Übers. H. Lüthy, Zürich: Manesse.

Montesquieu, Charles Louis de Secondat, Baron de (1964), Persische Briefe, Frankfurt/M.: S. Fischer (TB).

Most Wonderful Wonder, The (1726), The Most Wonderful Wonder that ever Appear'd to the Wonder of the British Nation, London: A. Moore.

Mucedorus (1874), Mucedorus. Ein Shakespeare zugeschriebenes Drama. Hg. N. Delius, Elberfeld: Friedrichs.

New Guide to London, A (1726), A New Guide to London, London.

New Review of London, A (1723), A New Review of London, London.

Nokes, David (1985), Jonathan Swift, A Hypocrite Reversed, Oxford: Oxford University Press.

Novak, Maximilian (1963), Defoe and the Nature of Man, Oxford: Oxford University Press.

– (1972), ›The Wild Man Come to Tea‹, in: The Wild Man Within, Hg. Edward Dudley u. Maximilian E. Novak, Pittsburgh: Univ. of Pittsburgh, 183-221.

Octavian (1973), ›Octavian‹, Six Middle English Romances, Hg. Maldwyn Mills, London: J. M. Dent & Sons, 75-124.

Ogburn, W. F. u. M. K Bose (1959), ›On the Trail of the Wolf Children‹, in: Genetic Psychology Monographs, Bd. 60, 117-193.

Ovid (1929), Publii Ovidii Nasonis. Fastorum Libri Sex, Hg. u. Übers. Sir James George Frazer, Bd. 1, London: Macmillan and Co.

– (1958), Metamorphosen, Hg. u. Übers. Hermann Breitenbach, Zürich: Artemis.

Page, Norman (1984), A Kipling Companion, London: Macmillan Press.

Parker, Alexander (1988), The Mind and Art of Calderón, Cambridge: Cambridge University Press.

Pausanias (1986-1989), Reisen in Griechenland, Übers. E. Meyer, Hg. Felix Eckstein u. P. C. Bol, 3 Bde., Darmstadt: Wiss. Buchgesellschaft.

Peacock, Thomas Love (1817), Melincourt, 3 Bde., London: T. Hookham.

Peter der wilde Junge (1787), ›A Particular Account of Peter the Wild Boy. extracted from the Parish Register of North Church, in the County of Hertford‹. The Annual Register, or a View of the History, Politics, and Literature, for the Years 1784 and 1785. London: J. Dodsley, ›Characters‹, 43-45.

Pietzner, Carlo (1983), Who was Kaspar Hauser?, Oxford: Floris Press.

Pinel, Phillipe (1806), A Treatise on Insanity, Übers. D. D. Davis, Sheffield: Caddel and Davis.

Plinius Secundus (1601), The History of the World, Übers. Philemon Holland, 2 Bde., London: Adam Islip.

Plutarch (1980), Große Griechen und Römer, Übers. Konrad Ziegler, 4 Bde., Zürich: Artemis.

– (2000), Von der Heiterkeit der Seele. Moralia, Zürich: Diogenes.

Porges, Irwin (1975), Edgar Rice Burroughs: The Man who Created Tarzan, Utah: Brigham Young University Press.

Potkay, Adam u. Sandra Burr, Hg. (1995), Black Atlantic Writers of the Eighteenth Century, London: Macmillan Press.

Poucet, Jacques (1985), Les Origines de Rome, Brüssel: Facultés Universitaires Saint Louis.

Proofs in the Conjoined Processes (1766), Proofs in the Conjoined Processes Against the Person Pretending to be Archibald Stewart, alias Douglas, Edinburgh.

Pseudo-Aurelius, Victor (1983), Les Origines du Peuple Romain, Paris: Société D'Edition ›Les Belles Lettres‹.

Purchas, Samuel (1905-1906), Hakluytus Posthumus, or Purchas His Pilgrimes, 1625, 20 Bde., Glasgow: James MacLehose and Sons.

R., A. (1760), The Curiosities of Paris, London.

Racine, Louis (1808), Oeuvres, 6 Bde., Paris: C. Lebeau.

Raleigh, Sir Walter (1617), The History of the World, London.

Robinson, Gwennah (1975), The Book of Hemel Hempstead & Berhamstead, Chesham, Bucks.: Barracuda Books Ltd.

Rousseau, Jean-Jacques (1972), Emil oder Über die Erziehung, Allan Bloom, Paderborn: Schöningh.

– (1985), Bekenntnisse, Übers. E. Hardt, Frankfurt/M.: Insel.

– (1986), The First and Second Discourses Together with the Replies to Critics and Essay on the Origin of Languages, Hg. Victor Gourevitch, New York Perennial Library.

– (1989), Essay über den Ursprung der Sprache, in: ders., Musik und Sprache. Ausgewählte Schriften, Leipzig: Reclam, S. 99-168.

– (1998), Diskurs über die Ungleichheit, Übers. H. Meier, Paderborn: Schöningh (UTB).

– (2000), Vom Gesellschaftsvertrag oder Prinzipien des Staatsrechts, Hg. R. Brandt, K. Herb, Berlin: Akademie Verlag.

Rymer, Russ (1994), Genie: A Scientific Tragedy, Harmondsworth: Penguin Books.

Sackville, Thomas u. Thomas Norton (1570), The Tragidie of Ferrex and Porrex, London: John Daye.

Sagarra, Eda (1980), An Introduction to Nineteenth Century Germany, London: Longman.

Sampath, Ursula (1991), Kaspar Hauser: A Modern Metaphor, Columbia, S. C: Camden House.

Schmidt, Georg Philipp von Lübeck: (1831, 1832) Über Caspar Hauser, Heft I., Heft II, Altona: Aue.

Seabrook, William B. (1931), Jungle Ways, London: George G. Harrap.

Shakespeare, William (1987) Sämtliche Werke, Übers. August Wilhelm v. Schlegel u. Ludwig Tieck, Hg. Erich Loewenthal, 5. Aufl., Heidelberg.

– (2003), Theatralische Werke, Übers. Chr. M. Wieland, Hg. H. u. J. Radspieler, Frankfurt/M.: Zweitausendeins.

– Shattuck, Roger (1980), The Forbidden Experiment, London: Quartet Books.

Shengold, Leonard (1988), Halo in the Sky: Observations on Anality and Defense, New York u. London: Guilford Press.

Shirren, A. J. (1960), Daniel Defoe in Stoke Newington, Stoke Newington: Stoke Newington Public Libraries Committee.

Silverman, Kaja (1981-1982), ›Kaspar Hauser's »Terrible Fall« into Narrative‹, in: New German Critique, New York, 73-93.

Singh, J. A. L. u. Robert Zingg (1942), Wolf-Children and Feral Man, 1939, New York: Harper Row.

Sleeman, W. H. (1888), ›An Account of Wolves Nurturing Children in their Dens‹, The Zoologist, Bd. 12, Hg. J. E. Harting, London: Simpkin, Marshall & Co., 87-98; 221.

Smith, Adam (1774), The Theory of Moral Sentiments, London: W. Strahan, J. u. F. Rivington, W. Johnston, T. Longman u. J. Cadell; Edinburgh: W. Creech.

Smith, N. V. (1989), The Twitter Machine, Oxford: Basil Blackwell.

Smollett, Tobias (1767), Reise durch Frankreich und Italien, Leipzig.

Sophokles (1917), ›Tyro‹, The Fragments of Sophocles, Hg. A. C. Pearson, Bd. 2, Cambridge: Cambridge University Press, 270-290.

Spencer, Edmund (1836), Sketches of Germany and the Germans, 2. Aufl., London: Whittaker & Co.

Spenser, Edmund (1909), ›The Faerie Queene‹, The Poetical Works of Edmund Spenser, 1590; 1595, Bd. 1 u. 2, Hg. J. C. Smith, Oxford: Clarendon Press.

Squires, Paul C. (1927), ›Wolf Children of India‹, in: The American Journal of Psychology, Bd. 38, New York: Cornell University, 313-315.

Stanhope, Philip Henry, 4th Earl of (1828), A Letter to the Owners and Occupiers of Sheep Farms, London: James Ridgway.

– (1834), Letters from Switzerland, 1833, Carlsruhe: W. Hasper.

– (1836), Tracts Relating to Caspar Hauser, London: James S. Hodson.

Steedman, Carolyn (1995), Strange Dislocations: Childhood and the Idea of Human Interiority, 1780-1930, London: Virago Press.

Sterndale, Robert Armitage (1884), Natural History of the Mammalia of India and Ceylon, Calcutta: Thacker, Spink and Co.

– (1886), Denizens of the Jungle, Calcutta: Thacker, Spink and Co.

Sterndale, R. A. u. Edward Hamilton Aitken (1894), A Naturalist on the Prowl, London: W. Thacker & Co.

Steuart, A. Francis (1909), The Douglas Cause, Edinburgh: William Hodge & Co.

Stockwell, George Archie (1898), ›Wolf Children‹, in: Lippincott's Monthly Magazine, Bd. LXI, Januar, Philadelphia: J. B. Lippincott Company.

Stoler, John (1984), Daniel Defoe: An Annotated Bibliography of Modern Criticism, 1900-1980, New York, London: Garland Publishing.

Stone, Lawrence (1979), The Family, Sex and Marriage in England, 1500-1800, Harmondsworth: Pelican Books.

Süddeutschland (1837), A Handbook for Travellers in Southern Germany, London: John Murray and Son.

Sutherland, James (1937), Defoe, London: Methuen & Co.

Swift, Jonathan (1730), A Modest Proposal for Preventing the Children of Poor People from beeing a Burthen to their parents or the Country, and for Making them Beneficial to the Publick, 1729, 3. Aufl., Dublin: Weaver Bickerton.

– (1963), The Correspondence of Jonathan Swift, Hg. Harold Williams, Bd. 3, Oxford: Clarendon Press.

– (1994), Ein Tonnenmärchen, Leipzig: Reclam (UB).

– (1998), Gullivers Reisen, Übers. F. Kottenkamp, Zürich: Diogenes.

Taylor, W. D. (1933), Jonathan Swift: A Critical Essay, London: Peter Davies.

Tennant, C. M. (1938), Peter the Wild Boy, London: James Clarke & Co.

Thomas, Hugh (1997), The Slave Trade, London: Papermac.

Thomas, Ian (1998), ›The Boy of Six Who Lived With A Pack of Stray Dogs‹, in: Daily Mail, 20. Juli 1998.

Thomas, Keith (1984), Man and the Natural World: Changing Attitudes in England, 1500-1800, Harmondsworth: Penguin Books.

Thompson, Stith (1955-1997), Motif index of Folk Literature, 6 Bde., Copenhagen: Rosenhilde and Bagger.

Tickell, Richard Eustace (1931), Thomas Tickell and the Eighteenth-Century Poets, London: Constable & Co.

Tinland, Franck (1970), ›Preface‹, Histoire d'une jeune fille sauvage trouvée dans les bois à l'age de dix ans, Paris: Editions Ducrox, 7-42.

Tonkin, Humphrey (1972), Spenser's Courteous Pastoral. Book VI of The Faerie Queene, Oxford: Clarendon Press.

Torgovnick, Marianna (1990), Gone Primitive: Savage Intellects, Modern Lives, Chicago, London: University of Chicago Press.

Tracy, Destutt (1801), Projet D'Eléments D'idéologie à L'Usage des Ecoles Centrales de la République Française, Paris: Debray.

– (1817), A Treatise on Political Economy, to Which is Prefixed a Supplement to a Preceding Work on the Understanding, or Elements of Ideology, Übers. Thomas Jefferson, Georgetown/Washington, D.C.: Joseph Milligan.

Trilling, Lionel (1940), ›Kipling‹, The Liberal imagination, London: Martin Secker and Warburg, 118-128.

Tulpius, Nicolaus (1671), Observationes Medicae, Amsterdam: Daniel Elzevir.

Tylor, Edward Burnet (1863), ›Wild Men and Beast Children‹, in: The Anthropological Review, Bd. 1, London: Trubner & Co., 21-32.

– (1871), Primitive Culture: Researches into the Development of Mythology, Philosophy, Religion, Art and Customs, 2 Bde., London: John Murray.

Tyson, Edward (1699), Orang-Outang, sive Homo Sylvestris: or, the Anatomy of a Pygmie, London: Thomas Bennet and Daniel Brown.

Urban, Sylvanus (1751), The Gentleman's Magazine and Historical Chronicle, Bd. 21, London: Edw. Cave, 522.

– (1785), The Gentleman's Magazine and Historical Chronicle, Bd. 55, London: David Henry, 1. Tl. 113-114; 236, 2. Tl. 851-853.

Valentine and Orson (1937), Valentine and Orson, 1550, Übers. Henry Watson, Hg. Arthur Dickinson, London: Early English Text Society.

Van Der Kiste, John (1997), King George II and Queen Caroline, Stroud: Sutton.

Verlaine, Paul (1954), Oeuvre Poétique Complète, Paris: Librairie Gallimard.

Vergil (2001), Aeneis, Übers. V. Ebersbach, 4. Aufl., Leipzig: Reclam.

Vivitur Ingenio (1726), Vivitur Ingenio: Being a Collection of Elegant, Moral, Satirical, and Comical Thoughts, on Various Subjects: as Love and Gallantry, Poetry and Politicks, Religion and History, &c., London: J. Roberts.

Voltaire, Francois Marie Arouet de (1738), Eléments de la Philosophie de Neuton, Amsterdam: Etienne Ledet & Compagnie.

– (1986), L'Ingénu. Der Freimütige, Stuttgart: Reclam.

Walsh, Jill Paton (1998), Das Wissen der Engel, Berlin: Ullstein.

Wassermann, Jakob (1908), Caspar Hauser oder die Trägheit des Herzens, Stuttgart, Leipzig.

Watt, Ian (1974), Der bürgerliche Roman. Aufstieg einer Gattung. Defoe, Richardson, Fielding, Frankfurt/M.: Suhrkamp.

Welsford, Enid (1927), The Court Masque, Cambridge: Cambridge University Press.

White, Charles (1799), An Account of the Regular Gradation in Men, and in Different Animals and Vegetables; and from the Former to the Latter, London: C. Dilly.

White, T. H. (1954), The Book of Beasts, being a Translation from a Latin Bestiary of the Twelfth Century, London: Jonathan Cape.

Whitling, H. J. (1850), Pictures of Nuremberg, London: Richard Bentley.

Whitney, Lois (1934), Primitivism and the Idea of Progress, Baltimore: Johns Hopkins Press.

Wildes Mädchen (1731), ›Lettre écrite de Châlons, en Champagne, le 9 Decembre 1731, par M. A M. N ... au sujet de la Fille sauvage, trouvée aux environs de cette Ville‹/ ›Extrait d'une Lettre sur le même sujet‹, Mercure de France, Bd. Dezember 1731, Paris, 2983-2991.

Wildes Mädchen (1755), Histoire d'une Jeune Fille Sauvage, Trouvée dans les Bois à l'âge de dix ans, Paris: Madame Hecquet.

Wildes Mädchen (1760), The History of a Savage Girl, Caught Wild in the Woods of Champagne, London: R. Dursley, T. Davison, T. Manson, C. Bland and P. Jones.

Wildes Mädchen (1768), An Account of a Savage Girl, Caught Wild in the Woods of Champagne, Übers. William Robertson, Edinburgh: A. Kincaid and J. Bell. siehe auch: Burnett, J.

Wildes Mädchen (1820a), La Belle Sauvage. The True and Surprising History of a Savage Girl, Found Wild in the Woods of Champagne, by Mons. D'Epinoy, and Presented to the Queen of Poland, London: J. Bailey.

Wildes Mädchen (l820b), Savage Girl, Newcastle: T. Marshall.

Wildes Mädchen (1821a), The Surprising Savage Girl, who was Caught Wild in the Woods of Champagne, a Province in France, Falkirk: T. Johnston.

Wildes Mädchen (1821b), The Surprising Savage Girl, who was Caught Wild in the Woods of Champagne, a Province in France, Glasgow: Robert Hutchison.

Wildes Mädchen (1970), Histoire d'une jeune fille sauvage trouvée dans les bois À l'age de six ans, 1755, Hg. Franck Tinland, Paris: Editions Ducros.

Wilson, William (1830), Memoirs of the Life and Times of Daniel De Foe, 3 Bde., London: Hurst, Chance and Co.

Wiseman, Timothy Peter (1995), Remus, a Roman Myth, Cambridge: Cambridge University Press.

Wokler, Robert (1988), ›Apes and Races in the Scottish Enlightenment: Monboddo and Kames on the Nature of Man‹, in: Philosophy and Science in the Scottish Enlightenment, Hg. Peter Jones, Edinburgh: John Donald Publishers Ltd, 145-168.

Wolfskinder (1893), ›Wolf-Children‹, in: North Indian Notes and Queries, Bd. 2, Nr. 12, Allahabad: ›Pioneer Press‹, 215-216.

Wright, Thomas (1894), The Life of Daniel Defoe, London: Cassell and Company.

Young, Kimball (1942), Sociology: A Study of Society and Culture, New York: American Book Company.

Z., A. (1754), A Five Weeks Tour to Paris, London.

Register